Sju interventioner för gymnasieskolan

Skolinterventioner för bättre: studievanor, personlig utveckling, läsning, spelifiering, kunskapsmanagementsystem, likabehandling och ämnesintegrering

Anders Berglund

Automatiserad teknik vilken används för att analysera text och data i digital form i syfte att generera information, enligt 15a, 15b och 15c §§ upphovsrättslagen (text- och datautvinning), är förbjuden.

Förlag: BoD · Books on Demand, Stockholm, Sverige
Tryck: Libri Plureos GmbH, Hamburg, Tyskland
Omslag: Sj Objio under Unsplash License

ISBN: 978-91-8080-117-1

Förord

Detta är en samling av sju rapporter som skrevs under 2022 som nu sätts ihop till en bok och blir varsitt kapitel. Det är spridda teman men utgångspunkten för boken är att skolan tjänar mycket på att jobba på systemnivå. Lärare är rätt begränsade i hur mycket de själva kan påverka och fostra sina elever. Det behövs därför ett arbete som hela skolan gör systematiskt, iterativt och testande. Boken har skrivits utifrån reflektioner av den ständigt pågående skoldebatten som generellt missar vikten av skolor måste leva upp till att bli genuint "lärande organisationer" och att systematisera fostransarbete. I skoldebatten finns det röster som förgäves försöker få andra att inse vikten av läsning. Vi är fortfarande i en situation där både föräldrar, skolan och resterande samhälle i brutala proportioner misslyckas med att skapa en läslust. Skolan brister i hur man hanterar och skapar kunskap som speglar skoldebatten. Debatten är oftast en sak i taget, men modern skolutveckling är alltid om att kombinera olika faktorer på ett intelligent sätt som kräver att man sätter upp en process för det som få skolor lever upp till. Sammanfattningsvis utgår denna bok från att de grundläggande problemen i skolan är bristande kunskapsmanagement, icke-systematiserad och tunn fostran för personlig utveckling och bildning, samt svaga studievanor. Antagandet är att om det som tas upp i denna bok skulle kunna komma åt flera av de centrala problemen med svensk skola. Denna bok är riktad för arbete i gymnasieskolan, men tankarna kan användas för att jobba med samma frågor i grundskolan.

Det görs några få anspråk i denna bok på originellt tänkande och boken ska därför främst ses som en samling av forskning och ge översikt. Det som kan ses egen kreativitet är inramningen av dessa kapitel som olika samlade interventioner som en skola kan applicera. Några idéer gör författaren anspråk på mer självständighet i tanke: de generella utgångspunkterna kring varför systematisering av personlig utveckling och studievanor behövs; konkretiserad läroplan för likabehandling och samtalsetik; större kursspel, "studieekvationen" i kapitlet studievanor; samt den specifika utformningen av kunskapsmanagement systemet. Denna boks bidrag ligger utöver det alltså främst i samlingen av olika förslag som varit spridda till samlade interventioner. Författaren gör alltså inte anspråk på att ha kommit på allt som inte är helt tydligt källhänvisat. Det är huvudidéerna som har hänvisats till generellt. Detta är för att det inte är en akademisk text, utan mer i nivå med rapporter som mer ska ge snabba översikter. Det är alltså inte en helt i genom akademisk argumentation för att motivera alla olika delar av de föreslagna interventionerna. Detta hade krävt en hel bok per intervention högst troligen. Syftet är mer en översikt över flera interventioner.

Dessa texter är redan innan publicerade online och finns för att läsa online. Tabeller genom boken finns att ladda ned på www.fronesisreflektioner.org och www.lärandemänniskan.se.

Om författaren: Legitimerad gymnasielärare. Undervisar i psykologi, samhällskunskap och internationell ekonomi. Andra publiceringar: *Den psykologiska människan, www.denlärandemänniskan.se, Skateboard: en bok för nybörjare.*

Introduktion: Interventioner för svensk gymnasieskola – 7 förslag

Den här boken är en samling av sju olika interventioner för svensk gymnasieskola. Det är interventioner som man som skola kan använda sig av var för sig. De kan också användas tillsammans där det finns potential till att de ska samverka för att få ett starkare utfall tillsammans, en var för sig. Speciellt är det kunskapsmanagementsystem (KMS) och reflektionsjournal för eleverna är de interventionerna som är de tyngsta interventionerna och kan omsluta de 5 andra interventionerna.

Boken är uppdelad i 7 kapitel.

- Kunskapsmanagementsystem
- Studievanor
- Reflektionsjournal för personlig utveckling
- Likabehandling och samtalsetik
- Läsintervention
- Spelifiering
- Ämnesintegrering

De flesta gymnasieskolor gör det som föreslås här i någon utsträckning. Dessa kapitel föreslår hur man kan gå längre och potentiellt jobba mer systematiskt med dessa områden för robustare skolutveckling. Dessa interventioner utgår från skolutveckling som forskningsförankrad, iterativ och drivet av kollegiet (Håkansson & Sundbergs, 2016). Nedan följer en kort förklaring av de sju interventionerna. Dessa interventioner bygger på forskningen i bemärkelsen att det är synteser, ihopsamlande, strukturerande och generaliseringar från forskning som finns på området. Förslagen är i vissa fall otestade och behöver utvärderas och studeras för veta vad effekten blir av dem. Samtidigt kan de ses som förslag som är början på ett arbete i dessa olika områden där det slutgiltiga sättet att jobba med exempelvis studietekniker jobbas fram i iterativa processer.

Kunskapsmanagementsystem

Problemformulering: Sverige ligger efter i kollegialt lärande jämfört med andra länder. Svenska skolor har också brister och lever inte upp till ideal om att kunna vara en "lärande organisation". Fjärde generationens skolutveckling pekar på att skolutveckling ska struktureras runt iterativa, undersökande och testande processer (Håkansson & Sundberg, 2016). För att göra detta behövs ett kunskapsmanagementsystem (KMS) som stödjer och underlättar detta skolutveckling. KMS har alla organisationer inklusive skolor i någon mån. Hur effektivt detta KMS är det som får effekter på hur man kan driva skolutveckling. I denna rapport ges ett förslag på en KMS för skolor. Den ska tydliggöra läget och var man ska, hur man jobbar som kollegie gemensamt och som individuell lärare, hur det ska underhållas för att inte hamna i glömska och bli irrelevant och hur skolans kollegie ska integrera utåt mot föräldrar, elever, forskare, andra skolor, huvudmän och myndigheter.

Följande delar föreslås: 1. Lägesbeskrivning med nulägesbeskrivning, mål/önskelägesbeskrivning, handlingslägesbeskrivning och en sammansatt lägesbeskrivning: nu, önske och handling. 2. Gemensamt arbete inom kollegiet som innehåller lagring av kunskap, idéinsamling, forum för att diskutera forskning och arbetslagens utveckling. 3. Processer för att KMS införlivas och underhålls som har delen underhållning av KMS och kommunikation kring vad som händer i KMS. 4. Lärarens strukturering och individuella reflektioner med checklistor, framgångsfaktorer och individuell reflektionsjournal. 5. Kollegiets relation utåt mot elever och föräldrar, och möten med forskning, skolor och andra samarbetspartners.

Studievanor

Problemformulering: Gymnasieelevers studievanor, studiestrategier och studietekniker är generellt rätt dåliga. Även högpresterande elever har studie(o)vanor som är långt ifrån optimala. Det är få elever som gör studerar på ett optimalt sätt, men däremot är det många elever som tror att de studerar åtminstone ungefär rätt. Generellt underskattar elever gravt effekten av att använda komplexa studiestrategier/studievanor under lång tid för att skapa mer lärande, bättre prestationer, roligare och mer meningsfull skolupplevelse. Effekten av optimerade studievanor skiljer sig i magnitud flera gånger mellan någon som använder sig av olika studietekniker och studievanor optimalt och någon som inte gör det, och dessa effekter växer kumulativt över tid. Att som skola stödja elever i att få rätt studievanor är alltså inte något som skulle hjälpa på marginalen, utan kan skapa stora förändringar i hur en skola fungerar och få eleverna få en väldigt förändrad upplevelse av skolan.

Förslag på intervention: Interventionen inleds med att under någon form av introvecka eleverna får ett "gymnasiekörkort" där studietekniker och studievanor är något som de ska lära sig om. Direkt ska de också få olika läxor för att bygga vanor. Alla de studievanor man vill att eleverna ska ha, ska byggas in i undervisningen. Det måste ges plats för övning av teknikerna, plats för reflektion där man applicerar de bästa studieteknikerna för att lära sig om och att utföra studieteknikerna metodiskt och som en vana. Det behöver stödjas med ett målinriktat arbete efter framgångsfaktorer. Det ska alltså inte framstå för eleven som något plus att tänka lite på studiestrategier, utan ska vara en central del av deras vardag. Interventionen stärks om det är kombinerat med att de jobbar systematiskt och ämnesövergripande med personlig utveckling exempelvis genom en exempelvis reflektionsjournal som följer eleven som röd tråd för att synliggöra sin egen bildningsresa. Progression över de tre åren ska byggas in. Både repetition och fördjupning.

Potentiella effekter: 1. Bättre studievanor. 2. Högre studieprestationer. 3. Tryggare och mer studiero. 4. Mindre anti-skolnormer. 5. Mindre stress bland eleverna. 6. Positivare framtidsutsikter. 7. Roligare upplevelser i skolan. 8. Byggande av fler intressen. 9 Ökad nyfikenhet/lust att lära.

Reflektionsjournal för personlig utveckling

Problemformulering: Elevers moraliska fostran är inte tillräckligt systematisk och integrerad i all undervisning som sker i svenska skolor. Problemet har flera delar och några är följande: bristande röd tråd för eleven i allt de som de lär sig som kan kopplas till personlig utveckling och fostran, bristande bildningsfokus, livskunskap där det används är ofta ett lokalt initiativ som minskar chansen att det ska vara forskningsförankrat, bristande studiestrategier även hos högpresterande elever, hälsopromotion är ofta psykologiskt orienterade som styrkan som finns i att inkludera andra ämnen, interventioner är oftast inte integrerad del av undervisningen och resten av skolan, loggböcker används ibland på skolor men bara i vissa ämnen eller moment.

Interventionen: Den här rapporten föreslår en intervention runt en "reflektionsjournal" som förslag för att möta dessa olika delar av problemen som en skola kan ha med fostransuppdraget. Här kommer övningar och uppgifter samlas på ett ställe där eleven ska skriva och reflektera under hela gymnasietiden. Det kommer knyta ihop allt arbete som sker i ämnena, temadagar, mentorstiden, mittkurssamtal, upplevelser osv.

Potentiella effekter av interventionen är: 1. Starkare personlig utveckling hos eleverna. 2. Tryggare och ökad studiero. 3. Mer motiverade elever. 4. Kollegiet får ett verktyg att jobba systematiskt med fostransuppdraget tillsammans. 5. Binder ihop allt fostransarbete som man redan gör på skolan och blir en integrerad del i stället för något som läggs på utöver. 6. Eleverna utvecklas som skribenter. 7. Eleverna får något att hänga upp minnen på från hela gymnasietiden. 8. Ett sätt att förbättra inhämtning av kvalitativ data från eleverna för att stärka den generella skolutvecklingen. 9. Elevernas individuella reflektionsjournaler kan användas för att göra böcker, pamfletter som eleverna har skrivit själva, som kan bli en resurs för varandra. 10. Ökad bildning eftersom mönster mellan ämnena, temadagar, mentorstid och andra lärande upplevelser binds ihop tydligare samtidigt som de får tid att reflektera kring det. 11. Förbättrad "psykisk hälsa". 12. Bättre studievanor. 13. Bättre relationer och minskning av diskriminering och kränkning. 14. Bättre kommunikation mellan eleverna. 15. Mindre kliv upp till högre utbildning.

Läsintervention

Problemformulering: Elever i Sverige läser allt sämre och få har en lust till läsning. Detta får stora effekter för upplevelsen av skolan som blir sämre eftersom läsning är så centralt. Bristande läsning påverkar studieresultaten väldig mycket på grund av att eleverna är sämre på att förstå lärare och texter, sämre på att uttrycka sig och det tar längre tid för dem. De har svårare att förstå själva innehållet eftersom de behöver lägga mycket av arbetsminnet åt att bara förstå texten. Det finns få samlade läsinterventioner, ofta är dessa olika små tips som inte har en tydlig vision och plan för hur beteende ska förändras.

Förslag på intervention: En samlad läsintervention med flera samverkande delar för maximera chansen för beteendeförändringar och kultur på skolan vad gäller läsning.

Potentiella effekter: 1. Ökad läslust. 2 Bättre läsförståelse och läsuthållighet. 3. Identifering i att vara en läsare. 4. Bättre sammanhållning på skolan runt läsning som aktivitet.

Spelifieringar

Problemformulering: Elever är för ofta uttråkade och inte "engagerade" i klassrummet. Detta har stora konsekvenser för deras inlärning. 1. Mindre fokus - som visat sänka inlärningen väldigt mycket. 2. Mindre emotionell koppling till materialet lärs ut som minskar inlärningsgraden ännu mer. 3. Det hjärnan tycker är tråkigt tolkar den också som meningslöst. Det hjärnan tolkar som meningslöst kommer den inte se som användbart. Användbarhet, meningsfullhet och mönsterskapande är centralt för inlärning. 4. Eleven får ökad aversion mot skolan som i förlängningen skapar eller förstärker anti-skolbeteende och anti-skolnormer. Det gör att man kan få ännu större ointresse och även att fokus flyttas till aktiviteter som stör klassen. Spelifering är ett sätt att minska graden av uttråkning i klassrummet. Olika former av spelifieringar är numera rätt vanliga i klassrummet, kanske vanligaste med frågesportspelet Kahoot. Det som det finns brist på bland denna mångfald av spel är spelifieringar som skapar en röd tråd, är lätt för läraren att implementera utan ett kostsamt program och kan ligga nära innehållet i läroplanen.

Förslag på intervention: Spel för hela kurser som knyter ihop innehållet för kursen.

Potentiella effekter: 1. Röd tråd. 2. Något ökat engagemang. 3. Gruppövningar som har ett roligt inslag.

Likabehandling och samtalsetik

Problemformulering: Diskriminering i olika former, såsom rasism, sexism och användning av härskartekniker, utgör stora hinder för att skapa en trygg och inkluderande skolmiljö. Dessa problem visar sig inte bara i uppenbara kränkningar utan även genom subtila uttryck, skojbråk och humor på andras bekostnad. Det finns också en osäkerhet bland lärare och elever kring var gränserna går för vad som är acceptabelt och oacceptabelt beteende. Diskriminering och exkluderande beteenden undergräver elevers självkänsla, förtroende för varandra och deras förmåga att fokusera på skolarbetet. Problem uppstår även kring samtalsetik, där kommunikationen inte alltid är respektfull eller konstruktiv, vilket försvårar dialogen om känsliga eller kontroversiella frågor.

Förslag på intervention: För att komma till rätta med dessa problem föreslås en rad åtgärder. Skolan bör införa tydliga och konsekventa rutiner för att bemöta och förebygga all form av diskriminering och användning av härskartekniker. Ett viktigt inslag är att utbilda både lärare och elever i samtalsetik – principer för hur man för respektfulla och ansvarsfulla samtal där alla röster blir hörda. Nolltolerans mot skojbråk bör implementeras för att minska otrygghet och öka respekten för kroppslig integritet. Vidare bör utbildning om samtycke och förståelse för gränsdragningar mellan humor och kränkningar införas, med fokus på att förhindra att skämt och lek används för att marginalisera eller skada andra. Lärare bör även få stöd och handledning i hur de kan hantera svåra samtal och bemöta känsliga frågor på ett respektfullt och pedagogiskt sätt.

Potentiella effekter:Om dessa interventioner genomförs kan det leda till en avsevärt förbättrad skolmiljö där eleverna känner sig tryggare och mer inkluderade. Genom att öka förståelsen för och tillämpningen av samtalsetik kan elever utveckla viktiga sociala färdigheter, som empati, respekt och förmåga att lyssna och uttrycka sig på ett konstruktivt sätt. Detta skapar en mer demokratisk atmosfär där alla känner sig värderade och har möjlighet att delta i dialogen på lika villkor. Nolltolerans mot skojbråk och en tydligare utbildning kring samtycke och humorens gränser kan bidra till en minskning av kränkningar, mobbning och exkludering, samtidigt som eleverna lär sig att ta ansvar för sina handlingar. Sammantaget kan detta förbättra inte bara elevernas välbefinnande, utan även deras studieresultat och sociala sammanhållning.

Ämnesintegrering

Problemformulering: olika skolor tittar på ämnesintegreringar. Ämnesintegreringar runt kompetenser och förmågor, PBL och casemetodik brister i fokus på kunskapsstoff respektive röd tråd över tid.

Förslag på ämnesintegrering runt temabaserad kurser Dessa temakurser är nya kurser. Problem med förslaget är att de kan bli svårt med översättningen från dessa nya temabaserade kurser till svensk skolas formella ämnesbaserade kursplaner.

Potentiella effekter: bättre engagemang, studieresultat, problemlösningsförmåga, analytiskt tänkande, använda sig av olika perspektiv för att problematisera, eleverna upplever att deras utbildning känns mer genomtänkt, motverkar snuttifiering, kommer närmare "verklighetens problem" och skapa mer samarbete mellan lärare som kan få positiva effekter i sig (You, 2017)

Innehållsförteckning

Läsintervention skolnivå: förbättra läskulturen, läslusten och läsförmågan 234

Spelifieringar i skolan: forskning och förslag på större spelifieringar 431

Kunskapsmanagementsystem (KMS)

Problemformulering: Sverige ligger efter i kollegialt lärande jämfört med andra länder. Svenska skolor har också brister och lever inte upp till ideal om att kunna vara en "lärande organisation". Fjärde generationens skolutveckling pekar på att skolutveckling ska struktureras runt iterativa, undersökande och testande processer (Håkansson & Sundberg, 2016). För att göra detta behövs ett kunskapsmanagementsystem (KMS) som stödjer och underlättar detta skolutveckling. KMS har alla organisationer inklusive skolor i någon mån. Hur effektivt detta KMS är det som får effekter på hur man kan driva skolutveckling. I denna rapport ges ett förslag på en KMS för skolor. Den ska tydliggöra läget och var man ska, hur man jobbar som kollegie gemensamt och som individuell lärare, hur det ska underhållas för att inte hamna i glömska och bli irrelevant och hur skolans kollegie ska integrera utåt mot föräldrar, elever, forskare, andra skolor, huvudmän och myndigheter.

Rapporten föreslår följande delar i KMS: 1. Lägesbeskrivning med nulägesbeskrivning, mål/önskelägesbeskrivning, handlingslägesbeskrivning och en sammansatt lägesbeskrivning: nu, önske och handling. 2. Gemensamt arbete inom kollegiet som innehåller lagring av kunskap, idéinsamling, forum för att diskutera forskning och arbetslagens utveckling. 3. Processer för att KMS införlivas och underhålls som har delen underhållning av KMS och kommunikation kring vad som händer i KMS. 4. Lärarens strukturering och individuella reflektioner med checklistor, framgångsfaktorer och individuell reflektionsjournal. 5. Kollegiets relation utåt mot elever och föräldrar, och möten med forskning, skolor och andra samarbetspartners.

1. Problemformulering, översikt över intervention, genomförande/processer faktorer för god effekt av intervention

1.1 Problemformulering: problem med skolutveckling i svensk skola

Lägesbeskrivningar
- Nulägesbeskrivning
- Önskelägesbeskrivning
- Handlingslägesbeskrivning
- Sammansatt lägesbeskrivning: nu, önskan och handling

Gemensamt arbete inom kollegiet
- Idéinsamling
- Forum för diskussion om forskning och undervisning
- Arbetslagens utveckling
- Lagring av kunskap

Lärarens strukturering och reflektioner

Kollegiets relation utåt
- Forum/mötespunkter med andra skolor och forskare
- Kommunikation med elever

Processer för att införliva KMS i vardagliga arbetet som en levande resurs

- Underhållning av KMS
- Kommunikation i och om KMS

Sverige ligger efter andra länder vad gäller graden av kollegialt lärande och samarbete (Håkansson & Sundberg, 2016). Graden skiljer sig dock mellan skolor. Sverige har fokuserat mycket på tredje generations utveckling med top-down lösningar specifikt målstyrning och marknadifering de senaste 20 åren med en rörelse de senaste 10 åren mot att t svenska skolor mer rört sig mot fjärde generationens skolutveckling där målet är att utveckla processer så top-down styrning och bottom-up utveckling är mer i harmoni, där Ontario i Kanada är en av de områden som kommit längst i att jobba med det systematiskt (Hargreaves & Fullan, 2013). Forskningen från fjärde generationens skolutveckling gör det tydligt att den viktigaste faktorn till skolutveckling är att göra skolan till en i sig lärande organisation som inkluderar ledning och kollegiet med goda samarbeten utanför skolan (Håkansson & Sundberg, 2016). En svensk bok på området som gör detta väldigt tydligt är Utmärkt Skolutveckling av Håkansson och Sundberg (2016). Organisationellt lärande som är ett brett forskningsfält har inom skolforskning mest behandlats under begreppet kollegialt lärande. Tre viktiga forskare på området som många skolor utgår från är Helen Timperley, John Hattie och Dylan Wiliam och Michael Fullan. Timperley har introducerat ett "interventionshjul" kring interventioner där man testar nya interventioner på elever som sedan utvärderas, och Hattie har liknande idéer med som mål att synliggöra lärarnas eget lärande och elevernas i förstärkande växelverkan. Det som dessa forskare gör inom pedagogisk forskning är en applicering av iterativ processer inom skolutveckling. Exempel på ett talande forskningsresultat som är på ett sätt banalt är att olika fortbildningar inte har någon effekt på elevers lärande om det inte leder till beteendeförändring hos lärare (William & Leahy, 2015).[1] Vanligt är att testa något nytt några gånger men inget systematiskt förändringsarbete sker för att det bland annat krävs en fas av investering där det i början kan vara mer jobb. Forskningen i "fjärde generationen av skolutvecklingsforskning" (samspel mellan topdown initiativ som stödjer och driver bottom-up-utveckling)[2] har flyttat fokus mot att lärarna bör ha en stor del av ledarskapet, som vissa kallat "delaktigt ledarskap" (Hargreaves & Fullan, 2013). Detta ledarskap kommer fram först när det finns tid, resurser och kopplas till en tydlig process som är forskningsanknuten. En del av denna fjärde generationens skolutveckling

---

[1] David Haas, *Att fika eller fortbilda?*, hämtad från Skolvärlden, https://skolvarlden.se/david-haas/att-fika-eller-fortbilda.

[2] Håkansson & Sundberg, https://docplayer.se/104950267-Den-fjarde-generationens-skolutveckling-forutsattningar-och-utmaningar-for-den-svenska-skolan.html Tidigare generationer av skolutveckling 1. topdown -storskaliga strukturreformer, 2, omstrukturering och decentralisering, 3, marknadisering och standardisering- top down-kontroll

är ett fokus på att "kapacitetsbyggande" åtgärder[3] som har formativa emfaser, anpassade insatser, flerdimensionella resultatmått.

Håkansson och Sundberg lyftar fram misstag som kan begås i skolutveckling:

- Ad hoc lösningar där fokus blir att hela tiden fixa akuta problem istället för att ha ett långsiktigt fokus.
- Svag forskningsförankring på grund av att forskning inte integreras i det vardagliga arbetet.
- Skolförbättring integreras inte i den ordinarie verksamheten utan blir projekt utanpå eller som ett plus.
- Bristande samspel mellan aktörer på olika nivåer.
- Förutsättningar för utvecklingsarbetet finns inte i tid och forum (offline och online).
- Bristande underlag - får inte in relevant data och är inte forskningsförankring.
- Reformtrötthet. En känsla av att ännu en förändring ska ske, men som inte leder till en förbättring, där något inte förankrats tydligt varför det görs och med medbestämmande.

Sammantvinnade med en svag skolutveckling på en skola är ett svagt "professionellt kapital" - som är en kombination av humant, socialt och beslutskapital (Fullan & Hargreaves, 2012).[4] Styrkan i kollegiet kommer från kombinationen av humant, socialt och bestämmande (besluts)kapital, där man bygger upp en styrka i de nätverken man är en del av, där nätverk, kunskap/förmågor och beslutsförmåga förstärker varandra i en positiv spiral. Starkt socialt nätverk höjer humankapital för lärare och som var den viktigaste faktorn i att minska skillnader i utfall mellan lärare på en skola.[5]

---

[3] https://files.eric.ed.gov/fulltext/EJ1159873.pdf ett teoretiskt ramverk kring kapaciteter och förmågor inom organisationen.

[4] Michael Fullan, The Power of Professional Capital, 2013, hämtad från
http://www.michaelfullan.ca/wp-content/uploads/2013/08/JSD-Power-of-Professional-Capital.pdf

[5] Michael Fullan, The Power of Professional Capital, 2013, hämtad från
http://www.michaelfullan.ca/wp-content/uploads/2013/08/JSD-Power-of-Professional-Capital.pdf

Detta möjliggör för exempelvis Singapore att ha höga resultat eftersom det finns en stark praktik av att dela med sig enligt Fullan mfl.[6]

En del av utmaningen med god skolutveckling är hur man ska driva det i praktiken. Detta kan delas in i pull, push och nudge. Skolutveckling kan bli undermålig om dessa tre faktorer används för mycket eller för lite i förhållande till varandra.

- Pull: dras in av intresse, visionen, engagemang. något som ger dem energi (energizing) som göra att ett tydligt fokus kan bibehållas (Hargreaves & Fullan, 2013).
- Push: kravställningar och ansvar.
- Nudge: är att påverka valarkitekturen i organisationen som underlättar att ta de val som man vill göra både i och utanför klassrummet.[7]

Bristande kollegialt lärande är ett problem inom svensk skola. Kollegialt lärande har rätt höga krav för att ens kallas kollegialt lärande: kritiskt undersöker sin praktik på ett "kontinuerligt, reflekterande, samarbetande, inkluderande, lärandeorienterat och utvecklingsinriktat sätt" (Håkansson & Sundberg). Fullan mfl ser att det finns först individualism (blandat med isolering och osäkerhet är extra tungt) som en kultur som hindrar kollegialt lärande och skapar en konservatism (konservatismen kan bli institutionaliserad)(Hargreaves & Fullan, 2012, s 108). Sedan finns det olika former av samarbetande kulturer där vissa är bättre än andra. Professionella lärande communities är det optimala (Hargreaves & Fullan, 2012). Håkansson och Sundberg (2016) menar att det är återkoppling med korta cykler som har bäst resultat att driva skolförändring, centralt är att det på något sätt behöver vara mätbara mål, kvantitativt och kvalitativt i kombination. Ett klokt val av mätbara mål kommer vara viktigt för att inte överbelasta förändringsarbetet. Kollegialt lärande kan lida av en balkanisering (samarbeten med vissa i kollegiet och kan uppstå öar av

---

[6] Michael Fullan, The Power of Professional Capital, 2013, hämtad från
http://www.michaelfullan.ca/wp-content/uploads/2013/08/JSD-Power-of-Professional-Capital.pdf

[7] Michael Fullan, The Power of Professional Capital, 2013, hämtad från
http://www.michaelfullan.ca/wp-content/uploads/2013/08/JSD-Power-of-Professional-Capital.pdf

skilda lojaliteter) (Hargreaves & Fullan, 2013). Det kollegiala lärandet kan också lida av hämmande/begränsande/ansträngd kollegialitet (eng contrived collegiality) (där arbetet påverkas negativt av dålig ledning eller personer med makt påverkar negativt och lärandet domineras av en byråkratisering och procedurer som inte är förankrade i kollegiet eller ses meningsfulla/forskningsförankrade) och är exempel på kollegiala kulturer som är hindrande för organisationellt lärande (Hargreaves & Fullan, 2012).

Den specifika skolutvecklingsforskningen som redogjorts för ovan är egentligen inget nytt jämfört med det större forskningsområdet inom lärande organisationer och kollektivt lärande. Att Fullan och Hargreaves har lyfts fram som viktiga forskare inom skolutveckling visar faktiskt på hur eftersatt skolutveckling är när de till stora delar upprepar vad som redan är vedertaget om organisationellt lärande. Förslag på ett kunskapsmanagementsystem i denna rapport är heller inga nya tankar egentligen utan också bara vedertagna tankar som appliceras i en skolkontext.

Hur får man igång och kan stödja skolutveckling som är mer effektiv? Ett problem är att man inte har ett tydligt kunskapsmanagementsystem (KMS) på plats som underlättar skolutveckling. Skolutveckling kan då framstå som svårare att få till än det skulle kunna behöva vara. En central aspekt är hur man bygger upp en kunskapsmanagementsystem som stödjer beteendeförändring från en organisation med låg grad av lärande till hög grad av lärande och som sedan uppehålls hållbart. Skolutveckling kräver kommunikation som kan göras på olika sätt och ha olika komponenter. En sådan komponent är det skriftliga där man idag ofta utnyttjar digitala verktyg. Inom forskning går det under området "knowledge management systems", där man skapar ett system just för management av kunskap och lärande inom en organisation, i fortsättning kunskapsmanagementsystem (KSM). KSM brukar har följande syften: prioritering, kunskapsinsamling (eng knowledge capture) (tyst och explicit kunskap inom och utanför organisationen), organisering, kunskapsutveckling, ökande av tillgänglighet, systematisering, kunskapsspridning och kunskapsanvändning. Utmaningen ligger i hur detta ska praktiskt implementeras till de lokala villkoren; där språnget från teori till praktik är vad som är det svåra. Detta kräver i sig ett testande och skapande av en iterativ process för att se vad som fungerar bäst. Denna rapport är ett förslag för att komplettera allt det arbete som görs i pedagogisk utveckling redan på skolor med ett utvidgat (och utvecklat) KMS för att stärka detta arbete. Förslaget här är att skapa ett sätt att koppla ihop allt det som görs och kunna potentiellt stärka en pågående diskussion över tid, som skulle finns skriftligt online som kompletterar den som sker muntligt.

1.2 Vad ska åstadkommas med ett förbättrat kunskapsmanagementsystem (KMS)?

1. Utveckla det professionella kapitalet (Hargreaves & Fullan, 2013). Systemet behöver stödja utveckling av humankapital, stärka nätverken och systematisera spridningen och samarbetet mellan lärare (socialt kapital), och öka beslutskapitalet i organisationen där kollegiet känner större ledarskap och att de äger utvecklingen framåt. Beslutskapital är förmågan att ta beslut som är grundade på ett gott omdöme som kommer från tiden utanför klassrummet i reflektion, diskutera och utveckla omdöme (Finland är ett av länderna där läraren spenderar mest tid utanför klassrummet).[8] Förändring drivs av erkännande/respekt hos jämlikar, man måste få plats att visa att man kan och man är med och driver förändring, inte bara någon som tar emot och måste "ledas" utan är med och leder (Hargreaves & Fullan, 2012, 151).
2. Push-pull-nudge för utveckling av professionella kapitalet (Hargreaves & Fullan, 2012). KMS kan fungera som en del i nudgen i att ta bättre beslut för att saker är lättillgängliga, det finns strukturer som kan användas för att strukturera (scaffolda) undersökande reflektion individuellt och i grupp. Nudge kan också användas för att det ska kännas lätt och naturligt att uppehålla KMS (notiser via mail eller chatt att något har ändrats i mapparna). Push: systemet kommer behöva någon form av push där

---

[8] Michael Fullan, The Power of Professional Capital, 2013, hämtad från http://www.michaelfullan.ca/wp-content/uploads/2013/08/JSD-Power-of-Professional-Capital.pdf

kravställning och ansvarsfördelning finns som gör att KMS uppehålls kontinuerligt. Pull: KMS måste vara tilldragande också. Något som man får energi av att bidra till och delta i. Glädjen att kunna berätta att man hitta något intressant som kan hjälpa kollegorna och eleverna i sitt arbete och få någon form av återkoppling på det.

3. Stödjande av en skolkultur som är aktivt undersökande (Håkansson & Sundberg, 2016). KMS ska stödja aktivering och undersökning tillsammans, som kräver att KMS olika delar möjliggör upptäckande och reflektion enskilt och tillsammans. Det bör också stödja aktivering att det stödjer kollegiet prioritet kring olika handlingar och interventioner som görs. Aktiv skolkultur. Håkanson skiljer mellan två skolkulturer. 1 Detta är vad vi kan förvänta oss med elever som dessa. 2. Är detta verkligen allt vi kan förvänta oss av våra elever. Det finns en skillnad i hur man ser på eleverna. Den ena passivt godtagande den andra är aktivt undersökande. Det kopplas till att Hattie pekar på ett en av de största effektstorlekarna kommer från förväntningarna både hos elever och kollegiet.[9] Rosenholtz identiferiar olika nivåer av samarbete 1. Berättade, anekdoter- slumpmässig spridning av kunskaper. 2 Hjälp och assistans mest när man själv frågar - slumpmässigt användning av socialt kapital. 3. Delning på olika sätt, skriftligt och muntligt som är mer systematiserat 4. Delat arbete (eng joint work)- planerar, undervisar och undersöker tillsammans (Fullan, 2011, s 112). Nivå 4 ses som den bästa av Rosenholtz men kräver mest systematiskt arbete för att uppnå. Utan ett bra KMS är det svårt att komma upp till 4:e nivån.

4. Motverka balkanisering (Hargreaves & Fullan, 2012) och istället stödja skapandet av starka nätverk över hela organisationen.

5. Undvikande av contrived (ansträngd) kollegialitet (Hargreaves & Fullan, 2012): Systemet måste kännas som något användbart, meningsfullt och ge energi, inte som något ansträngande eller belastande (känslan av ännu en sak att göra).

---

[9] Dessa effektstorlekar bör tas med en nypa salt dock på grund av metodkritik som finns mot Hatties meta-meta-analys.

6. Att det finns någon form av tid undanlagd (Finland som positivt exempel)(Fullan mfl, 2013). Tid för att underhålla KMS behöver specificeras och var ska den tas ifrån.

7. Balans mellan gemensam handling och autonomi för den enskilda läraren (Hargreaves & Fullan, 2012, Fullan, 2015). Kan man utnyttja att lärare vill testa något olika upplägg och se vad som faller bäst ut? Alltså ha jämförande försök under samma läsår. Detta kan skapa ett experimenterande förhållningssätt och göra att enskilda lärares "hunches" om vad som skulle göra något bättre tas vara på. Sedan att detta följs upp tillsammans för att se vad effekterna blev.

8. Öka förväntningar på kollegiet att klara av saker som Hattie menar är den starkaste framgångsfaktorn för skolutveckling och elevers studier (Hattie). Vi inspireras av varandras tankar, idéer och ser forskningen situerad för vår kontext.

9. Kunskapssystemet bör stödja ett gott förhållande till forskning: Medvetenhet, tillgängligt, undvika olika ensidiga tolkningar av forskning som hindrar skolutvecklingsarbete, exempelvis övertro till "evidens-baserad" som inte är reflekterad och sedd i sin kontext i kombination med andra faktorer, undvika cherry picking och bekräftelsebias.

10. Stödjer en process som är testande, undersökande/iterativ. Nuvarande position - Riktning - Genomförande - Uppföljning - Förbättring (Håkasson & Sundberg, 2016). Vad ska göras härnäst? (Hattie & Timeperley, 2009). Håkansson och Sundberg menar att forskning pekar på att kortare iterativa cykler har bäst resultat. Kunskapssystemet behöver synliggöra de olika tester och mini-experiment som görs individuellt som lärare, ämneslaget och kollegialt, som går att få översikt för hela kollegiet. Den översikten över allt som testas stödjer också en känsla av att kollegiet rör sig framåt.

11. Integrera i det vardagliga arbetet. Ha en plan för hur saker kan testas och efter ett test kunna göras på ett rimligt sätt till en integrerad del av undervisningen, utan att överbelasta läraren med flera uppgifter.

12. Forskningsförankring är centralt för lyckad skolutveckling (Håkansson & Sundberg, 2016). Forskning behöver lyftas fram, göras lättillgänglig men också vara engagerande till tankar kring forskningsmetodik, analyser av forskning och teori.

13. Håkansson och Sundberg menar att skolutvecklingen behöver vara förankrad och vägledas av en "robust förändringsteori som ser realistiskt, men alltjämt hoppfullt" framåt. Detta behöver gälla för KMS också.

14. KMS ska stödja en långsiktighet och motverka ad hoc arbete (Håkansson & Sundberg, 2016). Översikt och tydlighet i planering när saker görs som gör att det kan bli en del av det vardagliga arbetet.

15. KMS behöver bidra och stödja utveckling för att det ska kunna uppehållas på lång sikt. Annars spär det på en reformtrötthet som kan finnas i en organisation eller om det inte finns en "contrived" kollegialitet (Håkansson & Sundberg, 2016, Hargreaves & Fullan, 2013). En känsla av att ännu en förändring ska ske, men som inte leder till en förbättring, där något inte förankrats tydligt varför det görs och med medbestämmande.

16. Målet är inte att bara identifiera olika framgångsfaktorer utan också lägga upp en strategi kring hur dessa kan kombineras, Håkansson och Sundberg kallar detta för en "intelligent implementering" (2016). Repertoar av metoder och strategier behöver finnas tillgång till för att användas och kombineras, som kan testas allt eftersom. Denna översikt över hur olika faktorer interagerar på skolan kan KMS stödja.

17. Anställdas motivation till sitt jobb beror enligt självbestämmandeteorin (eng self-determination theory Ryan & Deci, 2006) på upplevd känsla av autonomi, kompetens och gemenskap. Ett effektiv KMS kan höja känslan på dessa genom att stödja autonomi att man kan testa och experimentera samtidigt som man är med i beslutsfattande på ett tydligare sätt, utvecklande av kompetens som är mer strukturerad och en gemenskap i den utvecklingen och kring glädjen runt att ta del av forskningsfrågor inom skolutveckling.

1.3 Översikt över interventions möjliga delar

Olika skolor har olika ramfaktorer att ta hänsyn till och olika digitala miljöer som används. Det generella systemet som föreslås i den här rapporten har följande komponenter:

Lägesbeskrivning
- Nulägesbeskrivning
- Mål/Önskelägesbeskrivning
- Handlingslägesbeskrivning
- Sammansatt lägesbeskrivning: nu, önske och handling

Gemensamt arbete inom kollegiet
- Lagring av kunskap
- Idéinsamling
- Forum för att diskutera forskning
- Arbetslagens utveckling

Processer för att KMS införlivas och underhålls
- Underhållning av KMS
- Kommunikation kring vad som händer i KMS

Lärarens strukturering och individuella reflektioner

Kollegiets relation utåt
    Elever och föräldrar
    Möten med forskning, skolor och andra samarbetspartners

Dessa komponenter finns på de flesta närvarande i någon mån på olika

```
┌─────────────────────────────────────────┐
│ Lägesbeskrivningar                       │
│ • Nulägesbeskrivning                     │
│ • Önskelägesbeskrivning                  │
│ • Handlingslägesbeskrivning              │
│ • Sammansatt lägesbeskrivning: nu,       │
│   önskan och handling                    │
└─────────────────────────────────────────┘
```

```
┌──────────────────────┐  ┌──────────────┐  ┌─────────────────────────────────────────┐
│ Gemensamt arbete inom │  │ Lärarens     │  │ Kollegiets relation utåt                │
│ kollegiet             │  │ strukturering│  │ • Forum/mötespunkter med andra skolor   │
│ • Idéinsamling        │  │ och          │  │   och forskare                          │
│ • Forum för diskussion om│ reflektioner │  │ • Kommunikation med elever              │
│   forskning och undervisning│          │  │                                         │
│ • Arbetslagens utveckling│  │          │  │                                         │
│ • Lagring av kunskap  │  └──────────────┘  └─────────────────────────────────────────┘
└──────────────────────┘
```

```
┌─────────────────────────────────────────┐
│ Processer för att införliva KMS i        │
│ vardagliga arbetet som en levande        │
│ resurs                                   │
│                                          │
│ • Underhållning av KMS                   │
│ • Kommunikation i och om KMS             │
└─────────────────────────────────────────┘
```

skolor. Exakt hur dessa delar ska vara utformade för att skapa ett robust KMS är vad denna rapport kommer att avhandla nedan i mer detalj.

2. Lägesbeskrivningar

2.1 Nuläget: Översikt över utvecklingsområden för att stödja "intelligent implementering" som synliggör hur olika faktorer på skolan samverkar.

Håkansson och Sundberg trycker på att skolutveckling behöver vara grundat i en "robust förändringsteori" och att man vill skapa en intelligent implementering där man har en förståelse att man inte bara kan kopiera olika metoder från andra skolor och förvänta sig att få samma effekt

(2016). Det behövs mejslas fram en översikt över olika faktorer som verkar påverka varandra inom skolan som leder till olika utmaningar/problem/framgångar på skolan. Det finns ofta i ett kollegie en känsla och mer eller mindre uttalade tankar om vad som det finns för problem och hur olika faktorer samverkar för att skapa dessa problem. Denna del av KMS ska ha som syfte att samla denna kunskap som finns, både som en tyst kunskap och mer uttalad till något mer explicit och synligt. Detta gör att man kan utnyttja en kollektiv intelligens som finns samlad, där man kan förstärka varandras tankar eller ifrågasätta.

Steg 1

- Läs in sig på vad som brukar vara problem på liknande skolor
- Vad har man läst för forskning om vad som brukar var de grundläggande problem i skolor just nu?
- Samla in rapporter från hela kollegiet där man skriver sin syn på vad forskningen säger generellt om problem i skolan. Detta samlas i en överblickbar form, exempelvis någon plattform som tillåter att man skriver längre kommentarer/inlägg efter varandra på samma sida.
- Utifrån dessa mini-rapporter kan man sedan ha ett seminarium där man får diskutera de olika syner man har inom kollegiet.
- Detta sätter grunden för det arbete som ska göra härnäst och med en början på en forskningsförankring.

Steg 2

Samla in kvalitativa utsagor/minirapporter om läget på skolan av lärare. Det är ett sätt att få en tydligare bild som kollegiet har fått genom observation som är svårare att fånga genom att bara förlita sig på enkäter som ofta är svårtolkade. Detta arbete kan vara känsligt på grund av att skolor som andra platser är utsatt för kontorspolitik, organisatoriskt prat, gamla strukturer och maktordningar, förgivettagna sanningar om hur man bäst gör något. Detta behöver underlättas av ett ledarskap och att själva processen är förankrad i kollegiet att man vill börja på den här processen.

Mall för vad man kan ställa för frågor till lärare som samlas in skriftligt.

- Vad finns det för olika problem på skolan? För att hitta förslag på vad man kan ha för problem på skolorna ta de olika visioner är lärandemålen som skolan har satt upp. Hur ligger vi till mot dem som redan finns?
- Varför når vi inte de mål som vi satt upp redan?
- Vad är grundläggande problem som skapar problem på andra områden? Alltså faktorer som verkar skapa fler problem på andra områden?
- Om du har listat flera problem, gör en prioritetsordningslista i mest akut /mest grundläggande. Prioritet kan behövas längs akuthet och hur grundläggande de är. Vad finns det för problem som akut måste lösas? Vad finns det för problem som måste lösas men bara kan göras på lång sikt?

Steg 3

Sedan samlas dessa svar in.
1. Lärarna får läsa varandras problembeskrivningar och hur dessa problem rangordnas i allvarlighet/prioritet.
2. Gruppdiskussioner
3. Förstelärare diskuterar också.
4. Komma fram till en samlad beskrivning. Förstelärarna/ledning och de som vill får vara med och skriva denna slutgiltiga version.
5. Kollegiet får sedan läsa detta utkast till problembeskrivning. De gör förslag på ändringar, det diskuteras i helgrupp där man kan komma med förslag.
6. Förstelärarna och ledningen tar tillbaka och reviderar för en slutgiltig version. Några sista små ändringar kan göras.

Detta är en gruppövning där det finns några saker att uppmärksamma.
- Hörs vissa mer än andra?
- Är det förgivettagna sanningar och samma gamla tänk som hamnar på papper?

- 1 eller 2 kan få rollen som djävulens advokat. Så att vilket förslag som en kommer fram ska de lägga fram en kritisk motbild.
- Otydliga och oklara modeord som få förstår vad de egentligen betyder bör vaskas bort, för att göra problembeskrivningen tydligare.
- Om man har ett samarbete med andra skolor eller skolor inom en koncern, stiftelse eller kommun så kan man dela med sig av problembeskrivningen för att jämföra med andras problembeskrivning.

Steg 4

Detta är ett levande dokument i att detta ska uppdateras efter man gjort en årlig utvärdering. Kvarstår problematiken? Har den ändrat karaktär?

2.2 Mål/Önskeläget: Koppling till skolans värdegrund, vision - vart vill vi.

Konkretisering med stöd från den kollektiva analysen av skolans situation. På skolor finns det ofta visions- och värdegrundsdokument som är grundat i skollagen och läroplanen. För att dessa dokument med olika ledord ska bli integrerad del behöver detta vara kopplat till en problemformulering. Skolans vision kan vara satt men det finns ofta behov konkretisering. Här det möjligt att konkretisering kan vara i kontakt med problembeskrivning. Konkretiseringen i önskeläget är att mejsla ut vad det skulle kunna vara för framgångsfaktorer som ska checkas av för bättre studieprestationer, exempelvis studieteknik, formativ bedömning, framgångsfaktorer för eleverna etc.

Steg 1
Hur ligger vi till i de olika målen vi har satt upp som skolan? Be lärarna att göra en analys.
Finns det flera mål vi bör sätta upp efter att vi gjort en ny problembeskrivning. Är det nya mål vi bör sätta upp. Att mäta hur bra en skola fungerar är väldigt svårt på grund av att man bara har olika indirekta

mått, det finns inga mått som ensamt fångar hur skolan ligger till. Vad som gör det extra svårt är att elevunderlaget förändras för varje år.

Olika mått man kan ta in att försöka förändra är för att få en mångfacetterad bild är:

- Antal timmar pluggade av eleverna. Viktigt mått för att hur mycket man studerar påverkar studieresultat och är också ett tydligt mått på motivation för skolarbete. Detta kan mätas med exempelvis enkäter lättast. Använder man sig av en reflektionsjournal där de ska uppskatta varje månad hur mycket de pluggar kan man använda det som stöd för att göra enkäterna.
- Antal timmar lästa. Läsning utanför skolan bör ses som en nyckelvana. Läsning har stora effekter på hur bra man kan tillgodogöra sig material och uttrycka sig skriftligt och muntligt. Detta kan mätas med exempelvis enkäter lättast. Använder man sig av en reflektionsjournal där de ska uppskatta varje månad hur mycket de pluggar kan man använda det som stöd för att göra enkäterna.
- Ordförråd hos 3orna. Kort test i ordförråd. Detta är lätt att jämföra över tid. Efter en tid går det också att se hur mycket ordförråd har ökat mellan 1an och 3an jämfört med vilka betyg de hade som intagning. Detta blir ett mått på den effekt man som skola har på eleverna med intagningsbetygen inkorporerat.
- Klassrumsklimatet. Hur är engagemanget på lektionerna? Hur fokuserade är eleverna på innehållet? Förslag på att mäta det skulle vara att lärarna skattar både kvalitativt och kvantitativt. Detta bör göras anonymt för intressekonflikten.
- Betyg. Betyg är en datapunkt som är bra om det finns en praktik av sambedömning på skolan och helst med andra skolor.
- Nationella prov.
- Framgångsfaktorer för studieteknik (Berglund, 2022). Hur mycket av de olika framgångsfaktorerna checkar eleverna av. Här finns det mycket data att samla in potentiellt.
- Reflektionsjournal om elevernas personliga och medborgerliga utveckling (Berglund, 2022).

- Jämföra exempelsvar över åren i kvalitet.
- Skojbråk i skolan - hur många gånger man som lärare stöter på skojbråk i korridorer.
- Lärares skattning av hur de själva lär ut, exempel självskattning utifrån olika faktorer som kan hämtas utifrån Haitties metaanalys exempelvis.
- Test av kunskaper som eleven har i slutet av varje år. Anordna testprov för alla ämnen. Detta är ett prov som är återkommande varje får för varje årskurs. Det blir ett sätt för en skola att mäta kunskapsskillnader över tid. Alla elever gör detta och man kan rätta ett urval av elever. För att underlätta den insamlingen kan man ha flervalsalternativfrågor. Detta test skulle vara på alla ämnen som inte har nationella prov. Det skulle kunna vara ett prov som visar hur mycket information som verkar ha satt sig i långtidsminnet för att man tar in allt som tagits upp under hela året. Dessa testprov som görs på elever i årskurs 2 och 3 kan med fördel ta in vad eleverna lärt sig tidigare år för att mäta ännu tydligare förändringar i långtidsminnet.
- Kursprov för att något bättre mäta förändringar i långtidsminnet.

Steg 2

Hur ska informationen om detta samlas in på ett effektivt sätt? Om insamlingen är för omfattande så kommer det skapa problem. Man behöver sikta in sig på några datapunkter man lägger till. Det finns dock en anledning att samla in mer datapunkter än man till en början hinner att analysera. Den data man har samlat in kan vara bra att ha några år framåt när man skapat en robustare process för att analysera skolutveckling utifrån olika varierade datapunkter.

2.3 Handlingsläget: Översikt över pågående projekt/interventioner/implementeringar på skolnivå.

Steg 1

Med nulägesbeskrivning, en uppdaterad önskelägesbeskrivning är man redo för att uppdatera olika processer i handlingsläge för att skapa förändring på skolan.

- Inventering av de projekt/interventioner och implementering som redan sker på skolan. Analys av hur dessa är kopplade till den nya problembeskrivningen och önskeläget.
- Inventering av olika saker man kan göra. Här göra men den första större systematiska insamlingen som finns förklarad närmare i avsnittet Idéinsamling. Här kommer lärarnas kunskaper att testas för att se vad de kollektivt kan hitta för olika lösningar. För att strukturera arbetet kan förstelärare ha ett större ansvar på skolan för detta. Olika böcker att tillgå är Hatties meta-meta-analys och Håkansson och Sundbergs Utmärkt Undervisning (2012) och Utmärkt Skolutveckling (2016)
- Beroende på hur ambitiös man är som kollegie kan man ge alla eller de olika arbetslagen i uppgift att skriva en egen analys

Steg 2

Den första analysen över handlingsläget som alla skriver gemensamt

- Identifera: problem, önskeläge och åtgärd för de olika problemen som har identifierats. Kopplingen mellan är det som är i fokus i analysen här för att handlingarna ska vara relevanta
- Skapa ett gemensamt dokument.

2.4 Nuläget, önskeläget och handlingsläget samlat

Steg 1: Skapa den samlade lägesbeskrivningen

Lägg ihop problembeskrivning, visioner och handlingsplaner till ett gemensamt dokument. Detta kommer att presenteras för kollegiet med utrymme för revideringar. Efter det har man sen en samlad lägesbeskrivning som har stora chanser att vara väl förankrat beroende på om diskussionerna kunnat så mycket av förgivettagna sanningar, maktordningar och vaga ord hållits borta.

Synliggör i 3 steg vad skolan kommer fram till. Ett exempel är en tabell för att skapa översikt. Sedan är exempelvis en powerpoint något som kan förtydliga ännu mer.

Nuläget: problembeskrivning	Handlingsläget:	Önskeläge: både delmål, slutmål och processmål.
Problem 1		
Problem 2		
Problem 3		

Steg 2: spridning av lägesbeskrivningen i KMS

För att lägesbeskrivningen ska inkorporeras i resten av KMS bör dessa steg tas.

- I nästa avsnitt föreslås att man bör upprätta en plats där kunskap lagras och samlas in i mappar efter olika områden som bedömning, läs- och skrivstrategier, spelifering etc. De åtgärder som kopplas in till dessa områden bör ha ett dokument där det skrivs ut hur detta område kopplas till lägesbeskrivningen.
- Skapa debatt-trådar för de olika problemen som identifieras. Målet är att det skapas en pågående debatt i organisationen som är skriftligt. Dessa olika debatt-trådar kan skapas utifrån områden i lägesbeskrivningen. Har exempelvis formativ bedömning identifierats som ett område att utveckla bör en diskussionstråd vara om just formativ bedömning och vad det är mer specifikt som skapar det störstas effekterna. Detta mot bakgrund att meta-meta-analysen av formativ bedömning så är det någon som får lite över snitt på interventioner. Detta är för att viktiga modererande faktorer som bestämmer hur väl formativa bedömning som praktik faller ut.

49

- Länk in i lärarens individuella reflektioner. Den individuella läraren ska fundera ut vad den ska göra för att förhålla sig till det som bestämt som alla ska göra. Hur ska jag praktiskt lösa det? Läraren kan göra en lägesbeskrivning för sig själv som ska ta in skolans lägesbeskrivning. Här finns det plats för att den enskilde läraren med sin autonomi och professionella bedömning ska lägga till egna utvecklingsområden etc.
- Lägesbeskrivningen ska in i arbetslagets arbete också. Hur nås målen inom arbetslaget?

Steg 3: implementeringen

- Börja implementera de olika satsningar/interventionerna man bestämt sig för. Bestämma mål/framgångsfaktorer och sätt att mäta på olika sätt för den specifika interventionen.
- Halvlånga iterativa cykler menar Håkansson och Sundberg är bäst för att följa upp och utvärdera (2016). Årsbasis brukar dessa ofta bli, speciellt om man som kollegie är ovan vid att jobba iterativt. Tempot i iterationen kommer att öka med tiden, hellre att börja något långsammare och bygga upp momentum över tid.
- Utvärdera. Står problemet kvar? Har det ändrat karaktär? Har processmål i organisationen nåtts? Har delmål och slutmål nåtts?
- Anpassa och börja om den iterativa processen.
- Effekter av olika projekt kanske först syns när det är andra projekt som komplimentera de projekten. Man kan därför behöva vänta med utvärdering, eller göra utvärderingen att vi behöver få igång denna satsning för att veta om vi ska ändra den andra satsningen. T ex kan läsintervention fall dåligt ut om eleverna har väldigt dåliga studievanor generellt, som gör att man måste genomföra en systematisk satsning på studievanor först innan läsvanor kan ändras på skolan.

Vid implementation: ansvarsfördelning och skapande av kurser
- För att komma igång kan behöva skapa ett system av att någon som får ansvar för att driva någon förändring, t ex formativ bedömning, användning av digital plattform bättre, studietekniker.

- Skapa inlämningsdatum och checklistor. Vissa skolor har plattformar där man kan skapa kurser med inlämningar, uppgifter för medarbetarna. Dessa kurser är i sig en del av KMS som gör att man börjar lära varandra på ett systematiskt sätt och har kommit en lång bit från bara inspirationssamtal. Med skapande av kurser för varandra som är förankrade blir förväntningarna på varandra tydliga.
- Följa upp kurserna. Det är möjligt att skapa olika nivåer för att lärare kan vara på olika nivåer. Annars finns det risk att man upplever att man lägger tid på en kurs och göra uppgifter som man redan kan och det bara blir en meningslös ritual.

3. Gemensamt arbete inom kollegiet

3.1 Lagring av kunskap

Lagring av kunskap av olika slag är centralt för en organisation som kan delas in i främst två delar: det upptäckande eller explorativa arbete, och användning eller exploateringen av kunskapen som finns. Med hjälp av effektiv lagring i KMS förtydligas det explorativa arbetet på grund av att man som lärare kan upptäcka och lära sig om vad som finns inom organisationen lättare. Exploaterande av kunskapen som finns inom organisationen blir också lättare för att det finns samlat på en plats som gör att man kan mobilisera kunskapen för olika satsningar. Man kan samla kunskap som kan vara tyst/tacit, vara fragmenterad. Det visar för organisationen själv vad man har för kunskap.

Upprätta en mapp digitalt exempelvis i Google Drive som sedan döps till exempelvis Pedagogisk utveckling: plan, forskning och idéer. Där samlas alla idéer och forskning i olika kategorier och mappar med någon form av ansvar hos några kring att uppdatera och kurera. Här lägger in kunskapsinnehåll: länkar, kapitel, inskannade, recensioner.

Nedan följer förslag på mappar som kan upprättas.

Meta-mappen/Översiktsmappen/skolutveckling

- Översikten. Här läggs nuläge, önskeläget och handlingsläge-beskrivningen.
- Dokument för uppföljning av de olika problemen och interventionerna. Vad är lägesbeskrivningen? Sker det förbättringar? Hur går implementeringen? Allt samlat i ett dokument. Det kan exempelvis vara förstelärare som har ansvar för att samla in data av både kvantitativ och kvalitativ art kring hur det går.
- Denna mapp är en samling för forskning om skolutveckling.
- Insamling över alla metoder som används på skolan. Hur mycket används dem? Är de framgångsrika. Översikt över alla undervisningsmetoder som finns tillgängliga. Dokument med lista på olika aktiviteter och metoder för olika ämnen samlade i ett dokument. Länk till någon sida som tar upp styrkor, svagheter, risker, möjligheter, effekt. T ex skapa strukturen utifrån de olika faktorerna som Hattie tar upp.
- Samlande av reflektioner från lektionsbesök. Vad bygger kollegiet för bild genom dessa lektionsbesök? Vad verkar bli bättre?

Bedömning och återkoppling

Ämnesövergripande undervisning

- Forskningen kring ämnesövergripande undervisning: möjligheter och utmaningar, risker (fallgropar att se upp för).

Demokratiuppdraget

- Demokratibank: inventering av allt som görs på skolan mot demokratiuppdraget
- Aktiviteter för elevrådet,

Specialpedagogik och individanpassning

- Hur gör man i olika ämnen.

Mentorstid/fostransuppdraget

Studeistrategier och studievanor

Läs - och skrivutveckling

Fysisk och psykisk hälsa

Digitalisering och blended learning

Lärarskapet: relation, kommunikation, ledarskap, förväntningar, trovärdighet, retorik

Spelifiering, lekifering: hjärnan vill ha roligt

Estetiska aspekter

- Ex: reflektioner från Lars Strannegårds presentation om det estetiska i utbildning

VFU-mappen

Skolkultur: normer, likvärdighet, antiskol, antipluggnormer

Relationer och samtycke

Samarbeten med andra skolor

- Vad görs? (E-twining, MEP, resor etc) Vad skulle mer kunna göras? Exempelvis ordna ett nätverk med skolor som kan vara till grund för ett ämnesmöte som är över skolor (utanför stiftelsen också för att t ex få bättre koll på bedömningen i ämnen som t ex samhällskunskap där inte finns lika mycket stöd).

Strukturen för mapparnas innehåll:

- Mål: var vill vi på detta område och varför? Koppling till läroplan och uppdragen där i kombination med praktisk erfarenhet och ny forskning.
- Idédokument - detta kan testas och förbättra det vi redan gör. Idéer att inkorporera på egen hand
- Bank: inventering av vad vi gör just nu. Hur är detta kopplat till mål vi har?
- Länkar till forskning - dokumentet.
- Större förslag-mappen: lägg in mer grundade förslag och exakt hur det ska utformas, exempelvis större interventioner som ska pågå under längre tid: exempelvis satsning på demokratiuppdraget i demokratimappen.
- Interventioner vi gör just på detta område just nu och vilka andra.
- Övriga dokument och mappar som kan skapas: där syftet med dokumentet beskrivs i toppen och någon struktur ges så att det är lätt att bygga vidare på det arbete någon påbörjar.
- Dokument där olika diskussioner läggs in. En loggbok över olika diskussioner som hållits på det området på personalmöten, konferenser, fortbildning och ämnesmöten.

3.2 Idéinsamling

Ofta finns det inom ett kollegie idéer kring hur saker kan göras bättre precis som det finns sprid förståelse av olika problem och utmaningar på skolan. Dock kan dessa idéer försvinna, gå miste om, om man inte formaliserat processen för idéinsamling och idéproduktion. Det kan på skolor finnas delar av detta i att man ibland får ge förslag på idéer man har, men det blir oklart hur dessa fångas upp. Framför allt tenderar idéer att hålla sig inom arbetslag eller att det går rakt till ledningen. Det finns ofta inget mellanläge som gör att man kan få snabb överblick över olika idéer som finns i kollegiet och skapa en diskussion om vilka idéer som är bättre eller sämre.

Formen för idéförslaget kan formaliseras till vad som beskrivs nedan för att skapa så bra förslag som möjligt. Syftet är att förslaget ska vara någorlunda genomtänkt men samtidigt vill man inte skapa en för hög tröskel för att lägga in ett förslag.

- Problemformulering: vad ser man som problem som man vill lösa?
- Förslag på lösning/åtgärd: vad exakt ska göras?
- Har liknande gjorts? Vad har saknats då? Vet du om liknande gjorts tidigare i organisationen? (Detta finns inte ibland vetskap om på grund av det organisationella minnet är fragmenterat, tyst hos olika individer i organisationen).
- Forskningsanknytning: hur utformas det bäst?
- Finns det något som redan görs på skolan som detta kan kombineras med? Förändringar av beteende och praktiker görs ofta lättast om man bygger på något som redan sker i en organisation.
- Görs inte detta alls och kräver en större ändring i riktning? För att inte alla förslag ska förstärka en vägbundenhet som är i det stora hela dåligt och också uppmuntra förslag som kan vara vägändrande bör detta också finnas som fråga.

Dessa idéer skulle kunna samlas i t ex Google classroom, canvas diskussiontråd eller annan plattform där man kan göra inlägg på inlägg, syftet ska vara att synliggöra de idéer som kommer in så att det är möjlig att få överblick. Vissa företag har praktiken att man får rösta på vad man tycker om förslaget om det bör utredas och diskuteras mer. Detta kan fungera på väldigt stora företag men kan minska viljan att komma med förslag på mindre organisationer troligen. En annan lösning är att man har ett möte där man diskuterar de nya idéer som inkommit. Diskussion kopplas till den lägesbeskrivning som finns. Är dessa idéer lämpliga att just nu försöka förverkliga? Går det ihop med något annat vi redan försöker göra på skolan som denna nya idé kan förstärka?

3.3 Forum att diskutera forskning och undervisningen på skolan

Upprättande av forum för diskussioner om forskning om undervisning är till för att skapa en forskningsankytning. För att leva upp till ett idealet om vetenskaplighet och beprövad erfarenhet behöver forskning vara något som integreras i det vanliga arbetet. Detta för att förhindra att man förlitar sig på det man lärde sig under sin lärarutbildning eller att överskatta någon studie/bok man läst som kanske inte ger hela sanningen. Jobbar man heller inte systematiskt i grupper med exempelvis seminarier är det lätt att tro att ens tolkning som man gör av forskning är den som är bäst. Med möten i kollegiet om forskning synliggörs ens kunskapsluckor, missuppfattningar och bristande förståelse lika mycket som när man använder sig av seminarieformen inom högre utbildning både för forskare och studenter, och hjälper dem att tänka klarare. Seminarieformen stärker därför skolans KMS. Ett problem är att forskningscirklar, seminarier och lektionsbesök med återkoppling kan bli för muntligt betonad. Det gör att det är svårt att gå tillbaka vad som har sagts. Därför behöver dessa aktiviteter att dokumenteras digitalt på rätt sätt. Att ligga när forskning är centralt för att KSM som upprättas inte ska bli ett system i spridande och skapande av okunskap och missuppfattningar.

Forskningscirklar

Forskningscirklar är något som man på en skola kan ha. Ett vanligt upplägg är att tillsammans läsa en bok som man sedan diskuterar. Man kan exempelvis dela upp en bok mellan sig och alla får i uppgift att skriva en sammanfattning av det kapitlet. Dessa sammanfattningar och diskussionen som sker sen kan dokumenteras och läggas in i relevanta mappar. Detta är underskattat och underanvänt i svensk skola där man förlitar sig för mycket på inspirationsföreläsningar. Den pengen som skulle gått till fortbildning kan användas för att köpa in massor av böcker varje år från den senaste forskningen. Någon på skolan bör göras ansvarig för detta som då har större ansvar att hänga med i forskning som sker. Att förlita sig på sammanfattningar från Skolverket fungerar inte på grund av att dessa flera gånger visat sig brista. En lärare kan förväntas läsa åtminstone 10 böcker per år som är kopplat till dess yrke. Här kan man också balansera mellan böcker som är rent pedagogiska och böcker som är användbara för det specifika ämnet man undervisar i som lärare.

Lektionsbesök och reflektion

Skapande av kunskap kan ske genom lektionsbesök som är en av de metoder som har bäst effekt på att brett förändra hur man jobbar som lärare, det ökar det sociala kapitalet och får samtidigt humankapital att spridas (Håkansson & Sundberg, 2016). Detta tror vissa behöver vara väldigt omfattande och tidskrävande men det finns upplägg som är mer minimalistiska för att ändå få en effekt på undervisningen. Reflektioner och medskick skulle kunna samlas i en mapp/dokument som fylls på med olika insikter.

- Du som lärare som tittar skriver in en kommentar, du som undervisande gör det också.
- Den individuella läraren skriver in reflektioner och de andra lärarnas feedback i sin egen reflektionsjournal.
- Detta arbete kan förstärkas om man inte kommit fram till olika framgångsfaktorer. Dessa lektionsbesök skulle också vara en grund för att lägga till eller ändra framgångsfaktorer som man satt upp för sig själv som lärare.

Diskussionsforum/diskussionstrådar

Synliggöra debatter och olika tolkningar som finns på en skola genom att skapa diskussionstrådar. Exempelvis i Google classroom eller Canvas diskussionfunktion. Man skulle kunna diskutera frågor som det finns olika sätt att tolka. Ett kollegie är ofta överens om att exempelvis formativ bedömning är något bra, men exakt detaljerna i forskningen om vad som gör att formativ bedömning fungerar och vilka mer specifika detaljer som är det som skapar det största effekterna.[10] Det kan också vara mer kontroversiella frågor som kan behandlas, t ex frågan om det finns inlärningsstilar eller om det bara finns inlärningspreferenser (Willingham, 2018).[11] Dessa diskussionstrådar skulle kunna göras i samband med seminarierna där man får läxa att också skriva in reflektioner från seminariet.

3.4 Arbetslagens utveckling

Arbetslag har som syftet att öka samarbetet mellan lärare som jobbar med antingen med samma elever eller samma ämne. Arbetet här ska kopplas till de andra processer som sker på skolan. Ämneslag möjliggör utveckling av ämnet med frågor som likvärdig undervisning och bedömning blir centralt, men också att förbättra olika sätt hur ämnet förstås av eleverna.

Många idéer och diskussioner stannar lätt inom arbetslagen som gör att resten av kollegiet missar dessa idéer.. Arbetslag sitter ofta när varandra också som gör att många informella diskussioner blir muntliga, och inte nedtecknas. Förslag på dokument som skulle kunna upprättas:
- Reflektioner i ämnet, iakttagelser allmänt. Syfte är att ha ett ställe där man kan teckna ner tankar som gör att man börjar skapa ett kollektiv tänkande.

---

[10] Frontiers in Psychology, "Social Relations, Structural Holes, and Creativity: Evidence From a Field Study," 2019, hämtad från https://www.frontiersin.org/articles/10.3389/fpsyg.2019.03087/full

[11] Daniel Willingham, "Some New Data on Learning Styles," 2018, hämtad från http://www.danielwillingham.com/daniel-willingham-science-and-education-blog/some-new-data-on-learning-styles

- Forskning kopplat till ämnet. Ta fram forskning, få koll på vad ämneslaget lärde sig om ämnesdidaktiska frågor från sin utbildning som kan skilja sig beroende på när man gjorde sin utbildning.
- Lägesbeskrivning för ämnet eller arbetslaget. En del av skolans större lägesbeskrivning kan kopieras, men troligen finns det aspekter som är mer i fokus i vissa ämnen som man trycker på i den egna. Detta skulle kunna skapa en översikt och konkretisering över utvecklingen som sker inom ämnet på skolan.
- Mötesprotokoll som kopplas till lägesbeskrivning.

4. Processer för att KMS införlivas i det vardagliga arbetet

4.1 Underhållning av KMS

Alla skolor har något form av KMS men det är vanligt att dessa system kan bli bortglömda och sällan uppdateras, exempelvis några mappar som ingen tittat i sen de skapades. Det gör att informationen som är där inne är inte särskilt användbar för kollegiet. Det behöver skapa en process är KMS hela tiden underhålls, där kunskap samlas in, används och uppdateras. Underhållning av KMS kan skapas på några olika sätt som kategoriseras efter push, pull och nudge metodiken (Hargreaves & Fullan, 2012). Push är kravställningar och ansvar. Pull är incitament, motivation, vision och erkännande. Nudge är hur valarkitekturen i KMS stödjer att göra rätt och göra bra, uppmuntrar till goda beslut i det vardagliga arbetet med små förändringar.

Push: kravställningar och ansvar
Lägesbeskrivningen
Detta är kollegiets gemensamma ansvar att bidra till när det skrivs och uppdateras för varje år. Lämpligt är att ansvaret för upprättande ligger på de som är ansvariga för det pedagogiska ledarskapet på skolan som ofta idag är ledning och förstelärare.

Lagring av kunskap
- 1-3 personer har ansvar för utvecklingen av en viss del av KMS. Dessa 1-3 personer har till exempel ansvar för en mapp. De ska se till att den uppdateras med forskning, att det kommuniceras ut att förändringar har gjorts. Här får man anmäla sig till ett område man är intresserad av att jobba lite mer med. Ofta har förstelärare en specifik inriktning som kan utnyttjas här i att exempelvis en förstelärare i formativ bedömning får huvudansvar för underhållet av den mappen och kommunikation om ändringar som görs där.

Hur ofta ska det uppdateras? Vad ska in? Några förslag på hur ofta:
- 4 gånger om året kan vara rimligt.
- Olika delmål för vad mapparna ska innehålla. 1. Sätt in de stora målen och hur dessa kopplas in din mapp. 2. Samla in böcker som kollegiet vet om detta område för att skapa en litteraturlista. 3. Vad finns det för hemsidor på området. 4. Samla in debattartiklar på ämnet. 5. Varje ansvarig ska ta ut hur man utvecklar området bäst utifrån översiktsböcker, som Håkansson och Sundberg, Hatties metaanalys etcetc. 6. Hur går det i arbetet med detta område? Samla in kvalitativa och kvantitativa data från kollegiet. För att göra detta lätt kan man skapa mallar för detta i Google formulär eller liknande. 7. Läsa ny bok eller forskingsartikel på ämnet. Kurera nya forskningsartiklar, artiklar eller böcker att läsa för kollegiet.

Idéinsamling
- Inga krav på att komma på idéer, men krav att man måste på något sätt visa sin åsikt om någon annans idé.
- Eller krav på att komma på 2 idéer om året eller nya problemformuleringar. Nya problemformuleringar kan vara givande för andra att komma på lösningar.
- Någon är ansvarig inom kollegiet att försöka fånga upp idéer och fråga sig runt?

Forum för att diskutera forskning och undervisning

- Någon ansvarar för att kurera innehåll? Ansvara för att rama in/problemformulera något som ska diskuteras.
- Delta i diskussionerna genom att gilla/lika att man gillar någon annans inlägg. Eller komma med något tillägg själv.
- Utföra uppgifter som finns i forskningscirklar - exempelvis att läsa det som man bestämt att man ska läsa. Kravet att sammanfatta ett kapitel är kopplat till en pullfaktor att söka erkännande från kollegiet som ökar motivationen.
- Göra lektionsbesöken och skriva in digitalt vad ens tankar var.
- Ansvarig för att hålla kolla på forskning som sker (CSO -cheif science officer om man så vill)

Arbetslagens arbete
- När arbetslagen har ofta någon ansvarig för arbetslaget, den får också ansvar för detta arbete, eller så kan man tänka att det är lämpligare att det är en annan i arbetslaget som får det ansvaret för att inte belasta en lärare för mycket.
- Upprätta lägesbeskrivning för arbetslaget.
- Läsning av forskning x antal gånger om året, kortare och längre texter. Texter som är kopplade till lägesbeskrivning.

Individuell reflektion
- Krav bör ställas kring reflektioner i lärarens individuella reflektionsjournal. Olika checkpoints under året som är kopplade till aktiviteter som görs på kollegienivå.
- Krav kan på inlämningar kan göras via skapande av kurser i en skolplattform. Canvas tillåter detta.

Kommunikationen om vad som sker
- Ansvarig i arbetslaget för att kommunicera kort vad som skett det senaste kvartalet, speciellt tillfälle vid större projekt.
- Ansvarig för vad som skett i en specifik mapp som t ex studiestrategier.

- Ansvarig för att dela forskning i någon kanal, t ex kurering av forskning som kommer ut i veckomail till kollegiet från ledning och förstelärare.
- Rapportering kring hur det går med olika projekt/satsningar/interventioner på skolan.

Pull: incitament, vision, erkännande

Organisationer behöver drivas med pullfaktorer.
- Incitament- vad man bidrar till KMS ska leda till löneskillnader. Företag pratar om att lokalisera vilka som är "originators" av en idé och vilka som drivit den. Arbetet som läggs in i KMS bör belönas för att det är viktigt. Skickar signal om att det är viktigt.
- Vision och delat ledarskap. Är det förankrat bland kollegiet att det är något bra? Leder till att det blir ett bättre skolutvecklingsarbete på skolan? Känner man ett ökat ägande för skolans utveckling? Om inte detta skapas är det troligen någon aspekt som är fel i appliceringen.
- Erkännande: Fullan mf (2011) går in på vikten av att få igång positiva spiraler av sökande efter kollegors erkännande som kompetent. Erkännande för arbete som görs i KMS behövs utöver lönekuvertet. Erkännande kan också skapas gentemot andra skolor om man känner att man sprider det man gör till andra skolor. Detta erkännande skulle kunna göras att man har andra skolor som göra samma implementering så har man en konferens mellan skolorna där man jämför det arbete man gjort i sitt KMS. Här finns det också chans för ännu större spridning av kunskap.

Nudge: Nudge är hur vår valarkitektur påverkas. Hur gör man det lätt att göra rätt med detta KMS? Hur gör man det svårt att göra fel eller missa saker som man förväntas att göra?
- Stöd ett mappsystem för lärarna som gör att de har översikt över vad som sker i organisationen.
- Skapa checklistor och planering för när saker ska göras. Ge tid för att planera in när man ska göra detta.

4.2 Kommunikation kring vad för kunskap som utvecklas, samlats in, ändrats, spridits, använts.

Ett problem som uppstår med lagring av kunskap på skolor och i andra organisationer är att man inte har en översikt över vad som ändrats. Man får inte tydlig känsla att det är saker som ändras, förbättras. Insamlingen och nyttjandet av kunskapen blir osynlig för kollegiet. Om detta arbete inte görs synligt kommer det vara svårt att bygga motivation och energi runt KMS. En pullfaktor som att få erkännande av andra kollegor som kompetent minskar om det arbete man gjorts inte synliggörs. Här nedan följer förslag på vad man kan göra för att synliggöra genom en kontinuerlig kommunikation över hela organisationen om vad för ändringar som görs i KMS:

* Uppdateringar om att något har förändrats skulle kunna synliggöras genom att de ansvarig för olika delar av KMS skriver en uppdatering i någon form av digitalt och fysiskt rum. Digitalt i form av en chatt eller Gail tråd. Valet av detta är för att det ska vara nära ett eller inne i ett verktyg som man jobbar med varje dag. Att lägga uppdateringarna på någon sida som man aldrig annars är inne på ökar chansen att man inte går in på den sidan. Vissa organisationer har Microsoft teams, man kan där ha en chatt som bara är till för sådana uppdateringar. Chattfunktionen kanske är bättre för att i stället för att man får ett mail varje gång, får man en notifiering i vänstra hörnet med de andra chattarna när något har uppdaterats. Kanske mejl är bättre att hålla sig till delvis med tanke på att det är man van vid? Risker finns med en chatt. Dessa risker är att den används för mycket eller för lite, eller överanvänds av vissa. Detta skulle kunna förhindras med att det finns förväntningar och lite chattregler (skriv inte mer än en gång i veckan osv om man är supersugen på att hela tiden dela med sig). Används den för lite så fanns inte intresset, men kanske några använder den mer. Här skulle någon uppdatering ibland av förstelärare och ämnesansvariga kunna göras när något nytt lagts upp för att ha en lagom kontinuitet i chatt-tråden eller mailtråden

och samtidigt fungera som en signal på att saker uppdateras i Drive-mappen.

- Förslag på uppdateringarnas utformning: "10 nya förslag på förbättringar av skolan har kommit in den senaste månaden", nu har nya metoder i formativ bedömning lagts in i bedömningsmappen, en är t ex …"
- Det bör också synliggöras på exempelvis personalmöten, möjligen i ett urval. Personalmötet kan också avsätta tid för att man tillsammans går in och kollar på det som lagts in i KMS på sistone som kan vara en grund för diskussioner eller omplaneringar.

5. Lärarens strukturering och individuella reflektioner

Hur gör man lärare till experter? Psykologen Anders Ericsson har forskat på vad som skapar experter i olika domäner och menar att forskning på området pekar åt att gemensamt är tid och att hamna i tillståndet av "målmedveten träning" (eng deliberative practise) (Ericsson mfl, 2019). Målmedveten uppnås när man har hög grad av fokus, tydliga mål, snabb återkoppling, bryter ner uppgifter i mindre delar och är utanför sin bekvämlighetszon (Ericsson mfl, 2019). Begreppet målmedveten träning kan rikta blicken bort från hur ofta den bästa utvecklingen sker i grupper där man lyckas tillsammans integrera målmedveten träning som en gemensam praktik. Det gör att man som kollegie kan ge varandra återkoppling, förtydliga varandras mål, pusha varandra utanför sin bekvämlighetszon. Här ges förslag på verktyg som den individuella läraren ofta har i någon form av utsträckning.

5.1 Förslag på mappstruktur för läraren som kopplar till resten av KMS

- Lärarens olika ämnen
- Personlig utveckling

- Undervisningsmetoder för alla ämnen. Ofta har man samma metoder med olika vinklar i olika ämnen. För att skapa en översikt hur man jobbar med olika undervisningsmetoder kan man ha en generell mapp för det. Detta kan underlätta delningen av olika metoder över ämnesgränser.
- Genväg till skolans mappar.
- Genväg till arbetslagets och ämnesmappar som man är lärare i.

5.2 Checklista och planering för målmedveten träning

Jag har tidigare varit inne på att KMS drivs med push, pull och nudgefaktorer. En kravställning är att man planerar utifrån en checklista som synliggör vad som behöver göras på kort sikt, lång sikt och vad man satt upp för processmål (vad man ska göra varje dag eller vecka) och substansmål (resultat av processerna). Ligger planeringen och checklistan för det dagliga arbetet på samma sättet som de större målen, kan de bli en påminnelse om var man är på väg. Här nedan är ett förslag som man kan göra i ett Google tabell med en enkel tabell.

Härnäst	Lång sikt	Processmål/större mål
☐	☐	

5.3 Framgångsfaktorer - självskattning utifrån exempelvis Hatties faktorer.

Framgångsfaktorer har stark effekt på elevers lärande för att det synliggör vad man ska jobba på. Liknande effekter finns troligen när lärare själva använder sig av den metoden. Finns även en vinst som gör att lärare kommer bli bättre på att använda sig av framgångsfaktorer som metod när de själva använder den. Dessa framgångsfaktorer skulle först kunna göras på kollegienivå och sedan kan man lägga till de man själv vill jobba med.

5.4 Självskattning på skala med kommentar utifrån Hatties faktorer

Ett sätt att stödja självreflektion på ett systematiskt sätt är att utgå från Hatties 150 faktorer som är kopplade till vad läraren och skolan skapar hos eleven. Det skulle var en självskattning som är ungefärlig så klart man kan vara en grund för en diskussion om hur man ligger i de olika faktorerna. Malen här under skulle kunna användas för de alla faktorer som är relevant där man först skattar sig vad man får för påverkan på elevernas beteenden just nu i klassrummet och sedan en kommentar som motiverar och reflekterar kort kring varför det är så. Om hela kollegiet skulle man kunna diskutera och jämföra hur var man ligger i olika faktorer. Skolan kan också samla in alla skattningar för att få en överblick över var kollegiet upplever att de ligger i olika faktorer. Det kan vara ett underlag för det kontinuerliga jobbet med lägesbeskrivningen för skolutvecklingen på skolan. Viktig för diskussionerna och skattningen är att man 1 vet vad de olika faktorerna innebär och inte, 2 att man diskuterar konkretiseringar av 1-5 så att man skattar sig på liknande sätt. Exempelvis 1-liten uträckning, undermåligt. 2 Viss utsträckning/skapligt, 3. Ganska systematiskt/ god nivå. 4. Systematiskt, hög lägsta nivå/utvecklad. 5. Eleverna är väldigt ofta högt i dessa fatkorer/ du som lärare är ofta i högsta nivå. I bilaga 1 finns en PDF med de olika faktorerna som är relevanta för läraren att självskatta.

Faktorer	Effektsto rlek	1	2	3	4	5	Kommentar

Lärarens individuella utveckling genom en reflektionsjournal

Syfte med en "reflektionsjournal" för läraren är att stödja reflektioner kontinuerligt. Det skapar en tydlig koppling mellan den individuella lärarens kontinuerliga reflektioner och reflektioner som sker i kollegiet.

Det blir en plats att samla tankar under längre tid för att underlätta reflektion över tid. Det finns olika ambitionsnivåer man skulle kunna lägga den på, men det ska inte vara något som känns övermäktigt eller belastande. Vad är skillnaden mot att reflektera ibland bara i huvudet? Möjlighet att stödja minnet, externaliseringen av tankar och att tvingas att skriva ner det kan göra att vi får distans till tankar och vi tvingas tänka tydligare när vi skriver. Det är också ett sätt att skapa innehåll till att dela med sig av reflektioner och kunskap med kollegiet för att göra den tysta kunskapen/reflektionen till synlig för varandra. Skulle kunna vara också något att visa som förebilder för eleverna om vi skulle jobba med loggböcker med eleverna. Prompts/frågor/övningar som stöd för den individuella lärarens tänkande och reflektioner skulle man kunna komma på tillsammans. Detta blir en utvidgning och förstärkning av utvecklings/lönesamtal som finns på skolor. Loggböcker om det görs tillsammans kan bli något roligt att jämföra sina reflektioner med varandra. Här nedan kommer förslag på frågor och övningar:

Tabell för att synliggöra vad man vill jobba med.

Nuläget: utvecklingsområden	Handlingsläget:	Önskeläge: både delmål, slutmål och processmål.
Problem 1		
Problem 2		
Problem 3		

Lägg in en länk till ett dokument med de olika Hattie-faktorerna som man självskattar.

- Vad är dina övergripande reflektioner efter att ha gjort självskattningen?
- Vad är orsakerna?
- Vad kommer kunna förbättra? Är det något som jobbas med skolnivå som skulle stödja det?
- Är det något du saknar för att kunna få större effekter av din undervisning?

Rubrik i dokumentet där man samlar mindre reflektioner från dag till dag.

Om du skulle hålla en presentation för lärare på en konferens, vad skulle du vilja ta upp? Varför? Skriv lite om vad du skulle säga.

Om du skulle ha en VFU student, vad är det 10 viktigaste tipsen du skulle ge den studenten?

Reflektioner som görs varannan månad. Hur har det gått med vad du jobbat med? Varför har det gått som det gått? Vad kommer du vilja göra annorlunda de kommande 2 månaderna?

6. Kollegiets relation utåt

6.1 Samarbete med elever och föräldrar

Elever används av skolor som källa till information och som en grund för utvärdering av hur skolan presterar. Det kan vara genom betyg, utvärderingar av eleverna. Hur kan eleverna bli en del av KMS? Här nedan kommer några förslag:

Utvärderingar

- Utvärderingar av kvantitativ och kvalitativ natur för det är erkänt skapar bäst förståelse. En tendens som finns på vissa skolor är att förlita sig för mycket på enkäter. Med utvärderingar får man också se upp som organisation att fenomenet utvärderingströtthet kan uppstå, t ex bland elever som får svara på för många enkäter utan att se en tydlig koppling till förändringar i deras undervisning.
- Fokusgrupper - elever som bjuds in att diskutera olika problem i skolan. Detta leds av en lärare som har förmåga att leda fokusgrupper som gör att alla kommer till tals och kan stödja en belysande diskussion i rummet.

- Skapa kommittéer av elever som också får ge förslag på olika problem och komma med problemformuleringar. Detta är ett sätt att skapa känsla av ägande av skolutveckling även hos eleverna. Vilka elever skulle ställa upp på det? Som grund skulle man ha elevrådet och elevkåren. Ett annat förslag är att samla grupper av olika med studiemotivation som kan ge olika bilder av skolan.
- Eleverna kan ha en reflektionsjournal där de ska fylla olika mål som de sätter upp för eleverna vad gäller exempelvis studievanor och personlig utveckling (Berglund, 2022). För att följa beteende över tid, t ex hur mycket eleverna läser, pluggar så kan man be dem att fylla i vecka för vecka som en del i deras personliga utveckling att synliggöra deras egna beteende. Utifrån detta kan man som övning be eleverna fylla i ett Google formulär där det ska besvara frågor kopplade till vad som mätts. Detta skulle möjliggöra att man kan följa centrala beteende som hur mycket eleverna pluggar, hur mycket tid de lägger ner på egen läsning och graden av fokus de har haft under veckans lektioner. Google formulären ska vara anonymiserade för att den databas som samlas in ska förhålla sig till GDPR bestämmelser och informerat samtycke hela tiden. Reflektionsjournalen är också en möjlighet att få in mycket olika kvalitativa berättelser. Man kan be eleverna skriva om sina upplevelser av olika aspekter av skolan i formativt reflekterande syfte. Detta kan man be elever också lägga in i Google formulär exempelvis. Detta skulle gör att man snabbt få in olika betraktelser av skolan. Detta skulle kunna fördjupa kunskapen om vad som sker på skolan. Exempel på frågor som kan vara av intresse på skolor kopplat till trygghet är: upplevelser av skojbråk, upplevelser på sociala media, relationen mellan årskurser, rasism, kränkningar och trakasserier. Vissa av dessa ämnen skulle vara känsliga att ha en reflektionsjournal som är kopplad till eleven, så vissa frågor bör ställas bara i anonyma Google formulär.

Eleverna som resurser för varandra och skolan

Elever används för lite som resurser för varandra och skolan i att skapa olika former av läromedel för varandra både inom en skola och över skolor. Bristen på detta gör att elever känner mindre delaktighet i det skolan skapar. Får inte eleverna chans att skapa material för andra som kommer till användning spär det på ett självfokus att utbildning bara är till för dem själva, när syftet också är att de ska vara värde för andra och samhället som produktiva och innovativa medborgare enligt Lgy22. Förslag på vad man kan göra med eleverna:

- Gymnasiearbetet sammanfattas populärvetenskapligt på 2 sidor, som sedan läggs ihop till en årlig tidskrift som trycks i 5 kopior till biblioteket, och finns digitalt exempelvis.
- Stödjande av skoltidning. Skoltidning blir i sig en plattform där elever kan mötas och lära av varandra. Det blir en till datapunkt som kollegiet kan ta in när de driver skolutvecklingen.
- Crowdsourcat skapande av böcker av elever. Böcker på olika teman: essäer de fått skriva, noveller, dikter, rapporter om ett specifikt ämne tips för ett gott liv. Om skolor använde eleverna till detta skulle svenska skolors elever producera mängder av böcker av varje år. Det skulle kunna bli en egen genre, crowdsourcade böcker på elevnivå. Detta skulle stödja läskulturer för det skulle bli en social komponent att läsa vad andra elever skrivit, i en snygg förpackning av en bok. Försöken att göra detta med bloggar har sämre estetik än att samla det till böcker. Skapande av böcker skulle kunna ledas av några lärare på skolan som kommer ha ansvar för att samla in texter och vara redaktörer. Böckerna skulle kunna vara på massor av för eleverna relevanta teman som de skulle få läsa och skapa nya reflektioner på t ex i sin reflektionsjournal (Berglund, 2022)
- Eleverna skapar spel. Utmaning: vem kan skapa det bästa lärandespelet på skolan som är kopplat till läroplanen?
- Äldre elever kan skriva manualer i hur man lyckas med studierna. Det finns på andra platser att hämta den informationen, men syftet är att de yngre eleverna ska känna av att de äldre eleverna har tänkt på den frågan också.

Formativ bedömning som grund för kunskapsinsamling:

Formativ bedömning är använt på många skolor. Arbetet med att förbättra den formativa bedömningen är viktigt. Här några exempel på vad man kan göra:

- Ämneslaget skapar ett dokument där man samlar inte vanliga missuppfattningar som elever har i ämnet eller vanliga missuppfattningar som dyker upp när de lär sig ett nytt ämne. Detta skapar en översikt över missuppfattningar. Detta blir något som gör att man kan förbättra undervisningen och förhindra missuppfattningar. Det är också ett dokument som kan anpassas för läsning av eleverna själva så att de kan lära sig utifrån de missuppfattningar som finns.
- Använder man framgångsfaktorer med checklistor. Kan lärare ha uppgift att få en överblick över vad det är som eleverna har svårare att checka. Hur ska man jobba för att dessa framgångsfaktorer ska checkas av, av fler elever?

Kommunikation och samarbete med föräldrar

Relationen till föräldrar är på många skolor infekterad i dagens Sverige. Föräldrar har fått lägre tillit för lärarkårens bedömningar som lärare och har samtidigt gått in mer i rollen av en kund. Kommunikationen till föräldrar kan flera gånger bli fokuserad på problem som uppstått speciellt på gymnasiet. Det man går miste om är det humankapital som finns bland föräldrarna. Skolan är på en lämplig skalnivå för att genomdriva viktiga beteendeförändringar, detta bör utnyttjas. För att lyckas med detta är samarbetet med föräldrar något som ökar chansen för att lyckas med det. Föräldrar har å sin sida ofta frågor kring hur de bäst kan stödja sitt barn och skulle kunna stärkas av samarbete med skolan. Förslag på vad man kan göra:

- Inkludera genom att de får svara på frågor om elevernas beteende hemma, anonymt. Det gör att man kan få en till datapunkt där man kan lära sig om eleverna via föräldrarnas observationer. Exempel på intressanta datapunkter att samla in via föräldrarna är: sömntid, pluggtid, speltid, social media tid, motion. När man systematiskt jobbar med interventioner som att öka läsandet, pluggtiden, om deras barn pratat med föräldern om kränkningar den sett på internet eller varit med om. Det blir ett sätt att följa upp hur arbetet går.

- Inkludera föräldrar i interventioner som görs. Två exempel här nämns för inspiration. Skolan har ett fostransuppdrag. Ett förslag på att systematiskt jobba med det är genom en reflektionsjournals om följer eleven hela gymnasietiden (Berglund, 2022). Föräldrar kan inkluderas genom att man ber föräldrarna att prata med eleverna om vad de skrivit i reflektionsjournalen och vad för övningar de gjort. Det ger en chans för föräldrar att visa på sin klokskap och perspektiv tillsammans med skolan. Ett annat exempel är jobba systematiskt med studietekniker på skolnivå (Berglund, 2022). För att stärka arbetet skulle man kan ge material, inspelad föreläsning, powerpoint och text så att föräldrarna vet vad skolan har lärt ut om studievanor. Det gör att föräldrar kan bli mer specifika och ha vassare argument när de diskuterar med eleverna om vad de gör med sin fritid.

- Inventering av vad föräldrarna har för jobb och kontakter. Man skulle kunna skicka ut till föräldrarna vad de har för kontakter som möjligen skulle kunna göra olika samarbeten med skolan. T ex företag: går det att hälsa på, göra prao, göra gymnasiearbeten genom att exempelvis intervjua och annat. Gör man en inventering över föräldrars jobb skulle det vara möjligt att ha intressant fokusgrupper eller idéinsamling från föräldrar. Exempelvis: hur många lärare har man bland elevernas föräldrar. Kan de fungera som en referensgrupp för skolan? Det skulle i så fall få en spännande skärningspunkt mellan att vara lärare men att kunna ge åsikter om skolans undervisning och utveckling som en del av professionen.

6.2 Forum/mötespunkter med andra skolor, lärare och samarbetsparterns för idéspridning mellan skolor

Skapande och användning av kunskap har mycket som kan förbättras på nationell nivå inom lärarproffesionen tillsammans med angränsande organisationer som universitet, högskolor, skolinspektion, skolverket, kommuner och staten. Bristen på kopplingen mellan skolor även inom organisationer och koncerner är en förklaring till bristande skolutveckling på specifika skolor. Fullans mfl teori om professionellt kapital: socialt kapital, human kapital och beslutskapital kan appliceras på flera skalnivåer, både inom ett ämneslag, på skolnivå, i en kommun, nationell och internationell nivå. Spridning av kunskap mellan skolor har troligen försämrats på grund av att lärare kan av koncerner tillsagda att de inte får dela med sig utanför organisationen. Framgångsrika undervisningsmetoder och skolutveckling blir affärshemligheter. Marknaden brukar dock föra med sig att företag kopierar, testar sig fram på egen hand för att vinna kunder. Marknaden är alltså ett form av kunskapsmanagementsystem som har flera fördelar historiskt. Här föreslås hur man som skola kan vara med och stärka professionen kunskapande och samtidigt sin egen. Det företag som skulle se att man ger sig ifrån sig affärshemligheter skulle dock kunna titta på exempel där företag öppnar upp vad de gör för att stärka sin egen affär. Detta är vanligt att teknikbolag gör för att underlätta för programmerare och andra företag att integrera och skapa applikationer mot det företag som öppnat upp sig.

Samarbete med andra skolor

Lärare vill oftast samarbeta och träffa lärare från andra skolor, men kan vara svårt att få ändan ur vagnen att göra för att man vet inte vem man ska höra av sig till etc. Detta skulle kunna uppmuntras av skolledningen men det är sällan det sker på en systematisk skala. Skolan kan ge dessa ramar för att underlätta.

- Förstelärare som har ansvar för att bygga kontakter med skolor med olika nivåer av funktionsgrad för att ha möjlighet att sprida professionellt kapital.

- Vad har kollegiet jobbat på för skolor innan? Har man kontakter i dessa skolor som skulle kunna vara en grund för samarbete?
- Uppmuntra att man har möten med andra skolor digitalt 3 gånger varje läsår, med tydliga mål och saker man diskuterar och visar upp.

Delning av kunskap mellan skolor. Problemet för skolor är att delning av kunskap mellan skolor är svårt på grund av att den mest kunskapen inte är nedskriven. Har man sett upp processen för KMS som presenteras i denna rapport kommer man ha mycket innehåll att dela med sig. Förslag på vad man kan göra med andra skolor för att underlätta delande av kunskap är:

- Upprätta en gemensam drive mapp där man delar kunskap i olika områden. För att detta ska göras på ett kontrollerat sätt behöver ledningen från de olika skolorna ha möte. Man behöver inte komplicera detta genom att tänka att man behöver en hemsida för detta. Bara en gemensam drive mapp där man skapar en mapp för varje skola. Gör man detta har man skapat sig massor av uppslag för de olika delarna av KMS som presenteras här. Ju flera skolor desto bättre.

Delning av kunskap med skolor utanför Sverige. Detta kommer kräver mer arbete, där man t ex behöver översätta kunskapen som samlats in vilket tar tid och kan vara kostsamt.

Samarbete med forskare

Lärare vill också samarbeta med forskare. Detta är en vanlig praktik bland läkare att det är mindre skillnad mellan de som gör forskning och de som är praktiker. Det är vanligt bland läkare att göra sin doktorsavhandling/doktorandutbildning medan man jobbar som läkare. Den vanligaste kopplingen som idag finns med högre utbildning är verksamhetsförlagd utbildning (VFU). Håkansson och Sundberg trycker på att anknytning till högre utbildning på mer sätt än VFU kan stärka skolutvecklingsarbetet (2016). Hur kan KMS stödja och uppmuntra detta?

- En på skolan ansvarar för att skapa en översikt över de samarbeten som finns med högre utbildning.
- Vad finns det för projekt som andra skolor gör som man som skola skulle kunna kopiera?
- Man kan som skola efterfråga tydliga interventioner som är färdigpacketerade från universitet. Exempelvis skulle universtitet kunna ge elever som uppgift att skapa interventioner som skolor kan använda som är redo att göra. Detta skulle vara något mer praktiskt samtidigt värdefullt, än att bara elever skriver mot c-uppsatser. Detta skulle kunna uppmuntra att lärare formas mer till att ta på sig rollen som en konsult som har lätt att tänka på systemnivå och göra produkter/rapporter som kan användas på systemnivå. Det gör att man har skapat snabbt en grund där man kan ändra delar av interventionen man fått till vad som passar skolan.
- Uppmuntra kollegiet att sammanställa resultat efter interventioner till rapporter. Dessa rapporter kan man sedan dela med andra skolor. Detta skulle inte kunna ersätta forskning och skulle vara något osäkrare kunskap. Dock skulle det bli en till nivå av data om man som skola kan ta in när man själv driver skolutveckling. Övningen i att som kollegiet producera en rapport på vad man gjort i skolan är i sig något som kan vara stärkande och skulle höja erkännande för lärare, och förtydliga för lärarprofessionen själv den potential till systematiskt tänkande som finns. Rapporterna skulle kunna skapas tillsammans med universitet och universitetsstudenter.

Samarbete med och inom kommuner och andra myndigheter/professioner

Kommunala skolor har kommunen som huvudman. Oftast är dock det inte något fungerande samarbete förutom ett ordergivande från kommunens sida. Kommuner är centrala i samarbete kring KSM.

- Underlätta biblioteksutlåning. Alla elever ska ha tillgång till inlogg och utlåning av böcker.
- Vad finns det för projekt som pågår i kommunen? Vad finns det för problem i kommunen? Skolan jobbar oftast på något sätt med

kommuner och andra myndigheter med elevers som befinner sig i svårigheter. Samarbetet kan kantas av problematiskt bara där, men annat samarbete är svagt.

Samarbete med plattformar, hemsidor och edtech

Lärare och skolor skulle om de organiserade sig och började inom skolan premiera att dela med sig av innehåll. Idag ses inte det som något som påverkar lönen eller ställning i organisationen även fast detta gör att man skapar bättre förutsättningar för hela Sverige. Detta behöver man som skola ändra och uppmuntra. Olika förslag på hur man kan bidra på nationell nivå:

- Skolor bör ha ett aktivit arbete med sidor som so-rummet.se och urplay.se. Vad finns det för innehåll vi som kollegie har skapat eller snabbt kan skapa med de kunskaper vi har som skulle kunna bli läromedel på sajter som urplay och so-rummet? Här behöver skolan skapa ett erkännande kring att skapa innehåll som kan komma hela skolsverige till användning.
- Det finns några få hemsidor som har väldigt lite innehåll som lektion.se. Skulle alla lärare gå ihop och dela innehåll på en sådan sidan eller om bara 20 skolor gjorde detta, skulle man ha starka lektioner för hela skolsverige.
- Innehållet kanske bäst kommer fram om man skapar en marknadsplats där lärare och elever kan skapa innehåll som sedan säljs. Skapande av en marknadsplats skulle då vara en viktig väg att gå. Detta är inte något som skolor kan göra själv förutom ed-tech sektorn och koncerner som Academedia. Dock skulle det krävas väldigt lite arbete om lärare som kan programmering gick ihop för att skapa en sådan sida.

7. Genomförande i tidsmässigt/kronologiskt

7.1 Uppstarten

För att denna nya struktur krävs några faktorer

- Förankring. Vill vi detta? Ses detta som relevant? Finns det ett behov? Vill man välja ut delar av denna KMS?
- Känsla av att det är användbart där det leder till resultat. Det är investering som ska göras. Hur ökar vi chansen att det blir en investering som betalar sig?
- Ansvarsfördelningen sätts.
- Tidsplaner sätts upp för de olika delarna ska vara på plats. Finns ingen anledning att stressa igenom det, men ett visst tempo är möjligt och som gör att man känner att det rätt snabbt börjar skapa effekt och hända saker kopplat till det.

7.2 Fortsättning

- Vad fungerar bra? Vad fungerar inte bra? KMS är till för att underlätta utvärdering och iterativa processer i allt vad gäller skolan. Samma iterativa process bör skapas för KMS så det blir så bra som möjligt. Ofta blir det inte rätt från början.

7.3 Faktorer för god effekt av ett utvecklat KMS

Håkansson och Sundberg ger utifrån sin forskningsöversikt olika förslag på faktorer som påverkar utfall av skolutveckling.

- Långsiktigt samlande vision kring KMS som en relevant komponent att få rätt i det större skolutvecklingsarbetet.
- Forskningsanknytning - vad säger forskningen om KMS? Hur bör man kommunicera i skolor för att skapa lärande miljöer?
- Tydligt pedagogiskt ledarskap - hur kan ledarskapet spridas i organisationen med hjälp av KMS?
- Kollegialt lärande - en bred uppslutning att förbättra och förbättra hur KMS fungerar.
- Samarbete med universitet och andra skolor - KMS kan förbättras först men att arbetet sedan förstärks med att samarbeten med skolor upprättas genom KMS, som i sin tur förstärker nyttan och potentiellt legitimiteten i systemet.

- Denna process upprättas för implementering av KMS: Nuvarande position - Riktning - Genomförande - Uppföljning - Förbättring. KMS är i sig något som ska möjliggöra denna process för allt som görs i skolan, men det måste finnas en process för att utvärdera och förbättra KMS.
- Skolutveckling integrerat i det vardagliga arbetet - olika mätinstrument, sätt att institutionalisera skolutveckling. Håkansson och Sundberg menar att skolutvecklingen behöver vara förankrad och vägledas av en "robust förändringsteori som ser realistiskt, men alltjämt hoppfullt" framåt (2016). KMS förbättringar blir bara något om det lyckas bli en del av det vardagliga arbetet. Ses KSM förändringar som något negativt och meningslöst blir det bara ännu en form av ansträngd kollegialitet.
- Förhållandet till forskning bör vara följande för starkast resultat: 1. medvetet använda forskningsresultat, 2. vara informerad om forskning, 3. utveckla forskningsrelaterad kompetens, 4. samspel och interaktioner med forskare. Fullan och Hargreaves går in på några förhållande till forskning och evidens som inte är hjälpsamma i byggande av professionellt kapital. 1. Övertro till "evidensbaserat" och "benchmarking av best-practises" där man tror sig kunna plocka olika interventioner hur som helst och förvänta sig liknande resultat. Det finns en övertro i att allt som utger sig för att vara evidensbaserat inte fortfarande kan vara ett perspektiv av flera. Forskare är i en debatt med varandra. Evidensbaserat kan också användas cherry-picked för det man själv vill, som gör att effekten försvinner som bara fanns i kombination med andra faktorer som var närvarande i den kontexten. Hattie varnar för att bara plocka hans olika faktorer som även Håkansson och Sundberg är inne på i att man behöver utveckla en intelligent och sammanvägd implementering av olika faktorer där man förhåller sig undersökande. Andra antaganden som kan ligga i vägen är en ensidig syn kan vara: undervisning är något mystiskt, enbart en konstform, bara borde vara datadrivet ofta kvantitativt datadrivet, en precis vetenskap, att god undervisning kan destilleras till en checklista av tekniker och

metoder, att talang spelar väldigt stor roll (Hargreaves & Fullan, 2011, s 25-29).

- Föreställningar om skolutveckling: I att utveckla kommer det med olika antaganden: bra undervisning är sofistikerat och svårt, kräver hård, medveten och lång träning, klokhet behöver byggas på erfarenhet och vetenskap, bra undervisning är en kollektiv prestation och ansvar, socialt kapital spelar roll och är viktigt att investera i. Professionellt kapital perspektivet tar bort fokuset från att försöka mäta enskilda lärare eftersom antagandet är att kraften finns ändå i kollektivet, och att om en lärare faller efter i prestation är en delförklaring bristen på socialt kapital i organisationen (Fullan & Hargreaves, 2011, s 16).

Reflektionsjournal för elever: intervention för att fullgöra fostransuppdraget bättre på skolnivå

Problemformulering: Elevers moraliska fostran är inte tillräckligt systematisk och integrerad i all undervisning som sker i svenska skolor. Problemet har flera delar och några är följande: bristande röd tråd för eleven i allt de som de lär sig som kan kopplas till personlig utveckling och fostran, bristande bildningsfokus, livskunskap där det används är ofta ett lokalt initiativ som minskar chansen att det ska vara forskningsförankrat, bristande studiestrategier även hos högpresterande elever, hälsopromotion är ofta psykologiskt orienterierade som styrkan som finns i att inkludera andra ämnen, interventioner är oftast inte integrerad del av undervisningen och resten av skolan, loggböcker används ibland på skolor men bara i vissa ämnen eller moment.

Interventionen: Den här rapporten föreslår en intervention runt en "reflektionsjournal" som förslag för att möta dessa olika delar av problemen som en skola kan ha med fostransuppdraget. Här kommer övningar och uppgifter samlas på ett ställe där eleven ska skriva och reflektera under hela gymnasietiden. Det kommer knyta ihop allt arbete som sker i ämnena, temadagar, mentorstiden, mittkurssamtal, upplevelser osv.

Potentiella effekter av interventionen är: 1. Starkare personlig utveckling hos eleverna. 2. Tryggare och ökad studiero. 3. Mer motiverade elever. 4. Kollegiet får ett verktyg att jobba systematiskt med fostransuppdraget tillsammans. 5. Binder ihop allt fostransarbete som man redan gör på skolan och blir en integrerad del i stället för något som läggs på utöver. 6. Eleverna utvecklas som skribenter. 7. Eleverna får något att hänga upp minnen på från hela gymnasietiden. 8. Ett sätt att förbättra inhämtning av kvalitativa data från eleverna för att stärka den generella skolutvecklingen. 9. Elevernas individuella reflektionsjournaler kan användas för att göra böcker, pamfletter som eleverna har skrivit själva, som kan bli en resurs för varandra. 10. Ökad bildning eftersom mönster mellan ämnena, temadagar, mentorstid och andra lärande upplevelser binds ihop tydligare samtidigt som de får tid att reflektera kring det. 11. Förbättrad "psykisk hälsa". 12. Bättre studievanor. 13. Bättre relationer och minskning av diskriminering och kränkning. 14. Bättre kommunikation mellan eleverna. 15. Mindre kliv upp till högre utbildning.

1. Problemformulering

Skolan har ett fostransuppdrag och ska förebygga och främja elevers hälsa. Detta uppdrag är inte optimerat i flera skolor på grund av att man inte har utvecklat ett tydligt systematiskt sätt att jobba med det. Elevers upplevelse av skolan är starkt varierande beroende på social status och prestation i skolan och hur man kan hantera olika krav på att vara "lagom perfekt" (Hiltunen, 2017). Enkätundersökningar verkar svenska skolelever är rätt nöjda med sin skolgång. Denna bild skiljer sig dock från annan statistik att symptom kopplad till psykisk ohälsa ökat något de senaste decennierna (Paulsen, 2020). Skolan är för många elever en plats där de upplevelser misslyckande av olika slag som lever till en känsla av lägre kontroll som skapar stress (Persson, 2012). Det är en plats där deras nyfikenhet istället för att odlas förtrycks med en känsla av alienation och meningslöshet (Allelien, 2020, Persson, 2012). Skolan blir uppdelad mellan elever som i olika grad anstränger sig med ett dominerande mål i hur höga betyg de försöker få. Problemet har flera delar och några är följande: bristande röd tråd för eleven i allt de som de lär sig som kan kopplas till personlig utveckling och fostran, bristande bildningsfokus, livskunskap där det används är ofta ett lokalt initiativ som minskar chansen att det ska vara forskningsförankrat, bristande studiestrategier även hos högpresterande elever, hälsopromotion är ofta psykologiskt orienterade som styrkan som finns i att inkludera andra ämnen, interventioner är oftast inte integrerad del av undervisningen och resten av skolan, loggböcker används ibland på skolor men bara i vissa ämnen eller moment. Här nedan kommer olika delarna i problemformuleringen fördjupas. Sedan föreslås "reflektionsjournal" som förslag för att möta dessa olika delar av problemen som en skola kan ha med fostransuppdraget.

1.1 Brist på röd tråd och använda allt det bra som görs i skolan

Svenska skolor förmedlar mycket innehåll med helt eller delvis fostrande potential till personlig utveckling hos eleven. Svensk läroplan har högt ställda ideal kring vad en skola ska uppnå för förändringar hos eleven. Detta fostrande sker i svenska gymnasieskolor i ämnena, temadagar och mentorstid. Allt detta arbete binds dock inte ihop på ett tillräckligt tydligt för eleverna. Det gör att lärdomar om att vara människa i de olika ämnena, mentorstiden och temadagar går förlorade. Det blir en brist på en röd tråd för eleverna som gör att de har svårt att se vad alla små delar bygger upp till för något större. Bristen på den röda tråden och reflektioner som samlas på en plats gör också att mentorskapet går miste om potential. Fragmenteringen av alla dessa potentiellt fostrande upplevelser minskar i styrka. Eleverna får inte tydlig upplevelse att det ens är personlig utveckling som är en stor del av syftet med gymnasiet. Mittkurssamtal, mentorssamtal, reflektioner i ämnena och temadagar eller temaveckor är ofta kopplade till olika dokument. Det gör det svårt för eleven att få en översikt över allt det arbete som görs. Det gör det också svårt för kollegiet på skolan att jobba systematiskt med fostran för att man har nämnt det någon gång en viss aspekt men man har inget systematiskt sätt att jobba så att man går från insikt en gång till beteendeförändringar. Det blir i praktiken en övertro på att insikt vid ett tillfälle ska leda till förändring. De fostrande budskapen behöver upprepas och eleverna behöver reflektera och jobba med tankar precis beteendeförändring sker i terapi eller allmänt i de som dragits in i en bildningsresa. Insikt räcker alltså inte utan elever behöver få chans och stöd att reflektera och återkomma till lärdomar och försöka göra det till förändringar i deras beteenden och tankemönster för ett godare liv. Det är heller inte bara allmänna reflektioner som räcker, utan det är målmedveten träning av olika dygder, precis som man bör jobba målmedvetet kring kunskapsuppdraget.

1.2 Bristande bildningsfokus

Bildning bland ungdomar är väldigt låg. Kulturell bildning är låg till stor del på grund av lite läsande. Medborgerlig bildning, alltså bildning kopplat till att vara en aktiv medborgare socialiserad i en stark demokratisk kultur har också brister. Detta syns i högre utbildning när ekonomistudenter tycker att filosofi är "flummigt" och har ett allmänt instrumentialiserat förhållningssätt, som speglar ett betygsfokus på gymnasiet (Bohlin, 2018, Nygren, 2021, Allelin, 2018). Gymnasiet har problem med bristande bildningfokus och infantalisering av elever i sänkta krav istället för öka förmågor kopplat till moralisk utveckling och studiestrategier. Detta sprids idag vidare upp i högre utbildning till studenter som beter sig mer som gymnasieelever, där vissa har pekat på en pågående "gymnasifiering" av högre utbildning med lägre krav mot eleverna och krav på lärare att vara mer "lyhörda" och "tillmötesgående". Massifieringen av gymnasiet och högre utbildning har fått vissa forskare och kommentatorer att mena på att vissa ungdomar som går på dessa utbildningar egentligen inte borde det, för att de inte har genetiska förutsättningar för det. Andra menar att detta är en klassfråga och kopplat till miljö som gör att det finns potential att massifiering av högre utbildning inte behöver leda till lägre krav. Med jämförande mellan länder som t ex Sydkorea och Sverige ser man skillnad i vad kultur kan åstadkomma, där Sydkorea fortfarande har kvar hårdare krav på eleverna, och troligen något för hårda krav när eleverna spenderar i princip all sin vakna tid studerandes. Klivet från elev på gymnasiet till student inom högre utbildning har blivit högre, med sämre förmågor i skrift, läsning och muntligt och kritiskt tänkande (Nehls, 2020). Detta syns främst på humaniorautbildningar men även i utbildningar med hårdare intag, där t ex förkunskaper i matematik har sänkts bland elever som börjar ingenjörsutbildningar på KTH. En ökad instrumentialisering och minskat bildningsfokus är en trend inom högre utbildning och även mindre av upplevelse av kallelse/kall (eng calling) (Bohlin, 2018, Weber, 1903).

Högre utbildning som en central del i en bredare medborgerlig bildning är för många nya studenter främmande med exempelvis ekonomistudenter med filistina åsikter som att filosofi är "flummigt" (Bohlin, 2018). Att denna trend finns på högre utbildning är en del av tidigare socialisering inom gymnasiet. Gymnasiet socialiserar inte elever tillräckligt väl till att bildning och kall är något värdefullt där medborgerlig bildning med syfte bortom sig själv och vara av värde för andra inte blir tydligt internaliserat i eleven även fast läroplanen Lgy22 gör detta tydligt att skolan ska göra det. Högre utbildning och gymnasiet som något transcendentalt och med högre syfte är ofta inte synliggjort i skolans praktik för eleven. Skolan blir mer rationaliserad i bemärkelsen instrumentellt fokus på poängen i slutet av examen och en uttunnad förtrollning för skolan som institution i vad de kan öppna upp för världar med känslor som förundran, nyfiken och kollektiv upprymdhet.

1.3 Fostransuppdraget - höga krav på personlig utveckling i läroplanen

Fostran är ett uppdrag som skolan har. Fostran i bemärkelsen att olika beteende, värderingar och personlighet påverkas av skolupplevelsen sker alltid, om inte medvetet så omedvetet. Det finns en nedskriven läroplan kring fostran som kan skilja sig stort från den faktiska läroplan som eleverna möter. Läroplanen för Lgy22 är explicit med vad fostransuppdraget ska fokusera på för värden och förmågor: demokratiska medborgare, livslångt lust att lära, människolivets okränkbarhet, individens frihet och integritet, alla människors lika värde, jämställdhet, kristen tradition, västerländsk humanism, rättskänsla, generositet, tolerans, ansvarstagande, icke-konfessionell, ansvarig frihet, känsla för estetiska värden, internationell solidaritet, historiemedvetenhet, stärka tron på sig själva och framtiden; och tillit till sin egen förmåga och andra(stolthet, optimism), självständighet i arbete och lärande, utveckla individens unika egenart, förmåga till inlevelse, medmänsklighet, innovationstänkande/kreativitet.

Det står vidare att det "etiska perspektivet" "elevernas förmåga att göra personliga ställningstaganden och agera ansvarsfullt mot sig själva och andra." "Personlig utveckling" ska också möjliggörs enligt läroplanen. Läroplanen är alltså redan explicit i vilka ord som ska strävas efter men är inte explicit i exakt vad som menas med dessa värden. Läraren är en moralisk aktör som det inte går att fjärma sig från. Läraren befinner sig på en "moralisk arena" där olika etiska system ska gå ihop som ringas in av en humanistisk allmänetik och demokratisk samhällssyn (Fjellström, 2006, s 49). Här finns olika konkurrerande mål som organisationsetik, personlig etik, verksamhetsetik och kollektivets (lärarnas) etik (Fjellström, 2006, s 49).

1.4 Bristande studiestrategier och studie(o)vanor dominerar även bland högpresterande elever

En central del av problembilden med att elever inte mår så bra som de skulle kunna, samtidigt lära sig mer och bli bättre människor har att göra med att man inte jobbar tillräckligt systematiskt med studiestrategier, studietekniker och studievanor. Effekten av optimerade studievanor skiljer sig i magnitud flera gånger mellan någon som använder sig av olika studietekniker och studievanor optimalt och någon som inte gör det, och dessa effekter växer kumulativt över tid (Newport, 2016, Brown, Roediger, Mcdaniel, 2014). Att som skola stödja elever i att få rätt studievanor är alltså inte något som skulle hjälpa på marginalen, utan kan skapa stora förändringar i hur en skola fungerar och få eleverna få en väldigt förändrad upplevelse av skolan. Studietekniker, strategier och vanor kan betraktas som centrala *spelregler* i fältet skolan, eller en central del av ett utbildningskapital som vissa föräldrar och skolor är bättre på att synliggöra och överföra till eleven (Bourdieu, 1990).

Några få elever lär sig dessa spelregler så att de kan få höga betyg, ännu färre lär sig dessa spelregler för att också en njutningsfylld och meningsfull skolgång och en majoritet har så dålig förståelse över skolans spelregler att de får låga betyg, låg grad av lärande och känslor av njutning och meningsfullhet. Det är kopplat till låg grad av motivation att lära sig dessa spelregler för att majoriteten av elever gör motstånd mot en dominerande "betygsregim" som upplevs som meningslös (Nygren, 2021). Eleverna är på andra fält med olika spelregler som går in i skolans fält: social media, sport, vänner etc. Spelreglerna på dessa fält har många elever svårigheter med att förstå som gör de jobbiga att hantera. Eleverna kliver också in i nya "riskterritorier" (Paulsen, 2020) med den vuxna världen som ofta inte är med i vad för förändringar som sker online som gör att osäkerhet ökar ännu mer för barnen. Spelregler om hur man förhåller sig till dessa världar blir därför något man bör jobba med systematiskt.

1.5 Livskunskap: lokala initiativ

Livskunskap finns utspritt på svenska skolor men lider ofta på grund av att hur man jobbar inte är systematiserat och det är ofta lokalt framtagna initiativ (SBU, 2015, s 22). Ett problem är att livskunskap har en otydlig teoretisk grund för att guida det praktiska arbetet och utformning av lokala läroplaner kring livskunskap. Lokala initiativ och otydlig teoretisk förankring påverkar utfallet av interventionerna.

1.6 Interventioner med psykologisk grund som hittills varit kantade med problem om än vissa positiva effekter

I princip all forskning och interventioner inom skolområdet är formulerade i en psykiatrisk diskurs om att förbättra den psykiska hälsan som exempelvis minska och förebygga depressiva symptom i interventionen DISA (Lindholm, 2015, Gramhy, 2016). Detta är en stark diskurs som är kopplad med de röster i debatten som vill se "psykisk hälsa på schemat" som missar att psykologiskt tänkande behöver stöd i andra ämnen för att vara bildande och skapa robustare förändringar.

"Hälsopromotion" i skolan är både inriktad på prevention och "hälsofrämjande" (Gramhy, 2016). Prevention kan vara universell, selektiv (vissa grupper) och indikerad (innan behandling). Av störst intresse för den här rapporten är det universella preventionsarbete som gjorts tidigare. Det universella blir som en grund som kan göra att man bättre kan skapa förståelse vilka man bör rita selektiv och indikerad hälsoprevention till. Den universella preventionen minskar också trycket på att jobba med selektiv och indikerad hälsopromotion. Mycket av de hälsopromotioner som görs inom svensk skola är i stort behov av robusta utvärderingar som gör att det inte går att uttala särskilt mycket om effekter är negativa eller positiva i svensk kontext (SBU,2015, s 9, Garmy, 2016). Generellt finns det få studier som är randomiserade, effekt på längre sikt och fokus på beteendeförändringar som mått (SBU, 2015, s 13). Samtidigt finns det en uppsjö av olika program som används, en inventering av svenska skolor visade att på 29 olika program där de vanligaste var DISA och SET (SBU, 2015, 22).

Ett program som använts återkommande är DISA (Depressive symptoms in Swedish adolscents) utifrån KBT med fokus att minska och förebygga nedstämdhet och depressiva symptom. DISA var ett initialt ett selektivt program för flickor men har breddats till pojkar också och appliceras nu ofta universiellt på skolor som hälsopromotion (Gramy, 2016). En avhandling pekar på vissa positiva effekter, men att den har varit stigmatiserande speciellt när den bara riktat sig till flickor och att det har tyngs av ett patogent fokus (Gramy, 2016, s 21).[12] Detta är en av få studier som utvärderat DISA till universell eller selektiv hälsopromotion, forskning har främst varit inriktad på indikerad hälsopromotion (Gramy, 2016, s 30). Ett annat ofta använt program är SET (social och emotionell träning) som precis som DISA är ett manualbaserat program (SBU, 2015, s 22). Att DISA och SET har fått vissa positiva effekter i vissa studier är förvånande när man jämför med en etnografisk studie av dessa program av Kvist Lindholm (2015). DISA och SET är fyllda av paradoxer som blir flagranta när de appliceras universellt i en skola. Problemet uppstår eftersom dessa interventioner var skapta för indikerade hälsointerventioner (Lindholm, 2015). Några paradoxer som uppstår när de applicerat universellt hälsoförebyggande är: elever som inte har depressiva symptom eller aggressionsproblem kan få ökad identifiering med känslor, tankar, beteende kopplade till det och istället för att vara hälsofrämjande blir ofta fokuset på att leta upp brister som blir problematiskt om de inte finns där (Lindholm, 2015).

Andra problem som uppstår är att det blir för stort individfokus som döljer att orsaker kan vara sprungna ur miljön till exempel något som fungerar dåligt i skolan (Lindholm, 2015). Andra effekter om har observerats är att eleverna anpassas till manualerna istället för tvärtom, programmen lärs ut i lektioner som gör att de blir frånskilt resten av organisationens praktik, flickor har ofta blivit tillskrivna låg självkänsla som blir ofta som en självuppfyllande profetia, att det fanns ett tryck att man skulle identifiera sig med negativa tankar, fokus kunde bli på problem som inte fanns medan verkliga problem ignorerades, flera aktiviteter kunde stärka relationer mellan eleverna men det skedde också kränkningar i samband med DISA och SET mellan eleverna (Lindholm, 2015). Dessa program inlindas också

---

[12] Pernilla Garmy, "Hälsopromotion i skolan: Utvärdering av DISA – ett program för att förebygga depressiva symtom hos ungdomar," Lunds universitet, 2016, hämtad från https://www.diva-portal.org/smash/get/diva2:898925/FULLTEXT01.pdf

i en "kris-diskurs" som kan öka på en känsla av oro över hur lätt det är att ha psykisk ohälsa (Lindholm, 2015, Ecclestone & Hayes, 2009). SET och DISA leder ofta till en överindividualisering och överresponsibilisering för att miljöfaktorer underskattas (Lindholm, 2015).

Det finns en diskurs om att elever är mer utsatta och har sämre psykisk hälsa än tidigare som vissa ser som en pågående kris (Ecclestone & Hayes, 2009). Mot den bakgrunden välkomnas ofta olika psyko-interventioner inom skolan. Dessa kan ha positiva resultat i att de t ex minskar depressiva symptom ibland, men det finns flera problem som kan uppstå (Ecclestone & Hayes, 2009): 1 De som genomför interventioner inte är tillräckligt kunniga som gör att utfallet blir sämre (precis som terapeuters förmåga också påverkar utfallet i vanlig terapi). 2. Det kan konstruera eleverna som sköra individer. 3. Interventionen kan avmoralisera deras känslor och att målet blir att må bättre generellt som är en uttunnad version av ett gott liv som missar en moralisk utveckling. 4. Psykologiska interventioner precis som andra interventioner kan vara en åtgärd riktad mot symptomen inte orsaken. Vad är det som gör att depressiva symptom uppkommer när elever möter skolan? 5. Det kan infantilisera och normalisera emotionella svårigheter som kan sprida sig och genom en förväntanseffekt bli en självuppfyllande profetia genom en naiv avstigmatisering (Ecclestone & Hayes, 2009, s 44). 6. Terapier har tenderat att förstärka en trend av "emotionalisering" av skolan, där emotionell återhållsamhet inte är något som lyfts fram som lika viktigt att göra, jämfört med att undersöka, tänka och fokusera på känslor för att leta efter sin "autenticitet" (Ecclestone & Hayes, 2009).

Ett exempel på en psykiatriserad och biologiserad diskurs (Rose, 2017) som riktas mot högstadieelever i läromaterialet förallaunga.se.[13] Exempelvis i "10 goda vanor" används det biologiserande icke-vedertagna begreppet "hjärnhälsa" är det en kompott av olika vanor, t ex "repetition" som en vana. Detta är ett steg i rätt riktning men den för kort för att skapa effekt och är för dominerad av en psykiatrisk och biologiserande diskurs

---

[13] För alla unga, "Resan: En utbildning i psykisk hälsa," hämtad från https://forallaunga.se/resan/l/27/

för att optimera utfallet. Den riktar sig på högstadiet och emotionaliserande diskurs som Ecclestone skulle pekat på.

Interventioner i skolan med ett mer salutogent fokus har dock mycket att önska fortfarande i positiva utfall. En metaanalys visade på små effekter av positiv psykologi interventioner.[14] Boken "Öka välbefinnande i skolan" är byggd utifrån inriktningen positiv psykologi som ett exempel (Fagerlund, 2021). Det salutogena fokuset som positiv psykologi har, återfinns i boken men övningarna stödjer inte helt en integrering med annat som görs på skolan. Men den kan användas som en del i en intervention och som underlag. Resiliens i skolan av Kristina Bähr jobbar utifrån begreppet resiliens med olika lektionsplaneringar som lär ut om olika aspekter av det. Det är främst grundat i positiv psykologi och kognitiv psykologi (Bähr, 225). Dessa böcker om de appliceras har troligen en bättre effekt DISA och SET på grund av att de är utformade som en universell hälsopromotion från början. En brist med dessa interventioner är att de är psykologiskt grundade enskilt som gör att effekter kopplade till bildning minskar. Det kan kombineras med annat som görs på skolan säkerligen, men det riskerar att implementeras på skolor frånskilt studiestrategier och det allmänna arbetet i skolan. Det finns också kritik mot resiliensbegreppet (Ecclestone, 2016) att det är onödigt terapeutiserande och i stället för psykisk hälsa handlar det om att bli "resilient", som återigen kan underskatta det sociala faktorerna som finns. Sociologer som använt resiliens begreppet vill hellre att de används för att förklara det sociala och att individuell resiliens är ett utfall av den sociala position och resurser/ olika former av kapital som personer kopplade till den sociala positionen.

En annan meta-analys stärker att det verkar bli positiva effekter generellt över psykologiska interventioner i skolan som håller i sig på lång sikt med en brasklapp att de finns vissa problem med de studier på området som

---

14

https://www.researchgate.net/publication/343049228_Effects_of_School-based_Multicomponent_Positive_Psychology_Interventions_on_Well-being_and_Distress_in_Adolescents_A_Systematic_Review_and_Meta-analysis minskar tillförlitligheten (Pilling mfl, 2020).[15] Det har varit svårt för mindfullness interventioner att få positiva effekt, som är små, men eleverna är uttråkade som går med annan forskning om mindfullness att den är svår att få stark effekt (Montero-Marin mfl 2022).[16]

Problemen som uppstår inom skolan med psykoterapeutiska interventioner liknar de problem som vissa forskare har identifierat bredare med psykoterapi och det "terapeutiska etoset" (Ecclestone, 2004, 2013, Furedi, 2004, 2017, Illouz, 2008, Cabanas & Illouz, 2018). "Terapeutiseringen" av samhället i form av psykoterapins utbreddning som en ideologi, praktik och diskurs har argumenteras leda till atomisering (Furedi, 2019, Illouz, 2008) , inåtblickande nivellering och understödja kulturell narcissism (Lasch, 1979), responsibilisering av subjektet som leder till "psykologiska misslyckanden" där man skyller på sig själv för allt som är fel i livet (Illouz, 2008, Rose, 2017), överfokus på hälsa i form av "wellnessyndrom" (Cederström & Spicer, 2015), subjektifiering som psykologisk varelse med olika "psy-teknologier" (Rose, 2003, 2017) hindrande av kritiskt tänkande och medborgarskapande istället så privatiseras problem och kritiska tankar neutraliseras en psykiatrisk hegemonisk diskurs (Cabanas & Illouz, 2019, Cohen, 2016) ökad skörhet och riskaversion (Furedi, 2004, 2017, Illich, 1977), en instrumentalisering och avmoralisering av emotioner (Cabanas & Illouz, 2019) ett medel för dominans (Morall, 2008, 2018) och skapande av hopp om att allt i livet kan lösas som egentligen inte finns stöd för, en form av "grym optimism" (Morall, 2018, Berlant, 2011). Illouz har varit kritisk mot hur psykologin genom terapi och självhjälpskulturen har lett till mer lidandet, det har inte bara varit en ny form av subjektet som skapas (Illouz, 2008). En skapad skörhet genom ett fokus på inblick och narcissism tillsammans med olika diskurser om ansvar, trauma-creep, förhöjda förväntningar på ett gott liv (Ecclestone, 2016). Alvesson menar

---

[15] Stephen Pilling, Peter Fonagy, Elizabeth Allison, Phoebe Barnett, Chloe Campbell et al., "Long-term outcomes of psychological interventions on children and young people's mental health: A systematic review and meta-analysis," *PLoS ONE*, 15(11), 2020, hämtad från https://journals.plos.org/plosone/article?id=10.1371/journal.pone.0236525

[16] Jesus Montero-Marin et al., "School-based mindfulness training in early adolescence: what works, for whom and how in the MYRIAD trial?" *BMJ Mental Health*, 2022, hämtad från https://mentalhealth.bmj.com/content/25/3/117

att experter tar över livet genom "teragogi" där allt där det terapeutiska blir inbyggd i olika sfärer och menar att detta underminerar och koloniserar livsvärlden som minskar folks förmåga att tänka själva, en form av "stjälpsam hjälpsamhet" (Alvesson, 2019, s 40). Att ta den kliniska rollen leder till problem som den "kliniska blicken" (Foucault, 1963) som är objektifierande, distanserande och skapade av maktpositioner som inte är bra. Det subjektifierar individen på ett sätt som en patient mer än en medborgare och medmänniska.

1.7 Material som finns för likabehandling kopplas inte till ett systematiskt arbete med den individuella eleven

En skola som vill bedriva arbete kring likabehandling: fördomar, diskriminering, kränkningar har väldigt mycket material att tillgå på olika hemsidor som Forum för levande historia, Polismuseet, Jämställdsmyndigheten, Rfsl osv. Det som saknas är en tydlig koppling till en allmän moralisk och personlig utveckling. Dessa resurser tenderar att framstå för eleverna som något frånskilt från resten av undervisningen. Detta intryck förstärk troligen av att dessa resurser används i samband med schemabrytande temadagar. Potentialen i alla dessa resurser för att eleven inte kan se en röd tråd mellan de olika temadagarna. Det behövs alltså något ställe där allt kan samlas kopplat till de olika temadagarna.

1.8 Loggböcker som använd metod, men inte kopplat till moralisk utveckling som röd tråd

Det som föreslås i denna rapport är att en reflektionsjournal som följer eleven hela gymnasietiden är ett sätt att komma åt dessa olika delproblem som hindrar skolor att ha ett sammanhållet och systematiskt arbete med moralisk fostran. Reflektionsjournalen är ett sätt att skapa bättre förutsättningar för bildning sker i eleven. Detta är också ett sätt att vara ämnesöverskridande där man får lärdomar från olika ämnen i ett dokument som följer eleven över hela gymnasietiden. För att skapa förändring i tankar och beteende är journaler använt både inom utbildning men även terapi i olika former av KBT. Journaler är något som används av människor för allmän reflektion och utveckling. Vad skulle effekterna bli av denna form journalskrivande eller loggbok för moralisk/fostrande utveckling?

Forskningen om loggböcker visar generellt på positiva effekter om det görs på rätt sätt. Loggböcker är ett spritt fenomen i svensk skola med syftet att synliggöra elevernas utveckling och lärande.[17] Loggboken ses rätt ofta som en positiv upplevelse om det används som diskussionsunderlag i klassen, men hur tydligt det påverkade elevernas lärande var inte jättestarkt i en enkät, inte heller tycker vissa elever att de inte gör att de reflekterar mer.[18] Det får heller inte ta upp för mycket tid som konkurrerar med skolarbete, då känns det som en tidskrävande extra börda; speciellt om man halkade efter och behövde skriva ikapp.[19] Vissa elever ser att de reflekterar mer om sina studier med hjälp av loggböcker.[20] Några användningsområden för loggboken är: påminnelse om att sköta studier bättre, självinsikt, minnesanteckning, repetition, utveckla skrivande, bättre kontakt med läraren, ge feedback till läraren gällande undervisningen, uppvaknande för elever hur man ligger till, checklista för att få översikt, uttrycka sig skriftligt istället för muntligt (Lew & Schmidt, 2011). I en annan studie så ökade elevernas förmåga till reflektion (Lew & Schmidt, 2011).[21] Hur djupt elever reflekterar beror på hur mycket återkoppling de får från lärare och hur eleven och läraren reflekterar om aktiviteten att skriva i loggboken (Dyment, & O'Connell, 2010). Det finns också en tendens om det inte scaffoldas/struktureras och stöds att eleverna blir mer deskriptiva än reflekterande som gör att effekten av journalen blir svag (Dyment & O'Connell, 2011). Syftena med loggboken är synliggöra,

---

[17] https://www.lararen.se/grundskollararen/skapande-amnen/loggboken-en-raddningsplanka
https://urplay.se/program/197516-orka-plugga-loggbok

[18] Kavosh Raufi, "Loggbok som reflektionsverktyg - Journal writing as a mean of reflection," Examensarbete i fördjupningsämnet Pedagogik, 15 högskolepoäng, grundnivå, 2015.

[19] Ibid

[20] Ibid

[21] Lew, D, & Schmidt, H. (2011). Writing to Learn: Can Reflection Journals Be Used to Promote Self-Reflection and Learning?. Higher Education Research And Development, 30, 4, pp. 519-532, ERIC, EBSCOhost, hämtad 26 September 2014. https://www.diva-portal.org/smash/get/diva2:1491303/FULLTEXT01.pdf

tydliggöra, ansvariggöra elever, lärare och föräldrar, och medvetandegöra (Ellmin, 2001)[22]

Loggboken är ett spritt fenomen också i högre studier. Vissa studier pekar på väldigt negativa resultat där vissa elever känner att de blir "journaled to death" och att det är väldigt betygsfokuserat, tråkigt och ses som en poänglös ritual (Dyment & O'Connell, 2011). Det går också att dela in i olika nivåer av reflektion (Dyment & O'Connell, 2011, s 91).[23] En metaanalys visar på att det är rätt svårt att skapa djupare reflektioner även hos universitetsstudenter, där flera studier inte visade det alls, eller att bara några få elever reflekterar på en djup och kritisk nivå (Dyment & O'Connell, 2011, s 92). Faktorer som gör att det blir mer reflekterande är om syftet är tydligt, återkoppling hur loggboken används, vilken form av återkoppling använde sig läraren av, tydliga instruktioner och relationen mellan lärare och elev medierade effekten av loggboksskrivande (Dyment & O'Connell, 2011). Journalskrivande kan skapa en dominoeffekt: ökat lärande i ämnet, som ökar intresset, som gör det roligare, vilket ger energi till att tänka mer kritiskt om ämnet, som gör att du lära dig ännu mer om ämnet (Wäschle, Gebhardt, OberBusch, Nuckles, 2015).[24]

1.9 Sammanfattande slutsatser

Slutsatser att dra av detta är först att det är svårt att få effekt med interventioner för att öka välbefinnande och medborgerlig bildning:

- Behöver flera delar för att få större effekter. Flera interventioner har "psykisk hälsa" som fokus som glömmer studiestrategier, medborgerlig bildning och bredare personlig utveckling.

---

[22] Märit Thomsson, "Tanken är bra...: Om loggbokens användning i skolarbetet," Örebro universitet, Pedagogiska institutionen, Självständigt arbete på grundnivå (kandidatexamen), 10 poäng / 15 hp, 2007.

[23] Dyment, Janet E.; O'Connell, Timothy S. (2011). *Assessing the quality of reflection in student journals: a review of the research. Teaching in Higher Education, 16(1), 81–97.* doi:10.1080/13562517.2010.507308

[24] https://www.jowr.org/index.php/jowr/article/view/669/643

- Problem som en skola kan ha med anti-skolnormer och omotiverade elever är delvis från en upplevele hos eleverna att de inte utvecklas som människor, utan de går från en lektion till en annan utan en röd tråd.
- Bristande bildningsfokus är ett stort problem på gymnasiet som sprider sig upp i högre utbildning som gör att klivet från elev till student blir större.
- Ett problem som vissa forskare är inne på att effekterna av interventionerna blir begränsade är för att de inte tillräckligt jobbar med problemlösning och ökande av förmågor exempelvis studietekniker och studiestrategier. Det är något som är en grundorsak till att skapa stress. Interventionerna kommer alltså inte åt studievanorna tillräckligt. Ju mer interventioner jobbar med personlig utveckling och samtidigt lyckas skapa studievanor som ökar förmågan och minskar objektiva stressen för barnet kommer det få större effekt. Kommer inte interventionen åt betygshets/betygsfokus eller anti-skola normer kommer inte interventionen maximera sitt utfall. Exempelvis om interventionen inte skapar ökad delaktighet, ökad känsla av meningsfullhet, bättre relationer med lärare och andra elever, begrepplighet så kommer effekten bli lägre (Antonvsky, 1979, Ryan & Deci, 2006)
- Olika interventioner knyter inte ihop hela utbildningen eller blir en integrerad del av utbildning som gör att det inte blir tydligt för eleven vad den röda tråden är för hela gymnasieuppevelsen. Detta minskar i sin tur känsla av sammanhang: meningsfullhet och begriplighet.
- Psykoterapi som forskningsfält har knappt utnyttjats. Den kritik som har riktats från sociologer bör tas i beaktning men samtidigt bör man ta med sig utmaningens komplexitet att systematiskt påverka välbefinnande och personlig utveckling bredare som exempelvis medborgerlig bildning, på grund av potentialen i att tydligare jobba med frågor som meningsfullhet, utåtblick, dygder och spänning/äventyr. Man bör även ha i åtanke att psykoterapier som fält knappt har använts i den mångfald som idag finns. Man behöver alltså inte kasta ut barnet med barnvattnet genom att visa på problem i främst DISA och SET men även andra och missa

andra potentiella program som kan utvecklas med stöd av forskning som gjorts på dessa andra terapier, exempelvis ACT. ACT har ett större salutogent fokus genom att ha två huvudben som är acceptans och engagemang (commitment) mot olika livsvärden.

- Kritiken mot psykoterapier missar också dessa filosofiska arv och likheter med antika filosofier som har blivit mer spridd inom exempelvis självhjälpskultur, främst stoicism och buddhism.
- Loggböcker används men inte för hela gymnasietiden, utan bara enstaka delar.
- Effekterna av interventioner varierar stort på de som levererar dem om de inte är väldigt automatiserade och manualiserade instruktioner, och då kan ändå variation i utfall skapas.
- Avvägningar uppstår alltid när man använder sig av manualer. För nära kan interaktionen bli för formaliserad och just manualiserad, och är den för nära kan systematiken försvinna som kan minska effekten. Det ställer alltså höga krav på den som levererar innehållet. Detta går ihop med forskning inom pedagogik att läromedlet i sig har en viss effekt men som jämförelse med andra faktorer som läraren, undervisningsmetoder blir mindre. Alltså kommer inte det perfekta läromedlet eller manualen inte få effekt om det inte är inbyggt i den olika faktorer som stärker inlärning, exempelvis framgångsfaktorer, kognitiva analyser av området, rätt scaffolding, repetition etcetc.
- En mångfacetterad målbild behövs för att inte stirra sig blint på bara graden av exempelvis depressiva symptom. Tydliga målsättningar med interventionen. Hur vet vi om vi lyckas? Hur kommer det kunna följas upp och utvärderas om det kan förbättras eller förkastas? Målen skulle kunna vara 1. Minskning av diskriminering och ökad solidaritet/förmåga till perspektivtagande. 2. Förbättrade skolprestationer. 3. Eleverna upplever högre grad av meningsfullhet med skolan både under tiden och vad det ska leda till. 4. Ökat engagemang på lektioner. 5. Bättre studievanor och lektionsvanor. 6. Minskat betygsfokus men ändå ökat engagemang för att man drivs av en vilja att lära sig och vara av värde i framtiden. 7. Lärare och mentorer har lättare att kommunicera och

förankra högre förväntningar i elevens tankar. 8. Ökad reflexivitet. 9. Eleven har ökat känsla av kontroll över sin utbildning genom att reflektionsjournalen med övningar stödjer struktur, översikt och framåtsyftning. 10. Eleven som är mer "självreglerande" exempelvis genom vetskap om flera olika studietekniker med förståelse om dess effekter för att förstå när det inte går som de vill och kan ändra taktik. Även ökad grad av självreglering genom större förståelse av hur eleven själv fungerar vad gällande motivation och relationer exempelvis. 11. Stärkt läskultur om övningar och reflektioner är kopplade till det deras läsande. Här kan även material från deras journaler bli grund för böcker som eleverna skriver tillsammans som sen kan finnas i biblioteket.

- Progression över åren som eleverna känner är meningsfull.
- Ofta är slutar interventioner med eleven själv som kan spä på självfokuset. Samla in reflektioner från vissa övningar, för att skapa pamfletter med olika svar på olika frågor. Det finns alltså en stor potential att eleverna kan skapa spännande material tillsammans. Exempelvis reflektioner om hur det är att vara elev på skolan, eller samling av minnen från skolan, eller tips av olika slag till yngre elever som börjar 1an eller till och med till högstadieeleverna. Detta skulle kunna skapa en känsla av gemenskap i reflektionerna.
- Ge plats för att eleverna själva spontant kan använda reflektionsjournalen som sin egen dagbok.
- Bestämma i vilket språk/diskurs som man ska fostra eleverna genom reflektionsövningarna. Lgy22 har en tydlig moralisk språkdräkt med begrepp som rättskänsla, internationell solidaritet etc. Den moraliska språkdräkten är något som man bör ha för att det inte ska bli för psykologiserande språk. Psykologi är ett ämne som har mycket att tillföra men räcker inte för att stödja fostran och en bredare bildning hos eleven. Att tala till eleven som moraliska aktörer har också effekten att motverka de negativa tendenser som har uppstått ibland när ett för psykologiserat språk använts i att se sig som psykologiska varelser som är på ett visst oföränderliga och sköra i grunden (Ecclestone & Hayes, 2011). Detta tar vara på den kritik som finns mot en överdrivet

terapeutisk fostran inom skolor. Effekten av detta har flera gånger varit negativ med en överemotionalisering, se sig själv som ett skört offer, fokus på negativa tankar och upplevelser, för personligt när det har varit fokus att i extrema fall prata om trauman (Ecclestone & Hayes, 2011). Det finns också risk att en för psykologisk diskurs kan vara för individualiserande och inåtblickande. Det finns också effekter att se upp med som att reflekterar man på fel sätt om exempelvis avsaknad av "lycka" kan detta leda till att man fokuserar på vad man inte har (Ecclestone & Hayes, 2011). En moralisk språkdräkt kopplad till fostrande av demokratisk medborgarskap med olika förmågor och kunskaper för att vara av värde till andra, är alltså en bra motpol mot den psykologiska diskursen.

- Journalen behöver innehålla övningar/uppgifter som gör att eleven verkligen reflekterar och inte stannar bara i deskriptiva texter som kan skapa känsla av att skrivandet bara är en meningslös ritual (Dyment & O'Connell, 2011). Faktorer som gör att det blir mer reflekterande är om syftet är tydligt, återkoppling hur loggboken används, vilken form av återkoppling använde sig läraren av, tydliga instruktioner och relationen mellan lärare och elev medierade effekten av loggboksskrivande (Dyment & O'Connell, 2011).
- Att vi använder oss av hela kollegiets kunskaper, insikter och egen klokskap och inte förlita sig på en manual bara.
- De resurser som finns på olika hemsidor kopplade till likabehandling behöver integreras bättre för eleven.

1. Förslag: reflektionsjournalen

2.1 Reflektionsjournalens upplägg och innehåll

Reflektionsjournalen är en journal eller loggbok som eleverna kommer att skriva i under hela gymnasietiden. Ett förslag är att eleven skapar ett Google dokument i en mapp som heter personlig utveckling om skolan jobbar med Google. Reflektionsjournalen ska vara elevens röda tråd där så många övningar och reflektioner kopplad till personlig utveckling samlas på ett ställe. Specifika ämnen, temadagar och mentorstid kommer alla ha övningar/uppgifter som läggs in i reflektionsjournalen.

Delarna i journalen som antingen samlas i ett dokument eller i en mapp med några olika dokument är:

- Personlig utveckling: filosofiskt och psykologiskt tänkande med övningar, relationer, lära känna övningar
- Medborgerlig bildning: medborgerligt tänkande, bildning och sociologisk fantasi, likabehandling
- Studiestrategier, studievanor och studietekniker
- Återkoppling
- Checklistor och framgångsfaktorlistor
- Reflektioner och övningar kopplade till de olika ämnena
- Reflektioner och övningar kopplade till de temadagar

2.2 Genomförande

- Förankra i organisationen. Är det här en god idé?
- Kollegiet behöver utarbeta vad som ska skapas för resurser kopplade till reflektionsjournalen och vilka uppgifter/övningar som ska läggas in i från de olika ämnena, mentorskapet och temadagar.
- Man behöver skapa en plan för hur de olika delarna ska synka för att få bäst progression.
- Mycket fokus bör läggas på de första veckorna i skolan som kan ses som ett möjlighetens fönster i att forma beteende för att eleverna inte har skapat tydliga normer om beteende mellan sig och går mycket på vad läraren gör.
- Förslag på hur projektet kan ha för delmål. Första året är det att få igång interventionen och att reflektionsjournalen används. Man skulle kunna göra mätning innan man gör det på olika variabler enkätfrågor kopplade till områden som meningsfullhet, studiestrategier, dygder, läsning, engagemang på lektioner. Andra året utvärdera vad som gick bra och dåligt, vad kan förbättras? andra året kan man börja försöka sig på att samla in material från

eleverna för att skapa böcker för eleverna. 3 året - dessa elever börjar skriva för 1orna delvis.

- Komma fram till hur det ska göras. 1-2 pass där man sätter hur de olika resurserna och övningarna ska vara utformade, vilka processer som ska finnas, exempel hur mycket tid som ska tas från mentorstiden och hur man kan hitta sätt att arbeta med detta under lektionstid utan att det tar från ämnesfokuset - alltså att man skapar uppgifter som är viktig för ämnet men också har fostrande aspekter som kan flyttas över i reflektionsjournalen.

- Bestämma om man ska ha allt samlat i ett dokument eller flera. Vill man ha en reflektionsjournal eller är det bättre att ha flera olika? T ex en bara för studievanor och återkoppling om ämnena, och en annan om personlig utveckling om människa/bildning? Eller ska dessa vara kombinerade? Vill man ha en praktik att varje ämne och ska ha en loggbok tillhörande? Ska man ha en praktik att eleverna måste upprätta ett anteckningsdokument för alla ämnen (något som troligen behövs för att eleven ska kunna göra en reflektionsövning i ett ämne och sedan kopiera det över i den stora reflektionsjournalen)?

- Ha en helt färdig mall. Speciellt i 1an för att sätta en vana. Eleverna får i uppgift att kopiera en reflektionsjournal med innehållsförteckning med hyperlänkar för att skapa översikt i dokumentet. Utmaningen med ett Google dokument om det skulle användas är att det skulle bli långt, då blir rubriker och innehållsförteckning avgörande. Det man vill är möjligheten att kunna lägga till saker efter tidens gång, så att om man kommer på att något behövs mitt i läsåret, går det att lägga till. Hur ska det komma in i elevernas anteckningsdokument på ett bra sätt? Ett sätt är att ha ett annat dokument där alla frågor finns och nya läggs upp som eleven kan hämta frågor i. Läraren för det specifika ämnet kan också säga åt eleverna att lägga in ny rubrik och uppgift. Denna färdiga mallen ska innehålla länkar till olika resurser och mappar där mer resurser kan läggas in för att det ska vara så enkelt som möjligt att kunna ge eleven mer övningar, instruktioner eller material om man vill det. Problemet om man har en färdig mall är att det kan bli mycket skrollande neråt i dokumentet på slutet av året. Om de har ett annat dokument som de hämtar frågor från, kommer dokumentet. Alternativt olika dokument med färdiga mallar.

- Hur man ska prata om detta i de olika ämnena när reflektionsjournalen introduceras. Exempel på hur ämnen kan prata om det: Samhällskunskap kan prata om de samhälleliga aspekterna av skrivande, vilka som skriver etc. Historia: journalens plats i historien. Språk: journalen som en genre, fördjupa och inspirera i det.

- Ett förslag för att öka chansen för att personlig utveckling sätter sig som norm bland eleverna är att göra filosofi och psykologi till obligatoriska kurser och placera dessa i 1an på gymnasiet. Detta skulle skapa större kraft i interventionen för att eleverna lär sig om filosofi och psykologi i ämnen direkt. Det filosofiska och psykologiska tänkande skulle vara lättare för eleverna att internalisera. Det blir ett bra komplement till vad som potentiellt kan skapas i samhällskunskapen med en "sociologisk fantasi" i att se personlig bekymmer som en del av större samhälleliga orsaker också. Det blir också ett bra komplement till den kulturella bildningen som finns potential till i språkämnena. Filosofi och psykologi kommer med olika perspektiv som också är väldigt användbara i de andra kurserna som skulle göra det lättare för att elever också öka sin analysförmåga med specifikt förmågan att förhålla sig till olika perspektiv som ofta är nytt för nya gymnasieelever. Andra effekter är att man som skola kan vara tydligare med en profil av bildningsfokus. Detta skulle rimligen ses som ännu viktigare för yrkesprogram för att föra in dessa elever i en bildningsresa som de ofta inte har blivit exponerad för lika mycket som barn universitetsförberedande gymnasieinriktningar fått genom att oftast till höra medelklass med föräldrar som har större utbildningskapital och kulturellt kapital och för detta vidare till sina barn.

- Bestämma vilka som eleven ska dela journalen med - alla sin lärare + mentor? Elever? Reflektionsjournalen kommer inte betraktas som en dagbok av eleven, och ska kanske inte det utan det här är något mer formellt och uppstyrt. Delning av innehållet mellan elever skulle kunna göra med att eleverna byter dator för ett slag och läser varandras texter eller att de i grupper får berätta vad de skrivit i samband med uppgiften.

- Se vad man har för teoretisk grund att stå på för att guida arbetet med interventionen. Detta ska ge ett stöd åt diskussioner som kommer upp blir mer forskningsförankrade. I avsnittet förslag på teoretisk grund för reflektionsjournalen finns förslag på utgångspunkter.

Resurser som behövs skapas är:

1. Mall för journalen så att eleverna stöds i sina reflektioner och att det blir ett snyggt dokument som är roligt att återkomma till.

2. Ett dokument där man kan samla frågor, övningar och uppgifter som eleven ska möta.

3. Dokument som förklarar och inspirerar eleverna till att skriva journal.

4. En presentation och material till att starta reflektionsjournalen.

5. Checklista för planering

6. Mapp där resurser och läromedel som eleverna kommer att möta finns.

7. Mapp för lärarna där man samlar forskning kopplad till personlig utveckling hos eleverna. Reflektionsjournalen kommer att kunna förbättras om det finns en pågående diskussion som är forskningsförankrad. I den mappen kan man skapa ett idédokument där man lägger in idéer på nya frågor och uppgifter. Detta skulle kunna vara ett arbete som stärks om man har ett bra kunskapsmanagementsystem generellt (Berglund, 2022).

8. Använda Notion.io eller Google dokument. Notion har många fördelar över Google dokument.

2.2.1 Notion

Ett ofta använt verktyg när man ska ändra vanor är appar för "vane-tracking". Appar med som Habitfy gör det lätt att få översikt över sina vanor. Det finns flera appar som är gratis som man som skola skulle kunna använda sig av. Eleverna skulle i dessa appar få stöd kring att hålla koll på beteende. Detta skulle stärka ett beteende av att man jämför varandras beteende. Det blir tydligt för eleven att det är vanor som bygger upp våra liv. Det skulle gå att ge mycket bättre feedback om elevens beteende. Det skulle också vara lättare för föräldrarna med deras uppfostran.

Notion är ett gratis webbaserad applikation för avancerade anteckningar, skapande av system för att följa vanor, göra checklistor. Väldigt mycket. Här finns mallar som den här rapporten föreslår att man använder sig av. När eleven lämnar skolan kommer eleven troligen byta mail. Det finns funktioner för att exportera innehållet så att man kan lägga det i ett nytt konto. Målet är att eleven ska fortsätta med att ha en reflektionsjournal även efter gymnasiet. Många uppgifter och övningar som är i den här interventionen stärks om eleverna delar med sig till varandra. Notion har ett lätt sätt att dela till andra: https://www.notion.so/help/share-your-work Man lägger innehåll från varandra för att bygga ut sin egen reflektionsjournal. För att använda eleverna ska kunna använda Notion behöver lärarna på skolan också lära sig hur Notion fungerar. Många lärare kommer att märka att Notion är verktyg som kan vara ett väldigt bra stöd för dem själva. Här finns en mall för hur man kan jobba med Notion som lärare kopplade till ett robust kunskapsmanagementsystem för en skola som finns mer förklarat i rapport om Ett förslag på kunskapsmanagementsystem för skolor (Berglund, 2022).

2.3 Processer

Processer som behövs för att arbetet med det ska nå så god effekt som möjligt är till exempel 1. Möjlighet att komma på övningar/uppgifter under tidens gång. Det behövs finnas en flexibilitet så att exempelvis en lärare kan lägga in egna frågor som den bedömer att eleverna skulle tycka är bra. Detta måste dock kanske vara kopplat till någon form av check att dessa övningar är planerade att göras senare. Det finns heller inget som säger att alla elever måste möta exakt samma frågor, men åtminstone en stor majoritet.
2. Arbetet med återkopplingen på journalerna. Här är en viktig aspekt tidsanvändningen. Att ge återkoppling på allt i journalerna skulle ta lång tid, speciellt om det är placerat på bara mentorerna. Man skulle kunna ha en lösning att när lärare lägger in övningar från deras ämnen så är det dem

som ger den primära återkopplingen som kan ibland vara på gruppnivå eller att eleverna får läsa av varandra och dela tankar om vad de läst av varandra. Mentorer skulle kunna ge återkoppling vid valda tillfällen. Ett av dessa tillfällen skulle vara i upptakten till mentorssamtalet och speciellt under mentorssamtalet. Något eller några andra tillfällen under året skulle troligen behövas för att eleverna inte ska känna att de bara skriver i luften. Återkoppling kan behövas speciellt i början för att se att eleverna försöker och skriver en del (eftersom det finns flera elever som vid dessa uppgifter skriver ner väldigt lite tankar). Här skulle arbetet med framgångsfaktorer och checklistor kunna inkorporeras, en checklista för att reflektera väl.

2.3.1 Push, pull, nudge för att leda processerna

Hargreaves och Fullan har föreslagit att ett effektivt sätt att driva förändring är genom push (kravställningar och ansvar förtydligas och följs upp), pull (incitament, vision, erkännande, det som ger energi för projektet) och nudge (förändra valarkitekturen så det är lättare att göra rätt). Applicerat på att genomföra den intervention bör man tänka på följande komponenter som en del:

Psykologer, kuratorer och specialpedagoger tillsammans med exempelvis lärare i psykologi, filosofi, svenska bör vara mer bekant med idéerna i den här interventionen och bör få något form av tyngre ansvar i att förklara idéerna för resten av kollegiet. Det är olika övningar som man kan välja mellan och man kan lägga till egna som man kommer på. Vilka dessa övningar blir kommer vara upp till kollegiet och de individuella lärararna som vill lägga till något eget på i sitt ämne. Förstelärare bör förmodligen ha något ansvar för att det ska vara förankrat.
Mentorer har ansvar för uppföljning. Eleverna delar journalen med mentorer.

Uppföljningar
- Mentorssamtal/utvecklingssamtal
- Mentorsaktiviteter 5-10 gånger om året som bygger på det man gjort i reflektionsjournalen både allmänt och specifika ämnen.
- Lärare i de olika ämnena har ansvar för att 1. träna studietekniker explicit. 2 fördela förhör/minitest mellan sig i sina ämnen om

personlig utveckling och studieteknik. 3. I början alltid ge läxa så att elever tvingas in i vanan att studera varje dag förutom en helgdag. 4. En läxa ska alltid läggas in tillsammans i en checklista som eleverna använder. 5. Göra de reflektionsuppgifter kopplade till lärarens ämnen som kollegiet har bestämt ska göras.

Pull

- Lärare känner meningsfullhet när de ser elever utvecklas som människor.
- Energin av att se elever lyckas.
- Omvandla det som eleverna skriver om till resurser, exempelvis böcker som kan lånas i biblioteket eller köpas av föräldrar.
- Vara inspiration för andra skolor. Skapa resurser för yngre elever och andra skolor.

Nudge

- Reflektionsjournalen och tillhörande viktiga dokument som bokmärke för att snabbt komma åt.
- Mall i journalen. Lätt att hitta resurser för personlig utveckling.
- Mapp med bra reflektioner som elever har gjort som byggs ut.

2.4 Några teoretiska utgångspunkter för diskussioner om syfte, struktur och innehåll med interventionen

2.4.1 Randall Collins (2004) Interaktionsritaul teori

- Förklaring: Lyckade sociala interaktioner skapar "emotionell energi" som är stolthet, momentum, vitalitet, energi. Dessa sociala interaktioner kan vara runt olika ritualer som exempelvis i skolan kretsar kring att lära sig nytt, nå sanning och personlig utveckling. Lyckas man vill man har mer av det och kommer att sträva med den ökade emotionella energin, efter mer kunskap eller kulturellt kapital inom det fältet. Enligt Collins är detta vad som är "motivation", det är svar på att vi har tidigare fått lyckade sociala interaktioner inom ett fält som gör att vi vill ha mer av den upplevelsen igen. Vi är emotionell energi-maximerar, inte lyckomaximerar enligt hans teori.

- Applicering: Reflektionsjournalen kan ses som en del av en ritual i att bygga emotionell energi mot personlig utveckling. Det är ett sätt att synliggöra framsteg och reflektioner över tid som potentiellt kan stärka en känsla av momentum. Checklistor, studiestrategier jobbas med systematiskt för skapa starka studievanor som ska öka chansen för lyckade interaktioner i skolan och minska anti-skol normer. Att man tillsammans som skola reflekterar systematiskt kan stärka känslan av att det är en gemensam ritual.

2.4.2 Hidi & Renningers modell för att bygga intresse: hur bygga intresse för läsning?

- Teorin: Hidi och Renninger har föreslagit en modell för hur intressen byggs i 4 olika steg (2006): 1. Ett triggat situationellt intresse av nyfikenhet och starka positiva upplevelser. 2. Bibehållet situationellt intresse. Meningsfullhet, användbarhet, socialitet. 3. Utvecklande av individuellt intresse. Fascination, nyfikenhet, tillhörighet, flow, tänka på egen hand, fördjupa, behöver stöd vid utmaningar, Börja välja detta intresse själv, utan att någon annan säger till. Man vill tillbaka till de inledande positiva upplevelserna. 4. Det utvecklade individuella intresse (passion): fördjupad passion, driver sig själv (internaliserat), vet hur den får stöd för att utvecklas och glädje utifrån, tar på sig utmaningar.
- Applicering: Reflektionsjournalen har övningar i att bygga intressen för olika ämnen. Det ska också ses som en stor praktik som i sig ska bygga intresse för personlig utveckling. Detta kommer bara skapas om eleven får positiva upplevelser kopplad till personlig utveckling och att dessa upplevelser synliggörs som just kopplad till personlig utveckling, som gör att eleven kan försöka skapa liknande upplevelser igen genom personlig utveckling.

2.4.3 Bj Fogg - behavioristiskt synsätt på att ändra vanor

- Teorin: BJ Fogg har en teori om hur vanor byggs: 1. Situation, förstärkning - förändring av situationen på olika sätt är det starkaste sättet att skapa förändring. Normer, kultur viktigt. 2. Mikrovanor - testa en minut varje dag, tills det blir en vana, minska motståndet så mycket som möjligt i början när vanan inte sitter. 3. Vanepåbyggnad - "haka" i vanor i varandra, ex bussresan en plats för läsning? Ett sätt att skapa nya vanor är att lägga på det på andra vanor som vi redan har. 4. Förebilder (social modellinlärning) leder oss och ger oss ledtrådar, och de runt om oss blir snabbt modeller för inlärning. 5. Nyckelvana är en vana som vi skapar som gör det lättare att uppehålla andra vanor. Som sprider ringar på vattnet. Träning är en sådan vana som för många sprider ringar på vattnet av massa anledningar. Vi blir lugnare, känner att vi kan utöva självkontroll under en stund som visar att vi faktiskt kan fokusera och göra något jobbigt, för att sedan få en belöning. Läsning skulle också kunna bli en nyckelvana kopplat till skolan. Göra det lättare att öppna ett läromedel, en vana vid läsning, en vana vid perspektivtagande, en vana att sätta sig in i nya begrepp, en vana att njutning kan komma via annat än spel och social media.
- Applicering på reflektionsjournalen: Reflektionsjournalen bör betraktas som skapandes av nyckelvana för eleven. Med den nyckelvanan kan man hänga på andra vanor. Exempelvis kan man i reflektionsjournalen ha ett avsnitt som är kopplad till läsning, t ex en läsjournals-del. Reflektionsjournalen kan alltså börja stödja en annan nyckelvana som läsning. Reflektionsjournalen bör vara återkommande verktyg under gymnasietiden som kommer i olika kontexter så att de under 3 år får massor av upplevelser kopplade till en praktik av personlig utveckling. Vanepåbyggnad så använder vi oss av vanor på skolan att inom ämnena skapa uppgifter som har personlig utveckling som mål också, men nu tydliggörs det mer för eleven när det samlas på ett ställe. När alla gör reflektionsjournalen får man förstärkning av varandra och

socialmodellinlärning och kamrateffekten används till elevernas och skolans fördel.

2.4.4 Inre, yttre motivation, syfte bortom sig själv

- Teorin: Motivation har delats upp i inre: njutning av uppgiften i sig genom exempelvis upplevelsen av flow och yttre motivation: belöningar i form av betyg, pengar, rykte, status (Deci & Ryan, 2006). Yeager har lagt till ett syfte bortom sig själv eller "själv-transcenderande syfte" som är något yttre, men det är inte ett yttre i form av pengar, status, utan för att hjälpa och tjäna andra. Det blir ett "inre" motivation i bemärkelsen att viljan att hjälpa är internaliserad och att de kan skapa en känsla av stolthet och emotionell energi (Yeager, 2013)
- Applicering: Reflektionsjournalen har som syftet att stödja eleven i alla 3 olika motivationstyper: inre, yttre och syfte bortom sig själv. Yttre också i att reflektionsjournalen inte framställs som något val, utan att det är central del av skolgången som man ska göra, alltså tydliga kravställningar mot eleven. Inre: njutningen av att reflektera själv och ensam, som är en njutning som kräver träning att komma upp till. Njutning i att göra saker tillsammans och dela med sig av tankar tillsammans och få respons. Yttre: högre betyg, bättre kommunikationsförmåga, lättare i de olika ämnena. Syfte bortom sig själv: reflektionsjournalen så är en central del att eleverna får jobba med övningar i att vara en god människa /aktiv medborgare som tränar på olika dygder. Reflektionsjournalen ska vara ett sätt att förtydliga för eleven vikten av att leva för andra också.

2.4.5 Gamefullness

- Teori: Jane Mcgonigall har en teori runt begreppet gamefullness, som är ett tillstånd då vi är öppna för utmaningar för att det har ramats in i en spelkontext. Mcgonigal har 6 stycken delar för att gamefullness ska uppstå. 1. Mål (episka helst), bryta upp i delmål mot ett större mål. Episka mål driver oss. 2. Spännande världar -

lockande världar skapar lockande spel som man njuter av att vara i. 3. Allianser - jobba gemensamt - lärare, föräldrar och elever - ett stort spel med ett stort gemensamt mål om att läsa mycket mer. 4. Utmaningar och fiender - vad finns det för quests, mindre spel i det större spelet? Detta är kopplat till målen. 5. Powerups och verktyg - olika resurser när det är mottigt eller för att snabba på utvecklingen i spelet 6. Avatar (identitet). 7. Ökad svårighetsgrad som gör det utmanande.

- Applicering på reflektionsjournal: Reflektionsjournalen ska innehålla övningar som förtydligar elevens mål, vad är syftet med skolan egentligen? Det i sin tur ska öka chansen att eleven öppnas upp för de spännande världar som finns att upptäcka genom ämnena och undervisningen. Allianser - jobba gemensamt med reflektionsjournalen. Utmaningar och fiender: ha olika uppdrag. I reflektionsjournalen så föreslås det olika utmaningar och nya beteenden och mål som eleven ska sätta. Reflektionsjournalen är ett sätt att också tydliggöra spelreglerna i skolans värld och resten av livet: t ex styrkan i att vet spelreglerna för att lära sig något effektivt gör skolan till ett roliga "spel". Målet är att göra skolan till ett roligare "spel".

3. Dokument som eleven kommer att möta

Resurser som behövs är:
- Dokument som förklarar och inspirerar eleverna till att skriva journal.
- Mall för journalen så att eleverna stöds i sina reflektioner och att det blir ett snyggt dokument som är roligt att återkomma till.
- Ett dokument där man kan samla frågor, övningar och uppgifter som eleven ska möta.
- En presentation och material till att starta reflektionsjournalen.

3.1 Förmedling av kunskap kopplat för att uppgifterna/övningarna

Fostran i en skolkontext kräver förmedlande av kunskap till eleven i någon form. Text, film, föreläsningar, workshops. Idag finns det inget sammanhållet läromedel för detta så man är i behov att hämta resurser och skapa resurser själv från olika håll.
Ett förslag på sammanhållet läromedel finns här.

- Reflektionsjournal som genre (görs i svenskan och engelska förslagsvis)
- Vad är bildning?
- Gruppdynamiker: ledarskap, medborgarskap och följarskap
- Dygder och etik som fält
- Motivation
- Studiestrategier, studieteknik och studievanor
- Filosofi och kritiskt tänkande
- Olika aspekter av diskriminering och kränkningar
- Kärlek, relationer och samtycke
- Digital hygien och digital distraktion
- Kommunikation
- Filosofi som levnadskonst
- Framtiden efter gymnasiet

Härifrån kommer dessa 4 olika resurser att presenteras som förslag som man kan utgå från.

2. Avsnitt som elever får läsa om varför journalskrivande kan vara av värde

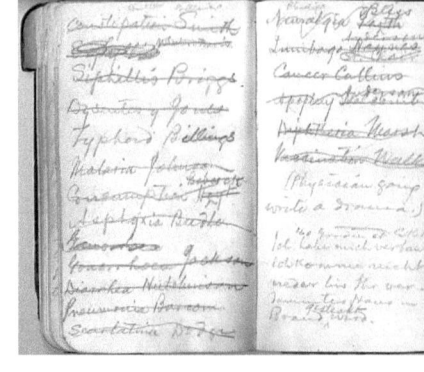

"Journaling is like whispering to one's self and listening at the same time. - Mina Murray, 'Dracula'.

"What a comfort is this journal I tell myself to myself and throw the burden on my book and feel relieved."- Anne Lister.

"Journal writing, when it becomes a ritual for transformation, is not only life-changing but life-expanding." - Jen Williamson.

"Writing in a journal reminds you of your goals and of your learning in life. It offers a place where you can hold a deliberate, thoughtful conversation with yourself. - Robin Sharma.

"Journal writing gives us insights into who we are, who we were, and who we can become." - Sandra Marinella.

Citaten ovan ringar in potentialen att skriva i en journal för sig själv och om sitt liv. Det är för att ha en mer informerade och reflekterande dialog med oss själva och andra. Det är ett sätt att få oss att ta in nya tankar. För vi upptäcker rätt snabbt att vi har så många liknande tankar och att vi kan fastna i vissa tankemönster. Journalskrivande har

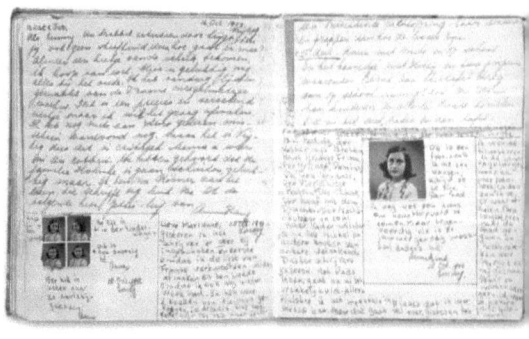

använts av massor av människor genom historien: Anne Frank, Leonaro Davinci, Mark Twain, Marie Curie, Lewis Carol, Thomas Edison, Fredrich Nietzsche, Anias Nin. Dessa människor är inte ensamma om det, det är inte nödvändigt att skriva journal för att bli framgångsrik och bra inom något fält, men det verkar hjälpa.

Journalskrivandets effekter är att de gör att vi har en bättre inre dialog.
Den minskar risken för att vi ältar saker, alltså återkommande tänker på
samma sätt, exempelvis oroar oss över samma saker.
Journalskrivandet gör att vi får distans till våra tankar

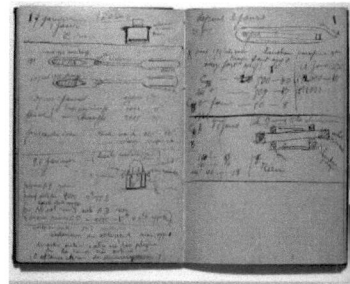

som gör att vi både kan få distans till
våra känslor som gör att vi kan gå in
i de känslor som är positiva och inte
bli lika styrda över det vi känner om
det är negativt. Vi blir vana vid att
tänka om oss själva på ett
konstruktivt sätt. Journalen kan vara
något väldigt inåtblickande som gör att vi blir för självfokuserande, därför
är bra journalskrivande något som gör att man också vänder utblicken
genom att reflektera om sig själv i världen.
Journalen är till för att samla tankar som ni har på ett ställe. Dessa kan
ibland kännas utspridda, att man kanske hade en god tanke som man
glömde bort. Det blir ett sätt att ordna upp sina tankar.

Journalen är också för att stödja ert skrivande. Ni kommer få tid att
korrläsa det ni skrivit. Så att det är texter ni är stolta över som ni kan
komma tillbaka till för att stödja er reflektion i framtiden. Att kunna skriva
tydligt, effektivt, snabbt, nyanserat är ett vapen och ett sätt skapa kraft
inom er. Den som har skriften som ett vapen behöver inga fysiska vapen.
Skrivande har också effekten att tankarna blir bättre. När man skriver
tvingas man ordna ord så att det blir tydligare vad som egentligen menas.

Journalskrivande är något som många testar på men många slutar med det.
Detta beror på att man inte behöver det längre eller att man behöver den
egentligen men inte ser användning för den. Ett bra journalskrivande drivs
fram av att man göra nya reflektioner ur nya vinklar. Därför finns den här
mallen nedan att utgå som kommer att följa dig under alla 3 åren, den här
mallen kan komma att ändras, den här kommer finnas länkad i denna
mapp, där ni kan kolla vad som ska läggas in i journalen. Den ska
uppmuntra till att ni skriver för er själva också och lägger in tankar.
Kanske något du skrev i en chat med någon, något du sa. Det är för att

utveckla er som skribenter. Det är vad författare och skribenter, stand up komiker gör, de lyssnar på sig själva, andra och vad de är med om, allt de lär sig och skriver ner det.

Det ska få en effekt av att du bygger en portfolio med tankar och saker du producerat som visar hur mycket du kan skapa och kommer skapa i framtiden.

Skolan så är målet att ni ska lära er förmågor och kunskaper. Detta innebär också att ni utvecklas som människor. Detta är vad journalen är till för, att samla allt ni gör under dessa år i olika ämnen, temadagar, temaveckor, mentorstiden och studiebesök.

Målen med reflektionsjournalen och övningarna ni kommer göra i den

- Känsla av kontroll, översikt och ägande över sin egen utveckling. Reflektionsjournalen blir en plats där ni kan få översikt över hur ni tänker om olika ämnen och frågor. Det blir ett sätt att synliggöra för er själv hur och varför ni tänker och har de vanor som man kan ha.
- Skapa en känsla av en röd tråd över allt som görs under gymnasiet. I alla ämnen, temadagar, mentorstider och allt annat som görs i skolan är en del av en helhet.
- Skapa en vana att reflektera om sig själv för att utveckla sig.
- Öka dina förväntningar på dig själv, förutom vissa som har perfektionism som är för höga förväntningar.
- Förbättra dina studievanor som gör att du kommer kunna jobba mer effektivt och ha roligare samtidigt.
- Utveckla dig som person. I skolans läroplan står det att ni ska utveckla massor av förmågor/moraliska dygder:

3. Dokument för alla övningar: Här ges förslag på olika övningar som man kan ändra ordning på och upprepa

Här nedan kommer förslag på olika övningar och uppgifter eleverna skulle kunna göra. Detta är en samling förslag. Man kan ha övningar i annan ordning, man kan välja vilka man ska ha med. Detta bör betraktas som en grund för ett kollegialt arbete i att komma fram hur vi som organisation ska fostra våra elever. Övningar kring moralisk utveckling och studievanor har getts mer plats här för att det saknades bland gratis läromedelsresurser. Det fanns mer om likabehandling som jag har länkat till vid det avsnittet. Ett förslags på progression från årskurs 1 till årskurs 3 ges. Årskurs 1 och 2 innehåller mest, det är för att man vill göra det mesta fostransarbetet i början av gymnasietiden för att få positiva utfall i klassrummet i form av ökad studiemotivation och studiero. Vilken som är den exakt bästa ordningen är svårt att säga eftersom det inte har testats i olika ordningar. I vilken ordning det kommer bäst i är ett upptäckande man får göra som skola tills det finns studier om hur man bäst får ihop alla olika delar som har fostrande aspekter för bäst utfall. Flera gånger refererar olika övningar till att de har lärt sig genom att se en film, lyssnat på en föreläsning, gjort uppgifter på andra hemsidor, läst etc. Alla material som behövs skapas som när den här rapporten inte har skapat specifikt finn listade i avsnitt Förmedling av kunskap om fostrande upplevelser och uppgifter ovan.

Förslag på återkommande övningar

- Hur mår du idag? Varför?
- Hur går i de olika ämnen och varför. Har du roligt? Hamnar du i flow? Fokus?
- Vad har du gjort för andra människor på sistone? Varför?
- Något som går bra?
- En känsla du har haft idag eller på sistone?
- Citat-övningen. Leta upp citat på något område och skriv din reflektion om det.

- Har du gjort någon spaning? Något du märkt?
- Kreativitetsövningar: Ta 3 slumpmässigt valda ord: exempelvis: elefant, advokat, pool. Vad kan du komma på för något? Kan du koppla till ditt liv eller samhället?

5.1 Årskurs 1

5.1.1 Starta reflektionsjournalen

- Skapa en mapp i Drive som du döper till: Reflektion och utveckling
- Skapa ett anteckningsdokument. Kopiera in den här mallen (länkad). Döp det till Reflektion och utveckling plus ditt namn.
- Lägg in 3 bilder i ditt dokument. Välj konst som representerar dig på något sätt eller som är fin. Här är en lista på olika konstnärer.
- Dela med din mentor. Dela med de lärare du kommer ha det här året??

Digital hygien: övningar och tips

Psykologen Sissela Nutley och psykiatrikern Anders Hansen har gett olika tips om hur vi kan hantera det digitala på ett bättre sätt. Det digitala är väldigt lockande men inte alltid något som gör att vi mår bättre, det kan ibland få oss att må sämre och vara ett hinder i vår vardag. Det första man behöver ha med sig är att mobiler och appar inte är designade för att maximera vårt välbefinnande, det är designade för att vi ska lägga ner så mycket tid som möjligt på dem oavsett om det är bra för oss eller inte. Välj minst 3 av dessa. Hur har det gått?

- Mobil i klassrummet försämrar inlärning, även om du har den i fickan bara.
- Ta inte mobilen på rasten, prata med klasskamrater istället.
- 2 timmar maxtid på mobilen om dagen.
- Ha mobilen på ljudlöst
- Sätt i gråskala läge.

- Stäng av mobil och surfplatta minst en timme innan du ska lägga dig.
- ha inte mobilen i sovrummet, eller minst på andra sidan rummet. Köp ett alarm.
- Följ personer som ger dig något positivt.
- Se sociala medier som interaktionsverktyg
- Välj 1-3 plattformar max.
- Avinstallera sociala medier i telefonen och använd det bara på datorn.
- Digital fastor -
- Fäst dig inte vid olika poäng som social media använder sig av: följare, streaks
- 2 timmars spelande om dagen. Om du vill spela mer, vad är det som är så lockande jämfört med riktiga världen? Hur kan du göra den riktiga världen mer som ett bra spel, så du hamnar i spelfullhet som tillstånd utanför digitala spel också?

5.1.2 Få ihop gruppen övningar/lära känna övningar

- Intervjua någon (1-5 andra) i klassen och anteckna det dem säger. (Alternativt, man fyller i detta själv och sen delar med någon annan, men jag tror intervju blir mer dynamiskt) Välj frågor som du har funderat på, annars är dessa bra frågor att ställa: 1. Hur gör du för plugga effektivt? 2. Vad gör du när du är uttråkad en helgdag? 3. har du någon bra hemsida eller social media konto som du följer? 4. Någon serie, tv, bok och/eller podd som du kan rekommendera? 5. Vad är ett bra minne du har och varför? 6. Har du några drömmar och vad är dem i så fall? 7. Något drömyrke? 8. Vad gör du för något om du känner dig ledsen eller stressad?
- Vad är din favorit musik/band/artist/låt. Vad finns det för låt som du gillar, vad får du för tankar av den? Välj ut ett stycke från två låtar du gillar? Visa upp dina valda citat för en annan i klassen. Vad får den för tankar? Vad får du tankar av dennes valda del ur låttexten?

- Skriv ett brev till när du började i 7an. Vad hade du velat säga till dig själv? Läs efter en annans brev till sig själv. Lägg in under ditt brev en rubrik: Min reflektion av namns brev till sig själv.
- Gruppdynamik och klassens värderingar, normer, regler och normer. Vad tycker du om klassens värderingar och normer? Hur ska du bidra till ett bra klassrumsklimat? Vad gör du om någon verkar lite ensam praktiskt? Beskriv din upplevelse av din högstadieklass. Vad var bra och vad var mindre bra eller till och med dåligt? Vad har du lärt från högstadiet som du tar med dig till gymnasiet om hur grupper fungerar?

5.1.3 Moralisk utveckling/personlig och medborgerlig bildning

Lyssna på en föreläsning/läs text om dygder/styrkor och anteckna vad som togs upp med stöd av följande frågor:

- Vad är en dygd och last?
- Vad är några anledningar till varför man ska försöka vara dygdig?
- Varför är dygder som powerups, något som gör oss starkare och kan göra att vi klarar utmaningar i vårt liv bättre?
- Hur påverkas vår hjärna av att använda dessa dygder?
- Varför är det mindre av dessa dygder i olika kamratgrupper, skolor, städer och länder?
- Hur tränar man sig i olika dygder? Vad är viktigt att tänka på när man försöker utveckla sig som människa?
- Varför bör man vara moralisk? Är det för att det är rätt i sig? Tjänar vi egoistiskt på det? Är det i vårt egenintresse?
- Vad händer om personer inte beter sig dygdigt åt? Vad händer med samhället alla skulle bete sig sämre?
- Vad skulle hända om alla tänkte att det spelar inte så stor roll om jag gör helt rätt, andra kan göra det?

Du har haft en presentation om skolans uppdrag att utveckla er som moraliska människor där ni fick lära er om olika dygder/styrkor. Skatta på en skala hur mycket du har av dessa olika dygder. Skriv en X vad du sätter dig just nu. Efter du har fyllt i tabellen nedan. Diskutera med andra om hur du kan ha mer av dessa dygder. Fyll sen i förslag på hur du kan utvecklas i den dygden utifrån det du lärde dig

Dygd	1	2	3	4	5	Motivering	Hur skapar du mer av detta?
Nyfikenhet - inställning att världen är intressant, ställer frågan varför ofta, lust att lära							
Mod - går emot rädslor man har							
Respekt för andra - respekterar olikheter och kan välkomna det,							
Perspektivtagande och empati - sätter sig in i andras perspektiv och vad de kan känna. Hur skulle jag känna? Hur skulle andra känna som inte är som jag?							
Tålamod och ansträngning - ger inte upp, lägger ner tid på lektionen och utanför skolan. Testar olika tekniker och strategier för att utvecklas utan att ge upp.							

	1	2	3	4	5		
Självkontroll - kontrollerar ens impulser och har fokus på olika mål och det som är bäst för situationen							
Rättskänsla - reflekterar kring rätt och fel, försöker agera efter vad man tycker är rätt							
Samvetsgrann - glider inte på andras arbete (gratis-åkare), är ärlig, anstränger sig							
Generositet - ger som utgångspunkt på olika sätt, tid, komplimanger, hjälp							

Initiativtagare/ledare- tar ansvar, följer inte med gruppen bara							
Ödmjukhet och självförtroende - förväntan att man kan bli bättre, men man är inte perfekt eller perfektionistiskt							
Optimism/hopp - tror på sin egen potential, tror det bästa om andra, ger inte upp hopp, tro på framtiden kan bli bra							
Noggrannhet - när instruktioner ges och genomförande							
Hjälpsökande - tar hjälp från andra efter att själv försökt och tänkt.							
Kreativitet - komma på nya idéer, lösa problem stora och små							

Citat för de olika dygderna

Sök på de olika dygderna och lägg till citat, eller gör det med det engelska ordet för fler resultat och lägga till quote. Lägg in 2-3 citat för varje dygd. Skriv ner en kort reflektion om dessa citat. Vad hittade andra för citat- ta 1 citat från som en annan elev har hittat och lägg till i din journal.

Övningar i dygder

Här nedan kommer olika övningar som man bör göra kopplade till de olika dygderna. Skriv ner dina reflektioner under övningarna när du har gjort dem.

Nyfikenhet

- Bli överraskad varje dag och överraska någon varje dag. Skriv ner vad allt du kan komma du blivit överraskad av den senaste veckan. Skriver ner på olika sätt du överraskat andra människor.
- Gå in på Ted.com och titta på olika klipp.
- Gör något nytt varje vecka. Vad skulle det nya vara?
- Lär dig något nytt utanför skolan.
- Läs om en forskare. Sök upp en forskare. När alla i klassen har gjort, berätta för varandra om dessa forskare. Man kan t ex ta nobelpristagare att börja med. Har de några citat? Lägg in dessa citat i din journal.

- Vad för frågor har du fått svar på under din gymnasietid. Samla i din klass på alla frågor ni vet svaret på åtminstone delvis.

Tålamod, fokus, självkontroll och medveten närvaro
- Se fokus som en muskel. Nästa gång du vill fokusera på något annat, tex gå in på någon hemsida på en lektion eller när du pluggar, se fokus som fokus som en muskel och om du tränar i en minut att motstå kommer du vara starkare nästa gång.
- Plugga i 2 timmar på raken. Kan du göra det? har du trott att du inte klarar det för att du tycker det är så svårt? troligen har du underskattat dig själv. Ha det som utmaning att göra det i 2 timmar. Om du inte klarar det första gången, försök flera gånger tills du klarar det. Klarar du det en gång, träna igen, visa för dig själv att du kan sitta länge.
- Betrakta ett russin. Titta på dessa skrynklor och vinklar. Hur länge kan du betrakta det innan du börjar tänka på annat?
- Hur många dagar kan du klara av utan att spela ett spel på mobilen?

Mod
- När du blir jobbigt börja räkna.
- Räck upp handen även fast ingen annan i klassen gör det.
- Prata med någon i klasse du inte pratar med vanligen.
- Prata med någon på gatan i stan. Gå emot obehaget och den sociala rädslan.
- Ge en komplimang till någon på stan. En genuin. Inte sexualiserande eller obehaglig på annat sätt.
- Gör något tvärtom. När vi gör något tvärtom tycker vi det ofta är obehagligt för det vi är vana vid känns skönt och rätt, även fast det är dåligt för oss.
- Stå upp för en annan person eller hjälp en person i klassen.

Hjälpsökande
- Vad behöver du hjälp med? Tänk först om du kan hitta en lösning på problemet och be sedan om hjälp. Gör det med en liten sak först.

- Skapa samarbeten där man hjälper varandra. Dela dina anteckningar med någon annan i klassen.

Ödmjukhet och självförtroende

Många har en falsk ödmjukhet att de underskattar sig själv och trycker ned sig själva. Ödmjukhet är att ha en balanserad syn på sig själv där man har styrkor och svagheter och att man alltid kan utvecklas.

- Gör en lista på styrkor och svagheter med dig. Skriv om varför det är så just nu.
- Gör en lista på framgångar du har haft eller saker du lyckats med. Skriv om varför det skedde. Vad lärde du dig av framgången?
- Gör en lista där du misslyckats. Skriv om varför det skedde. Vad lärde du dig av misslyckandet?
- Jämför dig med någon som är i samma ålder som dig men gjort något stort. Hur kommer det sig att den personen lyckades med det? Vad är skillnaden mellan er i beteenden?
- Ödmjukhet handlar om att inse att man kan lära sig mycket av andra personer och inte tro att man är fullärd eller att andra är bara korkade. Vad kan du lära dig av dina klasskamrater, lärare, föräldrar, människor du följer på sociala medier, författare, rollkaraktärer i böcker, filmer och serier?
- Testa att lägga märke till allt du lyckas med varje dag. Se det som små vinster.
- Har du en vana att kritisera dig själv, ha en motvana som är att för varje 3 kritik som du riktar mot dig själv ska du identifiera 7 stycken vinster under dagen. Detta ger dig en balans i att varje dag se att du gör saker som är bra och ibland går det inte perfekt.
- Man säger ofta att den som inte misslyckas gör inget nytt eller utvecklas inte. Går det att utvecklas utan att misslyckas? Vad är dina tankar om att för att utvecklas måste man misslyckas ibland?

Optimism och hopp

- Ett citat som många hört är. den som tror att den kan och den som tror att den kan har båda rätt.
- Vad skulle du göra om det du inte kunde misslyckas?

- Varför gör du det inte? Varför skulle du misslyckas med det? Vad är det som ligger i vägen?
- Vad har du för förväntan på dig själv? Tror du att du kan göra något stort i det här livet? Att det är värt det? Om inte varför?

Perspektivtagande, empati, respekt, generositet
- Hjälp någon i din klass.
- Välkomna någon som är ensam i din klass eller i din klass.
- Reflektera över vad andra elever på skolan kan gå igenom just nu. Skriv inga namn och skriv på generell nivå. Vad skulle du skriva till dem om du var en god vän och hade ett ansvar för dem.
- När du går in på skolan föreställ dig att du har ansvar för de som är runt om dig. Du har ansvar för hur de mår lite grann. Därför måste du ta hand om dem. Detta är mot en tanke att alla ska klara sig själva och måste tuffa till sig som kan bli en självuppfyllande profetia att det blir en hårdare stämning och hårdare skämt helt i onödan.
- Är du en givare, tagare, matchare, självuppoffrande givare, eller en givare som både går vinnande ifrån? tror du andra ser dig som en tagare? Exempel på att vara tagare: vara ofokuserad i klassrummet, prata med andra, störa på något sätt, ta plats i konversationer så andra blir osynliga, ta hjälp utan att hjälpa andra, ta det du kan få utan att ge tillbaka, vara gratis-åkare på lektion och grupparbeten, gratisåkare på andras ansträngningar i skolan som skapar ett bra samhälle som du får ta del av, tar energi, skämt på andra bekostnad, gör stämningen tuffare/hårdare.
- Är du en vinn-vinn?

Initiativtagare/ledarskap
- Läs om en ledare. Se ett klipp på youtube. Berätta för 4 andra i klassen vad de läst om för initiativtagare eller ledare inom någon domän. Lägg in citat från dessa ledare om det finns. Att läsa om ledare och initiativtagare är ett sätt att själv-socialisera oss till att bli mer som dessa personer. Läser vi om vissa personer mycket kommer vi snappa upp saker om dem och medvetet och omedvetet

börja härma dem, för att vi ser vad deras beteende och tankar ledde till för liv.

- Nästa grupparbete du är i, träna på att ta initiativ. Var uppmärksam och driv fram arbetet. Det är lätt att tänka att det är någon annan som kan göra jobbet. tränar du inte på att initiativ kommer du aldrig att bli bra på det, du tränar dig istället i att vara den som följer med, en följare.
- Se dig själv som en ledare när du går in i klassrummet. Hur skulle du agerat om din framtida arbetsgivare skulle se dig?
- Hur skulle du agera i skolan om du skulle om 10 år ta över som chef på ett stort företag? Vad krävs av sådana personer? Hur agerar de i skolan tror du?
- Skapa eller vara med och driv en klubb eller förening.
- Gå med i ett ungdomsparti.
- Gå med i en social rörelse. Gå på de evenemang som de ordnar. Var aktiv. Efter ett tag se om du kan göra något som gör att den organisationen fungerar bättre.
- Hur ofta är du en ledare? ge några exempel. Hur ofta är du en följare? Exempel på följare: blir ofokuserad i klassrummet, köper kläder som alla andra, tittar på samma sak, gör samma sak, har samma intressen, går i skolan för att någon annan har sagt att du inte måste för att du tar vara på varje dag för att bli en bättre människa.
- När har du tagit ansvar för något i ditt liv? Meningsfullhet känner vi när vi tar ansvar för något och för andra. Har du tagit ansvar för ditt eget liv? Hur ofta gör du det? Räknar du fortfarande med att andra ska ta ansvar för dig hela tiden?

Kreativitet

Du har fått läsa om kreativitet. Vad var det för olika extremer som ofta möts i kreativa personer enligt psykologen Csiksentmihaly? Hur kan du få mer av det?

- Introversion- Extroversion
- Tradition-Rebell

- Lekfullhet och disciplin- ansvar/ansvarslös
- Ambition- icke själviskhet
- Ödmjuk-stolthet
- Njutning och smärta
- Passionerade och objektiva- passionerade men söker sanning
- Visdom - barnslighet -smart/naiv - divergent och konvergent tänkande
- Fantasi/föreställningsförmåga och verklighetsnära
- Feminitet/maskulinitet- andogynitet

Skapa en rubrik: Idéer
- Här kommer du samla olika idéer du har inom olika områden.

Vad har du haft för idéer i ditt liv? Små som stora. Skriv ner så många du kommer på. Allt från affärsidéer, hur man ska lösa en uppgift, till vad ni skulle göra en eftermiddag med kompisgänget, ett nytt sätt att attackera motståndarlaget i ett spel. Vad har du hört för idéer av andra på sistone? Vad tycker du om dessa idéer? Det kan vara om vad som helst. Förbättra spel, göra ett lag fungerar bättre, en politisk lösning.

Titta på den här listan med affärsidéer som är generella.
Tänk på olika affärsidéer och fundera hur du skulle kunna göra dem bättre.
Generera 30 affärsidéer utmaning
- Det spelar ingen roll om de är genomförbara eller inte. Det kan vara framtida teknik också.
- Vad kan du förbättra som redan finns? Vad kan du kombinera som redan finns? Teknik -djur: veterinär online. Djur-lek: leksaker för djur. Kombinera flera domäner: djur-lek-teknik: app som med lek kan träna dina djur i att göra olika saker.

Kom på nya instagram/titkok konton med målet att få följare.
- Vad skulle du göra?

Kom på nya berättelser
- Skriv ner 10 olika idéer till berättelser. Ta från vad du har hört om för berättelser och kombinera med andra. Kombinera något du läst

om med något du tänkt på innan. Något i sociala media eller tidningen du sett?

Lär dig något om ett nytt område. Utan kunskap kan man inte vara särskilt kreativ, man kommer på idéer som andra redan har kommit på.

Uppgifter i kreativitet från ämnen
- Samhällskunskap: Kausalanalys: åtgärder i kausalanalyser
- Svenska: skapa olika former av text
- Matematik: problemlösning
- Entreprenörskap: generera affärsidéer och marknadsföringsidéer

Samvetsgrann och rättskänsla: Reflektion om plikter och ansträngning

Individnivå hur påverkar ditt beteende i samhället? Spelar det någon roll om du anstränger dig i skolan? Spelar det någon roll om någon anstränger sig i skolan? Vems är ansvaret att du anstränger dig? Är det lärarens? Är det skolan? Vad händer om det är dålig skola? Har man rätt att inte anstränga sig då? Vad tänker du kring att det lagts skattepengar på dig, ungefär 100 000 kronor om året för din utbildning? Bör du agera på ett visst sätt? Bör man antränga sig mycket i skolan eller spelar det ingen roll? Löser det sig med att vissa andra anstränger sig?

Har du några plikter? Kan du göra vad du vill? Har du bara rättigheter? Eller bör du agera på ett visst sätt för samhällets skull? Vad skulle hända om ingen hade en pliktkänsla? Vad har du för plikter kopplade till skolan? Hur känns det att tänka att man har plikter? Känns det jobbigt? Hur tror du det är att ha liv där man bara gör som man vill hela tiden? Är det alltid bra?

Se klipp om arbetsetik hos idrottare, företagsledare, forskare, författare. Exempelvis Kobe Bryant
- Skulle Kobe Bryant velat passa dig? Varför? Varför kan inte du ha den arbetsmoralen?

- Vad ger disciplin och arbetsmoral på kort sikt och på lång sikt enligt...?
- Varför arbetsmoral en vana och en attityd? Vad händer om man har en dålig arbetsetik under stora delar av gymnasiet? Hur har man då förberett sig för livet sen?

Reflektioner om roller och identitet

Du har fått lära dig om olika roller och hur många gymnasieelever behöver hantera trycket att vara "lagom perfekt" med personlighet, utseende, betyg, kompisar och fritidsintressen. Det är mycket att leva upp till. Hur kan du göra för att inta dessa roller mer: ledare, läsande och mindre dessa: statusfixerad, följare, gratis-åkare. Hur ska du hantera de olika kraven som ställs på dig. Vad kan du prioritera ner, vad kan du kombinera för att få mer tid att hinna mer saker. T ex vänner och plugg - prata om akademiska saker, istället för att vara på sociala media, läsa en bok så att dina konversationer blir intressantare.

Skolan som ett spel

Skolan och livet som ett spel. Analysera ditt liv utifrån ett spel - är det ett bra eller dåligt spel? Utifrån Jane Mcgonigals teori om bra och dåliga spel.

Mål och delmål - vilka är mina stora mål? Och vad har jag för delmål	Större mål Delmål
Världar, berättelser - vad för världar vill jag ta del av, vad finns det för världar som väntar om jag är öppen för det?	
Identitet - vilken roller/avatar ska jag inta i skolan. Varför?	
Alierade - vilka kommer vara min allierade?	

Powerups - vilka är de 5 viktigaste powerupsen för motivation jag kommer använda mig av?	
Verktyg: vilka 5 verktyg ser jag som viktigast för skolan som spel?	
Hur ser jag till att när skolan ökar i svårighet att jag samtidigt hänger med i utveckling/ligger före?	

Motivation

Motivation föreläsning. Här är ett anteckningsstöd med frågor att svara på under genomgången.

- Vad är spelfullhet? Varför är det motiverande för oss?
- Hur påverkar vår förväntan oss?
- Vad är grit?
- Varför motiveras vi mest på lång sikt av ett syfte bortom oss själva där vi hjälper andra jämfört med njutning, rykte, status, pengar, betyg?
- Hur bygger man aktivt själv intressen?
- Hur gör man lektioner roligare själv?
- Vad är emotionell energi? Hur får man mer av det? Varför minskar ens emotionella energi i skolan?
- Varför är känslan av snabbhet och effektivitet motiverande? Varför är långsamhet tråkigt och omotiverade?
- Vad är förundran? Hur påverkar det oss?
- Vad är nyfikenhet? Vad är nyfikenhetsfrågor?
- Vad är ödmjukhet och ett growth mindset?
- Vad är flow? Varför tycker vi om att vara i det? Ge exempel på när vi är i flow.
- Hur mycket ungefär förlorar vi inlärning och produktivitet när vi multitaskar/är halvfokuserade?

- Vad är viktig anledning till att många som elitidrottare också lyckas bra i skolan? Vad kan du lära dig av dem? (Sömn, mat, motion, discplin, mindre sociala medier, känsla av gemenskap utanför skolan).

Övningar/tips i motivation
- Bygg intressen. Är ett ämne tråkigt, gå in på ted-talk och se ett klipp om det. Aktivt möta ointresse med att bygga det.
- Gör det till ett spel. Hur länge kan du sitta och plugga utan att ta paus eller falla in åt en distraktion? Försök slå ditt rekord. Eller omvänt, hur snabbt kan du göra klart en text?
- Vad finns det för frågor man kan ställa kopplat till det du ska göra. Börja bara med frågorna, tänk på frågorna. Och sedan se om du kan svara på dessa frågor snabbt.
- Kolla på din checklista igen. Vad är dina långsiktiga mål? Varför gör du det här? Visualisera det.
- Föreställ dig ditt framtida jag kommer att känna att du gjorde det du behövde göra nu. Ditt framtida jag kommer vara lika trött och omotiverad som du.
- Räkna vinster under dagen.
- Kolla på checklistan över studievanor. hur nära är du att vara en toppstudent i dina vanor?
- Gå ut och rör dig, ät, ta en powernap på 20 minuter.
- Ta hjälp av din omgivning. Tvinga dem att tvinga dig.
- Ladda ner ett program som låser olika sidor för dig som bara någon annan kan avinstallera.
- Släpp att det ska vara perfekt. Små vinster, det är aldrig perfekt.
- Pomodoratekniken.
- Förhör dig genom att berätta för någon annan.
- Gör armhävningar. Fysisk energi.
- Gör det i 5 minuter bara. Gå vidare till en annan uppgift. Ibland är det en uppgift som är jobbig, gör den ett tag och gör sen en lättare uppgift så att du får något gjort i alla fall.
- Själv-prata- prata peppande till dig själv, ha olika mantran som: fokus är en muskel som man kan träna upp, ansträngning lönar sig alltid i långa loppet, jag kan slå mitt rekord, det här klarar jag…

- Gå igenom igen spelreglerna för skolan: det finns tekniker som gör att du kan älska allt i skolan och samtidigt få höga betyg. Ge dig inte förrän du är där.

Citatsamlaren att inspireras av och påminnas av

Samla 10 stycken citat som du inspireras av. Hitta 10 till att börja med som du lägger längst upp i ditt dokument. Citat som du reflekterar runt. Citat och område du tänkt på. Väv reflektioner kring citat från kända människor och tänkare. Här hittar du olika citat/tänkare/områden du kan söka på. Lägg ett av dessa citat på framsidan av din reflektionsjournal. Berätta för andra vilka citat du valde. Lägg in 1-3 citat som andra i klassen valde.

- För varje område koppla in citat. Gå ut och hitta citat som du lägger in kopplat till det. Det gör att du tar hjälp av vad andra redan har tänkt innan dig. Du har så mycket till din hjälp du behöver inte uppfinna hjulet igen.

Problemlösarmaskinen

Alla har sina olika kamper och speciella utmaningar. Människor har en tendens att låta svårigheter man har växa och definiera en så att man tillslut har känslan att ingenting kan ändras. Detta är en tendens som man kan gå emot om man är medveten om den. Vilka är dina svårigheter/utmaningar? Hur kan du arbeta med dem, så att du minskar hur dessa svårigheter påverkar dig och kanske till och med försvinner? Problem har alla av olika slag. Det här är en övning i att bli en bättre problemlösare i sitt eget och andras liv. Det här en modell för att lösa olika problem. Välj ett problem, exempelvis någon ovana eller något som hindrar/skapar bekymmer för dig i någon aspekt av ditt liv. I den här övningen kan du välja ett lite lättare problem för att just öva sig på tänket.

Nuläget - Hur är det nu?	Önskeläget: hur skulle du vilja ha det? Varför?	Handlingsläget? Vad behöver du göra för att ändra/lösa problemet?
Vilket problem vill du jobba med? Om du vill ge det ett namn: tex karriärdilemmat, läxproblemet, kompisdilemmat, sömndilemmat		Förslag 1 För och nackdelar Eventuella hinder Lösning på hinder
Beskriv problemet så tydligt som möjligt		Förslag 2 För och nackdelar Eventuella hinder Lösning på hinder
Tänkbara orsaker:		Förslag 3

Roller i de olika ämnena

- Prata om olika personer kopplade till ens ämne som älskar ämnet och hur det kom sig och hur det uttrycker sig idag. Eleverna måste ta anteckningar om dessa personer. Eleverna gör reflektioner på dessa människor, vad kan man lära sig av dem?
- Roller från de olika ämnena som kan fås från de olika ämnena. Företagsekonomi: entreprenören. Samhällskunskap: aktivisten/politiska entreprenören. 3. Matte: matematikern/problemlösaren/programmeran. 4. Historia: militärledaren. 5. Svenska: läsaren och skribenten/författaren. 6. Moderna språk: konversatören. 7. Idrott: idrottsstjärnan. 8. Bild: konstnären. 9. Musik: musikern. 10. Fysik: fysikern/astronomen. 11. Kemisten. 12. Psykologen. 13. Filosofen. Dessa reflektioner kring olika personer och roller att inta, läggs in reflektionsjournal under rubriken: Roller och människor att inspireras av.

5.1.4 Filosofi och kritiskt tänkande

Föreläsning i kritiskt tänkande.
- Hur fungerar ditt tänkande? Varför tar vi beslut? Vad är sanning?

- Vad är moraliska problem? Vad är sanning? Vad är rätt och fel?
- Olika tankeexperiment. Skriva ner vad du tänker om rätt svar på tankeexperiment, var resonerande och motivera dina tankar.
- Varför tänker vi fel? Hur kan vi tänka bättre?
- Vad är meningen med livet? Olika syner på det, kopplade till olika etiska system. Detta för att understöjda när de ska reflektera om mål med utbildning.

5.1.5 Diskriminering och likabehandling

Här finns massa material som du kommer att ta del av om likabehandling. Länkarna till dessa sidor kommer ligga här. Skriv tankar och reflektioner utifrån de övningar du fick göra kopplade till dessa länkar. Ställ dig frågorna: 1. Vad lärde jag mig generellt? 2. Var det något som var överaskande? 3. Vad var bekant som jag redan visste? Kan jag allt om det som togs upp? 4. Vad kan det som togs upp kopplas till för dygder t ex empati, perspektivtagande, generositet, rättskänsla, mod? 5. Hur kan du använda dig av det du lärt dig utifrån dessa resurser?

- Hbtqi - hatbrott- vi och dem tänk
- HBtq på forum för levande historia
- Varför är likabehandling viktigt på en skola? Varför behandlas människor olika och diskrimineras på svenska skolor? Vad är orsakerna? Skriv ner olika orsaker. Vad blir konsekvenserna? Vad kan man gör som skola, samhälle, individ, elev och förälder?
- Hur vill du ha det i din klass? Vad har du varit med om innan som varit bra? Som varit dåligt? Hur gör man om det blir gruppindelningar i en klass? T ex att tjejer och killar inte umgås så mycket?
- Jobba med fördomar i klassrummet. Vad är dina tankar efter att ha gjort dessa övningar?
- Åskådareffekten övningar. Vad är dina tankar efter att ha gjort dessa övningar?
- Människorättskämpar och civilkurage. Vad är dina tankar efter att ha gjort dessa övningar?

- Skapa inkluderande normer
- Våld i nära relationer
- Är det delbart?
- Jämställdhet
- Värderingar
- Bryt - likabehandling och anti-diskriminering
- Olika - fördomar och diskriminering
- Nätkränkningar
- Inkludering och ensamhet

5.1.6 Övningar om samtycke, relationer

- Kärlek och relationer. 36 frågor att bli kär genom. Svara på några själv.
- Samtyckes -reflektioner. Efter kärleksveckan och att lärt ut om samtycke.
- Lägg in en konversation från någon social media app du har och vad du tänker om den. (för privat) gdpr?
- Språkbruk

5.1.7 Studievanor, studiestrategier och studietekniker

Träna på att ta anteckningar om studietekniker
Under föreläsningen om studiestrategier ska du anteckna svar på dessa frågor. Det kommer ges pauser för att anteckna ikapp och efter kommer du att jämföra med dina kamrater och lägga till vad de har antecknat som du kanske missade. Dessa frågor är viktigt att du har svar på för att du ska förstå hur din hjärna fungerar. Det gör att du har lättare att veta varför du använder vissa studietekniker.

- Vad blir effekten om man lägger ihop massor av bra studievanor på inlärning och effektivitet?
- Vad krävs för att få A i alla ämnen och samtidigt ha roligt i skolan under majoriteten av tiden?
- Vad vet och gör toppstudenter som andra inte vet/gör?
- Hur fungerar vårt minne? Mönster, chunking, långtidsminne, framplockning, lagring, nätverk, krokar, repetition, användbarhet
- Nämn 5 vanor som toppstudenter har.
- Varför är det bra att likna med lika studiestrategier med en verktygslåda?
- Vilka delar består målmedveten träning av enligt psykologen Anders Ericsson?
- Vad är Sitra modellen? Vad är det viktigaste att tänka på när man använder den?
- Vad är testeffekten och hur stor är den? Hur gör du får att få den?
- Hur många gånger behöver man repetera för att något ska sätta sig i långtidsminnet?
- Vad händer om göra alla repetitioner på kort tid, t ex under en timme?
- Varför är det viktigt att integrera ny kunskap med tidigare kunskap? Hur gör man för integrera?
- Varför är generingar viktigt?
- Vad finns det för olika fördelar med att ta anteckningar? Hur ska man anteckna för att det ska få bra effekt på lärandet?
- Varför är det viktigt att producera när man studerar?
- Vad är upptäckslärande? Varför är det viktigt att göra på egen hand utanför skolan?
- Varför påverkar din läsförmåga hur effektiv du är i ditt lärande? Hur många ord skiljer i passivt ordförråd mellan den som läser regelbundet längre texter och den som läser mest social media och sms?
- Vad är en nyckelvana? Varför är nyckelvanor viktiga? Vilka nyckelvanor finns kopplade till studier? Hur skapas nya vanor lättast?
- Vad är de viktigaste att tänka på när man planerar studier kombinerat med resten av sitt liv?

Du har fått ta del av en föreläsning om studievanor och svara på frågor kopplade till det.. Vissa grejer var nya och andra inte. Effekten av studievanor blir stor först om man får massor av de olika teknikerna rätt, rätt tajmade och på sikt. Det kommer inte synas direkt. Effekten på lärande kan bli enormt ju mer man gör rätt. För att lägga grunden är det 5 stycken vanor som måste sitta för att kunna utveckla och finjustera de andra senare.

Nyckelvanor för studier	Hur ska du se till att detta sker? Vad kan du be om för stöd av dina föräldrar, lärare och kamrater? Vad du kan själv göra?
Fullt fokus på lektioner - genom att ta anteckningar. Kräver anteckningsdokument i varje ämne och map. Fokus är som en muskel som mantra.	
Ett studiepass minst 5 varje måndag-torsdag + lördag eller söndag.	
Testa sig varje studiepass. Förhör dig, testa något. Inget studiepass som bara är passivt.	
Använd minst en håltimme/ sovmorgon för studier.	
Läsning kopplat till läggdags. 5 min varje kväll. Koppla sängen till läsning. Mobilen på andra sidan rummet eller i annat rum.	

Det här är en checklista över andra studievanor som målet är att jobba upp över tid. Fyll i vad du tror att du checkar av. Syftet är att synliggöra var man är just nu, för att kunna utvecklas. Ärlighet för sig själv är viktigt, för annars kan man inte ändra sig. Du kommer sedan att

Förmåg or/vanor	Framgångsfaktorer	Utvecklingsom råden - vad checkar jag

		inte av, och hur kan jag förbättra det jag checkar av?
Förhålln ingssät	• Ödmjukhet - jag är inte perfekt, behöver inte vara perfekt men kan utvecklas • Modig - går emot rädslor, låter inte rädslor styra mitt liv • Ser sig som potentiell toppstudent om jag har rätt studievanor • Jag kan skapa intressen själv för vad jag vill • Ger mig inte förens jag får stora effekter i studier samtidigt som skolan är rolig i de flesta/alla ämnen • Ser fokus som en muskel som kan tränas • Ser att man med olika tekniker och strategier kan förbättras • Lärande är roligt och kan hela tiden bli roligare • Ser producera som centralt i livet - lärande och utveckling generellt sker genom att försöka skapa olika saker regelbundet • Läsning som något som är kul och njutningsfullt av olika texter - ser det som potentiella levande konversationer • Professionalism - ser skolan som ett jobb som följer med beteenden som är på en arbetsplats • Klasskamrater är en resurs - ta hjälp och samarbete är viktigt	
Bygga energi	• Reflekterar och sätter mål, delmål och syfte bort om sig och bortom betygen	

och motivation	<ul><li>Rättskänsla - ge, ge, ge, kämpar för andra</li><li>Skapar överblick</li><li>Pratar till mig själv som jag gör till en god vän</li><li>Färsk starts effekten - är med från början och lite före - väntar till provet till börja plugga</li><li>Gör det roligt och bygger intressen aktivt</li><li>Socialt stöd - jag söker och stärker mitt kamratstöd.</li><li>Mat, sömn (ca 9 h), vila</li><li>Fokuserar som vana och sen tydlig vila, istället för halv-vila och halvfokus</li><li>Strävar efter flow</li><li>Drivs av inre motivation och ett syfte bortom sig själv</li><li>Har hög förväntan på mig själv</li><li>Ödmjukhet - jag är inte perfekt, kan förbättras, men ser att perfektionism är dåligt</li></ul>	
Utnyttja lektionen	<ul><li>Fullt fokus och mutlitaskar inte, börjar inte prata, kommer i tid efter raster</li><li>Tar upp anteckningsdokument, kurssidan på canvas när lektionen startar</li><li>Antecknar mycket och för att förstå helheter</li><li>Intervjuar lektionen: ställer frågor till texter, i diskussioner med andra och läraren.</li><li>Ser lektionen som att majoriteten av arbetet kan göras där om man utnyttjar lektionen fullt ut</li><li>Samarbetar med klasskamrater - ex söker efter bra anteckningar men bidrar själv och försöker själv också</li><li>Om uttråkad - börjar anteckna för att både</li></ul>	

	lära mig mer och få tiden att gå snabbare. Låter inte en uttråkning leda till mer tråkigt på fritiden i att ta igen en ofokuserad lektion.	
Planera och tajma	• Använder en checklista • Stödjer planering genom att regelbundet testa vad man egentligen kan för att veta om man ska lägga mer eller mindre tid på något. • Pluggar tidigt innan prov, och förlitar sig inte bara på att cramming dagarna/dagen innan - för detta gör skolan extremt tråkig i längden. • Ett studiepass 5 min-2 h om dagen på måndag-torsdag + pass på lördag eller söndag • Använder 1-2 håltimmar/sovmorgnar för studier.	
Läsa	• Försöker bygga läsintresse genom att läsa olika texter, lyssna på poddar eller ljudböcker • Läser regelbundet vid läggdags. Vanan att lägga sig kopplas ihop med 3 min läsning varje kväll minst. • Läser olika texter • Läser aktivt- ställer frågor, använder texten till något • Varierar mellan skumläsning och djupläsning	
SITRA	• Syna - skapar överblick • Intervjuar - skapar frågor och söker svar aktivt i genomgångar, övningar, diskussioner, läsning.	

	• Tar in effektivt • Antecknar - prydligt, mycket, kommer tillbaka och förbättrar, lägger in egna länkar tankar och bilder • Tar del av andras anteckningar för att se om jag missat något. • Repeterar utspritt över tid • Anpassar om jag inte får de resultat jag vill ha och/eller skolan inte är rolig	
Tränar målmed vetet	• Målmedvetet bli bättre- vad är ens mål? • Söker feedback från kamrater, vårdnadshavare, lärare och sig själv genom testande/självförhör • Fullt fokuserad • Utanför bekvämlighetszonen som vidgar vad man ser som bekvämt • Bygger uthållighet att kämpa och vara i fokus som en muskel	
Testa	• Förhör mig själv • Lägger för handen över mina anteckningar och berättar vad jag skrivit • Lär andra • Diskuterar med kamrater och vårdnadshavare om vad vi tagit upp i skolan • Lägger till reflektioner i anteckningar för att både förbättra anteckningar och testa mig • Testar tålmodigt innan jag kollar svar	
Integrer ara	• Söker förståelse av helheter • Chunking som teknik. I Samhällskunskap använder mig av kausalanalysen för att skapa helheter om innehållet i kursen • Frågar mig själv innan jag tar in något vad jag kan innan.	

Repetera varierat	• Repeterar utspritt med testeffekten • Gör kopplingar mellan ämnen aktivt med att skriva om kopplingen i anteckningsdokumentet • Repeterar kort samma dag vad man gjort. • Repeterar varierat - med gå tillbaka till anteckningar, ppt, övningar och testar mig vad jag kommer ihåg. • Tittar tillbaka i anteckningsdokument för att se vad man kan applicera i det nya momentet. t ex ideologier i ekonomimomentet i samhällskunskap • Ta goda och fylliga anteckningar så att man några gånger under terminen kan förhöra sig själv på hela innehållet av ens anteckningar. • Går tillbaka och tittar på sina anteckningar i syfte och se om de kan förbättras när du lärt dig nya saker.	
Upptäck	• Upptäcker saker själv om olika ämnen • Lyssnar på poddar • Läser tidning • Följer tidningar, konton på sociala media som lär ut/rapporterar om något • Läser böcker	
Produce ra och problem lösa	• Producera- genom att anteckna • Tar bort distraktioner • Fokuserat och inte multitask • Läs instruktionerna noggrant • Härma först • Bryt ner uppgiften i steg • Jämför med snarlika problem • Hjälpsökande - tänk först fråga sen	

Bygga vanor/tankesätt som en toppstudent	<ul><li>Pluggar mycket, men smart så att man inte blir stressad, utan snarare avslappnad</li><li>Upplever små vinster hela tiden - bygger emotionell energi, stolthet och momentum</li><li>Vet hur minnet fungerar och använder sig av dessa insikter regelbundet</li><li>Bygger olika intressen både kopplade till skolan och utanför</li><li>Höga förväntningar</li><li>Ger vuxet intryck, tar ansvar och ledarskap i klassen</li><li>Vet om kraften i att plugga rätt under lång tid, de riktigt stora effekterna syns inte direkt.</li><li>Förbättrar hela tiden, för att eleven vet att det går att plugga flera gånger effektivare med rätt sätt</li><li>Läser mycket</li><li>Använder lektionerna effektivt och gör de roliga</li><li>Söker och stärker de som är runt om i fokus på att lära sig mycket</li></ul>	
Identitet	<ul><li>Ledare och medborgare</li><li>Vän</li><li>Läsare</li><li>Nyfiken</li><li>Modig</li><li>Forskare</li><li>Omsorgstagare</li><li>Äventyrare</li></ul>	

Hur var det att fylla i checklistan för studievanorna? Vad är helhetsbilden om dina studievanor?

Reflektera om de grundläggande studievanorna 1 månad in.

- Hur har det gått? Varför har det gått som det gått?
- Vad saknas i din attityd om det inte gått? Varför kan andra göra det men inte du?

Minitest på studievanor

Minitest om studievanor utspritt över tid.

Testeffekten bör användas för att uppehålla och fördjupa kunskaperna om studievanor. Därför kommer du få göra ett minitest. Uppgiften är att skriva ett längre svar om några frågor som hänger ihop. Målet är att du ska repetera och testa dig om du kommer ihåg hur studievanor påverkar oss. Du har tagit anteckningar från föreläsningar tidigare som du kan använda som stöd ett tag in när du skrivit, eller om du har svårt att komma igång. Efter du har skrivit svaret kommer du att först läsa två andras texter, sedan kommer ni titta på hur man skulle kunna svarat på ett vetenskapligt sätt som fångar svaren fullt ut. (Svar kan skapas utifrån föreläsningsanteckningarna finns med i det här dokumentet). Här nedan finns början på exempelsvar.

Frågorna för minitest 1:
Vad är det för olika studievanor som påverkar hur effektivt vi pluggar? Varför kan vissa plugga mer än 4 gånger så effektivt än andra? Många elever upplever skolan som tråkig för att de inte är intresserade av ämnena. Vad är det för olika studievanor som gör skolan roligare? Hur fungerar vår hjärna? Vad händer egentligen när vi lär oss något?

Exempelsvar:

142

Få som gör studiestrategier rätt. Många som tror att de gör det ungefär rätt.I princip alla underskattar effekterna av att göra det rätt. Det kan skilja flera gånger, 4x mer effektiv inlärning mellan den som pluggar dåligt och den som pluggar utmärkt. Vet ni inte om spelreglerna, teknikerna så kommer skolan känns som något ni har svårt att kontrollera. Genom detta vet ni vad ni behöver göra. Ju flera saker man gör rätt, desto större effekt, de förstärker varandra. Den som är fokuserade kan dubbla sin effekt, den som också testar sig, reflektera kan öka det ännu mer. Effekten är så stor att det kan skapa helt olika liv, både under gymnasiet och resten av livet. Ena dörren: roligare, intressantare, meningsfullare, lugnare, framåtsyftade. Andra dörren: tråkigt, meningslöst, stressigt, fokus på nuet.

Frågorna för minitest 2:
Ni hade en föreläsning om hur skolan kan liknas vid ett spel. Ni har även gjort en övning i det, hur man kan göra skolan mer till bra spel. Beskriv vad man menar när man beskriver skolan som ett dåligt och sedan ett bra spel. Vad är det som gör ett spel väldigt bra som gör att en person vill spela det mycket och vad är det för komponenter som man kan finna i skolan? De faktorer som man bör nämna är: mål, allierade/fiender, ökad svårighetsgrad, världar/berättelser/handling, powerups, verktyg.

Exempelsvar:

(Episka) mål: meningsfullhet, syfte bortom dig själv, lärande. Världar, berättelser, variation: öppna upp dig själv för nya världar, berättelser som ger livet variation. Allierade och fiender - vilka blir din gemenskap, vilka blir fiende. Identitet- vem är din avatar? Feedback och ökad svårighetsgrad - vi söker utmaningar, spelfullhet är ökad svårighet ett måste. Framsteg synliggörs bra i spel. Powerups- motivation - energi för det lärande livet. Verktyg - dina verktyg för att lösa olika utmaningar

Negativa upplevelser av skolan. Meningslöshet - vad är målet? Höga betyg? Fängelse, rutin, uttråkning - samma vanliga. Var är min gemenskap? Lärare som fiender? Klasskamrater som fiender? Identitet - Statuskamp- vara "Lagom Perfekt" Ökad svårighetsgrad, hinner aldrig med som leder till stress för ingen känsla av kontroll över de krav som ställs. Ingen energi, knappt någon motivation, dras fram av olika deadlines. Trubbiga verktyg, svårt att lära sig, "det går inte in", "jag hinner inte" "jag kan inte

Frågorna för minitest 3: Motivation
Vad finns det för olika faktorer som håller uppe motivationen under lång tid? Vad finns det för olika studievanor som många använder sig av som samtidigt är väldigt dålig för motivationen?

Exempelsvar:

Inre motivation - njutning. Yttre motivation - status, pengar, karriär, rykte – minuseffekt – kan motivera på kort sikt, men utmattande på lång sikt! De som är riktigt betygsfokuserade tar ofta paus efter gymnasiet för de är så trötta. Inre och yttre motivation- själv-transcenderande syfte, syfte bortom dig själv Gamefullness- Super Mario Effekten Förundran och nyfikenhet Ödmjukhet och growth mindset Fokus, koncentration och flow Emotionell energi, stolthet, självförtroende Förväntan Mod Rättskänsla – kämpa för andra. Göra det roligt – spelifieria, bygg intresse Vila, motion och mat Socialt stöd Bygga intresse och passion

Socialt stöd Att känna sig ogillad är värre än att vara betygsfokuserad, Ökar risken för nedstämd, som om det sker försvårar skolan ännu mer. Ökar risken för uttråkning – som är ännu värre.

Bygga intressen för akademiska ämnen

- Läs om Nick Bostroms upplevelse som gick från att hata skolan och akademiska ämnen till att börja älska det från hans sommarprat. 1. Beskriv med egna ord vad Nick upplevde. 2. Varför skedde det?
- Gå in på Ted.com och leta efter ett klipp som verkar intressant. Ta anteckningar och skriv en reflektion. Detta kan göras 4 ggr under ett år?

- Poddlysning: lyssna på en podd. Skriv ner sammanfattning om podden och lyft ut 3 stycken citat. Välj podd man lyssnar på. 1 eller 2 i klassen får varsitt avsnitt att lyssna på. Lägg in 4 sammanfattningar i din reflektionsjournal. Vad får du för tankar om de citaten som valts ut av de andra?
- Nyhetsläsning
- Vad är din plan för att göra skolan så roligt som möjligt? Ta med minst 5 förslag som ni fått på föreläsning som finns här. Hur ska du applicera dem i ditt eget liv?

Mål: mening med gymnasietiden

- I samband med föreläsning om motivation:
- Större mål: stora drömmar och delmål. (Resurser om vad kunskap och förmågor kan leda till för liv som tydligt visar på ett bättre liv?)
- Målsättningar och förväntningar: vissa får en kalldusch av hur svårt gymnasiet är och sänker sina förväntningar för mycket. Grundade förväntningar som är i linje med hur mycket man studerar.
- Sätt upp processmål

5.1.8 Läsande livet

- Föreläsning om läsande, hur man gör det, hur man skapar ett läsande liv, hur läsning blir njutningsfyllt
- Gå och låna en bok från biblioteket, skolans eller ett annat bibliotek nära. Läxa: läsa 5 min varje kväll vid lägg tid.
- Poddövning. Lyssna och återberätta om podd tillsammans. Få var sitt avsnitt att lyssna på. Lägg in några av de andra sammanfattningar i din reflektionsjournal.
- Se ted talk och youtubekanaler som pratar om läsning. Vad tog de upp? Varför gillade dem läsning?

- Bygg ditt bibliotek. Att omge med sig böcker är ett sätt att ha lättare att bli en läsare. Önska dig böcker i present, presentkort till bokhandlar. Köp böcker begagnat för en del av din CSN. Böckerna blir en central del av ditt liv som alltid finns med i ditt rum sen. Böckerna visar vad du kan vara.

Läsjournal
- Lägg in allt här under som du läser under alla 3 åren. Alla läroböcker och böcker du läst på egen hand. Skriv kort dina tankar om den boken. Välj ut 4 citat från varje bok som du tar med dig.

Ändra beteende/bygga vanor

Här är olika vanor och beteenden som man kan välja som man vill ändra. Detta sker längre in på terminen och skulle vara något man testade. Man kan också göra den för att fokusera på en specifik vana kopplad till någon av studieteknikerna. Målet med övningen är att skapa en förståelse för vanor. (Dock är det inget bra om de misslyckas med att ändra vanan, som gör denna övning riskabel att inkludera?)

- Motion
- Mat
- Sömn
- Mobil
- Vanepåbyggnader- plugga när du pendlar
- Lyssna på poddar när du tränar istället för musik.
- Tvärtom övningar: bryta vanor
- Utmaning: plugga 2 timmar om dagen.
- Läs 1 timme om dagen.
- Läs tidningen varje dag i en kvart.

5.1.9 Reflektioner/övningar kopplade till de olika ämnena: med olika exempel

Samhällskunskap

146

- Lägg din kausalanalys av samhällsproblemet diskriminering på skolor. Reflektera sedan kring dessa frågor: Hur ska du se till att på individ inte bidrar till diskriminering? Vad kan du som individ göra för att förebygga diskriminering? Vad kan du göra om du ser diskriminering?
- Du fick i samhällskunskap göra olika tankeexperiment. Lägg in dina reflektioner om tankeexperiment.
- Reflektion av nyhetsartiklar. Essä om det du läst under året. Under året har du läst olika nyhetsartiklar som du samlat i ditt anteckningsdokument. Du ska skriva en essä som reflekterar och binder ihop det du läst.
- Lägg in din kausalanalys om samhällsproblemet: elever med dåliga studieresultat.
- Du har haft en dagbok i samhällskunskap kring beteenden kopplat till att minska din klimatpåverkan. Vad är dina slutgiltiga reflektioner? Hur kommer du att fortsätta arbetet så att du skapar en ny vana på långsikt?

Företagsekonomi

- Vad kan man lära sig av framgångsrika entreprenörer? Vad har de för vanor som man kan applicera på ditt eget liv?
- Hur tycker du man bör förhålla sig till vad företag får göra? Är allt tillåtet så länge det är lagligt? Bör företag bara tänka på att öka sin vinst så mycket som möjligt? Är det etiskt rätt?

Idrott och hälsa

- Hur ser du till att motion på en bra nivå i ditt liv? Sömn? Mat? Vad är din fysiska hälsa? Vad gör du för att hålla dig aktiv? Vad skulle du vilja göra mer. Idéer på saker med låg kostnad som du gör finns här (bygger på föreläsning med idrottslärare om saker man kan göra för att aktivera sig). Lägg in slutreflektioner på träningsjournalen de gjort, med några bilder.
- Studera idrottstjärnors vanor. Vad kan man lära sig av det?

Svenska

- Skriv om ditt liv som det vore en roman eller film och du ska beskriva synopsisen.
- Skriv om ditt liv med dramaturgisk båge. Var befinner du dig nu? Dig som en hjälte? Var är du i hjälte dramaturgin just nu?
- Karaktärsanalys - gör en karaktärsanalys av dig själv eller någon i din närhet.
- Jämför sig med någon bok man har läst. Hur skulle du agerat i en viss situation i boken?
- Skriv en dikt om ditt liv.
- Skriv ett brev till ditt yngre jag.
- Skriv ett brev till ditt äldre jag.
- Skriv ett brev till dina föräldrar/vårdnadshavare
- Skriv om hur det är att vara elev på gymnasiet.
- Hur var det att vara på högstadiet.
- Livet som filmtitel - filosofi som terapi
- Din egen livshistoria - en alternativ livsberättelse - filosofi som terapi

Engelska
- Lägg in en reflektion om en bok du läst i engelskan
- Lägg in en reflektion om film ni sett i engelskan
- Vad är språkets kraft?
- Hur skiljer sig engelska och svenska? Vad får det för effekter på ditt tänkande tror du?

5.1.10 Mentorssamtal

- Inför mentorssamtalen. Frågorna till mentorssamtalet.

5.1.11 Kommunikation

Ickevåldskommunikation

Följ den här proceduren för hur man pratar om något. Vad var dina tankar om det? Hur skiljer sig det från hur du brukar prata annars?

- Vad jag observerar
- Hur jag känner
- Vad jag behöver
- Mina önskemål
- Gissa känslor och behov
- Reflektera tillbaka din uppfattning av vad du hört den andra säga
- Sitt tyst och ge den andra din närvaro.

Kommunikation med sig själv och andra hänger ihop.
- Hur pratar vi med oss själva?
- Hur pratar andra med oss? Har vi en hård och ironisk röst? Sarkasm hela tiden?
-

Diskursetik - etiken om hur vi pratar till varandra. Hur bör man prata till varandra? Vad får olika sätt att kommunicera för effekter
Den som är mer extrovert har mer ansvar i sociala situationer. Med förmåga kommer ansvar. Vissa har det lättare, det är vissa som utnyttjar den bättre sociala förmågan till bara sitt egen vinning, och kan trycka ner andra som inte har lika stark social förmåga eller vill prata om annat och på andra sätt. Skillnaderna i sociala förmåga kan fortfarande vara stor på gymnasiet därför krävs det empati och perspektivtagande att se att man är annorlunda i det sociala.
- Hur skulle du bedöma din sociala förmåga? Är du extrovert, introvert eller en blandning även kallad ambivert?
- Hur tar du ansvar för hur kommunikationen blir mellan människor? Tänker du på något speciellt?

Språkets makt

- Är språk och fysiskt våld samma sak? Våld kan leda till skador, i tydliga fall om hot och att man muckar med varandra. Språk kan

skada, det kan leda till att en person begår fysisk skada på sig
själv. Ord kan såra. t ex att känna sig utanför eller kränkt är en
psykisk skada som kan ge ångest, psykiskt lidande.

- Är det okej att använda skällsord speciellt riktade mot andra på
  något sätt?
- Vad finns det för risker med att kategorisera på olika sätt som har
  en släng av negativa konnotationer i sig?

Makt/Härskartekniker

Du har fått läsa om olika härskartekniker och hur man hanterar dem:
https://www.framfot.se/tips/sa-hanterar-du-harskartekniker/
https://friends.se/guide/lar-dig-kanna-igen-och-bemota-harskartekniker/

Andra härskartekniker som är typiska på gymnasiet

- "Det vara bara ett skämt." Man gör det otydligt om man verkligen
  menade det. Humor är viktigt, men det är en teknik att gömma sig
  bakom för att provocera eller attackera.
- Utfrysning/isolering
- Krav på att vara "skön" och att inte "förstöra stämningen"
- Skratta när någon försöker. Inte anstränga sig. Alla som anstränger
  sig gör något fel.
- Utnyttja att vara fysisk stark och stor eller ansedd som snygg.

Varför använder sig människor av härskartekniker? Gör en analys av
orsaker, konsekvenser och åtgärder när det sker på en skola. Dela med
andra och lägg till i dina egna reflektioner. Använd denna tabell som stöd
först.

Orsaker	Konsekvenser	Åtgärder

Du har fått göra olika kommunikationsövningar: Vad är dina reflektioner av dessa övningar? Vad lärde dig om dig själv, andra eller kommunikation i allmänhet?

- Viskleken
- Bygga en bro tillsammans eller bygga ett mashmallowtorn
- Återberätta vad den andra sagt- övning i att lyssna
- Skapa en berättelse tillsammans
- Vända blad
- Skapa en historia ihop
- Måla något ihop

Kroppsspråk - vad skickar vi för budskap med vår kropp?
En del av det vi kommunicerar sker medvetet eller omedvetet via vårt kroppsspråk. Du har fått lära dig om olika sätt som man kan bli bättre på att kommunicera, bli lite mer karismatisk och inkluderande/välkomnande med sitt kroppsspråk.

- Le
- Bjud in med kroppspråk
- Vad är det som får andra att bli osäkra med visst kroppsspråk? Kritiska blickar, frågande blickar, stängd kropp, inte tittar på personen när den pratar...

Hur håller man roliga konversationer?
Det finns olika sätt att få in humor i konversationer. Humor är ofta en central del av en konversation och utan det kan det kännas tråkigt och opersonligt, som konversationen inte flyter. I vissa grupper kan konversationerna bli väldigt begränsade för att man har få intressen och inte så intresserad av vad som händer runt om en.

Nyfikenhet: vad kan jag lära mig av och om den här personen?

- Vad har den för intressen? Vad har den vart med om sitt innan? Vad är personens relationer till olika saker? Vad tycker personen om olika fenomen, saker i världen? Vad har ni gemensamt? Vad skiljer er? Varför har ni dessa likheter och skillnader?

- Humor: skojret där man med skojet visar att man är på samma nivå. Vissa retar med sitt skoj och gör sig rolig på andra, utan att också rikta samma humor mot sig själv. Det gör att man framstår som dryg, förmer än andra eller att man kan trycka ner andra personer. Ibland kan även inte det räcka, för att man kan tillhöra olika grupper som påverkar hur ett skämt tas.

Skojbråk och fysiskt röra andra

På sättet som elever på både grundskolan och gymnasiet rör vid varandra skulle rätt snabbt få en person avskedad på goda grunder om att den har kränkts någons personliga sfär. I skolan är det dock väldigt normaliserat att skojbråk att ta på andra människor på olika sätt utan tillåtelse är okej.

- Varför skojbråkar vuxna inte som gymnasiepojkar gör? Har de andra sätt att ha roligt?
- Hur kan man ha roligt på andra sätt? Hur kan man få adrenalinet?
- Hur hänger att vara dålig på att konversera och skojbråk ihop?
- Hur hänger uttråkning i skolan och skojbråk ihop?

Medveten och omedveten kommunikation

- Ibland har man använt sig av härskartekniker utan att veta om det. Man känner inte igen sig i den andra personens beskrivning. man känner sig feltolkad. Man menade inget med det man sa. Intention spelar roll, men ibland spelar det inte någon roll om det var med flit eller inte för det blev ändå en skada genom hur man kommunicerade.

Kognitiva förvrängningar i kommunikation

Vilka av dessa har du sett andra använda i sin kommunikation? Vilka hamnar du i själv ibland? Tänker du så här ibland? Kan det bli så att du kommunicerar så med andra ibland också?

Negativt	Positivt	Skriv om en situation eller fler där du kan använda dig av det positiva tankesättet
Tankeläsning	Nyfiket fråga Anta inte Jag har svårt att förstå mig själv, att förstå andra är ännu svårare	
Fel är bara ens eget fel eller bara andras fel.	Förutsätt inte vem som bär skulden	
Vet bäst/nöjd/tror man inte kan bli bättre	Ödmjukhet - jag är inte perfekt och kan bli bättre	
Dömande fokus	Observera och betrakta också	
Ovilja/oförmåga att ändra uppfattning	Jag har inte alltid rätt, därför behöver jag vara ödmjuk i att undersöka	
Tänk om - tänk om jag får ångest för att jag tänker tänk om?	Fokus på nuet ökar chanserna för en bättre framtid - framtidsfokus gör att vi missar nuet	
Resonera utifrån känslor	Känslor är en aspekt när vi reflekterar men	

	inte allt.	
Ånger orientering	Det som är gjort, vad kan jag lära mig framåt för att inte göra om det?	
Skylla - ensidigt fokus på att leta vem som ska skuldbeläggas	Lösningsfokuserad också.	
Övergeneralisera	Drar generella slutsatser när man har gjort något tillräckligt många gånger	
Namnge negativt - labelling- Ovana att hitta olika negativa benämningar på personer runt och sig själv och sitt liv	Namnge på ett positivt sätt: problem-utmaning	
Ta det personligt - personalisering	ta det inte personligt om du inte behöver	
Borden/måsten	Jag vill detta för att... Borden och måsten är oftast inte det.. Acceptans och förändring	
Perfektionism	Ödmjukhet - jag är inte perfekt, kommer aldrig kunna vara perfekt. Perfekt så är	

	det för enkelt.	
Katastroftänk	Blir oftast något mitt emellan- något kommer gå lite fel och något kommer gå bra	
Förminska det positiva /negativt filter	Tacksamhet Acceptans Uppmärksamma och stanna i det som är bra	
Svart/vitt tänkande	Nyans, istället för antingen dåligt eller bra, både och	
Orättvisa jämförelser med andra - jämför med andra som hållit på längre	Jämför dig för att bli starkare inte att trycka ner.	

5.2 Årskurs 2

5.2.1 Introvecka/introdagar/introtemadagar

Ett viktigt sätt att lära sig om livet har länge varit genom att studera hur andra personer lever sitt liv. Detta har lärts ut genom biografier, berättelser. Här samlar du olika livsberättelser. Först ska du lyssna på ett poddavsnitt och skriva en sammanfattning, samt lägga in 3 stycken citat som du tycker var bra. Du kommer att lyssna på andra livsberättelser som andra har lyssnat på. Lägg in 3 andra berättelser här nedan. Lägg till dina egna reflektioner. Vad var det i deras berättelser som slog an hos dig?

Samla citat 20 citat som inspirerar dig på olika sätt.

Skriv ett CV och ett personligt brev

Skriv ett CV och personligt brev för att söka in till ett universitet. Läsa andra personliga brev?

5.2.2 Lära känna övningar

- Intervjua någon (1-5 andra) i klassen och anteckna det dem säger. (Alternativt, man fyller i detta själv och sen delar med någon annan, men jag tror intervju blir mer dynamiskt) Välj frågor som du har funderat på, annars är dessa bra frågor att ställa: 1. Hur gör du för plugga effektivt? 2. Vad gör du när du är uttråkad en helgdag? 3. har du någon bra hemsida eller social media konto som du följer? 4. Någon serie, tv, bok och/eller podd som du kan rekommendera? 5. Vad är ett bra minne du har och varför? 6. Har du några drömmar och vad är dem i så fall? 7. Något drömyrke? 8. Vad gör du för något om du känner dig ledsen eller stressad?
- Skriv ett brev till en annan person i klassen. Skriv ett brev till den som äldre.
- Kom fram tillsammans helt utan lärare, vad ni som klass ska jobba på. Lärarna kommer inte få reda på vad ni valt att jobba på som klass. Hur ska ni se till att det sker. Det ska vara något som är positivt för ert framtida liv och personliga utveckling.

5.2.3 Studievanor

- Gör checklistan igen. Vad är din önskningar av att du ska få för upplevelser av dina studier det här året? Vet du hur får mer av dessa upplevelser?
- Vad har du inte gjort av studievanorna? Varför? Gör en kausalanalys av dig själv och dina studievanor. Om orsakerna är exempelvis: har inte varit motiverad, har inte sett syftet. Då bör

åtgärderna vara hur du kan få mer motivation, och förstå bättre vad syftet med ett lärande liv är.

- Hur har det gått med de grundläggande vanorna? Vad har du inte gjort av dessa?
- Några små förändringar kan göra stor skillnad. Vad är det för små förändringar du skulle kunna göra i ditt liv för att få bättre studier? Exempelvis är vanepåbyggnad ett bra knep, använd vanor du redan har och lägg på andra bra vanor på dem.

5.2.4 Filosofi som levnadskonst

Detta avsnitt utgår från böckerna Filosofi som levnadskonst (Selander & Jonsson, 2019), Vad är antikens filosofi (Hardot, 2015) och Tid att leva (Livheim, Ek, Hedensjö, 2017). Det är böcker som tillsammans visar på filosofin terapeutiska potential. Filosofi sågs som läran i levandskonst och var till stor del praktiskt orienterad med filosofier som stoicism, kynism, aristotelianism och buddhism. Dagens psykoterapier som exempelvis ACT (Acceptance and Commitment Therapy) är grundat på dessa antiker filosofier. Det finns några övningar som är kopplade till KBT och KBT har starka kopplingar till stoicism, Albert Ellis som är central för skapande av KBT refererade själv till stoicism.

Filosofi som levnadskonst kan ha en genomgång där man får lära sig om grunderna för de olika övningarna som eleverna får göra. Här nedan kommer ett anteckningsstöd:

- Vad kan vi lära oss av antika filosofier?
- Hur kommer det sig att mycket av dessa filosofier förespråkade har modern psykologisk forskning kommit fram till också?
- Vad menas med "levnadskonst"?
- Vad är skillnad mellan presterande, närvarande och undvikande?
- Vad är acceptans?
- Vad är livsvärden?
- Hur hjälper generositet oss och andra människor runt om oss? Varför har det så positiva effekter?
- Vad finns det för olika myter om lycka och välbefinnande?
- Vad innebär hållbarlyckamodellen?

- Varför påverkar det sociala oss i hur vi mår?
- Vad betyder "psykisk hälsa"? Vad finns det för andra sätt att prata om välbefinnande och hur vi mår?
- Hur kan avslappningsövningar hjälpa oss? Varför hjälper dem oss?
- Vad är tanketeman?
- Vad är kognitiva förvrängningar?

Presterande, närvarande och undvikande (Livheim, Ek, Hedensjö, 2017, s 162)

Du har fått lära dig som skillnaderna mellan presterande, närvarande och undvikande. Lägg in olika aktiviteter. Hur kan du göra för att bli mer närvarande i dessa aktiviteter? Varför är du närvarande i vissa aktiviteter och inte andra? Varför blir du bara fokuserad på att prestera i andra?

Aktivitet	Undvikande	Presterande	Närvarande
Lektioner - gå in också på specifika lektioner, man kanske är undvikande i vissa och mer närvarande på andra			
Fritidsintresse			
Fritidsintresse 2			
Fritidsintresse 3			
Familjmiddag			

Kompisar			
Rast			
Plugga hemma			

Generositet-reflektioner

- Gör en lista på alla goda handlingar du gör för andra människor. Här finns en lista länkad på exempel. Vilka göra du? Varför gör du dem? Hur mycket gör du dem? Vilka fler goda handlingar skulle du kunna få in i ditt liv eller göra mer av?

Hållbar lycka reflektioner

Aktiviteter för hållbar lycka	Nuläget	Hur skulle du kunna få mer av detta i ditt liv?
Acceptans		
Nyfikenhet		
Nya aktiviteter		
Upplevelser i stället saker		
Naturen		
Flow		
Generositet		

Tacksamhet		
Plats för vila		
Förenklad vardag		

Avslappningsövningar

Du har fått lära dig om dessa övningar. Du har fått göra dem under lektionstid och fått göra det som läxa. Vad var dina upplevelser av att göra dem?
Kommer du att fortsätta göra det?

- Kort paus - andning. In och utandning.
- Lära sig trestegsandning.
- Andningsankaret
- Kroppsscanning med inspelning som stöd. App nedladdning
- Trädet - föreställ dig själv som ett träd, med rötter i fötterna och rumpan, känn stabilitet
- Andas i fyrkant
- Yogaövningar i vardagen
- Promenad med medveten närvaro, titta noga på det som är runt om dig.

Analys av dina tanketeman (Livheim, Ek, Hedensjö, 2017, s 61)

Alla har vi tanketeman som varierar över tid och i situation. Dessa kan vara mer eller mindre negativa eller positiva. Vissa har mest bara positiva tanketeman. De negativa tanketeman som t ex att man nedvärderar sig själv kan vara jobbiga att gå runt och ältar dem. Olika tanketeman kan bli vanor som gör att man lätt hamnar i dem. En del i att bli starkare och mer dygdig är att stötta upp tanketeman som gör att man får energi, ger fokus på saker man kan kontrollera och accepterar det som är utom ens kontroll. Tanketeman har en tendens att bli en självuppfyllande profetia. Tänker vi att vi är dålig kommer vi ha mindre energi, vi kommer inte anstränga oss

160

lika mycket för vi tänker att det inte spelar roll, som gör att vi faktiskt presterar sämre. När vi presterar sämre har vi fått bevis för våra negativa tankar om oss själva. En förenklad modell av denna process är denna. Det förstärks ofta av att människor runt om oss kan få liknade beteende, tankar och känslor som kan göra att vi har ännu lättare att få vissa tankevanor som vi inte vill ha, eller som gör att vi inte når vår potential.

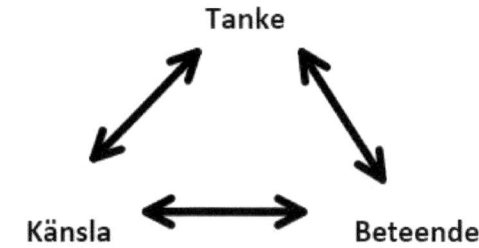

Tanke

Känsla **Beteende**

Negativa tanketeman	Exempel	Positiva tanketeman	Exempel
Nedvärdering	Jag är inte värd att bli behandlad bra. Det var rätt åt mig.	Ödmjukhet	
Moralisk svaghet	Jag har ingen moral, jag kan göra vad som helst nästan		
Brist på viljestyrka/arbetsmoral	Jag har ingen vilja att förändra mig Jag är lat	Jag kan påverka min situation, men vissa saker behöver jag acceptera	

		Viljestyrka som en muskel	
Hopplöshet	Speler ingen roll vad jag gör Försök att ändra sig är lönlöst	Det spelar roll vad jag gör Försök att förändras är möjlig	
Hjälplöshet	Vad jag än gör blir det fel Ingen kan hjälpa mig	Ibland gör jag fel, men det är okej Att be om hjälp lönar sig generellt i alla frågor	
Inkompetens	Jag kan inte det här Jag har ljugit om vad jag kan Jag är en bluff	Jag kan bli bättre Att göra saker som man inte bemästrar helt är viktigt för utveckling	
Misslyckande	Det är ingen idé att försöka, jag kommer bara misslyckas	Misslyckande är en central del av lärande. Misslyckas man inte så gör man för	

		lätta saker	
Opålitlighet	Jag är opålitlig		
Utanförskap	Ingen förstår mig Jag är ensam i världen med mina problem	Många andra har upplevt exakt samma som jag har. Det finns folk som förstår mig.	

Kognitiva förvrängningar

Kognitiva förvrängningar är bra som innebär att våra tankar är snedvridna eller på något sätt inte tolkar situationer som vi hamnat i rätt. Nedan finns en lista på dessa förvrängninar och positivare sätt att se på världen. Fyll den sista kolumnen om olika situationer där du skulle kunna använda dig av det mer positiva sättet. Dessa sätt att tänka kan man inte bara ändra på en gång för de är ofta vanor som vi ofta gör mer eller mindre.

Negativt	Positivt	Skriv om en situation eller fler där du kan använda dig av det positiva tankesättet
Tankeläsning	Nyfiket fråga Anta inte Jag har svårt att förstå mig själv, att förstå andra är ännu svårare	

Fel är bara ens eget fel eller bara andras fel.	Förutsätt inte vem som bär skulden	
Vet bäst/nöjd/tror man inte kan bli bättre	Ödmjukhet - jag är inte perfekt och kan bli bättre	
Dömmande fokus	Observera och betrakta också	
Ovilja/oförmåga att ändra uppfattning	Jag har inte alltid rätt, därför behöver jag vara ödmjuk i att undersöka	
Tänk om - tänk om jag får ångest för att jag tänker tänk om?	Fokus på nuet ökar chanserna för en bättre framtid - framtidsfokus gör att vi missar nuet	
Resonera utifrån känslor	Känslor är en aspekt när vi reflekterar men inte allt.	
Ånger orientering	Det som är gjort, vad kan jag lära mig framåt för att inte göra om det?	
Skylla - ensidigt fokus på att leta vem som ska skuldbeläggas	Lösningsfokuserad också.	
Övergeneralisera	Drar generella	

	slutsatser när man har gjort något tillräckligt många gånger	
Namnge negativt - labelling- Ovana att hitta olika negativa benämningar på personer runt och sig själv och sitt liv	Namnge på ett positivt sätt: problem-utmaning	
Ta det personligt - personalisering	ta det inte personligt om du inte behöver	
Borden/måsten	Jag vill detta för att... Borden och måsten är oftast inte det.. Acceptans och förändring	
Perfektionism	Ödmjukhet - jag är inte perfekt, kommer aldrig kunna vara perfekt. Perfekt så är det för enkelt.	
Katastroftänk	Blir oftast något mitt emellan- något kommer gå lite fel och något kommer gå bra	
Förminska det positiva /negativt filter	Tacksamhet Acceptans Uppmärksamma och stanna i det som är	

	bra	
Svart/vitt tänkande	Nyans, istället för antingen dåligt eller bra, både och	
Orättvisa jämförelser med andra - jämför med andra som hållit på längre	Jämför dig för att bli starkare inte att trycka ner.	

Problemlösar-maskinen (Selander & Jonson, 2020, s 124)

Problem har alla av olika slag. Det här är en övning i att bli en bättre problemlösare i sitt eget och andras liv. Det här en modell för att lösa olika problem. Välj ett problem, exempelvis någon ovana eller något som hindrar/skapar bekymmer för dig i någon aspekt av ditt liv. I den här övningen kan du välja ett lite lättare problem för att just öva sig på tänket.

Nuläget - Hur är det nu?	Önskeläget: hur skulle du vilja ha det? Varför?	Handlingsläget? Vad behöver du göra för att ändra/lösa problemet?
Vilket problem vill du jobba med? Om du vill ge det ett namn: tex karriärdilemmat, läxproblemet, kompisdilemmat, sömndilemmat		Förslag 1 För och nackdelar Eventuella hinder Lösning på hinder
Beskriv problemet så tydligt som möjligt		Förslag 2 För och nackdelar

		Eventuella hinder Lösning på hinder
Tänkbara orsaker:		Förslag 3 För och nackdelar Eventuella hinder Lösning på hinder
Konsekvenser för dig och andra:		Förslag 4 För och nackdelar Eventuella hinder Lösning på hinder
		Förslag 5 För och nackdelar Eventuella hinder Lösning på hinder
		Förslag 6 För och nackdelar Eventuella hinder Lösning på hinder

Den vänliga handen

- Det här är ett tufft ögonblick i mitt liv.
- Jobbiga stunder är en del av livet
- Just nu har någon i världen en liknande känsla.

Stoisk meditation

- Se dig själv utifrån. Zooma ut från dig. Se dig som en del av något större.
- Vad får du för tankar och bilder? Skriv ner dessa.

Beteendeexperiment

- Gör tvärtom-experiment. Pluggar du alltid hemma- plugga i skolan eller någon annanstans. Är du ofokuserad på lektionerna, testa vad som händer om du är fokuserad helt i en vecka på alla lektioner. Kom på andra saker du kan göra.
- Är det något som du är rädd för eller nervös? Testa att göra det i mindre skala.
- Är det något som du har lärare säga att du borde testa som du inte gjort än?

Utmana dina tankemönster

Övning utmana dina tankemönster beskriver Selander och Jonsson (2020, s 22). 1. Tänk på en situation där du kan få negativa känslor och tankar. Du kan t ex känna att du vill undvika hela situationen. Vad får du för tankar? Kan du tolka situationen på ett annat sätt? Om du skulle ge tips till en vän, vad skulle du säga då?

Livshistoria

Vi berättar berättelser om oss själva och vårt liv. Ibland är dessa berättelser något som vi inte mår bra av. Skriv ner din berättelsen du har om dig själv. Skriv som en synopsis till en bok om dig själv. Ett problem med våra berättelser är att de kan vara tunna i att det har bara blivit på ett visst sätt. Den som skulle läsa din berättelse skulle inte förstå hur du blev som du blev. Läs en annan persons berättelse. Vad kan du mer ta in i din berättelse?

Övning 100 årskalaset

Vad vill du bli ihågkommen för? Du har ett 100 årskalas. Det är olika personer bjudna. Vad minns de olika personerna dig för? Vilka är dessa personer? Vem är du? Vad skulle du känna om du stötte på dig själv?

Du som 20, 30, 40 och 50 åring

Beskriv en framtida potentiell version av dig själv som du skulle bli glad om du hade blivit som. Vad har det skett för utveckling mellan de olika åren?

Tacksamhetsövning
- Vad är du tacksam för? Nämn 3 saker. Skriv ner specifkt varför.
- Skriv ner saker som du är väldigt tacksam över.
- Skriv ner saker som du är lite grann tacksam över nästan tar för givet.

Livskompassen
Livskompassen är en övning för att förtydliga för sig själv vad som är viktigt för en själv inom olika områden.
- Fyll i livskompassen. Vad är viktiga värden för dig. Vad vill du att ditt liv ska vara fyllt av, det kan redan vara saker som finns i ditt liv som du vill ha där.
- Vad är livsvärden. Här en lista på olika livsvärden (länk)
- Vad är konkreta beteenden kopplade till dessa livsvärden.

5.2.5 Reflektioner/övningar kopplade till ämnen

Historia
- Jämför ditt liv med en historisk aktör. antingen känd eller en vanlis
- Historiemedvetenhets-övningar.

Samhällskunskap 2
- Analysera något personligt problem med sociologisk fantasi. Detta är ett sätt att se problem inte bara ur ett psykologiskt perspektiv.
- Idéer för att göra världen, skolan, familjen, stockholm fungera bättre. Varför?

Engelska 6
- Existentiella frågor reflektioner
- Etiska frågor reflektioner

- Vilken är din favoritepok hittills? Varför? Finns det något i ditt liv som påminner om epokens sätt, stil eller ideal?
- Vad är dina reflektioner av någon författare du mött i engelskan?

Svenska 2
- Reflektioner om författare, böcker, dikter, epoker....

Matte
- Idehistoria om matte?

Internationell ekonomi

- Hur påverkas du av ekonomin. Gå in på djupet. Varför är du så mycket på din mobil? Varför har dina intressen? Försök att ta reda på hur olika tjänster och produkter har spridits över jorden.
- Vad är etiskt rätt att sälja? Finns det några gränser? Lägg in reflektioner från internationell ekonomi om det är rätt med surrogatmoderskap, organhandel, prostitution.

Organisation och ledarskap
- Hur är du i en grupp.
- Analysera din skola som en organisation. Hur fungerar den? Vad finns det för kultur? Styrkor och svagheter? Vad skulle du förbättra om du var organisationskonsult?

Juridik (rätten och samhället)
- Vad är moraliskt rätt? Varför? Lägg in några reflektioner från kursen.

Retorik
- Reflektera kring dig själv som retoriker. Vad använder du för tekniker i konversationer?
- Lägg in ett tal som är personligt. Varför valde du att berätta om det?
- Gör ett brandtal om något du vill ändra i samhället.

5.3 Årskurs 3

5.3.1 Studietekniker

- Gör checklistan igen. Vad är dina önskningar av att du ska få för upplevelser av dina studier det här året? Vet du hur får mer av dessa upplevelser?
- Vad har du inte gjort av studievanorna? Varför? Gör en kausalanalys av dig själv och dina studievanor. Om orsakerna är exempelvis: har inte varit motiverad, har inte sett syftet. Då bör åtgärderna vara hur du kan få mer motivation, och förstå bättre vad syftet med ett lärande liv är.
- Hur har det gått med de grundläggande vanorna? Vad har du inte gjort av dessa?
- Några små förändringar kan göra stor skillnad. Vad är det för små förändringar du skulle kunna göra i ditt liv för att få bättre studier? Exempelvis är vanepåbyggnad ett bra knep, använd vanor du redan har och lägg på andra bra vanor på dem.

5.3.2 Personlig utveckling

Förberedelser för livet efter gymnasiet

Vad har du för tankar efter gymnasiet?
Vad har du lärt dig hittills i ditt liv som du kommer ta med dig till livet efter gymnasiet? Lista alla lärdomar du har. Läs 3-5 andras lärdomar och lägg till 5 stycken lärdomar från dem om ni hade olika.
Skolan har olika spelregler för att lyckas med studierna, ha roligt och utvecklas som människa samtidigt. Hur tror du dessa spelregler sig skiljer sig och är lika efter gymnasiet?

- Förberedelser för yrkesutbildning
- Förberedelse för jobba

- Förberedelse för resor
- Förberedelser för högre utbildning

Medborgerlig bildning: varför högre studier (Bohlin, 2018)
- Vad är skillnaden mellan gymnasiet och högre utbildning?
- Varför har studenter större problem att vänja sig vid universitetet idag än tidigare?
- Vad är syftet med högre utbildning och hur liknar det du har gjort i gymnasiet? Vad skiljer?
- Vad förväntas av studenter på universitetet? Är du förberedd inför det? Hur kan du bli mer förberedd?

5.3.3 Lära känna övningar

- Skriv ett brev till en annan person i klassen. Skriv ett brev till den som äldre.
- Skriv ett tal till studenten som du skulle kunna hålla. Vad hade du tagit upp?

5.3.4 Reflektioner kopplade till ämnen

Filosofi
- Har vi fri vilja? Vad tänker du är mest rimligt just nu? Hur påverkar den slutsatsen ditt liv? Kommer du agera på något annat sätt eller kan du det med vetskapen?
- Existentialism - vad är meningen med livet? Absurdism - låtsas vara Camus - vad ser du för absurt runt om dig.
- Lägg in filosofiska citat och skriv ner några av dina tankar som du får när du läser dessa.

Psykologi
- Kärlek. Vad är kärlek?
- Använd 6 perspektiven för att analysera ditt eget liv.

- Tänk på någon gång du blev aggressiv, antingen passivt eller aktivt. Varför blev du det? Ta hjälp av perspektiven och begreppen ni lärt er för att förstå aggressivitet.
- Lägg in citat från olika psykologer och filosofer som har tankar om vår psykologi. Vad tycker du om dessa citat?
- Lycka reflektioner. Reflektera utifrån det här materialet om vad lycka är. Hur man kan nå det.
- Maktekniker och påverkanstekniker
- Vad är lycka?
- Vad gör du för aktiviteter som ökar välbefinnande?
- Hur fungerar gruppdynamik? Ta hjälp av det vi lärt oss inom sociolpsykologi med olika experiment och begrepp för att göra en kausalanalys av hur diskriminering och avhumanisering kan ske på en skola.

Entreprenörskap
- Vad är dina reflektioner av UF? Varför gick det som det gick? Lägg in reflektioner för er loggbok. Vad har du lärt dig om gruppdynamik? Vad har du lärt dig om att förverkliga en affärsidé? Hur skulle du gjort om du hade startat ett företag efter gymnasiet?

Svenska 3
- Författare, dikter, epoker

Engelska 7
- Hur förhåller du dig till en samhällsfråga som ni behandlat under engelskan?

6. Reflektionsövningar kopplade till temaområden(veckor/dagar) över alla åren

Kärlek, relationer och samtycke

- Språket. Vad säger språket? Skadar ord? Eller kan man säga vad som helst om det är på skämt? Detta kan förstärkas om synkroniserat pratar om språkets betydelse och diskursetik i flera ämnen som svenska, historia, engelska, moderna språk och samhällskunskap.
- Hur har du sett åskådareffekten i ditt liv? När uppstår åskådareffekten och när gör det inte det?
- Vad är kärlek enligt dig?
- Vad innehåller bra relationer? Vad är tecken på dåliga relationer? Anteckna från föreläsningen. Reflektera: har du eller någon annan i din närhet varit i en dålig relation. Hur var det jämfört med en bra relation? Hur gör man för att skapa bra relationer både romantiskt, familj och vänner? Lägg in anteckningar från föreläsning först som grund för dina reflektioner.

Likabehandling

- Varför sker diskriminering på en skola? Gör en kausalanalys i samhällskunskapen.
- Hur vill vi ha det i klassen? Vad är dina upplevelser?
- Vad är dina reflektioner om föreläsningen om genus? Hur

7. Mentorskapet

- Gruppdynamik övning - klassens värderingar, mål och normer. Vad tyckte du om dessa? Hur påverkar det dig?
- Mentorsamtalen/utvecklingssamtal - frågor kopplade till dessa möten.

8. Mall på sin reflektionsjournal

Mallen är till för att det ska bli strukturerat och ett välkomnat dokument. Cal Newport idag dataprofessor har skrivit om studietekniker och menar att man bör se anteckningar som att skriver dem för resten av livet annars har man skrivit för dåliga anteckningar. Målet bör alltså vara att stödja eleven till att ta så bra anteckningar att den vill gå tillbaka till detta dokument och även fortsätta skriva som en vana resten genom livet. Tanken med denna mall är att man väljer ett antal områden som är återkommande

Mallen har här bara rubriker, men i slutprodukten som eleven möter ska det redan ligga inne alla frågor som de ska svara på, för att minska behovet av att eleven behöver gå in och kopiera någonstans.

Reflektionsmall

Innehållsförteckning med hyper länkar för en översikt. Väldigt vikitgt.

Resurser

- Varför en journal? Inspiration till journalskrivande
- Uppgifter och övningar där de hämtar extra uppgifter.

Checklista

- Checklistan är en vana de skapar för att planera bättre och ha vanan att gå in i detta dokument.

Allmänna reflektioner om vad jag tänker på för tillfället

Här skulle de kunna ha som en minidagbok om funderingar. Detta skulle lärare ge tid för. Man skulle kunna göra ett schema över läsåret så att detta sprids ut över ämnen. Detta skulle också kunna fungera som en bra brainbreak om man tycker det är trött stämning i klassen eller när det är okoncentrerat, kanske man vill lugna ner stämningen efter en rast.

Studieteknik och vanor

Motivation

Medborgare/medmänsklighet/filosofi/ Relationer

Återkoppling i dina ämnen

Här samlar du bredare reflektioner där du ser större mönster i de olika återkopplingar du får av lärare. Är det saker som är återkommande. Lista 5 saker som du har fått återkoppling på i olika ämnen som utgångspunkt för din reflektion. Hur kan du förbättra dina studievanor?

Studieteknik och studievanor: intervention på skolnivå

Problemformulering: Gymnasieelevers studievanor, studiestrategier och studietekniker är generellt rätt dåliga. Även högpresterande elever har studie(o)vanor som är långt ifrån optimala. Det är få elever som gör studerar på ett optimalt sätt, men däremot är det många elever som tror att de studerar åtminstone ungefär rätt. Generellt underskattar elever gravt effekten av att använda komplexa studiestrategier/studievanor under lång tid för att skapa mer lärande, bättre prestationer, roligare och mer meningsfull skolupplevelse. Effekten av optimerade studievanor skiljer sig i magnitud flera gånger mellan någon som använder sig av olika studietekniker och studievanor optimalt och någon som inte gör det, och dessa effekter växer kumulativt över tid. Att som skola stödja elever i att få rätt studievanor är alltså inte något som skulle hjälpa på marginalen, utan kan skapa stora förändringar i hur en skola fungerar och få eleverna få en väldigt förändrad upplevelse av skolan.

Förslag på intervention: Interventionen inleds med att under någon form av introvecka eleverna får ett "gymnasiekörkort" där studietekniker och studievanor är något som de ska lära sig om. Direkt ska de också få olika läxor för att bygga vanor. Alla de studievanor man vill att eleverna ska ha, ska byggas in i undervisningen. Det måste ges plats för övning av teknikerna, plats för reflektion där man applicerar de bästa studieteknikerna för att lära sig om och att utföra studieteknikerna metodiskt och som en vana. Det behöver stödjas med ett målinriktat arbete efter framgångsfaktorer. Det ska alltså inte framstå för eleven som något plus att tänka lite på studiestrategier, utan ska vara en central del av deras vardag. Interventionen stärks om det är kombinerat med att de jobbar systematiskt och ämnesövergripande med personlig utveckling exempelvis genom en exempelvis reflektionsjournal som följer eleven som röd tråd för att synliggöra sin egen bildningsresa. Progression över de tre åren ska byggas in. Både repetition och fördjupning.

Potentiella effekter: 1. Bättre studievanor. 2. Högre studieprestationer. 3. Tryggare och mer studiero. 4. Mindre anti-skolnormer. 5. Mindre stress bland eleverna. 6. Positivare framtidsutsikter. 7. Roligare upplevelser i skolan. 8. Byggande av fler intressen. 9 Ökad nyfikenhet/lust att lära.

1. Problemformulering

Elevers studievanor är i grundskolan, gymnasiet och högre utbildning är eftersatta. Det speglar ett samhälle som inte optimerar lärande generellt. En motbild av att vi lever i ett innovativt "kunskapssamhälle" går att finna i begreppet "ignoranssamhället" med organisationer som inte kan beskrivas som "lärande organisationer" utan istället dominerade av "funktionell dumhet" (Alvesson, 2013, 2019, Alvesson & Spicer, 2012), högre utbildning som "tom" med statistik från exempelvis USA som visar att 46% av studenterna under 2 år inte gör några nämnvärda framsteg i kritiskt tänkande eller ämneskunskaper(Arum & Roska, 2011), med stark dominans av "kredentialism" men mindre lärande och me flera utbildningar där elever klarar att plugga halvtid för vad som ska vara heltidskurser (Collins, 1979, Alvesson, 2013), och en hög grad av politisk ignorans i samhället (Simon, 2016). Skolan påverkas av processer och strukturer i det omgivande samhället som gör att elevers studievanor inte är optimerade för lärande (Persson, 2012). Strävande efter bildning på olika utbildningsnivåer har tryckts bort till förmån för ett instrumentialiserat betygsfokus (Bohlin, 2018, Allelin, 2020, Nygren, 2021).

Elevers upplevelse av skolan är starkt varierande beroende på social status och prestation i skolan och hur man kan hantera olika krav på att vara "lagom perfekt" (Hiltunen, 2017). Enkätundersökningar verkar svenska skolelever är rätt nöjda med sin skolgång. Denna bild skiljer sig dock från annan statistik att symptom kopplad till psykisk ohälsa ökat något de senaste decennierna (Paulsen, 2020). Skolan är för många elever en plats där de upplevelser misslyckande av olika slag som lever till en känsla av lägre kontroll som skapar stress (Persson, 2012). Det är en plats där deras nyfikenhet istället för att odlas förtrycks med en känsla av alienation och meningslöshet (Allelien, 2020, Persson, 2012). Skolan blir uppdelad mellan elever som i olika grad anstränger sig med ett dominerade mål i hur höga betyg de försöker få.

En central förklarande faktor till dessa ovannämnda upplevelser och brist på lärande är elevernas studievanor, studietekniker och studiestrategier.

Det är få elever som gör studerar på ett optimalt sätt, men däremot är det många elever som tror att de studerar åtminstone ungefär rätt. Generellt underskattar elever gravt effekten av att använda komplexa studiestrategier/studievanor under lång tid för att skapa mer lärande, bättre prestationer, roligare och mer meningsfull skolupplevelse. Effekten av optimerade studievanor skiljer sig i magnitud flera gånger mellan någon som använder sig av olika studietekniker och studievanor optimalt och någon som inte gör det, och dessa effekter växer kumulativt över tid. Att som skola stödja elever i att få rätt studievanor är alltså inte något som skulle hjälpa på marginalen, utan kan skapa stora förändringar i hur en skola fungerar och få eleverna få en väldigt förändrad upplevelse av skolan. Studietekniker, strategier och vanor kan betraktas som centrala *spelregler* i fältet skolan, eller en central del av ett utbildningskapital som vissa föräldrar och skolor är bättre på att synliggöra och överföra till eleven (Bourdieu,). Några få elever lär sig dessa spelregler så att de kan få höga betyg, ännu färre lär sig dessa spelregler för att också en njutningsfylld och meningsfull skolgång och en majoritet har så dålig förståelse över skolans spelregler att de får låga betyg, låg grad av lärande och känslor av njutning och meningsfullhet. Det är kopplat till låg grad av motivation att lära sig dessa spelregler för att majoriteten av elever gör motstånd mot en dominerande "betygsregim" som upplevs som meningslös (Nygren, 2021). Oförståelsen för skolans spelregler är stor även fast skolor i hög grad ägnar sig åt "kriterieförmedling" med olika sätt hur man synliggör hur man ska göra för att nå vissa betyg, som ofta konkurrerar i tid och fokus med skolans huvudsyfte som är "kunskapsförmedling" (Allelin, 2018).

Elever är generellt oförstående att vad gäller studievanor och studietekniker att ju flera saker man gör rätt, desto större effekt, de förstärker varandra. Är man fokuserad, reflekterar, testar, producerar, sprider ut och varierar repetitioner, söker överblick, läser regelbundet, målmedvetet övar (deliberate practise), (Ericsson mfl, 2019), integrerar med tidigare kunskap, lär för förståelse osv byggs dessa olika vanor på varandra. Dessa effekter förstärks också kumulativt över tid som eleverna har svårt att förstå eftersom dessa tekniker inte får en direkt effekt på varken betyg eller upplevelsen av skolan, utan kan i början göra studierna jobbigare som med alla nya vanor och förmågor som man tränar upp. Bland eleverna finns det ofta en utbredd tanke att studier inte går att göra roligare, utan att bättre studievanor bara kan hjälpa till med högre betyg. Det finns en tanke att man måste anstränga sig mer som bara leder till mer ansträngning, inte en bättre upplevelse av skolan och livet generellt. Det finns en annan tanke hos elever som är att studievanor är för att få högre betyg bara och att vara allmänt duktig. Tankar om studiestrategier blir lätt väldigt kopplat med ett instrumentialierat förhållningssätt till att få högre betyg (Nygren, 2021, Allelin, 2020, Persson, 2012). Detta gör att elever inte förstår de belöningar som finns bortom betygen i att få optimerade studievanor. Det finns en växelverkan mellan dåliga/mediokra studievanor och låg motivation för skolan som är självförstärkande och skapar en tröghet när man vill försöka ändra studievanor hos elever. Internaliserad kunskap om studieteknik förstärker elevernas förmåga till självreglering och motivation. Känslan av kompetens ökar motivation, det kan också känslan av tillhörighet och identifiering med skolan som ännu mer ökar motivationen. Tröghet i att försöka skapa förändring i studievanor förstärks av en social tröghet i att eleverna påverkas av kamrater i klassen (kamrateffekten) och av föräldrars (om än mindre bristande än elevernas) förståelse för spelreglerna i skolan och vad de kan göra på lång sikt.

Nygrens studie av de elever som får höga betyg på högstadiet visar på att även dessa elever har rätt så svaga studietekniker jämfört med vad som är möjligt, den stora skillnaden mot andra elever som presterar sämre ligger i att dessa elever är fokuserade under längre tider och anstränger sig för att göra bättre. Dessa elever med högre betyg ägnar sig åt flera mycket ineffektiva studievanor och på lång sikt väldigt skadliga för motivationen och lusten till lärande. En väldigt vanligt bland högpresterande elever är craming (massrepetition) dagar innan provet som gör att det inte kommer att sätta sig i långtidsminnet. Det är högpresterande i betyg men detta mäter inte hur mycket de egentligen lär sig, på grund av att dessa elever använder sig av massinlärning där repetitioner inte är utspridda över tid. Det är en optimering mot proven för att sedan totalt släppa det innehållet som är möjligt med kurser som inte har en progression eller följs upp med en fortsättningskurs, exempel elever som går Psykologi 1 bara. Dessa högpresterande elever är väldigt bundna till en betygsfokuserade regim där man har ett instrumentialiserat förhållningssätt till skolan som är ett medel för att ta sig vidare till nästa nivå mer än att lära sig för att (Nygren, 2021, Allelin, 2020, Persson, 2012). Detta göra att bland även högpresterande elever är glömska ett stort problem. Upplevelsen av glömska minskar känslan av meningslöshet för att man har upplevt flera gånger innan att man lärde sig inför provet för att sedan glömma det.

Just nu har ens familjebakgrund och gener stark effekt på hur det går i skolan. Tengbergs och Nygrens studie pekar på att det finns bristande undervisning om studiestrategier (2019). Mot bakgrunden av detta är det av vikt att lära ut om studietekniker och en viktig del av det kompensatoriska uppdraget. Nygrens studie visar att de med högre betyg får mycket stöd hemifrån både genom motivation, ämneskunskaper och pedagogiska metoder (Nygren, 2021). Detta skiljer sig för elever som gör att skolan måste fylla i skillnaderna i kunskaper vad gäller studietekniker. Flera elever vittnar om hur de får hjälp av sina föräldrar i hur de ska tänka (Nygren, 2021, s88). I en studie berättade en högstadieelev om att de en gång hade varit på en studietekniksföreläsning men inte tyckt det varit användbart som tagits upp (Nygren, 2021). Detta är ett intressant utdrag ur Nygens studie:

"En grundläggande skillnad mellan eleverna med höga betyg och de övriga var att de förra hade en sammansatt uppsättning av strategier och föreställningar länkade till sitt skolarbete i skolan. Skillnaden blev än mer betydelsefull mot bakgrund av att övergripande frågor som meningen med skolan och skolämnena eller mer konkreta frågor som studiestrategier sällan kom på tal eller diskuterades på lektionerna. De var frånvarande samtalsämnen. Elevernas prestationer och strategier tycktes vara en individuell angelägenhet, vilket ligger i linje med den individualisering som kännetecknar såväl den svenska skolan och undervisningen sedan 1990-talet, som utvecklingen i många andra länders utbildningssystem" (Nygren, 2021:104)

Att studievanor spelar roll är inga nyheter för någon egentligen. Det som glider undan är hur mycket det spelar roll och hur systematiskt man behöver jobba med det för att få förändringar i studie*vanor*. Skolor jobbar ofta på något sätt med studievanor mer eller mindre explicit med eleverna. Vissa elever kan ha ett lektionspass om studieteknik en gång under högstadiet med upplevelsen att teknikerna inte hjälper dem (Nygren, 2021), medan andra skolor bygger in detta arbete med exempelvis kognitiva strategier för ämnet och framgångsfaktorer. För en skola som vill börja jobba mer systematiskt med skapande av vissa studievanor finns det en variation av olika upplägg. Man kan vända sig till en bokmarknad som fylls på med titlar om studieteknik där man själv som lärare behöver bygga ett lämpligt innehåll som eleverna kan möta i skolan. Det finns interventioner som studerats som ofta är på klassnivå som man kan testa.

Det som saknas är skapande av interventioner för skapande av bättre studievanor på skolnivå som ska stödja/möjliggöra ett systematiskt arbete för att faktiskt påverka elevernas studie*vanor*. Bristen på systematiska program för skolor att lätt inkorporera utan kostnad är en del av varför det inte går bättre. Denna text är ett förslag på hur man kan inkorporera detta arbete eller förbättra det arbete som redan görs. Denna slutprodukt är baserad på forskning i bemärkelsen att författaren är inläst på forskning och efter bästa förmåga försökt utgå från den. Dock har själva interventionen i sin helhet inte testats. Detta gör att effekterna inte går att säga säkert utöver att det är troligt att det får effekt eftersom studietekniker/studievanor spelar roll och detta är ett sätt att systematisera detta arbete och skapa beteendeförändringar hos elever.

Den här interventionen bygger som sagt på antagandet att studietekniker och studievanor är värt att satsa på. Forskning är överens om att det är fallet men det beror på hur man lär ut om studietekniker och arbetar med att skapa vanor som kommer att bestämma hur stor effekt interventionen har. Hattie med flera utför en pågående metaanalys som finns att finna i en databas som uppdateras när det kommer ut nya metaanalyser i olika faktorer som påverkar inlärning inom utbildning.[25] Studieteknik har i den meta-metanalaysen om enskild faktor ingen speciellt stor effektstorlek, med bara 0,4 som är snittet över olika faktorers effekt på elevernas lärande

---

[25] Dock har forskningsmetoden som frambringat resultaten kritiserats då det baseras på kvalitativ data och mått på effektivitet (Håkansson, 2012).

enligt Hattie.[26] Denna låg effekt förklaras enkelt av att det som kategoriseras som studietekniker varierar i hur effektivt dessa är (Donoghue & Hattie, 2021[27], Brown, Roedigger III & Mcdaniel, 2014, Dunolsky, Rawson, Marsh, Nathan & Willingham, 2013a, 2013b). De studietekniker som har störst effekt är testande (framplockning) och utspridd repetition, medan memoreringstekniker och mindmapping har lägre effekt (Dunolsky, Rawson, Marsh, Nathan & Willingham, 2013a, 2013b). Effekten av olika studietekniker beror också på var man är lärandefasen. Hattie själv varit med i en metaanalys där studieteknikerna är kopplade till en modell om lärande om ytinlärning och djupinlärning, där effekten av studietekniker blir större (Donoghue & Hattie, 2021). Detta resonemang förstärks av resultaten av Hatties pågående meta-metaanalys som dock har kritik riktad mot sig (hämtat 2022, Håkansson & Sundberg, 2012). Exempel på faktorer som kategoriseras som studietekniker så kan nämnas nyfikenhet: 0,9 (studietekniken nyfikenhetsfrågor som förstärker både intresset och fokuserar lärandet), enjoyment 0,56 - bättre studietekniker gör skolan roligare generellt för det blir mindre stressad och man upplever större känsla av kontroll, kompetens och med det gemenskap, cognitive task analysis 0,9, strategier för integrering med tidigare kunskap 0,93, testande (eng retreival practise): 0,9, målmedveten träning: 0,79, elever lär ut till varandra 0,73, rehearsal och memorering 0,73, outlining och sammanfattning: 0,73, utspridda repetitioner jämfört med craming 0,6, koncept mappning 0,65, menomics: 0,76, meta kognitiva strategier: 0,64, själv-verbalisering och självfrågor: 0,59 (Hattie, 2022)[28].

Effekten av studietekniker påverkas alltså av hur väl man utför dem, när i lärandeprocessen från ytinlärning, djupinlärning till transfer och hur de kombineras (Donoughe & Hattie, 2021, Bjork, Kripke & Roediger, 2006).

---

[26] Visible Learning Metax, "Global Research Database," hämtad från https://www.visiblelearningmetax.com/Influences

[27] Gregory M. Donoghue och John A. C. Hattie, "A Meta-Analysis of Ten Learning Techniques," *Frontiers in Education*, 2021, hämtad från https://www.frontiersin.org/articles/10.3389/feduc.2021.581216/full

[28] Visible Learning Metax, "Global Research Database," hämtad från https://www.visiblelearningmetax.com/Influences

Exempelvis får testande låg effekt vid high stakes testing och om det är feedback efter. Mest effekt är om testerna är små och ofta och har en fördröjd återkoppling (Roediger & Kripke, 2006).

Att jobba med studievanor systematiskt är något som följer av skollagen och Lgy22 där skolan ska stödja eleverna i sin "förmåga till studieplanering" och att utveckla elevernas förmåga att till att ta öka ansvar för sina studier. I läroplanen finner man också att skolor ska öka "lusten till lära" och att eleverna ska bli bättre på att den komplexa förmågan att lära sig nya saker.

1. Översikt intervention

- Interventionen inleds med att under någon form av introvecka eleverna får ett "gymnasiekörkort" där studietekniker och studievanor är något som de ska lära sig om. Direkt ska de också få olika läxor för att bygga vanor.
- Alla de studievanor man vill att eleverna ska ha, ska byggas in i undervisningen.
- Det måste ges plats för övning av teknikerna, plats för reflektion där man applicerar de bästa studieteknikerna för att lära sig om och att utföra studieteknikerna metodiskt och som en vana.
- Det behöver stödjas med ett målinriktat arbete efter framgångsfaktorer. Det ska alltså inte framstå för eleven som något plus att tänka lite på studiestrategier, utan ska vara en central del av deras vardag.
- Interventionen stärks om det är kombinerat med att de jobbar systematiskt och ämnesövergripande med personlig utveckling exempelvis med reflektionsjournal som följer eleven som röd tråd för att synliggöra sin egen bildningsresa.
- Progression över de tre åren ska byggas in. Både repetition och fördjupning.

1.1 Resurser som behövs skapas

- Översikt över intervention med progression över de 3 åren.
- Powerpoints/peardecks vid genomgångar
- Infofilmer- vissa finns redan att tillgå på internet.
- Övningar över åren
- Upplägg och struktur för hur det ska övas under de vanliga lektionerna.
- Info till föräldrar om interventionen
- Texter för att lära sig om studievanor

1.2 Processer

- En omfattande intervention av detta slag behöver planeras väl, men samtidigt ska man inte överskatta hur svår uppgiften och att man får lära sig genom att göra den. Speciellt som arbetet oftast finns i någon form i skolan.
- Ägande hos någon eller några personer som driver interventionen.
- Skapa en samsyn i forskningen om studietekniker på skolan. Detta är viktigt för att lägga grunden för att kommunicera på liknande/samma sätt om studietekniker/vanor i alla ämnen och mentorer. När eleven upptäcker att vissa lärare tvivlar på vissa tekniker kan det urholka viljan att använda sig av dem på grund av förväntan om utfallet blir mindre säkert.
- Följa upp hur det går i klassrummen och mentorsarbete att göra det olika övningarna om studietekniker
- Check att alla är med och stödjer de grundläggande studievanorna. om man t ex vill att eleven ska använda sig av checklistor- är alla lärare på och tvingar eleven att gå in och lägga till en gemensam checklista för alla ämnen?
- Kommunikation med föräldrar om hur skolan och lärare pratar om studietekniker och hur de kan prata hemma om det för att stödja det arbetet.
- Utvärdering: vad är det som fungerar och inte? Vad kan förbättras? Som med all framgångsrik skolutveckling är processen systematisk, iterativ och utvärderande (Håkansson & Sundberg, 2016, Fullan, 2011).

1.3 Faktorer för god effekt

- Det är viktigt att lärare har kunskap om kognitiva och metakognitiva inlärningsstrategier (Askell-Williams m.fl., 2012).
- Tid för att övning och reflektion om teknikerna och att det återkommande. En föreläsning om studietekniker har väldigt liten effekt eftersom det inte leder till beteendeförändringar. Detta ska integreras med vanliga undervisningen.
- Testande av teknikerna. Både att de praktiska kan använda sig av dem, och att de har kunskaper om varför de fungerar för att ge innehåll åt deras reflektioner om hur det går att applicera dem.
- Framgångsfaktorer är bra för inlärning av andra förmågor. Det kan appliceras på lärandet om lärande.
- Kopplingen mellan det som sker i generella föreläsningar om studievanor och arbetet i de olika ämnena behöver harmonisera. Det är ofta att studieteknik är ett separat moment istället för att vara en del av lärandeprocesser i det specifika ämnet. Studietekniker måste systematiskt inbäddas i undervisningssammanhangen för att få störst effekt. Ett sätt att göra det är att tydligt berätta för eleverna att man använder sig av olika tekniker under lektionen och berätta varför man gör det. Då blir lektionerna en tydlig stund för inlärning och nötning av nya studievanor.
- Gemensam syn etablerade på hur man ser på studievanor så att eleven möter liknande budskap i olika ämnen. Det kommer vara olika sätt att studera på för det specifika ämnet men det finns generella tekniker för vad man än lär sig. Det finns olika omdebatterade tekniker, en är tex anteckningstagande - hur mycket och vad ska de anteckna. Att man som organisation är grundad i forskning är viktigt.
- Bestämma sig för grundläggande studievanor och mer komplexa studievanor så att man kan fokusera på att elever skapar sig en grund först.
- Skapa vanor direkt när de börjar i skolan. Vill man att eleverna har en vana att plugga varje dag så ska man ge läxor så att det behövs göras av eleven. Vill man att eleverna planerar exempelvis genom

checklistor ska eleverna skapa en checklista som lärare ber dem att använda sig av återkommande. Forma studievanor tidigt i ett kritiskt skeende/ fönster av möjlighet när eleverna tycker att gymnasiet är nytt. De kommer få vanor och innan dessa vanor satt sig kan man påverka det. Extra stor effekt kan det bli om kamrateffekten stödjer att plugga på ett smart sätt.

- En del av studietekniker kan bli mer använt av elever bara genom jobb på lektioner och att bygga vanor tidigt, men en viktig del är att jobba med motivationen. Vad är syftet med bättre studievanor? Att bara ha som mål med högre betyg för eleverna är ett tunt mål och bekräftar en problematisk regim av betygsfokus och ett instrumentialiserat synsätt på utbildning. Ett kompletterande systematiskt program för att stärka motivationen för skolan bortom betygen behövs också. Detta kan göras exempelvis genom en reflektionsjournal där eleverna får reflektera om sin personliga utveckling under gymnasietiden (Berglund, 2022). Exempelvis har graden av nyfikenhet och syfte bortom sig själv en stark långsiktigt motiverande effekt.

- Utvärdering och tänket om studietekniker är komplicerat och forskas fortfarande på. Sekvens, tajming och kombination, hur väl man utför tekniken får stora skillnader på utfallet som man måste vara medveten om. Man kan inte bara nöja sig med att eleverna börjar använda en teknik, då är man ett steg på vägen men ändå i mål är att de använder det på bästa sätt i en helhet.

- Elever med högre betyg skiljer sig i sin förmåga att verbalisera och visualisera sina tekniker (Nygren, 2021). Det blir mer självreglerande och har starkare metakognition. De eleverna kan svara mer distinkt, snabbare och utförligt om sina studiestrategier (Nygren, 2021, s 87). Elever som använder sig av mer varierade och komplexa studietekniker kan i större mån, kunde verbalisera och visualisera studiestrategierna de använde (Nygren, 2021, s106, 191). Detta bör ses som ett viktigt mål, att de kan prata och skriva reflekterande om sina studietekniker.

2. Progressionen för att bygga studievanor: en plan över gymnasietiden

2.1 Årskurs 1

2.1.1 Första veckan: Gymnasiekörkort

Planen för de första veckorna och vad målet är: skapa nya vanor och att början är en kritisk period. Det finns ett fönster av möjlighet. 2. En inspelad föreläsning med tekniker och text med viktiga grafer, som trycker på vikten av testande, vanor, läsning.

2.1.0 Introducera "studie-ekvationen"

Ett sätt tänka ungefärligt om hur mycket roligare och effektivare vi kan lära oss. Studieekvationen är ett översiktligt och ungefärligt sätt att tänka om studietekniker. Det som är kraftfullt med ekvationen är att den visar hur mycket man som elev kan förbättra sig i effektivitet och hur roligt det är. Den kan stödja en enkel översiktlig analys om att elever sällan är helt fokuserad, pluggar rätt lite (förutom i sprintar inför prov), använder dåliga och/eller icke-tajmade studietekniker och kommer inte ihåg särskilt mycket på lång sikt för man pluggar för prov generellt. De kumulativa effekterna av detta blir elever ligger långt under sin potential i vad som motsvara flera år. Detta syns inte i skolan för att den är rätt enkel och har blivit mindre svår eftersom lärare anpassar sin undervisning till att göra den mer strömlinjeformad och mindre krävande t ex med mindre läsning. Denna ekvation är ett kraftfullt sätt att kommunicera till elever om vad de saknar. Det är med den lätt att gå igenom varje punkt och visa hur långt eleven är från sin potential och har varit det under lång tid. Detta kan verka som det skulle vara nedslående för en elev. Det skulle kunna bli det om eleven verkligen förstår hur mycket den missat i inlärning. Det har också potential att vara läckande, att det inte var en själv det var fel på, utan det var att ingen talade om kraften i rätt studievanor och fick mig som elev att förstå.

1. Tid (lektion, pluggtid, allmänt lärande): ju mer tid vi lägger ner desto mer lär vi oss.
2. Grad av fokus: ju mer fokuserade vi är desto mer lär vi oss. Halvfokus lär vi oss mindre än hälften.
3. Metoder: ju bättre metoder/strategier vi använder desto effektivare lär vi oss.
4. Tidigare kunskaper: ju mer vi kan sen innan, ju mer och snabbare kan vi lära oss nytt. (den som inte bara pluggar inför prov, kommer alltså få det mycket lättare kumulativt)
5. Använder olika powerups (sätt att bli motiverad på)

Tid x fokus x metoder x tidigare kunskaper x powerups

=effektivitet och kul lärande

Denna ekvation ska man ha som mål att eleverna ska lära sig utantill och kunna resonera om sina egna studievanor med.

Motivation

- Skapa reflektionsjournalen. Skapa mapp för personlig utveckling.
- Motivationsföreläsning: varför skolan, skolan som ett spel, motivation fungerar. Med krav på att ta anteckningar i reflektionsjournal. Sedan ska de läsa varandras anteckningar och förbättra sina egna.
- Möte med äldre elever som berättar om hur de motiveras. Välj duktiga elever.
- Läsa om människor som fått stark koppling/identifiering med det lärande livet. Nick Bostrom bra exempel. Reflektionsövning: vad hände och varför? Har du varit med om något liknande?
- Skriva livsberättelse
- Reflektionsövning: hur blev du intresserad av något, gå tillbaka och försök minnas hur det gick till.

- Bygga intressen. I läxa se föreläsningar från Ted och ta anteckningar. Berätta för andra och lägg in i reflektionsjournal. Se ett ted talk från varje ämne. Får val att välja på olika. Övning: skriv ner vad man är intresserade av, lite intresserad av, skatta på en skala. Och sen motivera varför man har det intresset. Oh ens fritidsintressen - får man fylla i.
- Läxa att lyssna på en podd som de får välja på. Nästa dag berätta för andra vad man fick lära sig. Lägg in i reflektionsjournal.
- Skriva ner mål, delmål, processmål

Lära känna övningar få ihop gruppen
- Gruppdynamik föreläsning. Ledarskap, följjarskap, medborgarskap, normer och samtycke.
- Lära känna övningar i klasserna. Viktigt att skapa mycket öppnande i gruppen och gemensamma minnen.
- Möte med äldre elever om gruppdynamiker och gymnasieupplevelsen.
- Skolans värderingar, normer, regler och mål.
- Skapande av klassens värderingar, normer, regler och mål.
- Läsa om olika fall där man har skapat bra grupper och vad det leder till.
- Övningar 1. Hur kändes första dagen? Vad var dina intryck? 2. Vad är dina tankar om skolans syn på grupper? 3. Vad är dina tankar om gruppen första veckan?

Studievanor introduceras

- Föreläsning: skolan som ett spel, fokus på verktygen.
- Möte med äldre elever som berättar om hur de studieteknikernaS. Välj duktiga elever.
- Från dag 1 på introt får de läxa varje dag, som tar 10 min. Detta är för att de från dag ska tvingas in i vanan till att studera mins varje måndag till torsdag. Efter det måste det vara samordnat med alla ämnen att man ger läxor, väldigt små men att det är läxor som kommer att följas upp ordentligt.

- Från dag 1 anteckningstagande ska tryckas på i alla situationer. Anteckningar ska bli något de gör. Anteckningsträning - både skrivande på datorn och vad som är viktigt ska tränas explicit på.
- Genomgång av läsning som fenomen och nyckelvana i skolan. 1. Gå till skolbiblioteket och välja en bok man börjar läsa eller ett stadsbibliotek. Får inlogg på de tidningstjänster skolan har tillgång till. Bokcirkel på mentorstiden för att signalera att detta är något för hela skolan inte bara något som är bra i svenska 2 veckor in för att visa vad man läst. Varje kväll ska man läsa.
- Läxa: se Ted-talk om studietekniker. Delar upp sig på 6 stycken klipp. Dagen efter att berätta vad man fick se.
- Läxa: läsa om studietekniker 15 minuter. Vad läste man dagen efter?
- Digitalt "hygienpass": Anteckningsdokument och mappar förbereds. Bokmärken för viktiga sidor: skolplattform, drive, tidningar som skolan har tillgång till. Samma görs på deras mobiler. Målet är städade digitala rum för att skapa översikt och överblick, som ökar känslan av kontroll hos eleven. Den starten visar också för eleven potentialen hur ordnad den kan vara med stöd.

2.1.2 Slutet på första veckan: gymnasiekörkortet (bättre namn kan hittas)

Nu är första veckan på gymnasiet avklarat. Du har fått lära känna många nya människor, fått testa på nya saker att göra både i skolan och hemma och lärt dig olika centrala saker för att du ska lära dig mer och samtidigt att skolan blir roligare. En psykologisk effekt du lärt dig om är testeffekten - en ökad inlärning när vi testar oss och tvingas aktivt och fokuserat plocka fram minnen för användning. Därför kommer du att göra ett test.

Förslag på testets utformning
- Flervalsfrågor
- Kortare svar

- Essäsvar. 1. Vad för olika faktorer påverkar hur mycket du lär dig? Lista 10-15 faktorer. Skriv också hur dessa kan samverka. Stöd: begrepp med kort definition eller utan definition när de öppnar essäsvar-delen? 2. Hur skapar man intressen aktivt? 3. Vad för powerups kan du använda dig av för att få motivation? 4. Vad skiljer toppstudenter och vanliga studenters vanor? Lista 7 stycken.
- Varför minns du så mycket som du mindes? Berätta varför du glömt vissa saker utifrån de begrepp vi lärt oss om.

Uppgift för de som blir klara tidigare. Sitta kvar och läsa den boken man valt på biblioteket. För börja läsa den först de sista 30 minuterna eller att de tar upp anteckningarna från veckan och/eller tittar igenom material de har fått i form av texter.

När provet är slut blir det en paus. Sedan är det direkt rättning i helklass. I grupper runt borden och sedan helklass.

Läxa: berätta för dina föräldrar vad du lärt dig?

2.1.3 Övrig administration

- Datorer, inlogg, diagnoser hitta i skolan allt annat som man vill göra de första dagarna kan hinnas med.

2.1.4 Andra veckan

Andra veckan börjar vanliga lektioner. För att de vanor som har startats under första veckan ska befästas behöver det finnas en plan och samsyn hos alla lärare. De första två veckorna behöver grundläggande studievanor stöttas:

- Måste ge läxor oavsett hur små, bättre om de är små. Syftet är att eleven ska komma in i vanan att studera utanför lektionstid.

- Göra olika övningar där anteckningar görs centralt. Stötta i skrivande i ett samlat anteckningsdokument. Gör vidare övningar där de ska dela och ta från varandras anteckningar. De ska stärka vanan att anteckna själv men också förstärka dem genom att titta på andras anteckningar.
- Prata om studietekniker specifikt i ens eget ämne som kopplas/harmoniseras med vad de redan lärt sig.
- Motivation: 1.Prata om olika personer kopplade till ens ämne som älskar ämnet och hur det kom sig och hur det uttrycker sig idag. Eleverna måste ta anteckningar om dessa personer. Eleverna gör reflektioner på dessa människor, vad kan man lära sig av dem? 2. Roller från de olika ämnena som kan fås från de olika ämnena.. Företagsekonomi: entreprenören. Samhällskunskap: aktivisten/politiska entreprenören. 3. Matte: matematikern/problemlösaren/programmeran. 4. Historia: militärledaren. 5. Svenska: läsaren och skribenten/författaren. 6. Moderna språk: konversatören. 7. Idrott: idrottsstjärnan. 8. Bild: konstnären. 9. Musik: musikern. 10. Fysik: fysikern/astronomen. 11. Kemisten. 12. Psykologen. 13. Filosofen. Dessa reflektioner kring olika personer och roller att inta, läggs in reflektionsjournal under rubriken: Roller och människor att inspireras av.
- Övningar i att bygga intresse för ämnet/eget upptäckslärande, ge uppgifter där de får upptäcka själv på internet. Val av hemsidor: ted.com, fof.se etc.

2.1.5 Resten av veckorna i 1:an

- Minitest under de första mentorstillfällena för att hålla repetition och djupare kunskap om studieteknikerna. Viktigt att göra det för att eleverna inte ska bara ha ungefär koll på effekterna, utan ha en djupare förståelse så att belöningen för goda studievanor blir tydligare och förbättrar deras självreglering för att det stärker deras metakognition om studievanor.

- Temadagar där man väldigt noggrant och ingående repeterar om motivation, studietekniker. De får göra ett test igen, och utifrån det får de göra olika uppgifter efter hur mycket de glömt.
- Kolla checklistan för studievanor. Lägg in en ny reflektion om var man står för tillfället.
- Repetitioner med tester som är inplanerade under mentorstiden. Även att man planerar över ämnena på skolan att man får ansvar för att ha en minilektion under sin lektion. Detta sprids över året i olika ämnen.
- Reflektionsövningar i de olika ämnena som förstärker känslan av mening som ökar motivationen för skolan.
- Jobba med trygghet, samtycke för att stärka tryggheten i att vara fokuserad på skolan.
- Följa upp hur föräldrarna har jobbat de första veckorna med olika vanor på mentorssamtal.
- Olika aktiviteter på skolan som ska stödja läsande fortsatt.

2.2 Årskurs 2

- En introvecka/dagar där man repeterar väldigt ingående. De lär sig nya saker som fördjupar kunskaperna om motivation, kritiskt tänkande, studievanor.
- Har dessa 2or inte gjort detta, får de vad 1orn fått höra fast i en förkortad variant. Utmaningarna här är att vanor är mer satta, så behövs nog lika mycket insats i början.

2.3 Årskurs 3

- Elever som har bra studievanor väljs ut som är med på 1ors introvecka. De kan också vara med i lektioner under övningar som stöd att fråga. Detta ska möjliggöra modellinlärning.
- Studietekniker för universitetet - vad är skillnaden?
- Har dessa 3or inte gjort detta, får de vad 1orn fått höra fast i en förkortad variant. Utmaningarna här är att vanor är mer satta, så behövs nog lika mycket insats i början.

3. Material till studieteknik/studievanor

3.1 Hur lärare kan träna och synliggöra studietekniker systematiskt under lektioner

Alla forskare på området pekar på att arbetet med studietekniker behöver integreras med den vanliga undervisningen i ämnena, utan det är det svårt att skapa beteendeändring hos eleverna och studieteknikerna blir mest ett pålägg som eleverna använder när de studerar på fritiden.

Här nedan kommer en tabell med olika undervisningsmetoder och vad det kopplar till för psykologisk effekt och för vad det är för form generell studeiteknik. Effekten uppstår starkast om eleverna alla lärare på skolan gör detta, så att eleverna vet explicit varför man gör olika övningar under lektionen.

Klassrumsövning	Effekt/studieteknik som det kopplas till
Klassrumsdiskussioner- bikupor, helklass	Reflektion - ökar förståelse
Jigsawmetoden	Kollektivt lärande Testande och testeffekten
Exit notes	Testa Sammanfatta
Anteckningstagande	Anteckna med frågor, rubriker och ordning - sammanfattning, outlining, överblick, integrering med tidigare

	kunskap
Kahoot, Quizlet	Testande
Inlämningsuppgifter	Producera/Applicera/Använda/Transfer
Problemlösning	Testande, applicering
Samarbetsdokument för klassen	Kollobarativt lärande
Framgångsfaktorer/checklistor	Tydliga mål
Testande	Fördröjd återkoppling
Komma tillbaks till tidigare kunskap och bygga vidare	Utspridd repitition Integrering med tidigare kunskap
Instuderingsfrågor vid läsning av läromedel	Sammanfattning- välja ut det viktigaste Aktiv läsning av text
Debatter	Reflektion Testande Applicering
Heta potatisen (	Testande
Använd så många begrepp som möjligt	Testande
Läxförhör	Testande
Feedback på elever med hjälp av checklista	Metakognition stärks
Glosnötning	Testning
Gissa på svar innan läraren	Generering

sagt svaret	Integrering av tidigare kunskap genom aktiviering av minnet
Sök efter en intressant artikel om något som du är intresserad av inom psykologi	Bygga intresse
Rollspel	Applicering, reflektion, testande
Reflektera om hur lektionen gick/hur studier går.	Metakognition
Peardeck-presentationer - Presentationer där det är insprängt med frågor som de ska svara på	Testeffekt
Minilektioner -eleverna får hålla en minilektion utspritt över kursen.	Testeffekten Lära andra

3.1.1 Övningar i varje ämnen som övar studietekniker explicit

Öva på anteckningstagande
- Insistera på att de måste anteckna, och att anteckna är övningen. Detta kan göras under genomgångar och man sätter som mål: skriv 10 meningar. Sen titta på grannen skrivit och komplettera dina anteckningar. Vid bikupediskussion: ni ska diskutera och ta anteckningar samtidigt - 3 stycken anteckningar under diskussionerna. Vissa sen för ett annat par vad ni antecknat och skriv ner en anteckning från den personen.

- Ge ut instudieringsfrågor som de ska anteckna utifrån i början av terminen och gradvis ge färre instuderingsfrågor.
- Be dem ta anteckningar under genomgång och läsning. Sen ska de gå tillbaka i anteckningarna och se vilka frågor som de svarar på med hjälp av sina anteckningar. De skriver dessa frågor som rubriker i sitt dokument. Efter att de har gjort denna övning kan de använda anteckningsdokument för att testa sig själv. De ska lägga handen över anteckningarna så de bara ser frågorna de skrivit in. Här integreras anteckningar med testande.

Öva på testande, självverbalisering, självförhör.
- Sitta med en begreppslista på lektion och förhöra sig själv genom att lägga handen över.
- Berätta för någon annan.
- Jigsawmetoden
- Skriv ner vad du kommer ihåg från genomgången tidigare i ditt anteckningsdokument

Övning på reflektion som söker förståelse
- Bikupor
- Kausalanalyser som ger överblick över olika samhällsproblem
- Lägg in en reflektion i ditt anteckningsdokument, kommer du på någon fråga efter att ha läst dina anteckningar? Dela med dig av dina reflektioner efter att ha läst igenom dina anteckningar. Lägg till andras reflektioner i ditt eget dokument.

Övning på läsande/lästeknik
- Tydliga steg när de ska läsa ett läromedel. 1. Syna: titta på bilder och rubriker. Skriv ner 3 frågor som ni tror ni kan få svar medan ni läser i anteckningar. 2. Anteckna medan stödord, nya frågor som du ser att du får svar på med texten. 3. Efter du läst har du samtidigt nu skapat instuderingsfrågor åt dig själv. Testa första att svara på dem, innan du går tillbaka i texten för att helt se svaren. 4. Jämför med andra vad de kom på för frågor till texten. Lägg in 1 fråga från 2 personer med svar. 5. Om instuderingsfrågor finns

som är bra, be dem att läsa igenom dem innan. 5a. Vad kan de redan innan om frågorna tror dem?

Övning på god problemlösningsmetodik
- Återberätta instruktionerna för någon annan.
- Gör en egen checklista.
- Vad är nödvändig information, vad är speciellt viktigt?
- Räkna antalet olika försök, från olika vinklar du försökt att läsa problemet. Hur många olika kommer du upp i? Gör sen analys - varför trodde du att det var så du skulle lösa problemet?

Planeringsövningar
- Eleverna ska ha en checklista som de ombeds jobba med aktivt. I början av lektionen ha olika saker som de ska göra som de sen när lektionen är slut ska gå in och checka av.
- Eller att de har en plats där de måste gå in så fort de får en läxa och lägga till som en att göra. De ska också lägga in ett preliminärt datum för att plugga på denna sak. Detta är ett generellt dokument som eleverna ska bli vana vid att använda sig av för att alla lärare tvingar eleverna att ta fram det.
- Detta understöds att man alltid ger en "läxa", är det inget nytt ska de skriva in något som de ska repetera från kursen, kanske den här lektionen eller en lektion för 2 veckor sedan. Den här repetitionen kan vara på 10 minuter av självförhör.
- Checklistan kan vara uppdelade två avsnitt. Den här veckan. Kommande veckor.

3.1.2 Övningar för att aktivt öka motivation i ämnet och till skolan generellt

Syftesövningar / öka graden av syfte bortom sig själv som drivkraft
- Om du skulle lära dig det här ämnet bra, hur skulle du kunna hjälpa andra människor?

- Skriv resurser för yngre elever. Psykologi: måbra manual i slutet av kursen. Svenska: realism för nybörjare.

Bygga intresseövningar

- Poddlysningar. Hela klassen lyssnar på poddar om ämnet och berättar för varandra vad avsnitten handlar om och väljer ut citat från avsnitten.
- Artiklar om ämnet: sök själv ex psychology love. Sammanfatta artikeln och välj ut citat.
- Hitta youtube-klipp om ämnet sammanfatta och välj ut 2 citat.
- Gå in på ted.com i ämnet. Välj en föreläsning, sammanfatta och välj ut citat om det.
- Läs på om forskare. Berätta för andra i klassen forskarens liv och vad den har forskat på.
- Samla faktioider om ämnet. Alla ska hitta 3 faktoider som kan kopplas till ämnet. Samlas i gemensamt dokument.
- Hålla en minilektion.

Höja förväntning övningar

- Lära sig om lite äldre elever på universitet.
- Vad gör de bästa eleverna i ämnet? På de bästa skolorna? Hur när är du egentligen?

Fokus övningar

- Läs svåra texter
- Läs längre än de är vana vid
- Meditation
- Russinövning
- Skriva snabbt på 10fastfingers
- Titta i varandras ögon att skratta? övningar som får dem att känna kontroll.

3.2 Övningar generellt

Dessa övningar och uppgifter kan läggas in i ett större arbete kring en reflektionsjournal som följer eleven under gymnasietiden.

3.2.1 Anteckningar från föreläsning/läsning

Träna på att ta anteckningar om studietekniker
Under föreläsningen om studiestrategier ska du anteckna svar på dessa frågor. Det kommer ges pauser för att anteckna ikapp och efter kommer du att jämföra med dina kamrater och lägga till vad de har antecknat som du kanske missade. Dessa frågor är viktigt att du har svar på för att du ska förstå hur din hjärna fungerar. Det gör att du har lättare att veta varför du använder vissa studietekniker.

* Vad blir effekten om man lägger ihop massor av bra studievanor på inlärning och effektivitet?
* Vad krävs för att få A i alla ämnen och samtidigt ha roligt i skolan under majoriteten av tiden?
* Vad vet och gör toppstudenter som andra inte vet/gör?
* Hur fungerar vårt minne? Mönster, chunking, långtidsminne, framplockning, lagring, nätverk, krokar, repetition, användbarhet
* Nämn 5 vanor som toppstudenter har.
* Varför är det bra att likna med lika studiestrategier med en verktygslåda?
* Vilka delar består målmedveten träning av enligt psykologen Anders Ericsson?
* Vad är Sitra modellen? Vad är det viktigaste att tänka på när man använder den?
* Vad är testeffekten och hur stor är den? Hur gör du får att få den?
* Hur många gånger behöver man repetera för att något ska sätta sig i långtidsminnet?
* Vad händer om göra alla repetitioner på kort tid, t ex under en timme?
* Varför är det viktigt att integrera ny kunskap med tidigare kunskap? Hur gör man för integrera?
* Varför är generingar viktigt?
* Vad finns det för olika fördelar med att ta anteckningar? Hur ska man anteckna för att det ska få bra effekt på lärandet?
* Varför är det viktigt att producera när man studerar?

- Vad är upptäckslärande? Varför är det viktigt att göra på egen hand utanför skolan?
- Varför påverkar din läsförmåga hur effektiv du är i ditt lärande? Hur många ord skiljer i passivt ordförråd mellan den som läser regelbundet längre texter och den som läser mest social media och sms?
- Vad är en nyckelvana? Varför är nyckelvanor viktiga? Vilka nyckelvanor finns kopplade till studier? Hur skapas nya vanor lättast?
- Vad är de viktigaste att tänka på när man planerar studier kombinerat med resten av sitt liv?

3.2.2 Nyckelvanor för studier

Du har fått ta del av en föreläsning om studievanor och svara på frågor kopplade till det. Vissa grejer var nya och andra inte. Effekten av studievanor blir stor först om man får massor av de olika teknikerna rätt, rätt tajmade och på sikt. Det kommer inte synas direkt. Effekten på lärande kan bli enormt ju mer man gör rätt. För att lägga grunden är det 5 stycken vanor som måste sitta för att kunna utveckla och finjustera de andra senare.

Nyckelvanor för studier	Hur ska du se till att detta sker? Vad kan du be om för stöd av dina föräldrar, lärare och kamrater? Vad du kan själv göra?
Fullt fokus på lektioner - genom att ta anteckningar. Kräver anteckningsdokument i varje ämne och map. Fokus är som en muskel som mantra.	

Ett studiepass minst 5 varje måndag-torsdag + lördag eller söndag.	
Testa sig varje studiepass. Förhör dig, testa något. Inget studiepass som bara är passivt.	
Använd minst en håltimme/ sovmorgon för studier.	
Läsning kopplat till läggdags. 5 min varje kväll. Koppla sängen till läsning. Mobilen på andra sidan rummet eller i annat rum.	

3.2.3 Bygga intresse

Denna tabell ska du fylla i på en skala hur stort ditt intresse är för dessa ämnen. Några rader är tomma där du ska fylla i vad du gör för aktiviteter på fritiden och hur intresserad du är av dem. Hur kan du öka intresset för de olika ämnena utifrån de du lärt dig om hur man bygger intressen aktivt?

Ämne	1	2	3	4	5	Varför sätter du den skattningen?

						Vad kan du göra för att ta upp intresset till 4-5?
Idrott						
Svenska						
Matte						
Läsning						
Moderna språk						
Historia						
Samhällskunskap						
Geografi						
Ekonomi						
Psykologi						
Musik						
Bild						
Naturkunskap						
Biologi						
Kemi						
Fysik (astronomi)						
Praktiska ämnen (bygg, omsorg,)						

Fritidsaktivitet 1					
Fritidsaktivitet 2					
Fritidsaktivitet 3					
Sociala media					
Spelande					
Serier, tv, underhållning					

3.2.4 Framgångsfaktorer studievanor, studiestrategier och studietekniker

Checklista för studievanor som blir ett eget dokument som eleverna kommer att återkomma. Detta uppdateras vid problem och en gång per termin.

Här är det samma checklista som fanns på sida 254 i denna bok.

Hur var det att fylla i checklistan för studievanorna? Vad är helhetsbilden om dina studievanor?

Reflektera om de grundläggande studievanorna 1 månad in.

- Hur har det gått? Varför har det gått som det gått?
- Vad saknas i din attityd om det inte gått? Varför kan andra göra det men inte du?

3.2.5 Checklista för planering

Skapa ett dokument för checklista och kopiera in den här tabellen för en checklista som är kombinerat med att synliggöra elevernas processmål, delmål och stora mål.

Denna vecka	Lång sikt	Större delmål och mål
V37 • Repetera ekonomin • Plugga på glosor • Börja på inlämningen i samhällskunskap. Välj ämne och skriv frågeställning • Förbättra anteckningar i samhällskunskapen • Be om exempelfrågor/instuderinfrågor i fysiken • Hör med lärare x om detta problem • Födelsedagsfest på lördag • Lämna tillbaka bok till bibliotek senast på fredag. Återkommande för varje vecka/processmål (förslag är att man varje morgon, den	V38 • Seminarium svenska V39 • Inlämning samhällsku nskap V40 • Prov	Processmål • Aktivt jobbar på intresen för de olika ämenan • Höjer förväntni ngar • Underhål ler studievan or Delmål • Prydliga, reflektera nde antecknin gar för överblick • Använda studietek niker så

första lektioner klickar på det man gjort och inte) • Träning på tisdag och torsdag • Läsning 5 min om dagen • Ett studiepass varje dag minst 5 minuter, måndag-torsdag, lördag/söndag (lägg in vilka dagar du ska plugga)		bra att skolan får en känsla av lätthet/kontroll Större mål • Ökat lärande samtidigt roligare • Höga betyg

- Gör checklistan igen. Vad är dina önskningar av att du ska få för upplevelser av dina studier det här året? Vet du hur får mer av dessa upplevelser?
- Vad har du inte gjort av studievanorna? Varför? Gör en kausalanalys av dig själv och dina studievanor. Om orsakerna är exempelvis: har inte varit motiverad, har inte sett syftet. Då bör åtgärderna vara hur du kan få mer motivation, och förstå bättre vad syftet med ett lärande liv är.
- Hur har det gått med de grundläggande vanorna? Vad har du inte gjort av dessa?
- Några små förändringar kan göra stor skillnad. Vad är det för små förändringar du skulle kunna göra i ditt liv för att få bättre studier? Exempelvis är vanepåbyggnad ett bra knep, använd vanor du redan har och lägg på andra bra vanor på dem.

3.2.6 Spelifieria dina studievanor: rekord i viktiga förmågor och vanor

Studievanor i poängform	
Aktivitet	Rekord
Fullt fokuserad Olika ämnen? Pluggandes själv	min
Skriva snabbt	per min
Studera på en dag	min
Studera på en vecka	min
Antal ord antecknade under en lektion	
Antal sidor lästa under en vecka Läsning i tid en vecka utanför lektion	
Antal dagar på raken jag läst en bok/tidning	
Ordförråd svenska Ordförråd engelska Ordförråd franska	
Läshastighet svenska Läshastighet engelska	
Poäng på HP	

Allmänbildning	
Dagar utan att spela spel på mobil	
Böcker lästa/sidor sammanlagt under gymnasiet	

3.2.7 Minitest om studievanor utspritt över tid.

Testeffekten bör användas för att uppehålla och fördjupa kunskaperna om studievanor. Därför kommer du få göra ett minitest. Uppgiften är att skriva ett längre svar om några frågor som hänger ihop. Målet är att du ska repetera och testa dig om du kommer ihåg hur studievanor påverkar oss. Du har tagit anteckningar från föreläsningar tidigare som du kan använda som stöd ett tag in när du skrivit, eller om du har svårt att komma igång. Efter du har skrivit svaret kommer du att först läsa två andras texter, sedan kommer ni titta på hur man skulle kunna svarat på ett vetenskapligt sätt som fångar svaren fullt ut. (Svar kan skapas utifrån föreläsningsanteckningarna finns med i det här dokumentet). Här nedan finns början på exempelsvar.

Frågorna för minitest 1:
Vad är det för olika studievanor som påverkar hur effektivt vi pluggar? Varför kan vissa plugga mer än 4 gånger så effektivt än andra? Många elever upplever skolan som tråkig för att de inte är intresserade av ämnena. Vad är det för olika studievanor som gör skolan roligare? Hur fungerar vår hjärna? Vad händer egentligen när vi lär oss något?

Exempelsvar:

Få som gör studiestrategier rätt. Många som tror att de gör det ungefär rätt. I princip alla underskattar effekterna av att göra det rätt. Det kan skilja flera gånger, 4x mer effektiv inlärning mellan den som pluggar dåligt och den som pluggar utmärkt. Vet ni inte om spelreglerna, teknikerna så kommer skolan känns som något ni har svårt att kontrollera. Genom detta vet ni vad ni behöver göra. Ju flera saker man gör rätt, desto större effekt, de förstärker varandra. Den som är fokuserade kan dubbla sin effekt, den som också testar sig, reflektera kan öka det ännu mer. Effekten är så stor att det kan skapa helt olika liv, både under gymnasiet och resten av livet. Ena dörren: roligare, intressantare, meningsfullare, lugnare, framåtsyftade. Andra dörren: tråkigt, meningslöst, stressigt, fokus på nuet.

Frågorna för minitest 2:
Ni hade en föreläsning om hur skolan kan liknas vid ett spel. Ni har även gjort en övning i det, hur man kan göra skolan mer till bra spel. Beskriv vad man menar när man beskriver skolan som ett dåligt och sedan ett bra spel. Vad är det som gör ett spel väldigt bra som gör att en person vill spela det mycket och vad är det för komponenter som man kan finna i skolan? De faktorer som man bör nämna är: mål, allierade/fiender, ökad svårighetsgrad, världar/berättelser/handling, powerups, verktyg.

Exempelsvar:

(Episka) mål: meningsfullhet, syfte bortom dig själv, lärande. Världar, berättelser, variation: öppna upp dig själv för nya världar, berättelser som ger livet variation. Allierade och fiender - vilka blir din gemenskap, vilka blir fiende. Identitet- vem är din avatar? Feedback och ökad svårighetsgrad - vi söker utmaningar, spelfullhet är ökad svårighet ett måste. Framsteg synliggörs bra i spel. Powerups- motivation - energi för det lärande livet. Verktyg - dina verktyg för att lösa olika utmaningar

Negativa upplevelser av skolan. Meningslöshet - vad är målet? Höga betyg? Fängelse, rutin, uttråkning - samma vanliga. Var är min gemenskap? Lärare som fiender? Klasskamrater som fiender? Identitet - Statuskamp- vara "Lagom Perfekt" Ökad svårighetsgrad, hinner aldrig med som leder till stress för ingen känsla av kontroll över de krav som ställs. Ingen energi, knappt någon motivation, dras fram av olika deadlines. Trubbiga verktyg, svårt att lära sig, "det går inte in", "jag hinner inte" "jag kan inte

Frågorna för minitest 3: Motivation

Vad finns det för olika faktorer som håller uppe motivationen under lång tid? Vad finns det för olika studievanor som många använder sig av som samtidigt är väldigt dålig för motivationen?

Exempelsvar: Inre motivation - njutning. Yttre motivation - status, pengar, karriär, rykte – minuseffekt – kan motivera på kortsikt, men utmattande på lång sikt! De som är riktigt betygsfokuserade tar ofta paus efter gymnasiet för de är så trötta. Inre och yttre motivation- själv-transcenderande syfte, syfte bortom dig själv Gamefullness- Super Mario Effekten Förundran och nyfikenhet Ödmjukhet och growth mindset Fokus, koncentration och flow Emotionell energi, stolthet, självförtroende Förväntan Mod Rättskänsla – kämpa för andra. Göra det roligt – spelifieria, bygg intresse Vila, motion och mat Socialt stöd Bygga intresse och passion

Socialt stöd Att känna sig ogillad är värre än att vara betygsfokuserad, Ökar risken för nedstämd, som om det sker försvårar skolan ännu mer. Ökar risken för uttråkning – som är ännu värre.

3.3 Info till föräldrar

Skolan kommer de första veckorna att skapa förutsättningar för att skapa starka studievanor som kommer lägga en grund för att eleverna ska lära sig mer och samtidigt ha roligare i skolan.

Planen för att nå dessa viktiga mål är under årskurs 1

- Introvecka: Sätta vanor och lära dem om motivation, gruppdynamik, gymnasieupplevelsen, studietekniker och studievanor. Denna vecka kommer de få läxor varje dag för att sätta studievanor. Detta kommer sedan vara något som är inplanerat, så att det ska bildas en vana att man studerar varje dag en extra gång på vardagar. Det kommer också få välja en bok att läsa, som de ska läsa ur varje dag för att skapa en vana runt läsning.

- Upprätta en reflektionsjournal där alla reflektioner och anteckningar kopplat till personlig utveckling som de lär sig om på skolan samlas.
- Mentorsamtal: uppföljning
- Reflektionsjournalen kommer sedan bli en röd tråd för eleverna under resten av tiden där de kommer att reflektera och göra olika övningar. De kommer också att kopiera in uppgifter och övningar som de gör under temaveckor/dagar och de olika ämnena som är kopplade till deras personliga utveckling.

Om du som vårdnadshavare kan förstärka budskapet kring studievanor kommer effekten att förstärkas. När detta drivs på skolnivå kan vi få en stark effekt av att en kritisk massa av föräldrarna är med, samtidigt som det görs konsekvent i skolan.

Här skickas med material för att komma till samma nivå som eleverna i kunskap om lärande. För många är det en uppfräschning och ett förtydligande av saker man redan vet. Det finns bilder som är tydliga och kan öka styrkan i ens samtal med sitt barn om studievanor.
- Föreläsning om studietekniker och motivation.
- Föreläsningsanteckningar med viktiga bilder/grafer, kan läsas utan att se inspelade föreläsningen.

Här nedan följer några råd på hur du som föräldrar kan stödja skapande av starka studievanor. Detta är förstås frivilligt men om man funderat på hur man bäst kan guida sitt barn under gymnasiet är dessa några ingångar som skulle stärka arbetet vi gör i skolan.
- Be eleven berätta om vad de gått igenom i skolan, exempelvis runt middagsbordet. Gör kopplingar och reflektioner vad du själv kan. Modellera nyfikenhet genom att ställa mer frågor, och testa själv vad du vet om ämnet. Om du kan lite om det, förenas i nyfikenhet. Med detta får barnet möjlighet att plocka fram vad de gjort under dagen som är väldigt bra för lärandet. Har man flera barn kan barnens diskussioner stärka varandra. Modellinlärning: vad lärde man sig själv under dagen på och utanför jobbet, vad tänkte man på under dagen?

- Läs tillsammans med barnet. Ha någon tid på kvällen när man läser tillsammans eller någon gång under helgen. Tillsammans bestämma var telefonen läggs så att man ger plats för vanan att läsa innan man sover.
- Stöd vanan att eleven ska sitta varje kväll och studera minst 5 minuter. Det är en så kallad "mikrovana" som på sikt bygger vanan att studera mer. Liknande logik finns när de som vill börja på gym går till gymmet bara för att byta om, gå in i gymmet och sen gå och byta om igen. Detta göra man de första 20 gångerna för att skapa vanan att gå till gymmet. Sedan bygger man på det. Detta enligt renommerade psykologen BJ Fogg. Förstärkning av vanan kan vara att de checkar av på en kalender de dagarna de suttit sig ner och pluggat. Målet blir att sitta varje dag, som är ett processmål som är en grund för andra mål som hög betyg, mycket lärande och roligt i skolan.

3.4 Studievanor förklarade

Här är en kort förklaring av olika studievanor som man som skola kan försöka jobba med systematiskt.

Tekniker

1. Testa (eng active recall, practise testing) - självverbalisering, frågor ställda till en själv, berätta för andra, minitest.
2. Sammanfatta - sammanfatta muntligt och skriftligt.
3. Organisera - skapa överblick genom organisering som är pågående. Digital hygien - prydligt i mappar och anteckningsdokument. Organiserande av tankar och delar av kursen koppla det till helheter.
4. Outlining - skapa sammanfattningar och anteckningar där det är tydligt hur de olika delarna är kopplade till varandra.
5. Mappa - Konceptmapping. Hur förhåller sig olika centrala koncept till varandra?

6. Producera - skapa av olika slag, prov, inlämningar, redovisningar, problemlösning.
7. Skriva - tempo, korrläser med högläsning, rättstavningsprogram, vad är syftet med texten?
8. Metatänka - kognitiv uppgiftsanalys och metakognitiva strategier -
9. Reflektera (för förståelse) - reflektioner av olika slag.
10. Generera - gissningar, skapande innan man vet svaret.
11. Integrera (med tidigare kunskap) för förståelse - integrera för att skapa helhetsförståelse och kopplade till kunskap man har innan som gör att man får en repetition som är varierad.
12. Repetera - Utspridd och varierad repetition för att minnas något på långsikt. Mycket repetition av elever sker för tätt inpå som gör att de inte sätter sig i långtidsminnet.
13. Anteckningstagande - behandla anteckningar som en förlängning av sin hjärna, se det som en trädgård som man odlar fram. Anteckna för resten av livet (bäst enligt Cal Newport), tar man anteckningar som man aldrig kommer att gå tillbaka till- är det dåliga anteckningar. Anteckning för helheter, svarar på frågor och nyfikenhetsfrågor.
14. Målmedveten träning - (eng deliberate practise Ericsson mfl, 2019). Målmedvetet, väldigt fokuserat, återkoppling, bryter ner uppgifter, önskvärda svårigheter.
15. Återkoppla (fördröjd återkoppling) - söka återkoppling på olika sätt. Bygg in återkoppling i sina egna studier genom att använda sig av olika test i varje studiepass som gör att man vet vad man ska plugga på mer (det som man kommer ihåg mindre av). Gör också att man minskar risken för att förledas av "illusion av förståelse" som kan uppstå när man bara läser om ett stycke där vi feltolkar känslan av bekantskap med att vi förstår, kommer ihåg så mycket att vi skulle kunna förklara för någon annan.
16. Läsa - växla mellan skumläsning, översiktläsning (skanning), djupläsning. Aktiv läsning där man "intervjuar" texten, ställer frågor och tänker om det man läser. Läser regelbundet för att bygga upp läshastighet och läsförståelse. Ökar förståelsen av läraren, texter och förmåga att uttrycka sig skriftligt och muntligt.

17. Intervjua - ställa frågor i klassen, kamrater, texter, filmer. Nyfikenhetsfrågor - använda sig av nyfikenhetsfrågor och kunna skapa frågor för sig själv som skapar nyfikenhet (leta efter luckor i sin egen kunskap).
18. Lära ut - till andra för att använda sig av testeffekten och kommunikation med andra om det man lärt sig.
19. Anpassa/utvärdera/förbättra - vad är spelreglerna? har jag förstått dem? Vad är spelet? Spelar jag fel spel?
20. Visualisera - bilder i anteckningsdokument för att synliggöra, göra modeller med pilar mellan viktiga begrepp.
21. Fantisera - kreativt skapande i ens målbilder och visioner, i skapande av texter, det estetiska, problem som man kan lösa.
22. Analysera - kritiskt tänkande i allt man gör. Medvetenhet om de tankefel man kan göra som människa. Vetenskaplighet som ideal, med en ödmjuk över vad man inte kan och hur lätt det är att ha fel. Använda sig av analysera som exempelvis kausalanalys-modellen (problemformulering, orsaker, konsekvenser och åtgärder) för att öka förståelse och minnas lättare.
23. Lösa (problem) - problemlösning i olika ämnen. Bygga upp en uthållighet, synliggöra för sig själv när man testar olika vinklar för att komma åt lösningen. Imitera. Lösa typiska problem. Är lösningen ett knep? Har du förståelse för att lösa problemet?
24. Chunking - lägga ihop för helheter
25. Lära sig utanför skolan - lära sig något som inte är tydligt kopplat till skolan: språk, skriva, programmering, entreprenörskap.
26. Imersion - sjunk ned i miljön man lär sig om. Lära sig ett språk - omge dig med människor som pratar det.

Motivation
27. Flowa - med önskvärda svårigheter som är lagom nivå som gör att man hamnar i flow. Förmågan att hitta det läget går att träna upp.
28. Samarbeta och ge - (träning av medborgarskap). Samarbeta i klassrummet genom att ha fokus och stödja varandra. Dela med sig av anteckningar och tips. Ge återkoppling till varandra

Diskutera med varandra. Utgå från att man får tillbaka om man ger. Träning av medborgarskap.

29. Förtrolla - vanan att förundras över världens mysterier, man är i mitten av två oändligheter: utåt och inåt. Defamiliarisering - sökande efter att se något med nytt perspektiv så det som förut var bekant blir obekant och nytt och mer komplext än vi trodde först.

30. Äventyrifiera - Dras in i ett äventyr, öppna sig för de utmaningar som finns i världen och vara med och försöka lösa dem.

31. Söka mening i allt - varför gör jag det här? Vad är syftet? Gör jag det här bara för ett prov?

32. Bygga intresse - aktivt bygga intresse och släppa den felaktiga föreställningen att intressen är något som man får passivt bara. Söka på internet om ämnen, lyssna på poddar, tittat på dokumentärer, göra aktivteter kopplade till ämnet.

33. Speliferia och lekifiera - göra pluggande och lektioner till spel och mini-utmaningar. Hur snabbt kan jag göra detta? Kan jag göra det snabbare än förra gången? Hur länge kan jag var fokuserad? Man försöker hela tiden slå rekord. Detta kan man ha en poängifering av. Ha koll på skolans spelregler- spelifiera genom att se skolan och livet som ett spel - hur vinner man, vad är poängen, vilka är allierade, vad är dina powerups, verktyg/vapen, hur ökas svårighetsgaden?

34. Njuta - tacksamhet över chansen att få lära sig och upptäcka saker. Acceptans när det inte är roligt. Njuta i ämnena genom att upptäcka saker själv om ämnet.

35. Söka hjälpa - hjälpsökande beteende från både kamrater, vårdnadshavare, lärare, online, böcker. Söker svar och hjälp för att förbättra sig. Först tänka och försöka själv och sedan fråga.

36. Höja förväntningar - många elever har för låga förväntningar, medan vissa har perfektionism som är hög förväntningar utan grund. Man kan lära sig mycket och samtidigt ha roligt och få höga betyg. Förväntningen behöver vara grundad i en förståelse av vad som krävs.

37. Riskera - att ta risker med mod och gå emot sina rädslor. Många elever går inte emot rädslor att ha fel, rädslan att vara ärlig kring sitt liv och vad man gör med det, rädslan att prata inför grupp.

38. Utstå - tålamod och acceptans. Tålamod är en förmåga som kan tränas genom självkontroll. Förhållningssätt att fokus och viljestyrka är som en muskel.
39. Målsätta - vara måldriven, synliggör mål ofta- nuläge, önskeläge, handlingsläge.
40. Förenkla - elever har krav på sig att vara "lagom perfekt" i betyg, fritidsintressen, utseende, personlighet och kompisar. Skolan kan kännas komplicerad om man inte vet om spelreglerna.
41. Snabba på - få upp tempo - skriva snabbare med aktiv träning av det. När man anteckningar att ha som aktivt tanke att nu ska jag lära mig att anteckna sanbbare - optimalt att kunna skriva över 100 ord i minuten. Vana att jobba väldigt fokuserat och avsluta uppgifter snabbt. Imitera, hitta genvägar.
42. Ansvara och leda (ledarskap) - leda sin grupp, delaktig i grupparbetens riktning. Visa ledarskap i klassrummet med de frågor man ställer och tar upp i klassrumsdiskussioner. Organisera och skapa organisationer.
43. Vinna - samla på vinster och bygg rytm. Synliggöra det du klarar av under dagen och ha som mål att samla på små vinster hela tiden för att bygga upp momentum och en stolthet och självförtroende.
44. Motionera, sova, äta - elitidrottare som pluggar får detta gratis. Sover man 9 timmar, äter varierat och tillräckligt med kolhydrater så man inte behöver förlita sig på godis och energidryck, och rör man på sig för ökad uthållighet, energi och glädje?
45. Aktivera (passivitet som en vana) - gå in i uppgifter, lektion, rast, i möten, fritid med aktivt förhållningssätt? Komma bort från passiv konsumtion av social media och underhållning, va i stället den som skapar.
46. Socialisera - söka stöd i det sociala, hitta gemenskap och tillhörighet kring de mål man satt upp.
47. Bygga vanor - förstå vikten av vanor för att förenkla sitt liv så man kan fokusera på det man verkligen vill. Minska antalet beslut vi behöver ta.
48. Planera och tajma - använda checklista, ha vana att ha 5 studiepass i veckan 5 minuter minst för att få vanan, repetition en gång för

varje lektion som tumregel, använda sig av testande för att se vad man behöver lägga mer tid på.

49. Imitera - selektivt och med bestämt syfte. De flesta elever imiterar utan att reflektera vem de imiterar. Skapa förebilder och roller som de kan härma. Vad gör toppstudenter som du också kan göra? Vad gör dem som älskar att lära sig saker?
50. Snabba på - stress som positivt
51. Sakta ned- inbromsning och vila

3.5 Föreläsningarnar som ges främst på introveckan: översikt

Studietekniker och studievanor
- Studietekniker som verktyg som alla kan förbättra sin studietid med, rejält!

Motivation
- Vad motiveras av? Vad är motivation?

Gruppdynamik
- Hur fungerar grupper? Ledarskap, medborgarskap, följarskap, likabehandling
- Samtycke, lyhördhet
- hur är man en god vän?
- Lagom perfekt- kraven att vara lagom perfekt: vänner, personlighet, utseende, fritidsintressen och betyg.

Kritiskt tänkande och filosofi
- Hur tänker vi bättre? Sanning?
- Meningen med livet enligt filosofer.
- Vad är rätt och fel?
- Olika tankeexperiment.

Psykisk och fysisk hälsa
- Lycka, välmående, välbefinnande

- Stress, kriser, ångest
- Övningar och aktiviteter för hållbar lycka.
- Kopplingen mellan studietekniker och välmående.

3.6 Hur prata till elever för att få effekt? Vad är motiverande språk?

- Responsiblisering- de som medansvariga. Visa på olika sätt hur de kan skapa sig ett liv med olika vanar oavsett om de är på en skola som fungerar perfekt eller inte är omgivna av extremt studiemotiverade kamrater. Vad gör toppstudenter som alla andra kan göra med liknande resultat? Dem ger sig inte förrän de får stora effekter, andra ger upp. Vad är skillnaden mellan ett lärande, äventyrligt liv och tråkigt, icke-nyfiket? Hur får man 4x mer effekt, eller ännu mer?
- Förändringsprat mer än problemprat.
- Prata till dem som vinnare -emotionell energi, små vinster och momentum.
- Empati - kunna visa det på skolnivå?

3.7 Exempel på innehåll: studietekniker och motivation

Syfte med en studiestrategi

- Lära sig mer och snabbare.
- Ha roligare: när det är lättare, vi lär oss mer blir det roligare.
- Mindre stress: vi kan göra uppgifter snabbare, lära oss snabbare.
- Möjlighet att utveckla fler intressen och öppna sig inför världen.
- Att lära att lära sig effektivare och mer självgående kommer du ha nytta i vad du än gör.

Inställningar som är i vägen för bra studiestrategi

- Det spelar inte så stor roll hur man studerar, det kan inte göras roligare, jag kan inte lära sig särskilt mycket mer.
- Det jag pluggar kommer jag ändå att glömma, så jag optimerar bara för proven.
- Skolan är tråkig och det är inget jag kan göra åt det.
- Det är någon annans ansvar helt att jag ska bli intresserad världen runt om mig.
- Studiestrategier lär man sig enkelt eller så är det för svårt att lära sig. De som är bra studiestrategi är bara smarta allmänt.
- Jag pluggar bara för mig själv, det som ger mig njutning och min karriär.
- Det som tas upp i skolan är inte så användbart- det är egentligen en meningslös ritual bara för att ta sig vidare till nästa nivå.

Inställningar som är grund för bra studiestrategier

- Ditt sätt att studera spelar stor roll, och det finns alltid sätt att göra inlärningen mer engagerande och effektiv. Alla kan förbättra sina kunskaper med rätt strategi.
- Äkta inlärning handlar om att bygga långsiktig förståelse, inte bara att prestera på prov. Det du lär dig nu kan vara användbart långt efter att proven är över.
- Du har makten att göra skolan intressant genom att söka samband med dina egna intressen och mål. Engagemang börjar med din egen inställning.
- Att bli intresserad av världen runt dig är ditt eget ansvar. Genom att utforska och ställa frågor kan du upptäcka nya passioner och insikter.
- Studiestrategier är färdigheter som alla kan utveckla med övning och anpassning. De som är bra på studier har arbetat för att hitta vad som fungerar bäst för dem.
- Studier handlar om att bygga en grund för att bidra till både din egen utveckling och för att göra en positiv inverkan på andra.

- Det som lärs ut i skolan kan vara mycket användbart och öppnar dörrar till framtida möjligheter. Varje ämne kan ge dig viktiga verktyg och insikter för livet.

Kul och effektivitet i lärandet - en ekvation

Ett sätt tänka ungefärligt om hur mycket roligare och effektivare vi kan lära oss.

6. Tid (lektion, pluggtid, allmänt lärande): ju mer tid vi lägger ner desto mer lär vi oss.
7. Grad av fokus: ju mer fokuserade vi är desto mer lär vi oss. Halvfokus lär vi oss mindre än hälften.
8. Metoder: ju bättre metoder/strategier vi använder desto effektivare lär vi oss.
9. Tidigare kunskaper: ju mer vi kan sen innan, ju mer och snabbare kan vi lära oss nytt. (den som inte bara pluggar inför prov, kommer alltså få det mycket lättare kumulativt)
10. Använder olika powerups (sätt att bli motiverad på)

Tid x fokus x metoder x tidigare kunskaper x powerups

=effektivitet och kul lärande

Strategin: underlätta för dig - hur kan jag göra det lättare för mig själv?

- Läsning: läs på egen hand. Du läser snabbare, förstår lärare och uppgifter lättare, kan uttrycka dig mer precist och djupare. Ditt ordförråd spelar roll. Skapa vana att läsa på egen hand. Kommer göra alla ämnen lättare.
- Skriv: blir snabbare på att skriva, tänker bättre, kommer ihåg mer. Anteckna under lektionerna.
- Utnyttja lektionerna: det mesta arbetet ska göras under lektionen ska vara din utgångspunkt. Sedan ger dina egna studier extra skjuts.

- Utnyttja håltimmar- ta inte sovmorgnar, utan använd tid för att plugga på mornar.
- Använd rätt studietekniker och förbättra dem, nöj dig inte med att tro att första gången du använder en studieteknik är maximal potential.

De viktigaste teknikerna vid ett studiepass

- Aktiv återkallning/Testa första- studera sen-testa igen. Förhör dig själv aktivt i början av varje studie pass. (Tumregel- ofta pluggar vi för passivt, som gör oss ofokuserade och tänker för lite). förhör dig muntligt, exitnotes, sammanfatta lektionen, diskutera med kompis, berätta för vuxen
- SITRA: syna, intervjua, ta in, repetera, anpassa
- Organisera och reflektera: se helheter ,se mönster. Organisera anteckningar.
- Integrerara och generera: vad kan du tidigare? Vad tror du att du kommer att lära dig? Varför frågor hela tiden.
- Repetera varierat: Repetera varje ämne minst en gång i veckan.
- Anteckna på lektionen, bygg ut dina anteckningar på egna studiepass.

SITRA

- Syna - överblick, vad är syftet?
- Intervjua - läs aktivt med frågor, sammanhang, syfte
- Ta in - testa, sammanfatta, använd, gissa, anteckna
- Repetera - testa igen, varierat
- Anpassa - vad behöver du lära dig näst? 80/20 principen, sök feedback, vad kan jag göra bättre, tro att det kan bli bättre hela tiden. Har ni inte kul, är avslappnade, lär er mycket och lätt så gör ni fel!

Andra tekniker

- Pomodora-tekniken: plugga 25 minuter i taget koncentrerat, sen paus på 5 minuter.
- Lärarrollen: Förklara det till en 5 åring, 10, 15 och vuxen.
- Cornell-metoden: Ta anteckningar genom att dela upp papperet i tre sektioner: anteckningar, sammanfattning, och frågor. Detta hjälper till att organisera och reflektera över information.
- SQ3R-metoden: Står för Survey (Översikt), Question, Read, Recite (återkalla), Review (Repetera). Detta är en lästeknik som hjälper till att förstå och komma ihåg läsningen.
- Självtestning: Gör gamla tentor, övningsfrågor och quiz för att förbereda dig för riktiga provsituationer.
- Bryta ner information: Dela upp stora ämnen i mindre delar för att göra studietiden mer hanterbar och för att undvika överväldigande mängder information.
- Grunderna och analys: när vi kan något bättre förstår vi också grunderna bättre- gå fram och tillbaka mellan det svårare och grunderna.
- Mini-studiepass: 5-15 minuter av repetition med testeffekten kan hjälpa oss väldigt mycket. Perfekta för hålltimmar eller på väg till eller från skolan
- 3 pass metoden: 1. Läs översiktligt. 2. En noggrannare läsning för att förstå de viktigaste delarna. 3. En djupdykning i särskilt svåra delar.

Generella powerups

- **Färskstart-effekten:** Börja direkt med en uppgift för att undvika att tveka och skapa momentum.
- **Meningsfullhet:** Studera för din egen utveckling, bygga kompetenser, och för att vara av värde för andra.
- **Bygga intressen:** Utforska och fördjupa dig i ämnen som intresserar dig för att öka motivationen.
- **Gör det lättare:** Använd bättre studiestrategier för att samla små vinster, vilket ökar motivationen när du känner dig kompetent.

- **Samarbeta:** Plugga ihop med andra; vi blir mer motiverade när vi känner gemenskap och tillhörighet. Studera i par oftast bäst, annars ökar risken för okoncentration igen.
- **Spelifiera:** Skapa små utmaningar eller spelmoment för att göra studierna roligare och mer engagerande.
- **Träningsmindset:** Se studier som en träning där du hela tiden kan bli bättre, istället för att bara försöka vara tillräcklig.
- **Förlita dig på vanor:** Skapa starka studierutiner som hjälper dig att hålla fokus och effektivitet.
- **Planera:** Skapa klarhet genom att planera vad som är viktigast att göra just nu.
- **Sök hjälp:** Uppmuntran och stöd från andra kan ge en kraftfull boost. Var inte rädd för att fråga läraren för feedback.
- **Små vinster:** Börja med den minsta möjliga framgången idag för att bygga momentum.
- **Tuffhet:** Bygg upp din mentala styrka genom att se utmaningar som en naturlig del av livet.
- **Acceptans/jämnmod:** Lär dig acceptera situationer som de är och behåll ditt lugn.
- **Tålamod:** Ha tålamod med din inlärning och framsteg – de kommer med tiden.
- **Mod och ödmjukhet:** Våga ta risker och erkänn att du alltid har mer att lära.
- **Undvik att skjuta upp:** Identifiera varför du skjuter upp och hitta lösningar för att övervinna det.
- **Lägg bort mobilen:** Mobilen sänker ditt fokus och produktivitet; lägg den åt sidan när du studerar.
- **Bygg allianser:** Skapa stödjande relationer med klasskamrater, föräldrar och lärare för att få hjälp och motivation.
- **Fokus som en power-up:** När du är fokuserad får du mer energi och känner dig mer kompetent. Använd tekniker för att hitta fokus i stunden.
- **Bygg självtillit:** Tro på att du kan plugga framgångsrikt genom att bygga upp självförtroende över tid, gör det med små vinster som blir bevis för att du kan.

- **Motionera, sova, äta:** Ta hand om din kropp för att maximera din mentala och fysiska kapacitet. Minska på sockret, energidrycker, gör mer små kroppsövningar under dagen för att få blodet att pumpa (knäböj, upphopp, armhävningar). Sov 8 timmar - utan det sänker vi vårt IQ och förmåga att koncentrera oss.
- **Imitera:** Lär dig genom att observera och efterlikna framgångsrika studiemetoder från andra.
- **Accelerera:** Arbeta snabbare och mer fokuserat genom att öka tempot och läsa mer intensivt. Fullt fokus, aktivt, inte halvfokus så att uppgiften tar jättelång tid.
- **Inbromsningstekniker:** Använd avslappning och pauser för att varva ner och återhämta dig. Gå en promenad och lyssna på musik eller podd.
- **Att-göra-lista:** Strukturera din dag med en lista över vad som behöver göras för att hålla dig på spåret.
- **Ta pauser:** Regelbundna pauser hjälper till att återhämta dig och hålla motivationen uppe.
- **Varva mellan ämnen:** Byt ämne om du tröttnar för att hålla studierna intressanta.
- **Byt studieteknik:** Testa olika metoder för att hitta vad som fungerar bäst för dig.
- **Hitta din bästa pluggtid:** Studera när du är mest alert, oavsett om det är morgon eller kväll.
- **Läs om ämnet:** Fördjupa dig genom att läsa böcker eller artiklar som intresserar dig.
- **Motivationstavla:** Skapa en tavla fylld med mål, framgångar och inspirerande bilder för att hålla dig motiverad.

Tekniker för högt fokus

- **Vanor:** Plugga samma tid och i samma rum varje dag för att skapa en rutin.
- **Fräsh start:** Börja direkt för att undvika tvekan och komma igång snabbt.

- **Bryt ner uppgiften:** Dela upp stora uppgifter i mindre delar för att göra dem hanterbara.
- **Gör det lättaste först:** Börja med en enkel uppgift för att bygga momentum.
- **5-minutersregeln**: Jobba i 5 minuter för att minska rädslan för svåra uppgifter.
- **Undvik multitasking:** Fokusera på en uppgift i taget för att öka effektiviteten.
- **Skapa en bra studiemiljö:** Håll din arbetsplats ren och organiserad för att minska distraktioner. Mobilen måste placeras långt ifrån dig, nästan omöjligt att vinna mot den.
- **Gör uppgifter direkt:** Hantera små uppgifter omedelbart för att undvika att de samlas.
- **Sätt tidsgränser:** Bestäm hur lång tid du ska lägga på varje uppgift för att hålla dig på spåret.
- **Använd positiva affirmationer:** Uppmuntra dig själv mentalt för att hålla motivationen uppe.
- **Tänk på långsiktiga konsekvenser:** Påminn dig om vad du förlorar genom att skjuta upp.
- **Skriv ner distraktioner:** Notera störande tankar för att återvända till dem senare.
- **Varför gör du detta:** Kom ihåg att du bygger färdigheter, kunskap och förmågan att hjälpa andra.
- **Anteckna under lektionen:** Förbättra fokus genom att aktivt anteckna och se lektionen som viktig.
- **Testande/aktiv återkallning:** Använd testeffekten för att tvinga dig till koncentration och inlärning.
- **Läs aktivt:** Ställ frågor, koppla ny information till tidigare kunskap för djupare förståelse.
- **Eliminera distraktioner:** Lägg bort mobilen, använd hemsideblockerare eller sitt bredvid någon.
- **Plugga med en partner:** Arbeta tillsammans för att hålla koncentrationen uppe.
- **Pomodoro-tekniken:** Använd intervaller av arbete och paus för att behålla fokus.

- **Släpp perfektionism:** Sträva efter utveckling, inte perfektion, för att minska stress och öka produktiviteten.

Tips för att inte skjuta upp

- **Vanor:** Plugga samma tid och i samma rum varje dag för att skapa en rutin.
- **Frisk start:** Börja direkt för att inte låta tvekan ta över.
- **Bryt ner uppgiften:** Dela upp stora uppgifter i mindre delar för att göra dem hanterbara.
- **Gör det lättaste först:** Börja med en enkel uppgift för att få momentum.
- **5-minutersregeln:** Jobba i 5 minuter för att se om uppgiften är mindre svår än du trodde.
- **Undvik multitasking:** Fokusera på en uppgift i taget för att öka effektiviteten.
- **Skapa en bra studiemiljö:** Se till att din arbetsplats är ren och organiserad för att minska distraktioner.
- **Gör uppgifter direkt:** Hantera små uppgifter omedelbart för att undvika att de samlas på hög.
- **Sätt tidsgränser:** Bestäm hur lång tid du ska lägga på varje uppgift för att hålla dig på spåret.
- **Använd positiva affirmationer:** Uppmuntra dig själv med positiva tankar för att hålla motivationen uppe.
- **Tänk på långsiktiga konsekvenser:** Påminn dig själv om vad du förlorar genom att skjuta upp.
- **Skriv ner distraktioner:** Notera störande tankar och återvänd till dem senare så att de inte stör ditt fokus.
- **Varför gör du detta:** Kom ihåg att du bygger upp färdigheter, kunskap, uthållighet och förmågan att hjälpa andra i framtiden.

- **Aktiv återkallning:** Förhör dig själv i början av varje studiepass, testa kunskaperna innan du studerar vidare och testa igen efteråt.

- **SITRA-metoden**: Syna syftet, ställ frågor, testa och sammanfatta, repetera varierat, och anpassa utifrån feedback.
- **Organisera och reflektera**: Skapa helhetsbilder, se mönster och organisera dina anteckningar.
- **Integrera och generera**: Reflektera över vad du redan vet, vad du tror du kommer att lära dig, och ställ kontinuerliga "varför"-frågor.
- **Repetera varierat**: Repetera varje ämne minst en gång i veckan.
- **Anteckna och bygg ut**: Ta anteckningar under lektionen och utveckla dem under egna studiepass.
- **Pomodoro-tekniken**: Studera fokuserat i 25 minuter, ta sedan en 5-minuters paus.
- **Lärarrollen**: Förklara ämnet för någon annan, på olika kunskapsnivåer.
- **Cornell-metoden**: Dela upp dina anteckningar i tre sektioner: anteckningar, sammanfattning, och frågor.
- **SQ3R-metoden**: Översiktsläs, ställ frågor, läs, återkalla, och repetera.
- **Självtestning**: Använd gamla tentor, övningsfrågor och quiz för att förbereda dig.
- **Bryt ner information**: Dela upp stora ämnen i mindre delar för att göra inlärningen mer hanterbar.
- **Grunder och analys**: Varva mellan att förstå grunderna och de svårare delarna för bättre förståelse.
- **Mini-studiepass**: Använd korta pass på 5-15 minuter för effektiv repetition.
- **3-passmetoden**: Läs först översiktligt, sedan noggrannare och slutligen djupdyk i svårare delar.

Reflektionsfrågor

Reflektionsfrågor om studiestrategi	Dina reflektioner och tankar om hur du ska förbättra din

	studiestrategi
Vad är syfte med bra studietekniker och att fortsätta att förbättra dem? Varför är det viktigt för dig i ditt liv?	
Vilka inställningar var bra att ha och vilka var mindre bra för att få igång ett bra tänk kring studietekniker och hela tiden förbättra dem?	
Hur kunde generellt läsande och skrivande hjälpa dig i alla ämnen? Hur kan du träna dig i läsande och skrivande?	
Vilka studietekniker ska du förlita mig mest på? Varför väljer du dem?	
Hur kan jag planera på ett smart sätt så jag gör lättare och effektivare att plugga?	

Reflektionsfrågor om powerups	Dina reflektioner och tankar om hur du ska få motivation för studier
Vad ska jag använda mig av för generella powerups?	
Vad ska jag tänka och använda mig av för tekniker för att bli fokuserad i stunden?	
Vad ska jag använda mig av för tips för att inte skjuta upp saker?	

Frågor om studie-ekvationen för roligt och effektivt lärande ska konkretiseras för dig	Viktigaste tankar just om de olika delarna av studie-ekvationen
Fokus: Hur ska jag öka mitt fokus under och utanför lektioner?	
Tid: Hur ska jag plugga mer men också ha tid för fritid och vila?	

Studietekniker: Vilka studietekniker ska jag förlita mig mest på?	
Powerups: Vilka är mina viktigaste powerups?	
Tidigare kunskap: Hur ska jag se till att jag lär mig för livet, inte bara för prov?	

Läsintervention skolnivå: förbättra läskulturen, läslusten och läsförmågan

Problemformulering: Elever i Sverige läser allt sämre och få har en lust till läsning. Detta får stora effekter för upplevelsen av skolan som blir sämre eftersom läsning är så centralt. Bristande läsning påverkar studieresultaten väldig mycket på grund av att eleverna är sämre på att förstå lärare och texter, sämre på att uttrycka sig och det tar längre tid för dem. De har svårare att förstå själva innehållet eftersom de behöver lägga mycket av arbetsminnet åt att bara förstå texten. Det finns få samlade läsinterventioner, ofta är dessa olika små tips som inte har en tydlig vision och plan för hur beteende ska förändras.

Förslag på intervention: En samlad läsintervention med flera samverkande delar för att maximera chansen för beteendeförändringar och kultur på skolan vad gäller läsning.

Potentiella effekter: 1. Ökad läslust. 2 Bättre läsförståelse och läsuthållighet. 3. Identifiering med att vara en läsare. 4. Bättre sammanhållning på skolan runt läsning som aktivitet.

- "There are many little ways to enlarge your child's world. Love of books is the best of all." – Jacqueline Kennedy Onassis

- "Most of what makes a book 'good' is that we are reading it at the right moment for us." — Alain de Botton,
- "No matter how busy you may think you are, you must find time for reading, or surrender yourself to self-chosen ignorance." — Atwood H. Townsend
- "If you don't like to read, you haven't found the right book." – J.K. Rowling, författare till Harry Potter
- "Man reading should be man intensely alive. The book should be a ball of light in one's hand." – Ezra Pound
- A reader lives a thousand lives before he dies . . . The man who never reads lives only one." – George R.R. Martin
- "You don't have to burn books to destroy a culture. Just get people to stop reading them." – Ray Bradbury

1.2 Problemformulering

En rapport som inte har släppts en av Skolinspektionen menar att hälften av svenska skolor har undermåligt arbete kring läsning.[29] Läsningen är inte tillräckligt integrerad i undervisningen, det är för få samtal om böcker och för få aktiviteter kopplade till barnens läsning som ofta blir en för självständig syssla med resultatet att de läser för lite.[30] Läsförståelse av svensk text har minskat, men ökat för engelsk text hos ungdomar.[31] Texter som ungdomar tar del av har ändrat karaktär till att vara kortare och mer fragmenterade. Rörlig underhållning (tv-spel, serier) och sociala media konkurrerar ut läsning generellt. Få elever identifierar sig som "läsare", utan läsning ses främst som något påtvingat från skolans håll.[32] Eleverna har även lägre läsuthållighet än som är önskvärt vilket gör att de har svårt att hantera läsning av längre texter i undervisningen. Dålig läsförståelse och litet ordförråd gör också skolupplevelsen i sig jobbigare, tråkigare och mer frustrerande. Elever har också generellt ett för litet ordförråd för att på ett fullgott sätt delta i den offentliga debatten genom exempelvis dagstidningar. Hoppet från gymnasiet till högre studier har blivit större på grund av sämre läsförståelse och mindre ordförråd som också påverkar deras skrivförmåga. Ordförrådet är en nyckelfaktor till framgång i studier och arbetslivet som sjunkit.[33]

Läsning i skolan är ofta obalanserat prestationskopplat som minskar chansen att få starka positiva upplevelser kopplade till läsning. Vi vet samtidigt från våra egna elever att de ändå uppskattar läsning av vissa

---

[29] Emil Hedman, "Skolorna får bakläxa: 'Läskunnighet är en rättvisefråga'," *Vi Lärare*, 4 oktober 2022, hämtad från https://www.vilarare.se/nyheter/las-och-skriv/skolorna-far-baklaxa-laskunnighet-ar-en-rattvisefraga/

[30] https://skolvarlden.se/artiklar/skolorna-far-baklaxa-laskunnighet-ar-en-rattvisefraga?fbclid=IwAR3E2Uu6Q5FL8bDBE8EIR5H15hil0sfLv1POQIUiYDJjKJlcpC4jc56dKnM

[31] https://skolvarlden.se/artiklar/ny-forskning-lasforstaelse-pa-engelska-okar-minskar-pa-svenska

[32] Anna Carlyle Lindsays modell kring hur man blir en "läsare" är uppbyggd på följande sätt: läser bra - njuter av läsning- positivare attityd till läsning - läser oftare - ser sig själv som en läsare. Detta skapar en känsla av stolthet med en förstärkande dynamik mellan läskunnighet och viljan att läsa mer

[33] https://www.city-journal.org/html/wealth-words-13523.html

texter och har visat stor glädje i läsningen av vissa böcker exempelvis. Mängdträning blandat med stöd i lässtrategier är centralt för att skapa läskompetens, samtidigt som en trend funnits att exempelvis föräldrar läser mindre för sina barn i ung ålder än tidigare. Utveckling av läskompetens är ett uppdrag som hela skolan delar och alla lärare jobbar på sitt sätt med läsutveckling. Mer styrka i detta individuella arbete skulle skapas om detta stöddes av en starkare läskultur och en institutionaliserad lässatsning/intervention(er) på skolnivå. Skolan kan också ses som en perfekt nivå (meso-nivå) för en intervention. Enskilda lärare kan ha svårt att skapa förändring i läsning, föräldrar kan ha svårt att på egen hand skapa förändring, stad och statlig nivå är för långt bort från ungdomen. Gör inte vi det, vem ska göra det?

Läsning är centralt för i princip alla aspekter i läroplanen. Läsning kan därför ses som en nyckelvana/nyckelförmåga som bygger alla andra förmågor: demokrati, aktiva medborgare, empatisk förmåga, källkritisk, utvecklande av "egenart" och individualitet, bildning. Läsförståelse påverkar även deras förmåga att ta till sig återkoppling från lärare, exempelvis genom att ha en vana vid svårare ord som kunskapskraven innehåller. Läsvana skapar en vana vid skolan på grund av att läsning är så centralt. En större identifiering med sig själv som läsare skulle också stärka identifiering med skolvärlden och sig själv en lärande människa. Läsning är en stor del att ha en lust för lärande i sig.

En stärkt läskultur skulle kunna leda till dessa vinster/fördelar
- Mer lärande
- Bättre skolupplevelser generellt
- Minska förlusten av sommaruppehållen
- Göra eleverna mindre beroende av underhållning och sociala medier för njutning
- En allmänt stärkt kultur i skolan. Läsandet kan bli en hörnsten i byggandet av en större kultur på skolan.
- Starkare identifiering med skolan (mindre anti-skolnormer och anti-skolbeteende)
- Vinster för lärare: bättre möte med elever, mer fokus på lärandet av ämne på grund av mindre motstånd från eleverna.

Det finns framgångsrika förändringar av läskultur att ta inspiration. En lyckad intervention för läsning har varit "listiga räven". Det finns också forskning på olika läsinterventioner på skolnivå att ta inspiration. Kulturrådet har publicerat en lång rapport med massor av framgångsrika interventioner.[34]

1.3 Genomförande

1.3.1 Vad behöver på plats innan interventionen kan börja?

- Inventering av hur vi stödjer läslust i våra olika ämnen, hur ökar vi identifikationen till att vara en läsare? Skapas goda läsupplevelser? Beror t ex på läromedlens kvalitetet.
- Rimlig samsyn i vad för teoretisk koppling det finns, vad vi försöker och åstadkomma och vad som behöver vara på plats då.
- Förankra hos kollegiet och ledning. Vill vi detta? Vad av dessa?
- Bestämma vad vi ska göra exakt. Svenska och engelska lärarna först. Prata med ledning?
- Göra en koll på hur mycket elever och föräldrar läser innan man gör interventionen, så man kan se om förändring skett. Hur mycket läser elever och föräldrar? Vad är deras attityd till läsning?
- Starta det på vårterminen eller höstterminen?
- Få koll på all logistik, tex hur de ska få tillgång till böcker. Kan bibliotekarier komma ut till skolan istället?
- Ordnade besök till statsbibliotek med lärare. För att skaffa lånekort och ett tillfälle att exponeras för bibliotek. Kopplad till temadag
- Skapa resurser: texter om läsande i sig. Temadag kring läsning. En guide för böcker i olika ämnen och svårighetsnivå. Titta vad stadsbiblioteket har och utgå från det.
- Hitta olika resurser för bra läsning: hemsidor, bloggar, tidningar, läroböcker från universitet, uppsatser,
- Skapa resurser för läsning.

---

[34]

(**https://www.kulturradet.se/globalassets/start/publikationer/pro moting_reading.pdf**)

- Testa: Vilka mål ska sättas upp? Kvantifiera hur mycket böcker som läses, hur mycket tid utanför skol arbete som läggs på läsning. Mäta: ordförråd innan interventionen och efter - hur många ord kan dem. Räkna antalet böcker som lästs.

1.3.2 Resurser som behövs för interventionen

- Föreläsningsmaterial: ppt eller peardeck tex
- Kahoot
- Material att läsa om läsning
- Guider för att komma in i läsandet
- Inspirationsmaterial
- Poddar och klipp.
- Mall för att göra en läsjournal eller mall för en bredare reflektionsjournal
- Mapp för att fånga upp forskning om läsning och samla kommunikation och utveckling medan interventionen är igång. En plats där planering kan upprättas. Det kommer behöva en del planering för att få ihop hur de olika ämnena ska gå ihop med den här interventionen. Detta är viktigt eftersom att interventionen måste bli en integrerad del av undervisningen för att få starkast effekt.
- Lånekort.
- Biblioteksinlogg- instruktioner och lathundar till det för lokala bibliotek och stadsbibliotek.

1.3.3 Genomförandet

- Denna läsinterventionen har 2 stadier, starten och institutionaliseringen. Starten ska vara en kraftig sådan som ska ha som mål att snabbt forma nya vanor. Tanken är att det ska vara offensiv beteendeförändring. Det går att göra snabba beteendeförändringar på gruppnivå för man kan använda kamrateffekter till sin fördel då. Jobbar man för inkrementella kan man få kamrateffekter emot sig, och en social tröghet kan slå in i att det inte byggs upp ett momentum i skolan eller hos den individuella eleven som inte har läst särskilt mycket långt in i interventionen.

- Måste göra rätt prioriterad och förankrat varför det görs som med alla satsningar.
- Läsmånad som ankare och sen några delar som följer med resten av året.
- Synkning med vad som görs i de olika ämnena.
- Mål som mäts: 1. Ordförråd. 2. Antal lästimmar. 3. Förändringar i upplevelse av att ta sig an texter i skolan. 3. Lust till att läsa .

1.3.4 Organisationellt

- Förankring och kontroll från kollegiet, input innan interventionen.
- Känsla av ägande i nya processer. En väg inför alla är hur deras ämne kan kontextualiseras i bättre läsning. Samhällskunskap och medborgarskap exempelvis.
- Hur mycket mer arbete? På kort och lång sikt? Är det en investering? Hur lång tid tar det innan den investeringen ger utdelningen?
- Lärare är maximerade i vad de gör. Kan detta bara läggas till eller måste något annat tas bort?
- Överbelastning i organisation - finns det utrymme för denna satsning? Konkurrerar den med annat? Går det i linje med andra rörelser i organisationen?
- Tron på att man som kollegie kan göra förändring är den starkaste enskilda faktorn till lärande hos eleverna enligt Hatties meta-meta-analys. Detta kommer vara en del i hur alla interventioner som testas på en skola faller ut.[35]
- Varför denna intervention? Är den verkligen mest relevant? Det finns goda skäl att tänka att den här interventionen ligger i topp på grund av hur centralt läsning är i skolan. Detta kan vara ett

---

[35] https://visible-learning.org/2018/03/collective-teacher-efficacy-hattie/

intervention som sprider sig till andra områden. Till exempel kan även EHT arbete tjäna på detta, genom att ökad identifiering med läsning skulle öka identifiering med skolan, och skulle kunna utmana de olika anti-skola praktiker som finns närvarande mer eller mindre på skolan i olika grupper. Det skulle också kunna vara som en väg för att skapa en allmänt starkare kultur på skolan som ett komplement till t ex det entreprenöriella.

- Framgångsfaktor i långsiktig kulturförändring: blandning mellan större fokus i start och perioder, med linjearbete som är hållbart och integrerat.
- Minimalistiskt, test och experimenterande. Vad är det minsta godtagbara som ändå har en rimlig chans att skapa en förändrad läskultur? Första året som testår bara, för att förbättra. Detta ska minska risken för överbelastning och för hög investering som sen misslyckades.

1.3.5 Kompletterande interventioner som ökar chansen för framgång

Förändringar i läskultur är lättare om man har elever som jobbar systematisk med personlig utveckling och studievanor genom skolan. Ett förslag är att centrera arbetet med personlig utveckling runt en "reflektionsjournal" som skapar en röd tråd för vad eleven över hela gymnasietiden (Berglund, 2022a)[36]. Finns det en grund med en reflektionsjournal skulle man i den kunna ha en läsjournal. Studieteknik och studievanor jobbas på skolor mer eller mindre systematiskt. Ett förslag på att jobba systematiskt med det är kring en studievanor intervention som följer eleven över hela gymnasietiden med en tydlig progression (Berglund, 2022b)[37]. I den interventionen ges förslag på hur man kan spelifiera olika studievanor, t ex genom att eleven får lägga in rekord i hur länge den läst under en dag, hur stort ordförråd den har osv. I den interventionen föreslås det också att läsning 5 minuter om dagen innan

---

[36] Berglund, 2022. Studieteknik och studievanor: intervention på skolnivå

[37] Berglund, 2022, Reflektionsjournal för elever: intervention för att fullgöra fostransuppdraget bättre på skolnivå

läggdags ska ses som en grundläggande studievana. Läsinterventionen som föreslås här skulle alltså troligen stärkas av dessa ovan nämnda kompletterande interventioner på skolnivå.

Har man reflektionsjournalen som intervention kommer läsinterventionen börja när den startar. För 1or som är nya på skolan blir de första veckorna kritiska att utnyttja för att forma elevernas studievanor och för läsning att gå från ofta låg grad av läsning till mycket. Den chansen är viktigt att ta, annars får man sämre utfall och mer jobb. Läsning ses som mer meningsfullt om eleven har öppnats upp för moralisk och personlig utveckling generellt och har hög grad av förståelse om vikten av goda studievanor. En sista fördel om man har igång reflektionsjournalen som intervention på skolan kan detta bli en grund för att samla in olika reflekterande texter som kan läggas ihop med redaktörskap från några lärare och/eller elever till en bok som eleverna sedan kan läsa. Då gör man eleverna till resurser för varandra.

1. Läsinterventionens möjliga delar

Den här läsinterventionen har flera olika delar som man kan bestämma vilka man genomför. Här ges ett förslag på i vilken ordning man utför interventionen i sin helhet. Utför man interventionen i sin helhet är det större chans att förändra beteenden kring läsande. De kritiska momenten är en tydlig start, ge läxor och utmaningar i att läsa hemma, få med sig föräldrarna på det, läsa i skolan, lära ut, diskutera och reflektera om läsning. Det bör göras väldigt tydligt för eleven alla fördelar som finns med läsning både på kort och lång sikt.

2.1 Starten

2.1.1 Läsmånad: få en stark start på att skapa en läskultur

- Syfte: stark och tydlig start, alla ska ha en bok i handen och ha läst helst klart en hel bok för att få en flygande start som man kan bygga vidare på.
- Föreläsning om läsning: forskning och inspiration om dess effekter.
- Olika ämnen diskuterar och undervisar om läsning som aktivitet: filosofiskt, psykologiskt, sociologiskt, språkligt, historiskt, biologiskt, matematiskt, fysiskt, estetiskt, kemiskt. Läsande som mänsklig aktivitet.
- Övningar och uppgifter.
- Låna böcker från bibliotek. Alla måste låna en bok.
- Temadag kring läsning, som kan inkludera att man åker till något bibliotek och skaffar lånekort om det saknas.
- Avslutning av läsmånaden - vad var dina upplevelser. Vad hade föräldrar upplevelser? Lärare.

2.1.2 Föreläsning om läsning

- Kunskapsförmedlning om läsning som också är inspirerande. Aktiv föreläsning som varvas med diskussioner och övningar om läsande.
- Föreläsning om läsande, hur man gör det, hur man skapar ett läsande liv, hur läsning blir njutningsfyllt
- Vad har du för tankar om läsning? Vad har du för upplevelser? Dela med dig av upplevelser. Lägg in i din reflektionsjournal under rubriken Läsning.
- Föreläsning från alla ämnen om läsning i sina ämnen.

2.1.3 Inspiration till läsande på olika sätt

- Syfte: samla in läsupplevelser som eleverna har haft, som lärare haft, som föräldrar haft om man får med sig det. Framför allt författare, skribenter, forskare och andra som beskriver läsupplevelser och hur deras liv har påverkats
- Föräldrar, lärare, elever skriver texter om olika läsupplevelser. Det samlas på ett ställe där man kan läsa om detta. Ta del av och diskutera.

Exempel på inspiration om läsning av filosofen Nick Bostrom i hans sommarprat i Sveriges Radio, hur läsning i ett stadsbibliotek öppnade upp en helt ny värld för honom. Detta är som närmast en religiös/transcendal upplevelse:

"Jag växte upp i Helsingborg. det var en trygg och lycklig barndom, men det var en mask i äpplet, en stor äcklig rälig mask, skolan. Jag tyckte jag kunde skriva, räkna och läsa innan jag började skolan och att vad man vill lära mig där var namnet på massa älvar. Var det verkligen värt att investera hälften av sin barndom för att lära sig namnet på några älvar och län, det betvivlar jag. Min strategi i skolan blev att göra så lite som möjligt. När det närmade sig slutet av mellanstadiet och vi skulle upp i sjundeklass och högstadiet fick vi alla träffa läraren var och en för sig. Kanske var att vi skulle få lite uppmuntran, några goda råd och visdomsord för resten av våra liv. Vi satt där i rummet och då sa läraren till mig "du kommer att misslyckas". Jag fortsatte att vantrivas även när jag kom upp i högstadiet efter sommarlovet, men efter något år hände något märkligt, det var en dag, i åttonde klass eller kanske i nian. Jag gick omkring för mig själv och hade inget speciellt att göra och jag fick för mig att gå till Helsingborgs stadsbibliotek. Varför minns jag inte. I min familj var det inga akademiker och jag förknippade böcker allt som hade med böcker att göra med skolan, som jag avskydde. Hur som helst, jag gick runt där inne i salarna och plockade lite i hyllorna och började bläddra i en bok som visade sig vara en antologi om tyska filosofer från 1800-talet. Jag tror en av dem var Schopenhauer och Nietzsche var väl kanske med

också. I vilket fall lånade jag några böcker och tog med dem hem. Jag tog boken med de tyska 1800-tals filosoferna till mormor och morfar som bodde nära oss, som hade en trädgård och där satte jag mig under äppelträd och började läsa. Den värld som öppnade sig där under äppelträdet liknande ingenting som jag hade erfarit för jag läste mer och mer i boken och det var som en stor dörr öppnade sig till en värld av idéer och tankar som jag hittills varit helt omedveten om i hela mitt liv. Under den tiden som följde hittade jag i snabb följd in i vetenskap, konst och filosofi. Jag upptäckte att jag läste texter som betraktades som svåra så verkade de ofta helt klara och begripliga för mig och jag började läsa dem på orginalspråken som var ännu bättre. Jag var i en 15 års ålder men det kändes som om jag fram till den punkten hade sovit mig igenom livet och först nu hade öppnat ögonen. Jag drabbades av en väldigt stark känsla att jag hade slösat bort min tid fram till det här uppvaknandet och att jag nu inte vill förlora en enda minut till. Det här blev början på en intellektuell upptäcktsresa. Jag kastade mig med all min energi i mitt eget utbildningsprojekt och försökte bemästra massa olika områden. Allt från att läsa vetenskapliga artiklar, till att skriva dikter, till skådespel och framför allt började jag att tänka. Det hade fötts en känsla i mig att tiden ständigt rinner som sand mellan våra fingrar och försvinner. Vi har ett liv, en tidsbegränsad möjlighet till något som räknas och kanske försöka fatta vad det hela handlade om."

2.1.4 Läsjournal

- Syfte: med en läsjournal kan man samla reflektioner om hur läsandet går. Det blir en loggbok för läsande. Ett sätt för lärare att följa hur det går. Detta underlättas om man redan jobbar med en generell reflektionsjournal där eleverna lägger in reflektioner och gör övningar om allt möjligt kopplat till personlig utveckling och fostran (Berglund, 2022).
- Lägg in allt här under som du läser under alla 3 åren. Alla läroböcker och böcker du läst på egen hand. Skriv kort dina tankar om den boken. Välj ut 4 citat från varje bok som du tar med dig.
- Här kommer tankar och uppgifter du får göra kopplat till att bygga intresse för läsning.

- Reflektera: varför läser du så lite?
- Lägg in citat om läsning: vad är dina tankar om dessa citat?
- Sammanfatta de viktigaste lässtrategierna du fått lära dig om. Hur läser man olika genres?

2.1.5 Läsa om läsning

- Syfte: kunskapsförmedling genom läsning.
- Läs allmänt om läsning, forskning, inspiration etc. Kopplat till de olika ämnena.
- Lässtrategier
- Till den här rapporten kan man hämta en text om läsningens olika aspekter.

2.1.6 Bygga intresse för läsning genom poddar, tedtalks och Youtube

- Syfte: läsning kan vara något nytt och något som de har många negativa uppfattningar kopplat till. Ofta behöver de vänjas vid att ta in mer komplicerat material även muntligt. För det är att lyssna på poddar, ted-talks och youtubekanaler ett sätt att skapa intresse allmänt för lärande och lust att lära.
- Poddövning. Lyssna och återberätta om podd tillsammans. Få var sitt avsnitt att lyssna på. Lägg in några av de andra sammanfattningar i din reflektionsjournal/läsjournal. Kopiera in andra elevers sammanfattningar av poddar.
- Podd: ladda ned en app, eller börja följ poddar i exempelvis Spotify.
- Se ted talk och youtubekanaler som pratar om läsning. Vad tog de upp? Varför gillade dem läsning? Berätta för varandra om ted-talksen.

2.1.7 Läsa varje dag 6 veckor som start för att skapa minivanor

- För att skapa en förändring är att göra det varje dag i skolan en av de effektivaste sätten. Skapa en vana. Få eleven att läsa ut en bok i skolan. Del av utmaning: ni ska läsa lika mycket hemma. Alla lärare måste ha en plan hur det ska vara långa pass varje lektion som man läser i början.
- 5 minuter varje dag. Minivanor, för att ta upp boken som är målet. Vilka håller den minivanan? hur många i klassen klarar att hålla uppe vanan att ta upp en fysisk bok. Skapa en vana till att läsa. Minivanor är ett av de bästa sätten att skapa förändring på, förstärks om man gör det tillsammans med andra personer. Psykologen BJ Fogg har myntat begreppet "tiny habits" som starkt stöd.
- Lära dem om vanepåbyggnad: läs en bok varje gång du är påväg till skolan. Att åka till skolan blir förknippad med att ta upp en bok istället för mobilen.
- Vem kan hålla streaken längst? (liknande dynamik som det är i snapchat)
- Ge dem olika tips och stöd för hur de ska förstärka vanan: exempelvis exakt hur ska du göra i ditt rum för att bli påmind? mobilen ska inte vara vid sängen, men böcker måste ligga där. Ta hjälp av föräldrar: exempelvis läsa tillsammans efter middagen innan man fixar middagen, eller att barnet sitter i köket medan maten lagas.

2.1.8 Spelifiering av olika studievanor och läsning specifikt

- Syfte: förtydliga målmedveten träning med att skapa vanan att läsa. Utnyttja tävlans viljan som finns bland vissa elever.
- Berätta om att man kan förbättras genom att sätta upp olika "processmål", alltså att ha mål att få igång processer, t ex att läsa varje dag en viss tid. Att starta den processen är målet i sig för att det kommer att den processen kommer att leda till bra saker. Ett

starkt sätt att motivera sig att göra något är att försöka slå ett rekord varje gång man gör något. Det blir som en tävling mot en själv.

- Ett sätt som flera läsare gör är att de räknar antalet böcker de läser, hur många timmar de har läst. Det är inte det största njutningen i läsningen, men kan vara en sån liten grej som skapar stolthet för de vet att läsning är bra. Vinsten av att kunna läsa klart en bok på 7 timmar ger en självförtroende att man kan läsa andra böcker. Vad kan man lära sig och uppleva genom dem? Vilka karaktärer kan man stöta på i dem framtida böckerna?

Studievanor i poängform	
Aktivitet	Rekord
Fullt fokuserad Olika ämnen? Pluggandes själv	min
Skriva snabbt	per min
Studera på en dag	min
Studera på en vecka	min
Antal ord antecknade under en lektion	
Antal sidor lästa under en vecka Läsning i tid en vecka utanför lektion	
Antal dagar på raken jag läst en bok/tidning	
Ordförråd svenska Ordförråd engelska Ordförråd franska	
Läshastighet svenska Läshastighet engelska	
Poäng på HP	
Allmänbildning	
Dagar utan att spela spel på mobil	
Böcker lästa/sidor sammanlagt under gymnasiet	

2.1.9 Få med föräldrar som del av intervention

- Läsa med sina föräldrar varje dag. Föräldrarna ska också läsa samtidigt. Detta visar för eleven genom modellinlärning att föräldrarna gör detta också för att få ut något av det. Blir uppförsbacke om föräldrarna inte är med. Samtidigt är skolan på den nivå att en intervention som skolan driver skulle få föräldrar att känna en styrka när de säger att de ska göra det tillsammans med eleven.
- Hur mycket föräldrar läser för sina barn har minskat drastiskt. 1984 läste 80% för sin barn en halvtimme om dagen! 2012 var det 35 % som läste dagligen för sina barn.
- Skickar ut brev, berätta vad man vill åstadkomma och varför. Och varför vi behöver föräldrarna. Det här en chans att knyta an till sina barn mer, stödja dem skapa ett social tryck från föräldrarna tillsammans.
- Behövs alla föräldrar för att detta ska vara värt att försöka? Nej det räcker med att ha som mål att få en kritisk massa av föräldrar som är med så att det skapar ett tryck på normförändring bland eleverna.

2.1.10 Läsande som en grundläggande studievana

- Läsande är en nyckelvana för studier. Att som skola försöka åtminstone försöka forma grundläggande studievanor är av vikt. Här ett förslag på olika nyckelvanor. Detta är en del av reflektionsjournalsinterventionen. Detta är ett exempel på varför det är bra om läsinterventionen är inbäddad i ett större arbete kring personlig utveckling av eleven.

Nyckelvanor för studier	Hur ska du se till att detta sker? Vad kan du be om för stöd av dina föräldrar, lärare och kamrater? Vad du kan själv göra?
Fullt fokus på lektioner - genom att ta anteckningar. Kräver anteckningsdokument i varje ämne och map. Fokus är som en muskel som mantra.	
Ett studiepass minst 5 varje måndag-torsdag + lördag eller söndag.	
Testa sig varje studiepass. Förhör dig, testa något. Inget studiepass som bara är passivt.	
Använd minst en håltimme/ sovmorgon för studier.	
Läsning kopplat till läggdags. 5 min varje kväll. Koppla sängen till läsning. Mobilen på andra sidan rummet eller i annat rum.	

2.1.11 Boksamtal och författarsamtal

- Bjud in författare
- Billigare lösning: lyssna på inspelade föreläsningar och intervjuer av författare om läsning.

2.1.12 Resurser för att eleven ska ha lättare att komma in i läsningen

- Hemsidor
- Texter
- Guider och stöd för att hitta bra böcker om det man är intresserad av. Olika ämnen ska ha flera böcker kopplade till sig på olika nivåer.
- Inte bara skönlitteratur, vissa börjar läsa om de har en användning för det. Läsa facklitteratur viktigt att de upptäcker också kan vara kul. Många barn gillar det när de läser om dinosaurier och universum när de är yngre detta försvinner för många helt i onödan.
- Svd och Dn som tidningar.

- Guider kopplade till studie och yrkesvägledning: 1. Olika yrken-skönlitterära och facklitterärt. 2. Allmänt böcker om universitetet-stoner bok om doktorander. 3. Filmer också. 4. Artificiell prao - läsa en skönlitterär bok eller facklitterär bok.

2.2 Fortsättningen och institutionaliseringen

Starten behöver följas upp av olika praktiker/aktiviteter som institutionaliserar läsande som en central del undervisningen. Institutionaliseringen av denna intervention är för att det ska bli en integrerad del av skolans kultur. En del av institutionaliseringen är att alla nya 1or kommer att gå igenom samma procedur som de andra eleverna redan har gått igenom året innan.

2.2.1 Ämnenas roll i läsinterventionen

Hur jobbar man i de olika ämnena med läsning?
- Ökande av förståelse för läsning
- Lässtrategier
- Jobba aktivt med att bli bättre läsare
- Få tid för lugn läsning i grupp.
- Läsa längre texter för att öka deras läsuthållighet.
- Göra en plan för de texter man ska läsa i ämnet och hur svårighetsgraden ska öka.
- Samla in texter, bloggar, poddar och artiklar som är roliga att läsa kopplade till ämnet som en resurs.
- Tid för reflektion och dialog om det man läst. Detta stärks om det kan kopplas till reflektionsjournalen och läs avsnitt i den journalen.
- Läsläxor ges ofta i de olika ämnena för att läsning ska vara en normal del av deras liv. Om man inte ska ge läxor ge några sidor att läsa ändå, så att eleven alltid har något att läsa från ämnena.

- Ge branta läsläxor som gör att man måste spendera mycket tid läsandes, och för e-nivå kommunicerar man. Här kan självvalda böcker vara bra. Ge generiska övningar som kan kolla av om de läst boken. De ska stryka under citat/markera i boken medan de läser om det som de tycker är intressant. Dessa citat ska de sedan reflektera om. De ska kunna göra det på beställning. Citatet ska sättas i kontext till kapitlet och resten av bokens innehåll.

Svenska och engelska
- Läsningens effekter
- Reflektioner om hur läsningen går.

Psykologi
- Läsningens psykologi

Filosofi
- Läsning och tänkande. Filosofi innan skriftspråk, vad blev skillnaden?

Historia
- Läsandet genom historien. Utgå från Frank Furedis bra översikt Power of Reading

Samhällskunskap
- Kausalanalys: lite läsning som ett samhällsproblem. Orsaker, konsekvenser och åtgärder.
- Läsa texter om effekter av läsning i olika aspekter. Hur påverkar det karriär, politiskt engagemang?

Musik
- Hur kan läsning hjälpa till att skapa texter?

Naturkunskap
- Biologin bakom läsning?

Matematik
- Matematik som ett språk. Läsa matematik

2.2.2 Läspass: varje vecka, 30-40 minuter av egen bok.

- DEAR—Drop Everything And Read är en metod som kan användas.
- Viktiga delar: Se en lärare läsa samtidigt, inte göra annat själv samtidigt.   Berätta kort vad man läste om. Tidningsläsning ibland, om man inte är sugen på att läsa sin bok! Skapar viss flexibilitet, men det ska man bara kunna göra ibland.
- Läspass: 30-40 min
- Vad skulle hända om man hade läspass varje dag? Bunkeflo fick upp elevresultaten med 40 minuters fysisk aktivitet varje dag. Vad skulle effekten bli om det var läsning istället?
- Läspasset kan vara en nödvändig del för att skapa en läsande kultur. Vi kan ta in lite läsande i varje ämne det bör vi göra. Men det skickar inte ett tydligt budskap till eleverna att läsa utanför studierna är viktigt. Läsning potentiellt blir smittad av skolarbete, när det ofta kopplas ihop till prestation. Om det alltid gör det i skolans värld missar man potentialen att läsa för nöjes skull. Argument mot skulle vara att vi tar mer av deras fritid. 30 minuter av deras fritid till avslappnade läsning i grupp tillsammans med läraren, utan att det är prestationstillfälle är tid som ger valuta. Dessa 30 minuter kommer ersätta sociala medier. Det är alltså bara en vinst av livskvalitet i elevernas liv.
- Hur reagerar elever som tycker det är jobbigt med läsning? Vad behöver de för att detta ska fungera? Vissa känner ett obehag av att läsa med andra. hur stort är det obehaget? Exponering för lärsituationer är för dem extra viktigt, det bästa sättet är att de gör det tillsammans med andra - då kommer de andra eleverna och läraren vara modeller i beteende som de kan härma. Ångest kopplat till läsning är också starkt kopplat till att läsningen som görs är kopplad till en prestation, man kan också få obehagskänslor av att läsa böcker som man inte vill läsa.

Alla läser samma bok eller dem får välja?

- Välj mellan några inom ett tema?
- Välja själv: minska känsla av tvång och öka känsla egen upptäckt
- Tillsammans: struktur, känsla av gemenskap. Lättare att få igång diskussioner.
- Det som verkar vara vedertaget är att hitta en balans mellan att välja själva och läsa tillsammans, var ligger den balansen för oss? Det beror kanske också vad vi har för resurser att tillgå?

Hur får böcker till skolan i större mängder?

- Låna via stadsbiblioteket. Åka dit och skapa ett kort. Sen låna digitalt. Har dem ett lånekort? Kan dem komma hit? Viktigt skulle vara att eleverna fick tillgång till statsbibliotekets online tjänst.
- Kan låna flera böcker, minskar risken att bli uttråkad av en viss bok.
- Utmaning att gå till bibliotetek och låna en bok.

2.2.3 Lärare som en del av interventionen.

- Om vi har ett läspass antingen varje vecka eller under läsmånaden. Läraren måste läsa. Kommer alla vara med på det? Fejk i så fall? Måste ha enad front för att bygga läskulturen.
- Läs för ditt ämne, visa att du lär dig om ditt ämne framför eleverna (inget tvång på att läsa skönlitteratur), fack litteratur är bra också!
- Hur mycket läser vi lärare?
- Måste lärare läsa mycket? Finns korrelation med att lärare som läser mycket uppmuntrar mer till läsande.
- Läsförebilder: hur pratar man om läsning? Pratar man om läsande alls?

2.2.3 Ny läsmånad som fokus

- Läsmånad varje år för att signalera varje år att detta är något väldigt viktigt.

2.2.4 Läsveckor utspridda

- Syfte är för att skolan då och då ska fylla på med inspiration och kraft från att man läser tillsammans.

2.2.5 Biblioteket

- Bibliotek är en central resurs eftersom det visar upp böcker.
- Hur få in böcker om man inte har råd? I värsta fall gå till myrornas. Man kan även göra en förfrågan till föräldrar om de har böcker hemma som de inte läst på ett tag som de inte har användning av. Ger varje förälder 1-2 böcker var, har man snabbt på en skola med 1000 elever rätt många extra böcker. Detta kräver att föräldrarna är med på interventionen. Detta kommer att fungera bäst med föräldrar som har läsning i bakgrunden. Här kan man fråga efter alla möjliga böcker. Både skönlitteratur och facklitteratur. Storasyskon som har svårt att sälja universitetslitteratur.
- Biblioteket ska ha plats för viktiga texter som eleverna senare skapar. 1. Antologier om olika ämnen. 2. Tidningar gjorda på populärvetenskapliga sammanfattningar av elevernas gymnasiearbeten. 3. Novellsamlingar. 4 Reflektionssamlingar/essäsamlingar på olika ämnen som hämtas från elevernas refletkionsjournaler om man har igång den interventionen (Berglund, 2022).
- Ställa ut fysiska guider för att komma igång och läsa i olika ämnen.

2.2.5.1 Biblioteksråd

- Vad vill eleverna att man beställer in till biblioteket?
- Biblioteksråd light - bibliotekarien går ut till alla klasser och samlar in vad elever är intresserade av att läsa, som sedan köps in.
- Detta blir också en grund för att skapa guider för att hitta böcker man är intresserad av.

2.2.5.2 Elevens personliga bibliotek

- Uppmuntra eleverna att bygga sitt eget bibliotek hemma. Böckerna som de äger blir som en själv-socialisering.
- Uppmuntra föräldrar att ge bort böcker till sina barn i födelsedagspresent. Fråga vad de vill ha för böcker.
- Bygg ditt bibliotek. Att omge med sig böcker är ett sätt att ha lättare att bli en läsare. Önska dig böcker i present, presentkort till bokhandlar. Köp böcker begagnat för en del av din CSN. Böckerna blir en central del av ditt liv som alltid finns med i ditt rum sen. Böckerna visar vad du kan vara.

2.2.3 Bokklubbar

- Bokklubbar där lärare och elever är tillsammans. En väldigt stark läskultur på en skola så skulle bokklubbarna vara självgående utan lärare.

2.2.4 Eleverna lockas till att läsa varandras texter. Skrivande och textproduktion som en del av att skapa identifiering med läsning.

Olika former av textproduktion av eleverna samlas in och görs om till texter som eleverna kan ta del av. Interventionen reflektionsjournalen skulle vara en bra grund för det. Här nedan kommer olika exempel på texter man kan producera tillsammans. Potentialen här är enorm eftersom det är så många elever man har tillgång på de flesta skolor.

- Göra en populärvetenskaplig text 2 sidor på deras gymnasiearbeten. (diskussion kan öppnas upp, vad är syftet med populärvetenskapliga texter, vad sollar man bort?)
- Reflektioner som görs i svenska, engelska, filosofi. Du har gått kursen. Skriv om det intressantaste som någon ny i kursen kan läsa i början.
- Göra reflektionsuppgifter över ämnesgränserna med fokus att vara läsbart: essäer och inte rapporter.
- Göra böcker tillsammans. Hållbarhet, politik, olika teman. trycka bok 10 ex? Alla skriver sitt eget kapitel. Lärare blir redaktörer. Känslan av att skapa en bok tillsammans på skolan kan vara stark. Varje årskurs skriver en bok ihop? Annorlunda än att göra en blogg ihop, känns verkligare. Fysisk pressdeadline. Koppla till hur publicerar man en bok? Hur gör man? Hur självpublicerar man?
- Hållbarhetsboken: deprimerande texter om framtiden i senaste skrivtävlingen. ta in esteterna som ska göra layout (copyright till bilder). Posta till riksdagen. Orsaker, praktiska lösningar. Optimism i skrivande och läsning. ekonomielever- det ekonomiska med att ge ut en bok. Finns hans att det blir ett minne och ta med och lägga på bokhyllan. Omröstning om framsidan. Layout tävling- alla får skicka om man vill.
- Vetenskapliga artiklar eller diva-artiklar (alltså studentuppsatser) omvandlas till populärvetenskapliga artiklar som eleven sedan kan läsa av varandra. Det blir träning i att sammanfatta och använda sig av svårare vetenskapliga texter och samtidigt lära andra elever något.
- Poesibok- som testprojektet. Novellsamlingar?

2.2.5 Elever bryter ner större böcker, ett kapitel var

- Syfte: genom att eleverna får läsare svårare fackböcker tillsamman blir de vana vid att läsa facklitteratur som inte är läromedel för gymnasiet eller tidningsartiklar. Det skapar en vana och potentiellt en lust att själv ta sig an att läsa facklitteratur.
- Eleverna bryter ner böcker- ett kapitel var och samlas sen igen. Skapa känslan av att ta sig igenom facklitterarära böcker eller novellsamlingar. Samlar sen i ett Google dokument. Exempelvis kan man läsa Välfärd utan tillväxt i samhällskunskap 2 som en del av hållbarhet. En lite svårare text, men så bryter klassen ned en hel bok som varit viktig i hållbarhetsdebatten.

2.2.6 Skrivande och reflektion: reflektionsjournal (Berglund, 2022)

- Skriva journal. Som det ges plats för på olika lektioner. Det är en plats att träna på att reflektera kring det materialet man har lärt sig. Få tid och plats att tänka helt själv.

2.2.7 Skoltidning

Trycks upp 10 ex som ligger i biblioteket. Kommer 4 om året? Samarbete mellan lärare och elever för att skapa gemenskap och känslan av att man skapar något tillsammans.

Förberedelse: innan 3:orna lämnar. Samla in olika texter från dem som de gjort under året.

- Innehåll: populariseringar av rapporter, gymnasiearbeten (använder arbeten från föregående året, där alla elever ombeds att göra en populärvetenskaplig version av sitt gymnasiearbete, så kommer de bästa att komma med, reflektioner i olika ämnen, provsvar, reflektioner i journalen
- Poesi, essäer, bilder

- Intervjuer: lära känna lärare och elever i skolan.
- Olika temanummer
- Lärare bjuds in och skriver texter också.
- Lärare tipsar om böcker.
- Föräldrar intervjuas, föräldrar får skriva, ge boktips och andra tips.
- Aktiviteter som görs på skolan.
- Texter på engelska, svenska, moderna språk.

2.2.8 Tävlingar

- Syfte: skapa lite tävlingsanda och spänning runt läsning och ord.
- Skrivtävlingar. Olika skrivartävlingar. 1. Korta berättelser. Utan att förbereda eleverna innan så skriver alla på en lektion eller mentorstid en kort berättelse. Bästa vinner och man sätter ihop de 20 bästa till en liten pamflett. 2. Skrivtävlingar med längre tid i olika genres. För att integrera eleverna i bedömningen lottar man en klass som får vara meddomare tillsammans med lärarna och det roterar vilken klass det är.
- Ordförrådtävlingar i hela skolan alla tävlar samtidigt. Koppla till något sätt där man snabbt kan se hur många ord man passivt har i sitt ordförråd.
- Läsförståelsetävlingar i hela skolan alla tävlar samtidigt.
- Göra högskoleprovet tävlingar på skolan kopplat kring läsförståelse och ord.

2.2.9 Spela in poddar om det som eleverna läst

- Om man fått igång en läskultur och eleverna har läst lite olika böcker är att skapa poddar ett roligt sätt att fånga upp det på. eleverna får skriva manus. Elever får välja eller sätts ihop i grupper på vad de valt. De får göra manus och tips om hur man kan göra podden så intressant som möjlig för lyssnaren. T ex: berätta handlingen utan spoilers, citat/passager som man läser upp och sedan reflekterar man själv och bjuder in de andra som är med i podden för att reflektera osv.

2.2.10 150 tidningsartiklar på 3 år (1 i veckan)

- De skriver reflektion, sammanfattningar, referat på artiklar de läser under 3 år. Slutprodukten blir en eller flera essäer som binder ihop dessa olika referat och kopplar det till vad de lärt sig under gymnasietiden och via läsningen. Dessa essäer blir ännu en produkt som andra elever kan läsa.

2.2.11 Läsfaddrar: när läskulturen är starkare och det finns flera elever som har stark identifikation läsning?

- Mål: gymnasieelever som faddrar för yngre elever. Samarbete med högstadiet?
- Kommer senare - när vi har fått igång potentiell läskultur.

2.2.12 Utnyttja tv-apparater/affischer i skolan för att ha olika meddelanden om läsning, boktips, citat från böcker.

- Eleverna behöver uppleva att de omges av saker som påminner om läsandets möjligheter.

2.2.13 Läsning som njutning i stället för meditation: 10 minuter varje dag i en egen bok.

- Vissa skolor lägger in meditation på schemat som för att förbättra psykisk hälsa och fokus. Läsning har i några studier fått liknande effekter man tycker att läsningen är njutsam eftersom man är avslappnad och i nuet.
- 10 minuter varje dag läser man en egen bok som man har med sig i sin väska. Att man har med sig boken gör att ha en bok som man läser blir en del av ens liv. Boken som sak börjar forma ens tankar om vem man är som person. Dessa 10 minuter kan man lägga in

på schemat på olika sätt. Antingen att man sprider ut mellan olika lektioner att det är på någon av dessa lektioner som 10 minuter tas ifrån. För att öka uthålligheten skulle detta vara det sista man gjorde under en dag.

2.2.14 Högläsning ur böcker

- Ta in böcker som du läser högt ur i 2 minuter.
- Varje ämne får i uppgift att ta med sig några böcker som de läser högt ur och sen pratar om den boken för eleverna.
- Detta kan byggas på till att man läser ett helt kapitel ur en fackbok i t ex psykologi eller en reportagebok. Jobba aktivt med böcker för att skapa en bokvana. Det är många elever som är mer ovana vid facklitteratur samtidigt som det skulle för många vara en väg in i läsandet, det var t ex för den här rapportens författare.

2. Teoretiska utgångspunkter som forskningsstöd för interventionen

3.1 Anna Carlyle teori om läsidentifiering
- Anna Carlyle Lindsays teori om positiva lässpiraler (eng reading virtous cycle). Njuter av läsning- positivare attityd till läsning - läser oftare - ser sig själv som en läsare. Skapar en känsla av stolthet. Förstärkande dynamik mellan läskunnighet och vilja att läsa mer.
- Jobbar både med inspiration som skapa och locka fram positiva läsupplevelser samtidigt som man jobbar med att förbättra läsvana och läsförmåga.

3.2 Randall Collins (2004) Interaktionsritual teori

- Förklaring: Lyckade sociala interaktioner skapar "emotionell energi" som är stolthet, momentum, vitalitet, energi. Dessa sociala interaktioner kan vara runt olika ritualer som exempelvis i skolan kretsar kring att lära sig nytt, nå sanning och personlig utveckling. Lyckas man vill man har mer av det och kommer att sträva med den ökade emotionella energin, efter mer kunskap eller kulturellt kapital inom det fältet. Enligt Collins är detta vad som är "motivation", det är svar på att vi har tidigare fått lyckade sociala interaktioner inom ett fält som gör att vi vill ha mer av den upplevelsen igen. Vi är emotionell energi-maximerar, inte lyckomaximerar enligt hans teori.

- Applicering: skapa vinster och stolthet kopplade till läsning. Läsning ofta väldigt ihopkopplat med tvång och uttråkning. Vinster görs i grupp utnyttjar att man läser tillsammans både i skolan och hemma.

3.3 Hidi & Renningers modell för att bygga intresse: hur bygga intresse för läsning?

- Teorin: Hidi och Renninger har föreslagit en modell för hur intressen byggs i 4 olika steg (2006): 1. Ett triggat situationellt intresse av nyfikenhet och starka positiva upplevelser. 2. Bibehållet situationellt intresse. Meningsfullhet, användbarhet, socialitet. 3. Utvecklande av individuellt intresse. Fascination, nyfikenhet, tillhörighet, flow, tänka på egen hand, fördjupa, behöver stöd vid utmaningar, Börja välja detta intresse själv, utan att någon annan säger till. Man vill tillbaka till de inledande positiva upplevelserna. 4. Det utvecklade individuella intresse (passion): fördjupad passion, driver sig själv (internaliserat), vet hur den får stöd för att utvecklas och glädje utifrån, tar på sig utmaningar.
- Applicering: bygga intresse för läsning genom att samla på sig olika positiva upplevelser kopplade till läsning. Denna modell visar att man behöver gå hela vägen för att man ska bygga ett intresse för läsning.

3.4 Bj Fogg - behavioristisk synsätt på att ändra vanor

- Teorin: BJ Fogg har en teori om hur vanor byggs: 1. Situation, förstärkning - förändring av situationen på olika sätt är det starkaste sättet att skapa förändring. Normer, kultur viktigt. 2. Mikrovanor - testa en minut varje dag, tills det blir en vana, minska motståndet så mycket som möjligt i början när vanan inte sitter. 3. Vanepåbyggnad - "haka" i vanor i varandra, ex bussresan en plats för läsning? Ett sätt att skapa nya vanor är att lägga på det på andra vanor som vi redan har. 4. Förebilder (social modellinlärning) leder oss och ger oss ledtrådar, och de runt om oss blir snabbt modeller för inlärning. 5. Nyckelvana är en vana som vi skapar som gör det lättare att uppehålla andra vanor. Som sprider ringar på vattnet. Träning är en sån vana som för många sprider ringar på vattnet av massa anledningar. Vi blir lugnare, känner att vi kan utöva självkontroll under en stund som visar att vi faktiskt kan fokusera och göra något jobbigt, för att sedan få en belöning. Läsning skulle också kunna bli en nyckelvana kopplat till skolan. Göra det lättare att öppna ett läromedel, en vana vid läsning, en vana vid perspektivtagande, en vana att sätta sig in i nya begrepp, en vana att njutning kan komma via annat än spel och social media.

- Applicering: måste skapa vanor och dessa vanor är mycket lättare att skapa om man får med sig det sociala. Skolan är en plats av olika vanor. Utnyttja de vanor som redan finns med vanepåbyggnad.

3.5 Inre, yttre motivation, syfte bortom sig själv

- Teorin: Motivation har delats upp i inre: njutning av uppgiften i sig genom exempelvis upplevelsen av flow och yttre motivation: belöningar i form av betyg, pengar, rykte, status (Deci & Ryan, 2006). Yeager har lagt till ett syfte bortom sig själv eller "själv-transcenderande syfte" som är något yttre, men det är inte ett yttre i form av pengar, status, utan för att hjälpa och tjäna andra. Det blir ett "inre" motivation i bemärkelsen att viljan att hjälpa är internaliserad och att de kan skapa en känsla av stolthet och emotionell energi (Yeager, 2013)

- Applicering: Visa eleverna på hur alla sätt man kan motiveras av så hjälper läsning. Det är en njutningsfull syssla i sig, det gör att man har större chans att vara till värde för andra och hjälper i ens karriär och få höge betyg.

3.6 Gamefullness

- Teori: Jane Mcgonigall har en teori runt begreppet gamefullness, som är ett tillstånd då vi är öppna för utmaningar för att det har ramats in i en spelkontext. Mcgonigal har 6 stycken delar för att gamefullness ska uppstå. 1. Mål (episka helst), bryta upp i delmål mot ett större mål. Episka mål driver oss. 2. Spännande världar - lockande världar skapar lockande spel som man njuter av att vara i. 3. Allianser - jobba gemensamt - lärare, föräldrar och elever - ett stort spel med ett stort gemensamt mål om att läsa mycket mer. 4. Utmaningar och fiender - vad finns det för quests, mindre spel i det större spelet? Detta är kopplat till målen. 5. Powerups och verktyg - olika resurser när det är motigt eller för att snabba på utvecklingen i spelet 6. Avatar (identitet). 7. Ökad svårighetsgrad som gör det utmanande.
- Spelifiera: episka mål kan man få in genom att eleverna skapar böcker tillsammans i nuet. Det är ett coolt projekt att vara med i. Böckerna blir de världar som öppnas upp. Skapa gemenskaper runt läsning. Ha olika tävlingar kopplat till läsning. Ge eleverna verktyg och powerups- lässtrategier.

Likabehandling och samtalsetik

Problemformulering:
Diskriminering i olika former, såsom rasism, sexism och användning av härskartekniker, utgör stora hinder för att skapa en trygg och inkluderande skolmiljö. Dessa problem visar sig inte bara i uppenbara kränkningar utan även genom subtila uttryck, skojbråk och humor på andras bekostnad. Det finns också en osäkerhet bland lärare och elever kring var gränserna går för vad som är acceptabelt och oacceptabelt beteende. Diskriminering och exkluderande beteenden undergräver elevers självkänsla, förtroende för varandra och deras förmåga att fokusera på skolarbetet. Problem uppstår även kring samtalsetik, där kommunikationen inte alltid är respektfull eller konstruktiv, vilket försvårar dialogen om känsliga eller kontroversiella frågor.

Förslag på intervention:
För att komma till rätta med dessa problem föreslås en rad åtgärder. Skolan bör införa tydliga och konsekventa rutiner för att bemöta och förebygga all form av diskriminering och användning av härskartekniker. Ett viktigt inslag är att utbilda både lärare och elever i samtalsetik – principer för hur man för respektfulla och ansvarsfulla samtal där alla röster blir hörda. Nolltolerans mot skojbråk bör implementeras för att minska otrygghet och öka respekten för kroppslig integritet. Vidare bör utbildning om samtycke och förståelse för gränsdragningar mellan humor och kränkningar införas, med fokus på att förhindra att skämt och lek används för att marginalisera eller skada andra.

Potentiella effekter:
Om dessa interventioner genomförs kan det leda till en avsevärt förbättrad skolmiljö där eleverna känner sig tryggare och mer inkluderade. Genom att öka förståelsen för och tillämpningen av samtalsetik kan elever utveckla viktiga sociala färdigheter, som empati, respekt och förmåga att lyssna och uttrycka sig på ett konstruktivt sätt. Detta skapar en mer demokratisk atmosfär där alla känner sig värderade och har möjlighet att delta i dialogen på lika villkor. Nolltolerans mot skojbråk och en tydligare utbildning kring samtycke och humorns gränser kan bidra till en minskning av kränkningar, mobbning och exkludering, samtidigt som eleverna lär sig att ta ansvar för sina handlingar.

Likabehandling i svensk kontext och gymnasiekontext

Likabehandling innebär att alla människor ska behandlas lika oavsett kön, etnicitet, religion, funktionsnedsättning, ålder, sexuell läggning eller annan diskrimineringsgrund. I svensk lagstiftning är detta förankrat i Diskrimineringslagen och Barnkonventionen. Målet är att skapa ett samhälle där alla individer har lika möjligheter och rättigheter, utan att mötas av fördomar eller orättvis behandling.

I gymnasiekontext betyder likabehandling att elever ska ges samma förutsättningar att lyckas, utvecklas och må bra under sin skolgång, oavsett bakgrund eller personliga egenskaper. Skolan har ett ansvar att motverka all form av diskriminering och trakasserier, och främja en inkluderande miljö där varje elev kan känna sig trygg och accepterad. Det innebär också att skolan ska ha rutiner för att upptäcka och hantera eventuella kränkningar, samtidigt som man arbetar förebyggande för att främja allas lika rättigheter och möjligheter.

Samtalsetik och dess koppling till skolan

Samtalsetik handlar om de principer och regler som styr hur människor kommunicerar med varandra på ett respektfullt och ansvarsfullt sätt. Det inkluderar att lyssna aktivt, tala på ett sätt som främjar förståelse, och att undvika kränkande eller respektlösa uttryck. Samtalsetik handlar också om att ta ansvar för hur ens ord påverkar andra och sträva efter att skapa en konstruktiv dialog där alla röster blir hörda.

I skolan är samtalsetik centralt för att skapa en god lärandemiljö. Lärarna har en viktig roll i att modellera och undervisa om samtalsetik genom att uppmuntra elever till respektfullt lyssnande och talande, oavsett om det handlar om klassrumsdiskussioner, grupparbeten eller individuella samtal. Genom att praktisera samtalsetik kan eleverna utveckla sociala färdigheter, bygga empati och främja en demokratisk anda där alla får uttrycka sina tankar och åsikter på ett ansvarsfullt sätt.

1.1 Översikt över denna del av boken

- Likabehandling och samtalsetik. Vad är det och vad är det inte? Varför spelar det roll? Vad står på spel?
- Utgångspunkter för arbete med likabehandling och samtalsetik
- Motsatser till likabehandling: Härskartekniker, rasism och etnisk diskriminering, sexism och transdiskriminering, humor över gränsen för god samtalsetik, skojbråk
- Övningar
- Handlingsstöd
- Förebyggande arbete från varje lärare
- Likabehandlingsläroplan – mall och tankar vid utformning av den. En mall och stöd för att upprätta en läroplan om likabehandling som använder lektioner, mentorstid, temadagar för att förebygga diskriminering
- Samtalsetik och kontroversiella ämnen/debatter kopplat till likabehandling och samtalsetik. Utgångspunkter och inramningar av debatter

2. Utgångspunkter

Detta avsnitt kommer behandla utgångspunkter för den enskilda läraren, skolan, hur vi bör tänka kring rasism och etnisk diskriminering, likabehandling, sexism, skojbråk och härskartekniker. Detta avsnitt syftar till att rama in varför man ska jobba med dessa områden och hur man skulle kunna rama in skolans eget arbete.

2.1 Läraren: Svårigheter för lärare och elever med gränsdragningar

Det finns många svårigheter som omgärdar vår förmåga att dra rätt gränsdragningar kring vad som är rasism/etnotism och inte, som både elever och lärare står för precis som resterande samhället.

- Diskriminering och kränkningar kan manifestera sig på många olika sätt, från uppenbara former som fysiskt våld och hatbrott, till mer subtila uttryck som mikroaggressioner, stereotypisering eller nedvärderande kommentarer. Denna variation gör det svårt att identifiera och kategorisera vad som utgör diskriminering i varje enskilt fall.
- Vad som betraktas som diskriminering kan förändras över tid. Språk, symboler och attityder som tidigare var acceptabla kan med tiden bli uppfattade som stötande och diskriminerande. Detta skapar en rörlig gräns som kan vara svår att navigera, särskilt för lärare som försöker förmedla aktuella värderingar till elever.
- När diskriminerande uttryck och attityder normaliseras i samhället eller den offentliga debatten, kan det bli svårt för både elever och lärare att känna igen dessa uttryck som diskriminerande. När diskriminerande jargong blir en del av vardagsspråket, kan det leda till att gränserna suddas ut och diskriminerande handlingar inte identifieras som sådana.
- Det kan vara svårt att skilja mellan legitim kritik av en kultur, religion eller politik och uttryck som är diskriminerande. Diskussioner kring till exempel invandringspolitik eller religiösa praktiker kan ibland gränsa till diskriminering, men gränsen är inte alltid tydlig. Detta skapar en utmaning för lärare som måste hantera dessa komplexa frågor i klassrummet.
- Lärare och elever kan vara rädda för att bli anklagade för att vara för strikta eller för slappa i sina bedömningar av vad som är diskriminering, vilket kan leda till osäkerhet och ovilja att tydligt markera gränser.

- Diskriminering är ofta sammanflätad med andra former av förtryck, såsom sexism, homofobi eller klassfördomar. Denna intersektionalitet kan göra det svårt att avgöra om en viss handling är diskriminerande, eller om den är en kombination av flera olika typer av fördomar.

- Skillnaden mellan intention och utfall: Det kan vara svårt att dra gränser för vad som är diskriminering eftersom en persons avsikter (intention) inte alltid överensstämmer med effekten (utfall) av deras handlingar eller ord. Något som sägs utan någon avsikt att skada kan ändå uppfattas som diskriminerande eller kränkande av andra. Detta skapar en gråzon där det kan vara svårt för både elever och lärare att avgöra om en handling är diskriminerande, eftersom bedömningen kan bero på hur det mottas snarare än hur det var tänkt.

- Skillnaden mellan rollen som lärare och privatperson: Lärare kan uppleva en konflikt mellan sin professionella roll och sin personliga uppfattning när de hanterar frågor om diskriminering. I rollen som lärare förväntas de agera objektivt och följa skolans policy, men som privatperson kan de ha egna åsikter och erfarenheter som påverkar hur de uppfattar och reagerar på situationer. Denna spänning kan göra det svårt att dra tydliga gränser kring vad som är diskriminering, eftersom lärarens personliga värderingar kan skilja sig från de professionella krav som ställs på dem.

2.2. Skolan som organisation: förebygga, markera, tillrättavisa

- **Kunskapsuppdraget**: Skolan har ett tydligt ansvar att förmedla kunskap till eleverna enligt den svenska läroplanen. Detta handlar om både teoretisk kunskap och praktiska färdigheter.

- **Fostransuppdraget**: Skolan har också ett uppdrag att fostra eleverna, vilket innebär att utveckla deras moraliska, sociala och etiska förståelse. Detta inkluderar att lära dem att leva enligt normer som jämlikhet och respekt för alla människors lika värde.

- **Många mål i svensk läroplan**: Skolan ska sträva efter att utveckla elevernas empati, internationella solidaritet, rättskänsla, perspektivtagande, nyfikenhet och förmåga att bli aktiva demokratiska medborgare. Eleverna ska fostras till att förstå att alla människor har samma moraliska egenvärde, och att jämlikhet mellan människor är en grundprincip.
- **Skolan som arbetsmiljö**: Skolan är en arbetsplats för elever och har ett ansvar för att säkerställa en trygg och säker miljö där kränkningar förebyggs. Skollagen förordar trygghet och studiero som grundläggande principer för en fungerande skola.
- **Skolan som central för medborgarskap**: Skolan spelar en avgörande roll i att forma elever som medborgare. Den fungerar som den mest strukturerade platsen för socialisering, där elever lär sig de normer och värderingar som är viktiga för att delta i samhället.
- **Samhället påverkar skolan**: Skolan är en del av det större samhället och eleverna tar med sig sina erfarenheter och perspektiv in i skolan. Socialiseringen kring likabehandling och samtalsetik sker både utanför och inom skolans väggar, där skolan kan förstärka eller minska negativa tendenser beroende på hur dessa frågor hanteras.
- **Behov av strukturer och systematik**: Skolan behöver skapa strukturer och ramar för att arbeta systematiskt med likabehandlingsfrågor. Det finns idag en brist på systematik kring dessa frågor, vilket hänger samman med att fostransuppdraget ofta hanteras mindre strukturerat än kunskapsuppdraget. Detta beror delvis på att fostransuppdraget är svårt att mäta och att det inte ställs lika tydliga krav på uppföljning.
- **Svårighet att mäta fostransuppdraget**: Ansvaret för fostransuppdraget är tydligt, men det ses ofta som ett plus utöver kunskapsuppdraget, eftersom det inte finns lika klara sätt att mäta framsteg inom detta område. Trots detta är fostransuppdraget en central del av skolans ansvar.

2.3 Likabehandling, samtalsetik

- **Likabehandling – förebyggande arbete och att ta itu med kränkningar när de sker**
  Skolan har ansvar att arbeta både förebyggande och att hantera situationer där likabehandling inte följs. Detta arbete är centralt för att skapa en trygg miljö för elever.

- **Fostransuppdraget**
  Likabehandling och samtalsetik är centrala delar av skolans fostransuppdrag. Dessa går ofta hand i hand, eftersom de flesta kränkningar eller brott mot likabehandling handlar om vad en elev har sagt, även om det ibland också handlar om elevens handlingar.

- **Motsatsen till likabehandling: Härskartekniker**
  Användning av härskartekniker är motsatsen till likabehandling. Det mer centrala begreppet kan vara maktekniker, men det används sällan i detta språkbruk. Begreppet härskartekniker är tydligare och bättre för att nå fram till vad vi vill bekämpa.

- **Samtalsetik – viktigt och centralt**
  Samtalsetik är avgörande, speciellt i diskussioner om yttrandefrihet och kontroversiella frågor. För att som lärare kunna undervisa i samtalsetik på ett bra sätt behöver man ha god kunskap om dessa debatter och kunna balansera fostran och kunskapsförmedling.

- **Bristande stöd för lärare**
  Lärare har ofta lite stöd när det gäller svåra frågor kring likabehandling och samtalsetik. Organisationer som kommer in och föreläser har ofta inte en specifik lärarutbildning, vilket gör det svårt för dem att möta olika elevgrupper. Detta kan leda till att eleverna får en mer ideologisk upplysning snarare än en balanserad och objektiv diskussion.

- **Externa experter och osäkerhet hos lärare**
  Lärare tenderar att ta in externa experter i känsliga frågor som de själva känner osäkerhet kring. Detta kan vara en svaghet, eftersom elever kan uppfatta det som att lärarna är rädda för ämnet eller att

frågan är för svår. Det underminerar lärarens auktoritet i fostransuppdraget.

- **Mål med fostran och likabehandling**
  Målet i skolan bör inte vara att omvända elever eller få dem att anta vissa åsikter, utan snarare att främja omsorg och likabehandling. Vissa frågor är mycket svårare att hantera, och det är viktigt att skolan inte försöker ideologiskt omvända elever.

- **Problematiken med externa organisationer**
  Organisationer som RFSL tar ofta mycket betalt för certifieringar, vilket skapar en situation där skolor inte alltid tar in extern utbildning. Det skulle dock inte behövas om lärare i större utsträckning fortbildade sig själva och läste mer om dessa frågor, men läsandet och vidareutbildningen bland lärare är generellt sett låg.

2.3.1 Humor

- **Positiva och negativa utfall av humor**
  Humor kan ha både positiva och negativa effekter i skolan, och målet är att maximera de positiva aspekterna samtidigt som de negativa minimeras. Används humor på rätt sätt kan den vara ett kraftfullt verktyg för att skapa en mer inkluderande och trivsam miljö. Positiva effekter av humor inkluderar att stärka sociala band, minska stress och förbättra kommunikationen. När elever skrattar tillsammans skapas en känsla av tillhörighet och gemenskap, vilket kan bidra till en bättre social dynamik i klassrummet. Humor kan också fungera som ett sätt att hantera stress – skratt frigör endorfiner och minskar stresshormoner, vilket leder till avslappning och ökat välbefinnande. Dessutom kan humor underlätta kommunikationen, särskilt i svåra eller känsliga samtal, där ett humoristiskt yttrande kan bryta isen och göra diskussionen mer tillgänglig. Samtidigt kan humor även stimulera kreativt tänkande och problemlösning, där roliga och lekfulla

tankegångar kan leda till innovativa lösningar och nya perspektiv. Men det finns också negativa aspekter av humor, särskilt när den används på ett exkluderande eller nedvärderande sätt. Skämt på andras bekostnad kan leda till uteslutning och mobbning, där elever känner sig förödmjukade eller utanför. Humor som bygger på stereotyper kan förstärka fördomar och skapa en otrygg miljö, särskilt när den riktas mot specifika grupper baserat på etnicitet, kön eller sexualitet. Ironi och sarkasm kan också missförstås, vilket kan leda till konflikter och sårade känslor mellan elever. Humor som används för mycket kan bli en distraktion i klassrummet och störa inlärningen, där skämtande tar över och gör det svårt för både elever och lärare att fokusera på undervisningen. Dessutom kan humor som används för att dominera eller förlöjliga andra skapa en osäker miljö där elever inte vågar uttrycka sig eller göra misstag av rädsla för att bli förlöjligade. I värsta fall kan skämt på någons bekostnad leda till långsiktiga effekter på självkänslan och den psykiska hälsan, där elever som ofta utsätts för nedvärderande humor kan utveckla ångest, depression eller ett undvikande beteende.

- **Humor och yttrandefrihet**
  Humor är en viktig del av elevernas yttrandefrihet, men den måste balanseras så att den inte skadar andra eller kränker dem. Skolan har ansvar för att reglera yttrandefriheten så att kränkningar förhindras.

- **Förståelse för humor och dess gränser**
  Varken lärare eller elever har ofta en explicit förståelse för vad humor är, varför vi skrattar eller var gränserna går mellan vad som är okej och vad som inte är det. Detta kan leda till osäkerhet i situationer där det är svårt att avgöra om ett skämt har en positiv eller negativ effekt.

- **Inkluderande humor**
  Det är möjligt att skämta på sätt som är mer inkluderande och har mindre risk att såra. Till exempel genom att undvika stereotyper som är baserade på diskrimineringsgrunder som kön, etnicitet eller sexualitet.

- **"Edgy" humor och motstånd**

  "Edgy" humor, som ofta är provocerande eller farlig, kan i vissa fall vara ett uttryck för motstånd mot skolans normer och regler. Elever använder ibland denna typ av humor för att ifrågasätta auktoriteter och utmana det som uppfattas som skolans strukturer. Men oftast är användningen av edgy humor mindre medveten och handlar snarare om att söka status och erkännande bland kamrater. Genom att skämta på gränsen för vad som är accepterat kan elever framstå som smarta och skickliga i att tänja på normerna utan att överträda dem helt. Det kan ge dem en känsla av att vara insiktsfulla och modiga, vilket i sin tur ger dem socialt erkännande. Ofta handlar det mer om att visa sin skicklighet i att navigera dessa gränser och få bekräftelse från sina jämnåriga, snarare än ett medvetet motstånd mot skolans värderingar. Detta beteende är en del av den sociala dynamiken där humor fungerar som ett sätt att både testa gränser och stärka sin sociala position inom gruppen. "Edgy" humor kan också fungera som en subtil form av härskarteknik, där den som använder den får möjlighet att utöva makt eller dominans över andra. Genom att skämta på gränsen till vad som är acceptabelt kan personen skapa en obalans i relationen, där den som blir måltavla känner sig osäker eller förlöjligad. Samtidigt ger det användaren av humorn en möjlighet att alltid kunna hävda att "det bara var ett skämt" om någon reagerar negativt. På så sätt undviker de ansvar för sina ord och handlingar, samtidigt som de behåller kontrollen över situationen. Denna form av humor kan vara svår att konfrontera eftersom den är insvept i ironi och lekfullhet, men effekten kan ändå vara att förminska eller manipulera andra i gruppen.

- **Humorens sociala funktioner**

  Humor är djupt socialt och kan användas av elever av många olika anledningar. Den fungerar som ett socialt verktyg som kan stärka relationer eller, i vissa fall, skapa konflikter.

- **Humor som distraktion**

  Humor kan vara en distraktion från skolarbetet. Studiemotiverade elever kan dock använda humor för att göra lärandet roligt och

knyta skämt till ämnesinnehållet, medan omotiverade elever ofta
använder humor för att distansera sig eller vara ironiska.

- **Svårigheten att upptäcka kränkningar genom humor**
  Humor är ofta ett svårare sätt att upptäcka kränkningar på,
  eftersom kontexten för skämt kan vara komplex och intentioner
  oklara. Det kan vara svårt att avgöra om ett skämt var menat att
  såra eller inte.
- **Humor som försvarsmekanism**
  I skolan används humor ofta som en försvarsmekanism när elever
  känner sig utmanade eller obekväma. Humor kan fungera som ett
  symptom på att eleven försöker hantera en svår situation.

2.3.2 Generell diskriminenering och dess olika former

- **Stereotypisering:** Att tillskriva individer eller grupper vissa fasta
  och ofta negativa egenskaper baserat på deras tillhörighet. Detta
  kan inkludera etnifiering (att reducera någon till deras etniska
  bakgrund), rasifiering (att tillskriva någon en rasbaserad identitet),
  och biologisering av genus (att se könsroller som strikt biologiskt
  bestämda och oföränderliga).
- **Chauvinism/hirearkisering:** Föreställningen att en grupp är
  överlägsen andra. Detta kan vara baserat på nationalitet, kön,
  etnicitet, religion, eller andra faktorer och leder till nedvärdering
  och underordning av andra grupper. Att skapa och upprätthålla en
  hierarki där vissa grupper anses ha högre status, värde eller makt
  än andra. Detta leder till systematisk ojämlikhet och förtryck av
  grupper längst ner i hierarkin.
- **Essentialisering:** Att tro att vissa egenskaper hos en grupp är
  oföränderliga och oberoende av kontext, såsom sociala, politiska,
  eller historiska omständigheter. Det innebär att ignorera individens
  erfarenheter och komplexa identiteter.
- **Andrefiering:** Att se eller framställa en annan grupp som
  annorlunda och ofta underlägsen, vilket kan inkludera etnifiering
  och rasifiering. Detta skapar en "vi mot dem"-mentalitet där
  skillnader förstoras och likheter förminskas.

- **Förnekande av alla människors lika egenvärde och värdighet:** Att inte erkänna att alla människor har lika värde och rättigheter, vilket är en grundläggande komponent i diskriminering. Detta leder till behandling av vissa grupper som mindre värda eller inte fullt mänskliga.
- **Bristande omsorg om den andre:** En brist på empati eller omsorg för de människor som tillhör andra grupper. Detta kan manifestera sig som likgiltighet inför deras lidande eller välbefinnande.
- **Demonisering:** Att överdriva eller förvränga negativa egenskaper hos en annan grupp för att rättfärdiga diskriminering eller våld mot dem. Demonisering används ofta för att skapa rädsla eller hat.
- **Generalisering/Övergeneralisering:** Att tillämpa en uppfattning om en hel grupp baserat på erfarenheter med individer eller små grupper. Detta leder ofta till att alla medlemmar av gruppen bedöms utifrån dessa generaliseringar, utan att ta hänsyn till individuella variationer.
- **Exkludering:** Att aktivt eller passivt utesluta individer eller grupper från sociala, ekonomiska, politiska eller kulturella sammanhang. Detta kan ske genom att neka tillgång till utbildning, jobb, bostäder eller deltagande i samhällslivet, vilket förstärker marginalisering och segregation.
- **Stigmatisering:** Att märka eller kategorisera en individ eller grupp på ett sätt som leder till socialt avståndstagande och förakt. Stigma är ofta baserat på fördomar och kan vara kopplat till etnicitet, kön, sexualitet, funktionsvariationer, eller hälsa.
- **Institutionell diskriminering:** Diskriminering som är inbäddad i institutioner och samhällsstrukturer, såsom lagar, regler, och praxis som systematiskt gynnar vissa grupper på bekostnad av andra. Detta kan vara subtilt och svårupptäckt, men har långvariga effekter på samhällets ojämlikhet.
- **Omedvetna fördomar (implicit bias):** Fördomar som människor bär på utan att vara medvetna om dem. Dessa fördomar kan påverka beslut och beteenden på subtila sätt, och är ofta grundade i kulturella normer och social inlärning.

- **Avhumanisering:** Att se eller behandla en annan grupp som mindre än mänsklig. Detta kan göra det lättare att rättfärdiga orättvisor och grymheter mot den gruppen, eftersom deras mänsklighet förnekas eller förminskas.

2.4 Rasism och etnisk diskriminering

- **Rasistiska handlingar och jargonger undergräver tilliten inom samhället,** vilket leder till ökad segregation och begränsad kontakt mellan olika etniska grupper. Detta försvårar förståelse och samarbete, vilket i sin tur leder till ökad misstänksamhet och misstro. Historiskt sett har rasism inte minskat segregation, utan tvärtom förvärrat den.
- **Att agera rasistiskt skadar både den som är måltavlan och den som utför handlingen.** Genom att ge efter för förenklingar och stereotyper förlorar individen sin förmåga att förstå både sig själv och andra. Aggression, inklusive rasistisk aggression, skapar ofta en negativ spiral av fientlighet och våld. Forskningen visar att idén om att aggression kan minskas genom att "släppa ut" den (katarsis) är felaktig och istället leder till ytterligare skador, både psykologiskt och socialt.
- **Det är problematiskt att prata om "rasistiska personer" på ett sätt som essentialiserar** deras beteende och beskriver dem som oföränderligt rasistiska. Människor har en tendens till ingruppsfavoritism och andra beteenden som kan leda till rasistiska handlingar, men dessa är inte oföränderliga. Genom att essentialisera rasism riskerar vi att stigmatisera individer och göra det svårare för dem att förändras och förbättras. Forskaren Essed påpekar att det är mer relevant att fokusera på när, var och hur rasismen verkar i vardagslivet, snarare än att bekämpa enskilda individer.

- **Rasism är ett komplext och mångfacetterat fenomen som kan ta sig många olika uttryck i samhället.** För att förstå dess påverkan är det viktigt att utforska de olika formerna av rasism och de faktorer som bidrar till dess uppkomst och fortlevnad.
- **Elever behöver tydliga gränser för vad som är acceptabelt.** Svårigheten att dra dessa gränser, både bland elever och vuxna, beror på att det finns flera former av rasism och att gränsdragningarna är föremål för pågående debatter. Om eleverna inte lär sig att förstå dessa gränser, kommer de att ha svårt att veta hur de ska agera.
- **Mångkulturella, mångreligiösa och mångetniska samhällen är ett faktum idag.** Post-muslimska minoriteter är bland de största, medan post-luthersk kristenhet dominerar i majoritetssamhället. Vita och etniska svenskar utgör majoriteten, men vad som definierar en "etnisk svensk" är oklart.
- **Socialiseringen från den offentliga debatten har påverkats av en politisk diskurs där det är vanligare med argumenter som är stereotypiserande, kulturchauvinistiska, andefierande.** SD framväxt som en reaktion på ett mångetniskt samhälle har påverkat andra politiska partier och normaliserat vissa jargonger. Det är svårt för både elever och den offentliga debatten att dra gränser mellan etnocentrisk rasism och kritisk, rationell argumentation. Debatter om "svenska värderingar" och "folkutbyte" är exempel på etnocentrism, medan kulturchauvinism ofta yttrar sig i påståenden om att svensk kultur är överlägsen andra. Gränsdragningen mellan religionskritik och religionsfobi, såsom i diskussioner om islam, är också omdebatterad och otydlig, vilket skapar utmaningar för både elever och vuxna att förstå.
- **Etnisk diskriminering har en lång historia i Sverige.** Baltiska flyktingar, judar, svarta och asiater har alla mött diskriminering. Invandrare har ofta placerats i den offentliga debatten antingen som en del av en universalistisk jämlikhetsdiskurs eller som "den andre," som ses som hotfull eller bristande på olika sätt.
- **Vetskapen om rasism är utbredd bland svenskar, men medvetenheten om dess omfattning och uttryck är mindre.** En undersökning visar att 83 procent av svenskarna anser att det finns

grupper som utsätts för rasism i Sverige, medan 88 procent tycker att Sverige har lika mycket eller mindre rasism än andra europeiska länder. Män tenderar i högre grad än kvinnor att förneka förekomsten av rasism i det svenska samhället. För många är rasism kopplat till skillnader i utseende snarare än till begreppet "ras," och ofta förknippas rasism med hatbrottsbeteenden.

- **Myndighetspersoner, inklusive skolpersonal, bör inte agera som aktivister i sitt arbete.** Skolan har ett uppdrag att förebygga diskriminering, men skolpersonal ska inte använda sig av aktivistiska metoder eller argumentationsfel som ad hominem, kausala felslut, cherry picking eller falska dikotomier för att uppnå detta. Retoriska knep, skammande och civil olydnad hör inte hemma i skolans fostrans- och kunskapsuppdrag. Ämbetsmannaetik ger utrymme för att gå emot myndighetsutövningen men detta är ämnat för extrema situationer och vad som ska betraktas extrema situationer är under debatt.

3.2 Rasism*er*

Forskning om olika rasism*er* visar på komplexiteten, svårigheten att minska den och allvaret i frågan. Detta allvar ska också vägas mot risken för begreppsinflation där allt och inget blir rasism. Vi vill inte hamna i att allt är rasism utan måste kunna motivera och vara tydlig var gränserna går. Exempelvis är inte allt kulturrasism utan det finns rum för kulturkritik och religionskritik. När intentionen för kultur/religionskritik går över till att bli kontextlös, historielös, stereotypiserande, essentialiserande, andrefierande, fientlig, kulturchauvinistisk - har den igen gått över till kulturrasism. Här följer en lista på olika förslag på begrepp för att fånga rasismens olika uttryck:

- Etnotism används som ett alternativ till begrepp som kulturrasism, nyrasism och etnocentrisk rasism för att undvika de biologiska associationer som dessa begrepp kan medföra. Forskare som Paul Gilroy, som argumenterar från ett postkolonialt perspektiv, har kritiserat användningen av rasbegreppet just på grund av dess biologiska konnotationer. När äldre former av rasism, som Förintelsen och biologisk rasism, har minskat i popularitet, har istället rasistiska uttryck som undviker direkta biologiska referenser blivit mer framträdande (Hellström, 2016).

- Kulturrasism, även kallad nyrasism, kan beskrivas som en form av rasism där kultur används som en ersättning för biologiska rasbegrepp. Historikern Fredrickson (2005) beskriver hur kultur kan objektifieras och essentialiseras till den grad att det fungerar som en ersättning för ras, vilket leder till att människor inte ses som "svenska" bara för att de är födda i Sverige. Nyrasism antar att varje kultur är ett separat universum och att individer hör hemma i en specifik kultur, men aldrig i flera samtidigt. Detta leder till en frånkoppling, brist på kontext och andrefiering, vilket också kan förstärkas av chauvinism och essentialisering.

- Etnocentrism, etnochauvinism och kulturchauvinism innebär en upphöjning av den egna kulturen eller etniciteten över andra, vilket kan leda till etnisk diskriminering, stereotypisering och andrefiering. Etnocentrisk diskriminering innebär att man värderar sin egen etnicitet högre än andras på olika sätt, vilket förstärker skillnader och ojämlikheter.

- Rasialisering, eller rasifiering, refererar till processen där människor tillskrivs vissa egenskaper eller placeras i specifika kategorier baserat på deras uppfattade ras.

- Skillnadsrasism, som beskrivs av Taguieff (1990), innebär en avvisning av universalism till förmån för en partikulär vision, där individer förväntas upprätthålla sin etnicitet, men inte nödvändigtvis i ett land som Frankrike. Denna form av rasism, som kallas differentiell rasism, stärker idén om att människor är essentiellt olika och har rätt till olika geografiska områden, vilket stöds av retorik från den nya högern som förespråkar "etnopluralism".

- Rasism idag kan också manifesteras genom en blindhet för rasism, ibland kallad naiv färgblindhet. Målet är att behandla människor lika oavsett ras, men att ignorera ras i analysen kan leda till problem, särskilt när det gäller att förbättra social rättvisa och omsorg.

- Postkolonial rasism betonar samverkan mellan rasism och klass för att skapa och upprätthålla ojämlika maktförhållanden.
- Institutionell eller strukturell rasism, å andra sidan, refererar till systematisk diskriminering inbyggd i samhällets institutioner, som fungerar som en diskrimineringsapparat och bidrar till ojämlikhet på ett strukturellt plan.
- Etnocentrism och kulturchauvinism innebär att bedöma och värdera andra kulturer utifrån sin egen kulturs perspektiv, ofta med antagandet att den egna kulturen är den mest avancerade eller moraliskt överlägsna. Detta kan leda till fördomar och diskriminering, där andra kulturers traditioner och värderingar förkastas eller förlöjligas eftersom de inte stämmer överens med det som anses vara "normalt" i den egna kulturen.
- Islamofobi är en form av fördom och diskriminering riktad mot muslimer eller personer som uppfattas som muslimer. Denna fobi manifesterar sig genom misstänksamhet, hat, och ibland våld mot individer eller grupper baserat på deras faktiska eller förmodade islamiska tro. Islamofobi kan också innebära en generaliserad fientlighet gentemot Islam som religion och kultursystem.
- Afrofobi syftar på hat, fördomar, och diskriminering riktad mot människor med afrikanskt ursprung. Detta kan ta sig uttryck genom stereotypisering, våld eller institutionell diskriminering. Afrofobi bygger ofta på en långvarig historia av kolonialism och slavhandel, vilket fortfarande påverkar samhälleliga strukturer och individers attityder.
- Antisemitism är en specifik form av rasism riktad mot judar. Denna fördom har djupa historiska rötter och inkluderar negativa stereotyper, konspirationsteorier och ibland våld mot judiska individer eller institutioner. Antisemitism kan också manifesteras genom förnekelse av judars rätt att existera som en distinkt kulturell eller religiös grupp.
- Anti-ziganism refererar till fördomar, diskriminering och hat mot romer och andra resandefolk. Detta inkluderar ofta stereotypa uppfattningar om dessa grupper som "kriminella" eller "asociala" och kan leda till både social och ekonomisk marginalisering.

- Strukturell rasism innebär att vissa grupper systematiskt får mindre utrymme och möjligheter inom samhällsinstitutioner, såsom utbildning, arbetsmarknad och rättsväsendet. Detta kan ske genom både explicita och implicita regler, normer och praktiker som gynnar majoritetsbefolkningen och missgynnar minoritetsgrupper.
- Stereotypisering och generalisering innebär att tillskriva alla individer inom en viss grupp samma egenskaper eller beteenden. Detta leder till att individuella skillnader och unika erfarenheter ignoreras, vilket i sin tur förstärker fördomar och missuppfattningar om hela grupper.
- Kulturchauvinism är en form av extrem etnocentrism där en viss kultur betraktas som överlägsen alla andra. Denna inställning innebär ofta en selektiv glömska av negativa eller problematiska aspekter av den egna kulturen, medan man övergeneraliserar och framhäver negativa aspekter av andra kulturer.
  Kulturchauvinismen förstärker ett vi-och-dom-tänkande där den egna kulturens normer och värderingar anses vara universellt rätta, vilket leder till fördomar och diskriminering mot andra grupper som betraktas som underlägsna eller främmande.
- Våldshandlingar som motiveras helt eller delvis av rasism är den mest extrema formen av rasistisk praxis. Detta kan innefatta allt från verbala trakasserier till fysiskt våld och i värsta fall hatbrott. Sådana handlingar förstärker och befäster den ojämlikhet och diskriminering som redan finns i samhället.
- Andrefiering, eller "othering," är processen genom vilken en viss grupp framställs som fundamentalt annorlunda och ofta underlägsen i förhållande till en annan grupp, vanligtvis majoritetsbefolkningen. Detta leder till att människor i denna grupp inte bara marginaliseras utan också avhumaniseras, vilket kan rättfärdiga diskriminering och våld mot dem.
- Vardagsrasism består av ord, frågor och påståenden som kan tyckas triviala men som har en kumulativ effekt på människor i deras dagliga liv. Vardagsrasism manifesteras i de subtila men ihållande sätt på vilka etniska relationer och maktförhållanden bekräftas och förstärks i sociala möten och praktiker. Detta innebär

att rasrelationer ofta aktiveras i vardagliga sammanhang, vilket leder till att människor av olika etniska bakgrunder upplever systematisk ojämlikhet genom mikroaggressioner och andra former av subtil diskriminering. Begreppet vardagsrasism, som lyfts fram av forskare som Philomena Essed, betonar att rasism inte bara är ett institutionellt eller individuellt problem, utan också ett fenomen som genomsyrar vardagliga interaktioner och upplevelser. Analytiska begrepp som marginalisering, problematisering av den andre och repression är centrala för att förstå vardagsrasism. Marginalisering syftar på hur individer eller grupper som uppfattas som etniskt eller rasmässigt annorlunda hålls utanför de centrala sfärerna i samhället. Problematisering av den andre innebär att kulturer och identiteter som skiljer sig från majoritetsbefolkningen ständigt ifrågasätts och ses som problematiska, medan repression kan innefatta både psykiskt och fysiskt våld mot dessa grupper. Att problematisera den andre utan att samtidigt reflektera över sig själv och sina egna fördomar är ett uttryck för kulturchauvinism och en form av selektiv blindhet.

2.5 Sexism och transdiskrimininering

När en skola arbetar med frågor kring sexism, könsdiskriminering och diskriminering av sexuella minoriteter, inklusive transpersoner, är det avgörande att ha en strukturerad och reflekterande utgångspunkt. Skolan har ett ansvar att främja kritiskt tänkande och fostra elever enligt demokratiska och humanistiska värderingar som omsorg, respekt och allas lika värde. Samtidigt måste skolan vara en plats för pluralism, där olika åsikter kan uttryckas på ett respektfullt sätt. Det är viktigt att skapa en miljö där eleverna kan utforska komplexa frågor om kön och sexualitet, men alltid inom gränserna för respekt och omsorg.

Könsdiskriminering och diskriminering av sexuella minoriteter är ofta sammanflätade problem, där individer möter olika utmaningar beroende på sina könsroller eller könsidentiteter. Kvinnor kan stöta på strukturella hinder som lönegap och bristande karriärmöjligheter, medan män ofta påverkas av traditionella maskulinitetsnormer, som att vara känslomässigt återhållsamma eller självsäkra. Transpersoner och andra sexuella minoriteter kan dessutom möta socialt stigma, misstänksamhet och diskriminerande behandling på grund av sin könsidentitet eller sexualitet. Skolan måste arbeta för att minska dessa former av diskriminering och främja en miljö där alla, oavsett kön eller identitet, behandlas rättvist.

Skolans uppdrag är att säkerställa att alla elever har samma möjligheter och rättigheter, oavsett deras kön eller könsidentitet. Detta innebär att erkänna att både kvinnor, män och transpersoner kan utsättas för diskriminering på olika sätt. För kvinnor och flickor kan det handla om att utmana patriarkala strukturer och begränsande könsroller, medan för män och pojkar kan det innebära att ifrågasätta skadliga maskulinitetsnormer som hindrar dem från att uttrycka känslor eller söka hjälp. För transpersoner och andra sexuella minoriteter handlar det om att bekämpa direkta och subtila former av transfobi och homofobi som hindrar deras rätt att uttrycka sig själva.

Policyn i skolan måste återspegla denna mångfald av perspektiv och erkänna att dessa frågor är komplexa och svåra att navigera. Det finns ingen enkel lösning, och alla synsätt kring genus och könsfrågor har sina utmaningar. En försiktighetsprincip kan användas för att skydda unga människor från skadliga effekter samtidigt som man undviker att förtrycka genuina upplevelser och identiteter. Det är också viktigt att undvika att "andrefiera" transpersoner – det vill säga, att se dem som fundamentalt annorlunda från andra – eftersom alla människor går igenom transformationer och identitetsutveckling på olika sätt.

I klassrummet måste debatten ske i god tro, där alla argument prövas ärligt och respektfullt. Lärare bör uppmuntra "steelmaning," där de starkaste argumenten från båda sidor presenteras, snarare än att snedvrida motståndarens position. Genom att skapa en respektfull och inkluderande miljö kan skolan hjälpa elever att utveckla ett kritiskt tänkande och förståelse för att köns- och sexualitetsfrågor är komplexa och nyanserade.

Det är också viktigt att uppmärksamma subtila former av diskriminering, såsom "edgy" humor, som kan användas för att maskera sexistiska eller transfobiska attityder. Humor som förminskar eller nedvärderar andra under förevändningen att det bara är ett skämt kan skapa en otrygg miljö. Skolan måste vara medveten om dessa subtila former av härskarteknik och agera för att motverka dem.

Att belysa strukturell sexism och transfobi är en viktig del av skolans uppdrag. Genom att hjälpa eleverna att förstå hur historiska och kulturella normer påverkar både kvinnors och sexuella minoriteters ställning i samhället kan skolan främja en bredare förståelse. Diskriminering underminerar tilliten och skapar misstro mellan grupper, och det är därför avgörande att dessa frågor tas upp i undervisningen.

Utgångspunkterna för skolan bör vara:

1. **Minska och förebygga alla former av diskriminering** genom utbildning om respekt, jämställdhet och allas lika värde.
2. **Främja ett liberalt och humanistiskt perspektiv**, där elever uppmuntras till empati, kritiskt tänkande och perspektivtagande.
3. **Erbjuda pluralism av åsikter**, men rama in debatten så att den hålls inom ramarna för respekt och omsorg.
4. **Undervisa om strukturella och historiska orsaker till diskriminering** och hur de påverkar både kvinnor, män och sexuella minoriteter.
5. **Skapa en trygg och inkluderande miljö för debatten**, där elever kan uttrycka sig utan rädsla för att bli förlöjligade eller stigmatiserade.
6. **Ge tydliga ramar för acceptabelt beteende** och uppmuntra elever att reflektera över sina egna handlingar och attityder gentemot andra kön och könsidentiteter.
7. **Stödja elever i att förstå att könsroller och genusnormer är flexibla och föränderlig**, och att dessa inte definierar dem som individer.

Skolan måste också hantera frågor som rör medicinska och sociala ingrepp på ett ansvarsfullt och nyanserat sätt. Transfobi och transhat är allvarliga problem som skolan bör ta itu med genom att utbilda elever om respekt och omsorg för alla. Samtidigt måste diskussionerna vara öppna för olika perspektiv, men utan att man fastnar i tvärsäkerhet eller polarisering.

Genusfrågor är viktiga för alla, inte bara för transpersoner. Alla människor påverkas av genusnormer och könsroller, och skolan bör betona att dessa frågor rör alla, inte bara en specifik grupp. Genom att skapa en inkluderande miljö och främja kritiskt tänkande kan skolan hjälpa elever att navigera dessa komplexa frågor med empati och respekt.

Andrew Tate, Fresh and Fit, Sneako, Jordan Peterson och Whatever-podcasten är representanter för "manosfären," där en traditionell bild av kvinnor och mäns roller argumenteras för, och man är misstänksam och starkt kritisk mot uttryck av feminism, som att transpersoner ska ha rätt att göra könskorrigeringar och att kvinnor uppmuntras till att ha en karriär. Deras idéer ligger som grund för en ökad polarisering i frågor om relationer, sex och samlevnad, samt om mäns, kvinnors, transpersoners och icke-binära individers situation. På andra sidan finns queerfeminism och transfeminism, som också har en stark medienärvaro. Denna fråga har blivit extremt laddad och kontroversiell från vilket håll man än tittar.

Den kände sociologen Erving Goffman har skrivit: "Genus, inte religion, är massornas opium." Med detta refererade Goffman till Karl Marx kända citat "Religion är massornas opium." Goffman menade att vi lever i ett samhälle där genusuttryck och kategoriseringar är extremt centrala. Detta är en samhällelig konstruktion som förstärks av de biologiska tendenserna till att vilja göra kategoriseringar för att tolka världen lättare och minska oordningen av sinnesintryck. Hyperfixeringen vid genus finns inom reklam och underhållning, men också inom politiska rörelser som queerfeminism och manosfären. Inom queerfeminism blir fixeringen vid genusidentitet den viktigaste egenskapen som gör motstånd mot en binär uppdelning, och målet för vissa är att genus genom denna period av hyperfixering och reflektion ska leda till att genus försvinner och en utbredd likhet råder. Manosfären har en hyperfixering vid genus genom att vara man eller kvinna formar allt du gör i livet, och om du försöker gå emot det som är "naturligt" kommer du att få olika problem.

Vilken utgångspunkt man har med sexism behöver inte vara gemensam inom en skola. Det behöver inte göras utfärdanden om att det finns ett patriarkat eller manlig maktordning på strukturell nivå. Det är laddat för en skola att göra det att säkert säga det. Lättare är att gå in mer på detalj på meso- och mikronivå och ta varje problem för sig, där det kan vara olika genus som tar skada av de olika maktordningar kopplade till genus. Pojkar hamnar efter i skolan, tjejer utsätts för lönediskriminering av olika slag, och transpersoner möter misstänksamhet och hot, som gör att det är en spritt vad effekterna av sexism är. Detta utesluter självklart inte att man kan resonera med eleverna och systematiskt undersöka vem som tar mest skada av rådande maktordningar. Detta bör göras.

2.5.1 Olika former av sexism och transdiskriminering:

- **Könschauvinism**: En upphöjning av en viss könsidentitet över andra, vilket kan leda till könsdiskriminering, stereotypisering och "andrefiering".
- **Transfobi**: Fördomar, diskriminering och hat mot transpersoner eller personer som uppfattas som trans. Detta kan ta sig uttryck genom stereotypisering, våld eller institutionell diskriminering.
- **Begreppet hbtqi-fobi** används för att beskriva negativa och fientliga attityder, föreställningar och handlingar mot hbtqi-personer. Ordet "fobi" står i det här sammanhanget för att den som ger uttryck för hbtqi-fobi ogillar eller starkt tar avstånd från människor som är hbtqi-personer. I vardagligt tal används hbtqi-fobi (eller homo-, bi- och transfobi) för att beskriva att hbtqi-personer kränks, trakasseras eller utsätts för våld. Den kan även ta sig uttryck i att hbtqi-personer utsätts för hot, blir sämre behandlade eller utsätts för omvändelseförsök.
- **Heteronormativitet**: En samhällsnorm som förutsätter att alla människor är heterosexuella och att könsidentiteter ska följa traditionella normer.

- **Strukturell könsdiskriminering**: Systematisk diskriminering inbyggd i samhällets institutioner, som gynnar majoritetsbefolkningen och missgynnar minoritetsgrupper.
- **Vardagssexism och transfobi**: Subtila men ihållande sätt på vilka könsrelationer och maktförhållanden bekräftas och förstärks i sociala möten och praktiker.
- **Essentialisering:** Essentialisering innebär att man tillskriver en individ eller grupp vissa inneboende och oföränderliga egenskaper baserat på deras kön, könsidentitet eller andra kategorier. Inom ramen för sexism och transdiskriminering kan detta innebära att man ser kvinnor, män eller transpersoner som att de har fasta, naturgivna egenskaper som avgör deras beteende, förmågor eller roller i samhället. Ett exempel på essentialisering är att hävda att "kvinnor är naturligt mer omvårdande" eller att "transpersoner är förvirrade om sin identitet", vilket ignorerar individuella variationer och sociala faktorer som påverkar människors liv. Essentialisering bidrar till diskriminering genom att förstärka stereotyper och försvåra för individer att bryta sig ur de roller som samhället har tilldelat dem.
- **Stereotypisering:** Stereotypisering innebär att man tillskriver alla individer i en viss grupp samma egenskaper eller beteenden baserat på förenklade och ofta negativa uppfattningar. Inom kontexten av sexism och transdiskriminering kan detta innebära att kvinnor, män eller transpersoner behandlas på ett visst sätt baserat på förutfattade meningar om deras kön eller könsidentitet. Exempel på detta kan vara att anta att "män är alltid aggressiva" eller att "transpersoner är opålitliga". Stereotypisering begränsar individers frihet och möjlighet att uttrycka sin personlighet och sina förmågor och leder till att människor bedöms utifrån fördomar snarare än deras verkliga egenskaper och handlingar.
- **Andrefiering:** Andrefiering, eller "othering", innebär att man framställer en individ eller grupp som fundamentalt annorlunda, främmande eller underlägsen i förhållande till den egna gruppen eller normen. Inom sexism och transdiskriminering kan detta innebära att kvinnor, män eller transpersoner behandlas som "den andra" i samhället, vilket gör det lättare att marginalisera,

diskriminera och dehumanisera dem. Andrefiering skapar en "vi och dem"-dynamik där den egna gruppen ses som normen, och de som inte tillhör den normen betraktas som avvikande eller hotfulla. Detta leder till att individer som inte följer traditionella könsroller eller könsidentiteter marginaliseras och utsätts för diskriminering, både på ett individuellt och strukturellt plan.

2.6 Skojbråk och bråk

Skojbråk är en typ av lekfull simulering av ett slagsmål utan avsikt att skada varandra eller att utföra slag som är lösa och lekfulla i intentionen. Detta kan inkludera att slänga armarna mot andra, sätta krokben, eller använda slag av varierande intensitet. Det kan också innebära att lyfta upp och krama någon väldigt hårt, måtta slag i luften mot ansikte, kropp eller kön, nypa armar och ben med hela handen eller fingrar, och kramar som inkluderar inslag av slag eller grepp. Skojbråkande kan också kombineras eller varvas med skojtafsande där man tar runt intima delar. Skojbråk innebär små kränkningar av den kroppsliga integriteten, där överraskningsmomentet – som går emot samtyckesprincipen – är centralt. Med en främling betraktas skojbråk som ett övergrepp, medan det med en kamrat oftast inte ses så eftersom det finns någon form av samtycke men som ändå vilar på osäker grund, alltid. Skojbråk kan betraktas som en form av vardagsvåld med olika nivåer av grovhet, vilket kan skapa en grund för grövre våld att uppstå, ibland av misstag.

Skojbråkande finns i princip inte på vuxna arbetsplatser för att alla har växt ifrån det. Det har hittat andra sätt att ha roligt, få adrenalin, bonda med varandra och leka generellt. Skojbråkande på vuxna arbetsplatser får generellt mycket snabbare konsekvenser för den som utför det eftersom det är så ovanligt. Men i flera svenska skolor är det normaliserat. Skolan är lika mycket en arbetsplats där du som elev har rätt till att du känner trygghet och studiero både under och mellan lektionerna. Flera skolor har framgångsrikt infört nolltolerans mot skojbråk, vilket har resulterat i tryggare miljöer där elever kan vara mer sig själva, lära känna varandra bättre och uppnå högre betyg. Exempelvis har Presterudsgymnasiet i

Kristinehamn och olika grundskolor rapporterat positiva effekter av nolltolerans mot skojbråk.

Skojbråk leder till flera negativa effekter i en skola:

- Otrygghet i klassrummet och korridoren, både för de som är med och de som tittar på. En deltagare i skojbråk kan tro att den andra personen vill delta, men denne vågar kanske inte säga emot av rädsla för att bli utanför. De som inte är med blir otrygga i om de behöver vara med i leken för att passa in.
- Samtidigt som skojbråk *kan* skapa ett tightare band mellan de som skojbråkar leder det till en form av exkludering i de som inte är med.
- Det tränar upp icke-samtyckesbeteenden alltså att ta risker att beröra och testa andras gränser när man inte har samtycke för det. Detta ökar i sin tur risken för bristande kommunikation och samtycke i intima situationer, som sex.
- Studieresultaten kan påverkas negativt, då stökiga raster minskar vilan och gör att elever inte är i rätt stämning för att lära sig, vilket tillsammans med ökad otrygghet skapar mer stress och sämre koncentration. Den stökigheten som finns i korridoren riskerar att tas med in i lektionen när rasten är slut.
- På kort sikt kan rasterna bli roligare men på lång sikt blir de stökigare och mindre vilsamma. Skojbråk ersätter ofta konversationer, vilket gör att elever inte lär känna varandra så väl, trots en känsla av bonding.
- Skojbråk ökar risken för grövre våld genom att det blir en vana att vara fysisk, vilket kan leda till missförstånd och allmän ökad otrygghet.
- Skojtafsande som en form av skojbråk har liknande effekter.

Vad är skojbråkets orsaker?

- Skojbråk kan fungera som ett sätt att bonda genom lek, risktagande och adrenalin.

- Många har inte tränat sig i andra sätt att ha kul, som att konversera på ett roligt sätt, och vill få adrenalin och energi efter en lektion genom fysisk aktivitet.
- Skojbråk fungerar som en ritual för fördelning av status och makt, där deltagandet visar att man är en del av gemenskapen och kan hantera en viss hårdhet.
- Det kan också uppstå av uttråkning på rasten där ingen vet vad man ska prata om och istället för en tystnad ägnar man sig åt det.
- Skojbråk är ofta inlärt från tidigare stadier i skolan och påverkas av en omogen hjärna; det har ingen lockelse längre på universitetsnivå och avtar för de flesta i slutet av gymnasiet.
- Normer (alltså oskrivna regler) inom gruppen, som att det är coolt och roligt att skojbråka, samt machonormer om att visa kroppslig styrka och manlighet, spelar en stor roll.
- Det finns en bristande förståelse för samtycke i vardagliga situationer.
- Skojbråk är ett sätt tillfredsställa ett behov av fysisk kontakt som döljs genom att man gör något som är fyllt av adrenalin och skoj.
- Skojbråk kan också vara ett uttryck för allmänt motstånd mot skolan, där stök blir ett sätt att motsätta sig skolans ordning.
- Det kan ses som ett sätt att kompensera för svårigheter under lektioner (Kung-på-rasten-kämpar-på-lektionen-syndromet).
- Påverkan från förebilder, både äldre och på sociala medier.
- Slutligen kan följarskap spela roll, där individer följer gruppens beteende utan att reflektera över sina egna önskningar och gränser.

2.7. Härskartekniker

I våra dagliga interaktioner, både i skolan och utanför, kan vissa beteenden subtilt dominera och påverka hur vi känner oss och samarbetar med andra. Härskartekniker är sådana beteenden som används för att kontrollera, dominera eller undergräva andra, ofta utan att den som använder dem är medveten om det. Syftet med att lära sig om härskartekniker är att öka medvetenheten om dessa negativa mönster. Genom att förstå hur de fungerar kan vi bättre identifiera dem och vidta åtgärder för att motverka dem, vilket skapar en mer respektfull och inkluderande miljö där alla känner sig värdefulla och hörda. Det är viktigt att motverka härskartekniker eftersom de kan skapa en ohälsosam skolkultur där elever känner sig utsatta, ignorerade eller nedvärderade. Detta kan påverka självkänsla, motivation och välmående negativt, samt främja mobbning och utanförskap.

En utmaning med att hantera härskartekniker är att de ofta är så inarbetade och normaliserade att de går obemärkta förbi. Beteenden som uppfattas som skämt eller vardagliga kan faktiskt vara nedvärderande eller exkluderande. Dessutom kan det vara svårt att inse att man själv använder dessa tekniker, särskilt om intentionen aldrig var att skada.

Genom att utbilda oss själva och andra om härskartekniker kan vi börja bryta dessa mönster. Det handlar inte bara om att undvika negativa beteenden, utan också om att aktivt främja respekt, empati och rättvisa i våra interaktioner. På så sätt kan vi skapa en tryggare och mer stödjande miljö för alla.

Humor är ofta en del av härskartekniker. Humorn kan i sig vara en form av härskarteknik om det är en form av överlägsenhetshumor. Humor kan också användas kombinerat med de andra härskarteknikerna. Då blir det otydligare vad som egentligen menades och hur seriöst menat det var. Ibland kan intentionen var just att skämta, men utfallet leder ändå till en hårdhet och potentiellt sårande. Vi vet sen innan att det kan vara svårt att säga ifrån att man tog illa upp om det är normaliserat att man ska kunna skämta hårt och ta hårda skämt. Härskartekniker används främst mellan elever. Men elever som tillrättavisas av lärare, eller utmanas om saker eleven har sagt eller gjort kan använda härskartekniker som motstånd mot läraren. Detta förstör kommunikationen mellan lärare och elev, som gör att den blir fylld av makt istället för en tydligare kommunikation. Elever har även upplevt att lärare själva använder sig av härskartekniker. Nedan följer en lista på olika härskartekniker. Sedan kommer några övertydliga exempel. Ofta är sätten man uttrycker det på mer finkaliberade och subtila.

- Väldigt vanligt i hela samhället. Genomsyrar också skolan, elevernas kommunikation med varandra och även riktade mot lärare.
- Elevernas användning härskartekniker är socialt lärd från politiska debatter, kamrater, föräldrar, internet osv. Exempel växer elever upp i ett samhälle som har institutionaliserat användning av propaganda genom stora möjlighet för känslomässig manipulation inom marknadsföring.
- Härskartekniker kan variera från subtila till väldigt tydliga. Ett sätt att göra härskartekniker än mer subtila är med användning av humor för att kunna säga att man inte menade något.
- Eleverna är oftast inte medvetna om alla härskartekniker de använder sig av och vilket utfall dessa tekniker får på andra människor och en själv. Härskartekniker kan vara normaliserad del av umgänget mellan elever.
- Härskartekniken som lärare mest möter från elever är trivialisering av det läraren säger. Man stöter bort det skämtsamt. Med detta kan det också finnas ironi och även sarkasm. Vissa elever använder sig också skuldbeläggande och/eller dubbelstraffning, där en lärare gör fel oavsett vad den gör i elevens ögon.
- Härskartekniker kan oftast tolkas som ett form av anti-skola beteende. Bristande identifikation med de mål som skolan har satt upp för eleven och/eller låga förväntningar på att man som elev ska klara av det.
- Härskartekniker är ett sätt att göra andra människor till objekt för sin egen vinning. Paradoxen att möta sig själv och andra som både subjekt och objekt är något alla behöver hantera dagligen på olika sätt. Instrumentialiseringen/objektifieringen av andra är den mest grundläggande härskartekniken. Läraren blir ett medel för att nå ett visst betyg med minimal ansträngning. Det har flera gånger visats att fusk är utbrett inom svensk skola och generellt tar elever de chanser som finns till att fuska.
- Ur ett foucualdianskt perspektiv har den disciplinära regimen byt, och nu är mer av en "vänlig maktutövning" enligt Åsa Bartholdsson (2008). Manipulation av elever är centralt för lärarens roll som en ersättning för att lärarens auktoritet minskat.

Läraren behöver förlita sig på förhandling, karisma, "bygga relationer". Detta påverkar elever som gör dem själva goda användare av olika former av manipulation.

- Forskning har också visat att även om elever skattar sig om nöjda med sin utbildning generellt i självskattningar är observationer och intervjuer av elever snarare stark alienation, med känslor äckel och uttråkning för att lära sig nytt (Rosa, 2019, Allelin, 2020).
- Härskartekniker kan ses som ett bristtillstånd eller bristsymptom på andra problem som denna bok tagit upp: ingen bildning, osystematiserat fostransarbete, ingen läslust eller skribentlust.
- Härskartekniker är helt normaliserade i skolor, som är grunden för de större kränkningarna. Många elever tolkar inte härskartekniker som kränkningar. Men härskartekniker kan också tolkas som kränkningar självklart. Och elever kan påverkas negativt utan att riktigt förstått vad som skett eller vad de utsatts för.

2.7.1 Olika härskartekniker (några exempel)

1. Bristande Omsorg: Bristande omsorg innebär att visa likgiltighet inför någon annans behov eller känslor. Till exempel kan en elev märka att en klasskamrat är ledsen efter en konflikt men välja att inte fråga vad som hänt. Under grupparbete kan elever ignorera en som kämpar med sin del och fortsätta utan att inkludera dem. När en elev blir mobbad i korridoren, vänder sig de andra eleverna bort istället för att ingripa. En annan situation är när en elev missar att hälsa eller bemöta en nykomling i klassen, vilket gör dem känna sig oönskad. Under en diskussion kan en elev ta inga hänsyn till en klasskamrats åsikter och fortsätta att prata över dem.

2. Stereotypisering: Stereotypisering innebär att tillskriva någon egenskaper baserat på fördomar eller generaliseringar. Exempel på detta är kommentarer som "Du är ju kvinna, så du är säkert inte intresserad av sport" eller "Alla som kommer från [specifik bakgrund] är duktiga på matematik." Andra exempel inkluderar "Ni flickor är alltid så känslosamma" och "Han är från [specifik region], så han förstår inte hur vi gör det här."

3. Hierarkisering: Hierarkisering handlar om att skapa eller upprätthålla en maktstruktur där vissa anses överlägsna. Ett exempel kan vara en "populär" elev som säger till en annan: "Följ vad vi gör annars blir du utanför." En annan situation är när en elev tar på sig ledarrollen utan att inkludera andras idéer eller säger "Vi gör det här så att alla vet vem som är chef här."

7. Förminskning/Trivialisering: Förminskning eller trivialisering innebär att nedvärdera någons känslor eller prestationer. Detta kan ske genom att säga saker som "Du är överreagerande, det är inte så allvarligt," eller "Varför stressar du? Det är ju bara en liten uppgift." Andra exempel är "Det är ingen stor sak, du tar det helt överdrivet," och "Sluta vara så känslig, det är bara en kommentar."

9. Osynliggörande: Osynliggörande innebär att ignorera eller exkludera någon. Detta kan ske när en elev nämner en idé i klassrummet och ingen reagerar eller erkänner den. Andra exempel är när en elev står utanför en grupplek och ingen bjuder in dem att delta, eller när en elevs prestationer inte tas upp eller erkänns av läraren.

11. Undanhållande av Information: Undanhållande av information innebär att inte dela viktig information för att skapa en maktobalans. Ett exempel kan vara en elev som vet om en ändring i schemat men inte berättar det för resten av gruppen. Andra situationer inkluderar att dölja viktig information som läraren delar med vissa elever för att hålla dem ur spel, eller att inte informera om skolans regler förändras.

12. Dubbelbestraffning: Dubbelbestraffning innebär att kritisera någon oavsett vad de gör. Det kan uttryckas genom kommentarer som "Du är så oorganiserad, du klarar aldrig av att hålla koll på dina saker," följt av "Du är för kontrollerad, slappna av lite." Andra exempel är "Du är alltid så sen till klassen, och när du kommer i tid så verkar du inte fokusera," och "Din presentation var dålig, men du försöker för hårt."

13. Skuld- och Skambeläggning: Denna teknik innebär att få någon att känna sig skyldig för saker de inte kan kontrollera. Exempel på detta är "Om du inte hade glömt din läxa så hade vi kunnat göra mer roliga saker idag," eller "Din brist på insats är anledningen till att hela gruppen misslyckades." Andra exempel inkluderar "Du gör aldrig något rätt, så varför försöker du?" och "Du är ansvarig för att vi misslyckades med projektet."

14. Objektifiering: Objektifiering innebär att behandla någon som ett objekt snarare än en person. Detta kan ske genom kommentarer som "Han är bara bra på sport, ingen idé att prata med honom om annat," eller "Varför bryr du dig inte om ditt arbete, du ser så bra ut ändå." Andra exempel är "Hon är bara där för att se bra ut på sociala medier," och "Du är så rolig, men inte på det sättet jag menar."

15. Våld eller Hot om Våld: Våld eller hot om våld används för att kontrollera genom att använda fysisk kraft eller hot. Exempel på detta är "Om du inte gör som jag säger, kommer du att få problem," eller "Jag ska visa dig vad som händer om du fortsätter så här." Andra exempel inkluderar "Rör inte mig annars får du ångra det," och "Du kommer att ångra att du gjorde det här om du inte lyssnar."

16. Tidskontroll: Tidskontroll innebär att kontrollera någons tid eller schema. Detta kan ske genom att säga "Vi gör det här nu, och du kommer inte ha tid att göra något annat," eller "Du måste stanna efter lektionen och hjälpa mig, oavsett vad du har för planer." Andra exempel är "Vi börjar mötet nu, så du får inte komma sent," och "Du måste avbryta dina egna planer för att hjälpa mig."

17. Infantilisering: Infantilisering innebär att behandla någon som om de vore mindre kompetenta eller mogna. Detta kan uttryckas genom kommentarer som "Åh, du förstår säkert inte, låt mig förklara det enkelt för dig," eller "Låt mig göra det, du är ju bara en elev." Andra exempel inkluderar "Du behöver inte oroa dig, jag fixar det åt dig," och "Du är för ung för att fatta sådana beslut."

18. Splittring: Splittring innebär att skapa konflikter mellan andra för egen vinning. Detta kan ske genom att sprida falska rykten om en elev för att isolera dem från gruppen, eller genom att uppmuntra en klasskamrat att inte samarbeta med en annan för att få mer kontroll. Andra exempel är

"Hon gillar dig inte för att du inte hänger med oss," och "Om du inte är med oss, så är du emot oss."

19. Påförande av Skuld och Skam: Denna teknik innebär att få någon att känna ansvar för andras fel. Exempel på detta är "Det är ditt fel att vi inte fick den boken, du missade att hämta den," eller "Om du hade varit bättre på att samarbeta så hade vi inte misslyckats." Andra exempel inkluderar "Du gjorde oss skämtsamma framför alla," och "Vi hade vunnit om du bara hade försökt lite hårdare."

20. Ignorering av Prestationer: Ignorering av prestationer innebär att inte erkänna eller uppmärksamma någons framgångar. Ett exempel kan vara en elev som får högsta betyg men inte får några gratulationer eller erkännande från klasskamraterna. Andra situationer inkluderar när någon lyckas med något stort men andra snabbt byter ämne eller ignorerar det, eller när en elev vinner en tävling men ingen säger något till dem.

21. Nedvärderande Språk som Härskarteknik: Nedvärderande språk innebär att använda ord som "tjockis," "bög," eller "gay" i **en negativ bemärkelse** som ett sätt att bara säga något någon gör är dåligt eller töntigt på något sätt. Exempel på detta är "Hon är verkligen en tjockis, ingen vill vara med henne," eller "Varför är du så gay? Kan du inte bara vara normal?" Andra exempel inkluderar "Du är så bög, jag kan inte tro att du sa det," och "Stoppa att vara så gay hela tiden, det är så irriterande."

Humor som härskartekniker: Humor i gymnasieskolan kan bli problematisk när den används på ett sätt som förstärker härskande beteenden, diskriminering, stereotyper och kränkningar. Det sker exempelvis när humor riktas mot en individs personliga egenskaper, kön, etnicitet eller sociala status, vilket kan leda till uteslutning och mobbning. Sådana skämt kan också normalisera negativa beteenden, där elever kanske inte inser att deras avsikt att "skoja" kan ha en skadlig effekt på andra. Särskilt sarkasm och överlägsenhetshumor riskerar att förstärka ojämlika maktförhållanden, och när dessa skämt upprepas kan de bidra till en otrygg och exkluderande skolmiljö. Eftersom intention och uppfattning inte alltid stämmer överens kan det vara svårt att se när skämt går över gränsen, och ibland är inte intentionen att vara härskande, men utfallet blir ändå negativt.

Kontrasten till problematisk humor är humor som bygger på respekt, självironi och delad glädje, där ingen individ eller grupp exkluderas. Säker humor i gymnasiekontexten innebär att skämt är inkluderande och främjar gemenskap. Det är också viktigt att vara medveten om andra människors känslor och reaktioner, och att snabbt korrigera om någon upplever ett skämt som sårande. Genom att uppmuntra elever till att tänka efter innan de skämtar och att använda humor för att avväpna spända situationer på ett konstruktivt sätt, kan skolan bidra till en positiv och trygg miljö där alla känner sig värderade och respekterade

- **Förlöjligande:** Förlöjligande innebär att håna eller göra narr av någon. Exempel på detta är kommentarer som "Bra jobbat, Sherlock! Visste du verkligen ingenting om det?" eller "Din presentation var så spännande, nästan som att titta på färg torka." Andra exempel inkluderar "Haha, du trodde verkligen på det där?" och "Du är så rolig, men inte på det sättet jag menar."
- **Rökridåer/Förlöjligande/Deflektering av Ansvar:** Denna teknik innebär att avleda uppmärksamhet från det egentliga problemet genom att skämta eller förlöjliga. Exempel inkluderar "Oj då, jag visste inte att vi inte fick prata om vädret hela tiden," eller "Ja, för jag älskar att göra allting fel hela tiden." Andra exempel är "Åh, du blev arg? Jag trodde vi pratade om något annat," och "Var inte seriös, det är bara skoj."
- **Överlägsenhetshumor:** Överlägsenhetshumor innebär att använda humor för att framstå som bättre än andra. Det kan manifestera sig genom kommentarer som "Åh, du gjorde det också? Jag gjorde det på halva tiden!" eller "Visste du att jag har fått bästa betyg i den här kursen varje år?" Andra exempel är "Haha, det är sött att du försöker, men du kommer aldrig bli lika bra som mig" och "Du borde inte ens försöka, det är för avancerat för dig."
- **Ironi och Sarkasm:** Ironi och sarkasm används för att såra eller förminska genom sarkastiska kommentarer. Exempel på detta är

"Jaha, du tänkte göra det själv? Lycka till med det," eller "Vad smart, jag visste inte att du var expert på det här." Andra exempel inkluderar "Bra jobbat, verkligen imponerande… inte," och "Ja, för att du alltid har rätt, eller hur?"

- **Distanserande Ironisk Humor:** Distanserande ironisk humor används för att skapa avstånd eller förvirring genom ironi. Det kan uttryckas med kommentarer som "Ja, för du är ju alltid så perfekt," eller "Självklart, fortsätt bara göra allt fel." Andra exempel är "Absolut, din åsikt betyder inget alls," och "Fortsätt bara som vanligt, det fungerar ju inte alls."

Skojbråkande som Härskarteknik: Skojbråkande innebär att elever engagerar sig i lekfulla diskussioner, skämt eller retoriska utbyten. När detta används som en härskarteknik, syftar det till att dominera samtalet, nedvärdera andra eller underminera auktoritet. Till exempel kan en elev konstant avbryta en annan under diskussioner för att visa överlägsenhet, eller använda kommentarer som "Åh, du tror verkligen det? Det var ett gulligt försök" för att förminska en annan elevs idéer. Genom att skämta om en klasskamrats prestationer kan eleven skapa osäkerhet och reducera den andra elevens självkänsla. Vidare kan en elev framhäva sina egna prestationer med kommentarer som "Jag klarade den här uppgiften utan problem, till skillnad från vissa andra," eller använda skämt för att underminera en lärares auktoritet.

Fysiska Beteenden som Härskarteknik: Fysiska beteenden som att ta på andra, stå nära eller tränga sig in i deras personliga utrymme kan användas för att dominera, hota eller skapa en känsla av kontroll. Exempel på detta är oönskad beröring, som när en elev rör vid en annan elevs arm på ett påträngande sätt, eller att tränga sig in i någons personliga utrymme genom att stå mycket nära under samtal. Fysisk dominans kan visa sig genom kroppsspråk, såsom att stå över någon eller använda armar för att blockera en annan elevs väg. Intimiderande kroppsspråk, som hotfulla gester eller ansiktsuttryck, kan skapa rädsla eller underkastelse. Fysisk förföljelse, där en elev håller sig nära en annan konstant, kan göra den utsatta eleven obekväm och känna sig utsatt.

Att Vara På Andra som Härskarteknik: Att vara "på andra" innebär att konstant kräva uppmärksamhet, avbryta, ifrågasätta eller kritisera andra för att sätta sig själv i en överlägsen position. Exempel på detta är när en elev ständigt avbryter andra elever och läraren under lektioner för att ta kontroll över samtalet och minimera andras bidrag. Konstant kritik kan innebära att en elev hittar fel i allt andra gör och kommenterar negativt för att underminera andras självförtroende. Att dominera diskussioner genom att prata mycket mer än andra och styra samtalet mot sina egna intressen är ett annat exempel. Förtal och nedlåtande kommentarer om andra elever bakom deras ryggar kan också användas för att skapa en negativ bild av andra och stärka sin egen position. Kontinuerlig negativ jämförelse, som "Jag gör alltid bättre ifrån mig än du, varför kan du inte bara lyssna?" syftar till att framhäva sin egen överlägsenhet och förminska den andra personen.

3. Handlingsstöd för lärare i olika situationer kopplat till samtalsetik och likabehandling

3.1 Tumregler vid bemötande av diskriminering, kränkningar, härskartekniker, humor som går över gränsnen, skojbråk

- **Uppmuntra saklighet och komplexa resonemang:** Främja ett fokus på saklighet och objektivitet i diskussioner. Uppmana eleverna att sträva efter att resonera utifrån rationella, humanistiska värden.
- **Identifiera och hantera argumentationsfel:** Betrakta uttalanden och handlingar som potentiella argumentationsfel. Hjälp eleverna att undvika felslut och uppmuntra dem att problematisera dessa. Exempelvis faller kulturchauvinism, stereotypisering,

överlägsenhet och andrefiering ofta inom kategorier som falsk balans och falska dikotomier. Var själv noggrann med att undvika dessa fel.

- **Stöd av skolans fostransuppdrag:** Skolans uppdrag inkluderar att fostra aktiva demokratiska medborgare med empati, perspektivtagande, kritiskt tänkande och internationell solidaritet. Skolan har en liberal grund som bör stödja dessa värden.

- **Problematisera kulturchauvinism och kulturrasism:** Undersök och ifrågasätt chauvinistiska åsikter som framställer den egna gruppen som perfekt eller överlägsen andra. Sådana uppfattningar bör utmanas för att främja ett mer nyanserat tänkande. Utmana etnocentrism, kulturchauvinism och essentialisering av kultur som den enda förklaringen till människors beteende. Påminn om vikten av att sätta handlingar och uttalanden i sin rätta kontext.

- **Hantera högriskskämt:** Var uppmärksam på högriskskämt som kan innehålla stereotyp humor, sarkasm, överlägsenhetshumor ironi eller skillnadshumor. Dessa kan lätt övergå en gräns och bli skadliga. Lågriskhumor som slapstick, vitsar, observationshumor, situationshumor och parodi är mindre problematiska men kan i kombination med exempelvis stereotyp humor ändå bli riskfyllda. **Stereotypa skämt och skillnadshumor markeras** att det inte hör hemma på skolan, varken i klassrummet eller i korridoren

- **Kulturkritik med försiktighet:** Även om kulturkritik är möjligt, kan det vara svårt för elever att hantera utan att det leder till stereotypisering eller kontextlöshet. Därför krävs noggrann vägledning i dessa diskussioner.

- **Skillnad mellan saklig diskussion och personliga angrepp:** Påminn om att något som riktas mot en individ kan få en helt annan karaktär än en saklig diskussion i god tro. Skilj mellan när en elev är genuint nyfiken och när den agerar för att provocera. Exempel på ond tro är att gå fram till en av grupp x är att fråga om något generaliserande eller exempelvis att man ska rösta på ett visst parti.

- **Vikt av att förstå intention och utfall:** När du bedömer en situation, ta hänsyn till både intentionen bakom en handling och dess utfall. En elev kan ha haft för avsikt att skämta, men om skämtet missförstås kan utfallet bli skadligt.

- **Erbjud alternativ till tuff debatt:** Elever som söker en hård debatt bör ges alternativ och vägledning för att engagera sig i diskussioner på ett konstruktivt sätt.
- **Använd diskussioner som lärandetillfällen:** Kontextualisera och problematisera elevernas uttalanden i klassrummet. Använd exempelvis ett uttalande som "woke har förstört allt" som ett tillfälle för djupare lärande.
- **Yttrandefrihet kontra skolans uppdrag:** Påminn om att elever har yttrandefrihet, men att denna frihet vägs mot skolans kunskaps- och fostransuppdrag.
- **Identifiera subtila maktteknniker:** Var medveten om att maktteknniker ibland är subtila, som i form av humor. Exempelvis kan överlägsenhetshumor kan dölja/vara en del av underliggande maktdynamik.
- **Betona att stereotypisering aldrig förbättrar situationen:** Oavsett elevernas politiska åsikter, understryk att stereotypisering, kulturchauvinism eller rasistiska uttalanden aldrig leder till en positiv förändring.
- **Skilj på olika typer av argumenationer som kan kopplas till invandring och mångkultur:** Det är möjligt att vara kritisk mot migrationspolitik utan att vara rasistisk. Betona att olika ideologiska utgångspunkter som är demokratiska inte per definition är rasistiska. I en antologi från *Forum för Levande Historia* står det: " Olika uppfattningar om hur migrationspolitiken ska utformas behöver inte vara uttryck för rasism och främlingsfientlighet". Det är möjligt att kritisera en multikulturalistisk politik utifrån en utilitaristisk tanke om att det försvårar integration för invandrade grupper som bör ställa i kontrast till argumentation gjord som är etnocentristisk, kulturchauvinistisk, stereotypiserande och demoniserande (Koopman, 2010). Olika ideologiska utgångspunkter som är demokratiska behöver inte per definition vara rasistiska. Demokratiska, omsorgsgrundad jargong, människors lika värde, universal etisk utgångspunkt som utilitarism, omsorgsetik,

pliktetik. Exempelvis är nationalism är på ett spektrum av "civil nationalism" och "aggressiv (etno)nationlism"

- **Undvik att essentialisera någon som rasist, sexist, transfob osv:** Essentialisera inte individer som rasister baserat på enstaka uttalanden. Istället, fokusera på att analysera texter och tal om andra etniska grupper för att förstå rasistiska undertoner.
- **Främja ödmjukhet och kritiskt tänkande:** Uppmuntra ödmjukhet och en försiktig inställning till att göra definitiva uttalanden, särskilt i komplexa frågor som invandring och etniska relationer.
- **Var uppmärksam på nedsättande termer:** Fånga upp och tolerera inte, för att sedan adressera användningen av nedsättande termer som "blatte", "svenne", eller "whitetrash" och använd dessa tillfällen för att diskutera deras påverkan och innebörd. Även mot användning av neutrala etniska tillmälen som "kinesen", "araben", "muslimen". De är neutrala men är en del av en hyperfixering vid etnicitet och en andrefierande jargong för att det för stunden gör etnicitet till det viktigaste karaktärsdraget. Sexistisk och homofobiska jargoner är att "tjejigt" "killigt", "bögigt", "gay", "transa" används som synonym till töntigt eller något som är dåligt.

3.2 Bemöta skojbråk

- Ingrip omedelbart. När du ser ett skojbråk, avbryt det omedelbart och visa tydligt att detta beteende inte är acceptabelt i skolmiljön.
- Använd en bestämd men lugn ton. Säg saker som: "Det här är inte okej, sluta genast" eller "Vi har nolltolerans mot det här beteendet, det måste upphöra omedelbart."
- Förklara varför beteendet är fel. Påpeka att "Även om det verkar som ett skämt kan någon bli skadad" eller "Det här kan uppfattas som aggressivt och skapar en osäker miljö."

- Samtal med de inblandade. Efter att ha stoppat skojbråket, tala med de inblandade eleverna för att förklara varför detta beteende är olämpligt, till exempel: "Vi vill att alla ska känna sig trygga här. Skojbråk kan snabbt gå överstyr och skada någon."
- Visa alternativa sätt att umgås. Uppmuntra eleverna att hitta andra sätt att skoja, exempelvis: "Om ni vill skoja med varandra, hitta ett sätt som inte innebär fysisk kontakt eller risk för skador."
- Påminn om skolans policy. Säg: "Kom ihåg, skolan har nolltolerans mot alla former av skojbråk. Det är viktigt att vi respekterar den regeln."
- Var en förebild i beteende. Visa själv alltid respektfullt och icke-fysiskt beteende i dina interaktioner, vilket sätter standarden för eleverna.
- Följ upp vid upprepade incidenter. Om samma elever upprepade gånger är inblandade i skojbråk, ta ett mer formellt samtal och eventuellt disciplinära åtgärder, till exempel: "Eftersom detta har hänt flera gånger, måste vi nu prata om de möjliga konsekvenserna."
- Involvera föräldrar om nödvändigt. Informera föräldrarna om skojbråken fortsätter trots upprepade ingripanden och be om deras stöd: "Vi vill säkerställa att ditt barn förstår allvaret i detta och behöver ditt stöd för att detta beteende upphör."
- Dokumentera incidenter. Varje gång du ingriper i ett skojbråk, dokumentera det kortfattat för att kunna följa upp om det blir återkommande problem.

Bemöta olika argument från elever när de blir tillsagda om skojbråk

Elev: "Men vi skojar bara!"

- **Lärare:** "Jag förstår att det kan verka som ett skämt, men skojbråk skapar otrygghet i klassen och korridoren. Det kan också göra att vissa känner sig exkluderade, vilket inte bidrar till en bra stämning för någon. Dessutom kan det skapa en vana av icke-samtycke beteenden, vilket är problematiskt både nu och i framtiden. Jag förstår att det kan verka oskyldigt, men även skämt kan gå över gränsen och någon kan bli skadad eller känna sig obekväm. Vi måste vara noga med att respektera allas gränser."

Elev: "Vi gör det hela tiden, ingen blir skadad."

- **Lärare:** "Även om ingen verkar bli skadad just nu, kan detta beteende leda till en ökad risk för grövre våld. Det påverkar också hur vi lär känna varandra; skojbråk ersätter konversationer som hjälper oss att verkligen förstå varandra.Bara för att ingen har blivit skadad hittills betyder det inte att det inte kan hända. Dessutom skapar det en miljö där andra kan känna sig osäkra, och det vill vi undvika."

Elev: "Men vi är vänner, det är inget allvarligt."

- **Lärare:** "Det är bra att ni är vänner skojbråk kan skapa en tightare grupp mellan er, samtidigt som ni exkluderar andra och gör att de känner sig otrygga. Det är också viktigt att tänka på att ni tränar er i ett beteende som handlar om icke-samtycke, vilket kan få konsekvenser i mer intima situationer senare i livet. Det är bra att ni är vänner, men även mellan vänner kan skämt eller fysisk kontakt uppfattas fel. Vi har en policy för att säkerställa att alla, oavsett vänskapsband, behandlas med respekt."

Elev: "Det är så vi alltid har umgåtts."

- **Lärare:** "Jag förstår att detta kanske har varit er vana, men denna typ av beteende kan sänka studieresultaten genom att göra rasterna stökigare och mindre vilsamma, vilket påverkar er förmåga att koncentrera er under lektionerna. Dessutom, genom att förknippa intimitet med våld, som till exempel vid en kram, lär ni er att uttrycka närhet på ett sätt som kan vara skadligt Jag förstår att ni kanske har gjort detta tidigare, men skolan har nolltolerans mot den här typen av beteende. Vi vill säkerställa att alla känner sig trygga här."

Elev: "Ingen annan bryr sig, varför ska du?"

- **Lärare:** "Det är mitt ansvar att säkerställa att alla elever känner sig trygga. Även om det inte verkar som att någon säger ifrån, kan det vara så att de inte vågar, för att de är rädda att bli exkluderade från gruppen. Det är viktigt att skapa en miljö där alla känner att de kan säga nej utan att riskera att inte få vara med."

Elev: "Men ingen sa att de hade något emot det."

- **Lärare:** "Bara för att ingen har sagt något betyder det inte att de är bekväma med det. Många kan känna sig pressade att delta för att inte bli utanför, vilket kan leda till att de inte vågar säga ifrån i framtida, mer allvarliga situationer. Även om ingen har sagt något, kan det fortfarande påverka hur de känner sig. Det är viktigt att vi är försiktiga med hur vi behandlar varandra, oavsett om någon säger ifrån eller inte.

Elev: "Det är inte så farligt, vi bara leker."

- **Lärare:** "Leken kan verka oskyldig, men den kan leda till att ni lär er att intimitet alltid måste blandas med någon form av våld för att det ska kännas accepterat, vilket kan vara skadligt. Dessutom ökar det risken för att situationer eskalerar till grövre våld. Det kan verka harmlöst, men leken kan snabbt bli allvarlig och någon kan bli skadad eller känna sig otrygg. Vi måste alla ta ansvar för att det inte händer."

Elev: "Vi bara testar våra gränser."

- **Lärare:** "Att testa gränser är en del av att växa upp, men det är viktigt att göra det på ett sätt som inte skapar en otrygg miljö för andra eller tränar er i beteenden som saknar samtycke. Det är bättre att lära sig kommunicera och respektera andras gränser."

Elev: "Varför ska vi sluta om vi har kul?"

- **Lärare:** "Kul på kort sikt kan leda till problem på lång sikt. Skojbråk kan göra att rasterna blir mindre avslappnande och mer stökiga, vilket i sin tur påverkar er förmåga att koncentrera er på lektionerna och kan sänka era studieresultat. Att ha kul är viktigt, men inte på bekostnad av säkerheten eller någon annans bekvämlighet. Det finns många sätt att ha kul utan att riskera att någon blir skadad eller känner sig obekväm."

Elev: "Du överreagerar, vi har full kontroll."

- **Lärare:** "Det kan kännas som att ni har kontroll nu, men vanan att vara fysiskt våldsam kan lätt leda till missförstånd och en ökad risk för allvarligare konflikter. Dessutom bidrar det till en allmän känsla av otrygghet bland andra elever. Även om ni tror att ni har kontroll, kan situationen snabbt förändras. Min roll är att förebygga att något allvarligt händer, och därför måste jag se till att detta stoppas."

Elev: "Vi skadar inte någon på riktigt."

- **Lärare:** "Det kan verka så, men skojbråk kan leda till att vissa elever känner sig exkluderade eller otrygga, och det kan skapa en miljö där icke-samtycke blir en normal del av umgänget, vilket kan ha allvarliga konsekvenser senare i livet."

Elev: "Vi bara driver, det är inget allvarligt."

- **Lärare:** "Även om ni ser det som oskyldigt, kan det få effekter på hur ni interagerar med andra i framtiden, särskilt när det gäller att förstå och respektera samtycke. Dessutom kan det skapa en stökig och otrygg miljö som påverkar hela skolan negativt. Även om det känns som ett skämt nu, kan det uppfattas på ett annat sätt av andra. Vi måste alla vara medvetna om hur våra handlingar påverkar andra, även om det inte är avsiktligt."

Elev: "Men vi är bara unga, vi måste få ha lite kul."

- **Lärare:** "Självklart är det viktigt att ha kul, men det finns sätt att göra det på som inte skapar otrygghet eller lär er beteenden som inte respekterar andras gränser. Dessutom kan skojbråk göra att ni inte lär känna varandra på djupet, vilket är viktigt för att skapa riktiga vänskapsband."

Elev: "Ingen blir arg, varför är det ett problem?"

- **Lärare:** "Det är inte bara en fråga om ilska, utan om att skapa en miljö där alla känner sig trygga och respekterade. Skojbråk kan också leda till att vissa känner sig utanför och att rasterna blir stökigare, vilket påverkar både trivsel och studieresultat."

Elev: "Vi gör inget fel, det är bara för skojs skull."

- **Lärare:** "Jag förstår att ni inte menar något illa, men skojbråk kan bidra till en kultur där intimitet förknippas med våld och där icke-samtycke normaliseras. Det kan också leda till en ökad risk för missförstånd och allvarligare våld."

Elev: "Det är bara en grej vi gör inom gruppen."

- **Lärare:** "Även inom en grupp måste vi respektera varandras gränser och följa skolans regler. Det är viktigt att skapa en kultur där alla känner sig trygga och respekterade, oavsett vilken grupp de tillhör."

Elev: "Vi håller bara på för att lätta upp stämningen."

- **Lärare:** "Jag förstår att ni vill ha roligt och skapa en bra stämning, men det finns andra sätt att göra det på som inte innebär risk för att någon blir skadad eller känner sig otrygg."

Elev: "Vi skadar inte någon på riktigt."

- **Lärare:** "Det kan verka som om ingen blir skadad, men det kan ändå finnas en risk att någon känner sig otrygg eller att situationen eskalerar. Vi vill undvika att det går så långt."

Elev: "Varför får vi inte bara vara oss själva?"

- **Lärare:** "Det är viktigt att ni kan vara er själva, men att vara sig själv betyder också att visa respekt för andra och förstå hur ens beteende kan påverka dem. Att skapa en trygg miljö är en del av att visa den respekten."

Skojbråkande som härskarteknik

Skojbråkande innebär att använda lekfulla kommentarer och skämt för att dominera en konversation eller förminska någon annan, där syftet är att visa överlägsenhet eller underminera någon.

- **Bemötande:** Om någon använder skojbråkande för att förminska dig eller kontrollera en situation, kan du avväpna detta genom att stillsamt men bestämt återfå kontrollen över diskussionen.
  - **Exempel:** "Kul att du skojar, men jag vill gärna prata klart om det vi diskuterade."
  - **Syfte:** Genom att enkelt och lugnt återta fokus till det viktiga, förlorar personen sin möjlighet att dominera med skojbråkandet.
- **Bemötande:** Ett annat sätt att hantera skojbråkande är att markera gränsen på ett icke-konfrontativt sätt.
  - **Exempel:** "Jag tycker det är bra med skämt, men just nu behöver vi nog fokusera på det här."
  - **Syfte:** Sätter en gräns för när skojbråkande inte längre är lämpligt utan att göra en stor sak av det.

3.3 Bemöta härskartekniker

Syftet med att bemöta härskartekniker är att skapa en mer jämlik och respektfull miljö där alla kan känna sig hörda och värderade. Härskartekniker underminerar individers självförtroende och delaktighet, vilket påverkar gruppdynamik och välmående negativt. Det kan dock vara svårt att bemöta härskartekniker eftersom samhällets normer ofta gör det otydligt vad som är okej att påpeka eller ifrågasätta. Det krävs träning och medvetenhet för att identifiera när någon använder en härskarteknik,

310

eftersom de kan vara subtila eller framstå som "normalt beteende." Vuxna har genom erfarenhet utvecklat förmågan att se igenom härskartekniker och att tänka bortom situationen där dessa tekniker inte är accepterade. Denna förmåga är något som kan tränas upp, och stöd från vuxna eller vägledning kan vara till stor hjälp för att börja se och bemöta härskartekniker på ett konstruktivt sätt.

Att vara på andra som härskarteknik: När en elev ständigt avbryter eller kritiserar en annan elev i klassrummet, är det viktigt att du som lärare ingriper lugnt och sätter en tydlig gräns. *Bemötande:* Du kan påpeka beteendet direkt och uppmana till respekt för talutrymmet. Exempel: "Vi lyssnar på varandra här. Låt [namn] prata klart innan du ger din synpunkt." *Syfte:* Detta lär eleverna vikten av respekt i diskussioner och motverkar avbrott utan att skapa onödig konflikt.

Osynliggörande: Om en elev blir ignorerad eller överkörd i en diskussion, kan du som lärare lyfta fram deras bidrag igen. *Bemötande:* Inkludera eleven i samtalet genom att be dem upprepa sin poäng. Exempel: "Jag tror vi missade vad [namn] sa tidigare. Kan du upprepa det?" *Syfte:* Detta visar alla att varje elevs röst räknas och skapar en mer inkluderande atmosfär.

Förminskning/Trivialisering: Om en elev förminskar en annan elevs synpunkter, kan du hjälpa till att belysa allas åsikter utan att avfärda någon. *Bemötande:* Intervenera genom att påminna om att alla perspektiv är viktiga. Exempel: "Vi ska inte förminska någons tankar. Det [namn] sa är viktigt, och vi kan alla ha olika perspektiv." *Syfte:* Detta stärker en respektfull miljö där elever känner sig trygga att dela sina tankar.

Stereotypisering: Om en elev uttrycker en generaliserande kommentar om en annan elev, kan du ställa en öppen fråga för att få eleven att reflektera över sina ord. *Bemötande:* Be om förtydligande för att öppna upp för diskussion. Exempel: "Vad menar du med det, och hur tror du att det kan uppfattas av andra?" *Syfte:* Detta hjälper eleven att tänka över sina ord och främjar kritiskt tänkande utan att direkt peka ut fel.

Dubbelbestraffning: Om en elev verkar kritiseras oavsett vad hen gör, kan du som lärare belysa den inkonsekventa kritiken. *Bemötande:* Uppmana till att vara tydlig med förväntningar och rättvisa. Exempel: "Det låter som att vi behöver vara mer tydliga med vad som faktiskt förväntas här, så att [namn] vet hur hen kan lyckas." *Syfte:* Detta skapar en miljö där alla elever känner att de kan göra rätt och utvecklas.

Skuld- och skambeläggning: Om en elev försöker lägga skuld på en annan för något denne inte kunde kontrollera, kan du som lärare lugnt och sakligt påpeka orättvisan. *Bemötande:* Påminn gruppen om att ta ansvar för det som faktiskt är inom deras kontroll. Exempel: "Det är inte rättvist att lägga skulden på [namn] för något hen inte kunde påverka." *Syfte:* Detta visar vikten av rättvisa och ansvarstagande i klassrummet.

Hierarkisering: När en elev försöker sätta sig över en annan för att få makt, kan du som lärare lyfta fram alla elevernas lika värde. *Bemötande:* Inkludera fler röster och perspektiv i diskussionen. Exempel: "Det är bra att du delar din idé, men vi vill också höra vad de andra tycker." *Syfte:* Detta uppmuntrar till rättvisa och inkludering i diskussionen.

Undanhållande av information: Om en elev medvetet håller viktig information borta från andra, kan du uppmuntra transparens och delaktighet i klassrummet. *Bemötande:* Ställ frågor för att säkerställa att alla får tillgång till samma information. Exempel: "Har alla i gruppen fått veta det här? Det är viktigt att alla är med på samma nivå." *Syfte:* Detta lär eleverna vikten av att vara ärliga och öppna i sitt samarbete.

Förlöjligande/Överlägsenhetshumor: Om en elev använder humor för att förlöjliga en annan, kan du som lärare avväpna situationen genom att inte uppmuntra sådant beteende. *Bemötande:* Stoppa förlöjligandet och styra tillbaka diskussionen till det relevanta. Exempel: "Vi fokuserar på sakfrågan här och undviker att använda humor på andras bekostnad." *Syfte:* Detta skapar en respektfull miljö där elever känner sig trygga att uttrycka sig utan att riskera att bli förlöjligade.

Bristande omsorg: Om en elev inte visar omsorg eller respekt för en annan elevs känslor, kan du påminna gruppen om att visa empati.

Bemötande: Ingrip och uppmuntra eleverna att tänka på hur deras ord och handlingar påverkar andra. Exempel: "Vi måste tänka på hur våra ord påverkar andra. Hur tror du att [namn] känner sig just nu?" *Syfte:* Detta uppmuntrar eleverna att vara mer empatiska och öka sin känslomässiga medvetenhet.

Infantilisering: När en elev behandlar en annan som mindre kompetent eller mogen, kan du som lärare påminna om vikten av att lita på varandras förmågor. *Bemötande:* Betona självständighet och ansvar. Exempel: "Vi litar på att alla här kan bidra på sitt eget sätt. Låt oss ge varandra utrymme att visa det." *Syfte:* Detta stärker elevernas självförtroende och uppmuntrar dem att agera självständigt.

Splittring: Om en elev försöker skapa konflikter eller splittring i gruppen, kan du som lärare betona vikten av samarbete. *Bemötande:* Uppmuntra till samarbete och sammanhållning. Exempel: "Vi arbetar bäst när vi samarbetar, så låt oss se till att hålla ihop och hjälpas åt." *Syfte:* Detta motverkar splittring och stärker känslan av gemenskap i gruppen.

Objektifiering: När en elev behandlar en annan som ett objekt, exempelvis genom att kommentera utseende istället för att fokusera på prestation, kan du som lärare styra om samtalet. *Bemötande:* Fokus ska vara på personens insats och inte yttre attribut. Exempel: "Vi fokuserar på vad du har bidragit med här, inte på yttre faktorer." *Syfte:* Detta styr diskussionen till det som är relevant och viktigt för lärandet.

Tidskontroll: Om en elev försöker kontrollera en annan elevs tid eller åtaganden, kan du som lärare hjälpa till att sätta gränser. *Bemötande:* Påminn om att alla har rätt att själva planera sin tid. Exempel: "Det är viktigt att vi respekterar varandras tid och åtaganden. Låt [namn] bestämma hur hen vill lägga upp sitt arbete." *Syfte:* Detta lär eleverna att respektera varandras tid och att inte ta kontroll över andra.

Våld eller hot om våld: Om du som lärare upplever att en elev hotar eller utövar våld mot en annan elev, måste du omedelbart ingripa och söka stöd från rektor eller annan vuxen personal. *Bemötande:* Direkt och tydligt påtala att detta inte är acceptabelt och att det kommer att rapporteras.

Exempel: "Det här är allvarligt och vi måste prata om det med en gång. Jag tar detta vidare till rektor." *Syfte:* Säkerställer att eleven förstår allvaret och får stöd i en trygg miljö.

Ignorering av prestationer: Om en elevs prestationer blir ignorerade av andra i klassrummet, kan du som lärare uppmärksamma deras insatser på ett subtilt men tydligt sätt. *Bemötande:* Påminn om elevens bidrag och synliggör det för gruppen. Exempel: "Jag tror vi glömde att nämna att [namn] också bidrog med den här delen." *Syfte:* Detta hjälper till att synliggöra varje elevs arbete och främjar en miljö där allas bidrag uppskattas.

Förlöjligande eller sarkasm: Om en elev använder sarkasm eller förlöjligar en annan elev, kan du som lärare avväpna situationen genom att be eleven klargöra sitt budskap. *Bemötande:* Be eleven förtydliga vad de menar utan att uppmuntra sarkasm. Exempel: "Kan du förtydliga vad du menade med det där?" *Syfte:* Detta sätter gränser för sarkastiskt beteende och skapar en tryggare miljö för alla elever.

Undanhållande av information: När en elev medvetet undanhåller information som är viktig för gruppen, kan du som lärare uppmuntra till delaktighet och transparens. *Bemötande:* Fråga öppet om all information har delats med alla. Exempel: "Har alla fått den här informationen? Det är viktigt att alla har samma möjligheter." *Syfte:* Detta främjar en transparent och rättvis atmosfär där alla känner sig delaktiga.

Humor som härskarteknik: Humor kan användas som ett sätt att förminska eller förlöjliga andra, exempelvis genom överlägsenhetshumor, sarkasm eller skojbråkande, där ett skämt används för att kamouflera en nedvärdering. *Bemötande:* Om någon använder överlägsenhetshumor eller sarkasm för att förminska en annan elev, kan du som lärare lugnt be om ett förtydligande. Exempel: "Det där lät som ett skämt, men jag är inte säker. Menade du allvar eller skämtade du?" *Syfte:* Detta bryter skämtets kraft och uppmuntrar eleven att reflektera över sina ord. Om skämtet används för att avleda från diskussionen, kan du fokusera på innehållet. Exempel: "Jag hör vad du säger, men kan vi hålla oss till ämnet istället för att skämta om det?" *Syfte:* Detta styr tillbaka diskussionen till vad som är viktigt och förhindrar att humorn används för att underminera samtalet.

Förminskning/Trivialisering med humor: Om en elev använder humor för att få en annan elevs åsikter att verka mindre viktiga, kan du som lärare synliggöra detta och bekräfta att alla perspektiv är värda att lyssna på. *Bemötande:* Exempel: "Jag förstår att du försöker lätta upp stämningen, men för [namn] är det här viktigt." *Syfte:* Detta visar att du tar situationen på allvar och att ingen elevs bidrag ska förminskas, även om det sker med humor.

Osynliggörande med humor: Om humor används för att ignorera eller avleda från vad en elev säger, kan du som lärare återvända till ämnet och visa att alla elever har rätt att bli hörda. *Bemötande:* Exempel: "Det är okej att skämta, men låt oss höra klart vad [namn] ville säga." *Syfte:* Detta synliggör elevens bidrag utan att direkt anklaga någon för att osynliggöra.

Förlöjligande med humor: Om en elev förlöjligar en annan elev genom humor, kan du som lärare visa att du inte tar skämtet som roligt och återgå till det relevanta. *Bemötande:* Exempel: "Okej, jag förstår att du kanske inte tyckte det var så spännande, men [namn] arbetade hårt med det. Vad tycker du att vi kan förbättra?" *Syfte:* Detta visar att du värderar ansträngningen och vill ha konstruktiv kritik istället för hån.

Stereotypisering med humor: Om en elev använder stereotypa skämt för att förminska en annan elev, kan du som lärare synliggöra detta och be eleven reflektera över sitt skämt. *Bemötande:* Exempel: "Det där var ett skämt, men jag undrar om du verkligen menade det så?" *Syfte:* Detta får eleven att reflektera över sitt skämt utan att göra situationen spänd eller få dem att känna sig attackerade.

Överlägsenhetshumor: Om en elev använder humor för att framstå som överlägsen, kan du som lärare hjälpa till att neutralisera det genom att inte tillåta jämförelse. *Bemötande:* Exempel: "Det är bra att du var snabb, men vi är alla här för att lära oss på vårt eget sätt." *Syfte:* Detta hindrar att jämförelsen sätter någon elev i en underlägsen position och främjar en atmosfär av samarbete istället för tävlan.

Skuld- och skambeläggning med humor: Om en elev använder humor för att lägga skuld på en annan elev, kan du som lärare avväpna situationen genom att främja en reflekterande dialog. *Bemötande:* Exempel: "Jag förstår att du kanske är besviken, men låt oss fundera på hur vi alla kan förbättra oss tillsammans." *Syfte:* Detta neutraliserar skuldbeläggningen och uppmuntrar till samarbete och ansvarstagande utan att någon individ lastas.

Dubbelbestraffning med humor: När en elev använder humor för att kritisera en annan elev oavsett vad de gör, kan du som lärare belysa orimligheten i detta på ett lugnt sätt. *Bemötande:* Exempel: "Det verkar som att det inte riktigt finns något rätt sätt här, vad tycker du att vi borde fokusera på?" *Syfte:* Detta synliggör det dubbla budskapet utan att få personen att känna sig attackerad, samtidigt som det förhindrar ytterligare dubbelbestraffning.

3.4 Bemöta rasism och etnisk diskriminering

Felsut som kan göras inom en kulturrastisisk diskurs/argumentation och antirasistisk diskurs/argumentation

Uppmuntra saklighet och komplexa resonemang: Främja ett fokus på saklighet och objektivitet i diskussioner. Uppmana eleverna att sträva efter att resonera utifrån rationella, humanistiska värden. **Identifiera och hantera argumentationsfel:** Betrakta uttalanden och handlingar som potentiella argumentationsfel. Hjälp eleverna att undvika felslut och uppmuntra dem att problematisera dessa.

Exempel på felslut att känna igen där argumentationen blir kulturrasistisk/etnocentrisk rasistisk.

- **Etnocentrism (kulturchauvinism):** Att bedöma andra kulturer utifrån ens egen kulturs normer och värderingar och att anse den egna kulturen som överlägsen. Detta leder ofta till en förminskning eller demonisering av andra kulturer.

- **Stereotypisering**: Att tillskriva alla individer i en grupp egenskaper baserade på förenklade och ofta negativa stereotyper. Till exempel att säga att "alla människor från [kultur] är [negativ egenskap]", vilket ignorerar individernas variation och mångfald.
- **Essentialism**: Att anta att människor tillhörande en viss kultur eller etnicitet har vissa oföränderliga och inneboende egenskaper, vilket innebär att deras beteende och värderingar är förutbestämda av deras kultur.
- **Andrefiering (Othering)**: Att framställa andra kulturer eller etniska grupper som fundamentalt olika, främmande eller underlägsna i förhållande till den egna gruppen. Detta skapar ett "vi" och "dem" tänkande som polariserar och avhumaniserar.
- **Falsk dikotomi (eller svart-vitt tänkande)**: Att presentera kulturer eller samhällen som helt åtskilda och inkompatibla, exempelvis att hävda att "västerländska" och "icke-västerländska" värderingar inte kan samexistera.
- **Appell till rädsla (appeal to fear)**: Att framkalla rädsla för "de andra" genom att överdriva hotet från andra kulturer eller etniska grupper. Exempelvis genom att hävda att invandring kommer att leda till "förlust av nationell identitet" eller "kulturell förstörelse".
- **Övergeneralisering**: Att dra svepande slutsatser om en hel kultur eller folkgrupp baserat på handlingarna hos ett fåtal individer. Detta kan ses i uttalanden som att "alla muslimer är terrorister" på grund av handlingarna av extremister.
- **Kulturell determinism**: Att hävda att människors beteenden och samhällsproblem enbart beror på deras kultur, utan att ta hänsyn till socioekonomiska faktorer, politik eller individuella skillnader.
- **Slippery Slope (sluttande plan)**: Att påstå att tillåta eller acceptera en viss kulturell sedvänja eller invandring från en viss kultur automatiskt kommer att leda till extrema och oönskade konsekvenser, som till exempel "islamisering" av ett land.
- **Falsk ekvivalens**: Att jämställa alla kulturella uttryck eller traditioner med varandra som om de vore av samma art eller konsekvens. Till exempel att jämställa konservativa religiösa värderingar i olika kulturer utan att förstå de olika kontexterna och följderna.

- **Cherry picking**: Att selektivt lyfta fram negativa aspekter av en annan kultur samtidigt som man ignorerar positiva aspekter eller komplexiteten i den kulturen. Detta förstärker en negativ och ensidig bild.
- **Historisk revisionism**: Att förvränga eller omtolka historiska händelser för att passa ett chauvinistiskt narrativ, exempelvis genom att framställa en viss kultur som historiskt sett "överlägsen" eller som "offret" i alla sammanhang.
- **Appell till tradition (appeal to tradition)**: Att hävda att en kulturell sedvänja är överlägsen enbart för att den är gammal eller traditionell, utan att överväga om den faktiskt är rättvis eller etiskt försvarbar i dagens samhälle.
- **Confirmation bias (bekräftelsebias)**: Att bara uppmärksamma eller söka efter information som bekräftar negativa fördomar eller stereotyper om en viss kultur, och ignorera information som motsäger dessa.
- **Kulturell relativism som absolutism**: Att förkasta all kritik av någon kultur genom att hävda att alla kulturella praktiker är lika giltiga, oavsett deras konsekvenser för mänskliga rättigheter eller individers välmående.
- **Red Herring**: Att avleda uppmärksamheten från ett centralt problem genom att introducera ett irrelevant ämne. Exempelvis, om någon påpekar strukturell rasism, kan en kulturrasist svara med att tala om "hur vissa kulturer förtrycker kvinnor", trots att detta inte är relaterat till diskussionen.
- **Nostalgia Fallacy**: Att romantisera det förflutna och hävda att samhället var bättre förr, innan invandring eller kulturell mångfald. Detta ignorerar historiska ojämlikheter och förtryck som ofta var närvarande under dessa perioder.
- **False Balance**: Att försöka ge intrycket att två sidor i en debatt är lika legitima, när den ena sidan bygger på fördomar eller felaktigheter. Till exempel att presentera både fördomsfulla åsikter om en kultur och empirisk forskning som om de hade samma värde.
- **Guilt by Association**: Att koppla en hel grupp eller kultur till en specifik negativ handling eller en person genom association.

Exempelvis att hävda att alla från en viss kultur är våldsamma på grund av handlingarna från en extremistisk minoritet.

- **Argumentum ad Antiquitatem**: Att hävda att en viss kultur eller tradition är bättre eller mer legitim eftersom den har funnits länge, utan att överväga om den fortfarande är relevant eller etiskt försvarbar idag.

- **Tu Quoque (du också)**: Att försvara felaktiga eller fördomsfulla uttalanden genom att påpeka att "den andra sidan" också har gjort något liknande. Exempelvis, om någon kritiserar rasistiska kommentarer, svara med "men deras kultur är också rasistisk".

- **Den falska konsensusfällan**: Att anta att alla i ens egen grupp (kultur, etnicitet) delar samma fördomsfulla åsikter, och därmed förstärka uppfattningen att dessa åsikter är "normala" eller "korrekta".

- **Definitional Retreat**: Att förändra definitionen av ett ord eller koncept för att undvika kritik. Till exempel att omdefiniera rasism som enbart något som kan utföras av en viss grupp, för att undvika att erkänna fördomar i den egna gruppen.

- **Naturalistisk felslut**: Att hävda att något är moraliskt rätt eller önskvärt bara för att det är "naturligt" enligt en viss kulturs normer, exempelvis genom att säga att könsroller är naturliga och därför bör upprätthållas.

- **Appell till auktoritet (appeal to authority)**: Att hävda att en viss kultur är överlägsen eftersom "experter" eller historiska auktoriteter har sagt så, utan att kritiskt granska dessa källors trovärdighet eller relevans.

- **God of the gaps**: Att fylla i kunskapsluckor med fördomar eller stereotypa förklaringar. Om någon inte förstår en annan kulturs seder kan de förklara det genom att anta att den kulturen är primitiv eller underlägsen.

- **Reductionism**: Att reducera en hel kultur eller ett folks komplexa verklighet till en enda aspekt, exempelvis att säga att "den kulturen handlar bara om våld" eller "deras religion är allt som betyder något för dem".

- **The Parrot's Fallacy**: Att upprepa ett påstående om en kultur eller etnisk grupp många gånger, med hopp om att det upprepade påståendet ska ses som en sanning. Till exempel att gång på gång upprepa att "de vill inte integreras" utan några bevis eller nyanser.

- **Anachronism**: Att felaktigt applicera moderna värderingar eller normer på historiska kulturer eller händelser för att argumentera för nutida fördomar. Till exempel att fördöma en hel kultur idag för handlingar som begicks för hundratals år sedan.
- **Scapegoating**: Att skylla ett samhälles problem på en specifik kultur eller etnisk grupp utan att beakta andra faktorer som kan vara involverade. Exempelvis att säga att "våra ekonomiska problem beror på invandringen" utan att analysera andra ekonomiska faktorer.
- **Appeal to Ignorance**: Att anta att en viss kulturell eller etnisk grupp är underlägsen eller hotfull eftersom man själv inte har någon kunskap om dem. "Jag vet inget om dem, så de måste vara farliga."
- **Hasty Generalization**: Att dra slutsatser om en hel kultur baserat på enstaka eller fåtaliga exempel, exempelvis att möta en otrevlig person från en viss kultur och anta att alla från den kulturen är otrevliga.
- **False Causality**: Att påstå att en viss kultur eller etnicitet orsakar ett socialt problem utan att ta hänsyn till komplexa bakomliggande faktorer. Exempelvis att påstå att "den höga brottsligheten beror på deras kultur" utan att överväga socioekonomiska faktorer. Kultur kan vara en delfaktor men är aldrig i sig ensamt en faktor.

Här är en lista på vanliga felslut som kan förekomma i debatter om rasism inom antirasistisk diskurs/argumentation:

- **Ad Hominem**: Att angripa motståndaren personligen istället för att bemöta deras argument. Exempelvis, att kalla någon för "rasist" utan att bemöta deras faktiska uttalanden eller synpunkter.
- **Falsk dikotomi (eller svart-vitt tänkande)**: Att framställa det som att det bara finns två alternativ, exempelvis "Antingen är du anti-rasist eller så är du rasist", utan att erkänna att människor kan ha mer nyanserade eller komplexa ståndpunkter.

- **Strawman (halmgubbe)**: Att förvränga eller överdriva motståndarens argument för att lättare kunna avfärda dem. Till exempel, om någon uttrycker oro över invandringspolitik och en anti-rasist hävdar att personen vill stänga alla gränser och deportera invandrare, trots att det inte var vad personen sa.
- **Slippery Slope (sluttande plan)**: Att hävda att ett visst beslut eller åsikt kommer leda till extrema och oönskade konsekvenser utan att tillhandahålla bevis för att detta faktiskt skulle ske.
- **Övergeneralisering**: Att dra alltför svepande slutsatser utifrån enstaka fall. Till exempel, att påstå att "alla vita människor är rasister" baserat på exempel av rasism från vissa individer.
- **Moralisk överlägsenhet**: Att hävda att ens egna moraliska ståndpunkter är så överlägsna att alla som inte håller med är fundamentalt onda eller ignoranta, vilket kan blockera en konstruktiv dialog.
- **Kausal felslut (post hoc ergo propter hoc)**: Att anta att eftersom något hände efter en viss händelse, så orsakade den första händelsen den andra. Exempelvis, att anta att ett socialt problem enbart orsakas av rasism utan att överväga andra möjliga faktorer.
- **Falsk ekvivalens**: Att jämställa två situationer eller fenomen som om de vore lika allvarliga eller av samma typ när de i själva verket är ganska olika. Till exempel, att jämställa omvänd rasism (diskriminering av vita) med systemisk rasism.
- **Appell till känslor (appeal to emotion)**: Att försöka övertyga genom att vädja till känslor snarare än att använda rationella argument. Det kan vara att framkalla starka känslor av skuld, skam eller ilska utan att tillhandahålla saklig grund för argumentet.
- **Ad Populum (appeal to majority)**: Att hävda att något är sant eller rätt för att en stor mängd människor tror på det, istället för att grunda sitt argument på fakta och logik.
- **Cherry picking**: Att selektivt välja exempel eller data som stöder ens egen position medan man ignorerar sådana som motsäger den. Detta kan leda till en skev bild av verkligheten.
- **No True Scotsman**: Att avfärda exempel som motsäger ens egen ståndpunkt genom att hävda att dessa exempel inte är "riktiga"

medlemmar av den grupp de påstås representera. Exempelvis, "Ingen riktig anti-rasist skulle någonsin säga något sådant."

Samling av förslag på vad lärare ska undvika och hur de kan agera i olika situationer

Titta i olika kontexter för varje case

- **I korridor.** Markera, undersök kontexten, referera till skolpolicy, allvarlighetsgraden av gör om det ska tas till skolledning eller annan ansvarig för ärenden, förklara varför regeln finns och effekterna av stereotypisering, kulturrasism etc.
- **I lektionssal:** Markera, undersök kontexten, referera till skolpolicy, allvarlighetsgraden av gör om det ska tas till skolledning eller annan ansvarig för ärenden, förklara varför regeln finns och effekterna av stereotypisering, kulturrasism etc. Om lämpligt använd tillfället för en diskusion eller spara det till ett annat tillfälle där man kan gå igenom det djupare.
- **Individ till individ.** Markera, undersök kontexten, referera till skolpolicy, allvarlighetsgraden av gör om det ska tas till skolledning eller annan ansvarig för ärenden, förklara varför regeln finns och effekterna av stereotypisering, kulturrasism etc. Undersök kontexten om detta är normaliserat, för i så fall är det ett grupp-problem som kräver att man jobbar med gruppen.
- **Grupp till grupp.** Markera, undersök kontexten, referera till skolpolicy, allvarlighetsgraden av gör om det ska tas till skolledning eller annan ansvarig för ärenden, förklara varför regeln finns och effekterna av stereotypisering, kulturrasism etc. Undersök kontexten om detta är normaliserat, för i så fall är det ett grupp-problem som

kräver att man jobbar med gruppen. Kontexten: är det en negativa spiral mellan grupper av att referera till varandra på ett visst sätt?

- **Grupp till individ:** Markera allvaret i en situation där en grupp är mot en ensam individ, undersök kontexten, referera till skolpolicy, allvarlighetsgraden av gör om det ska tas till skolledning eller annan ansvarig för ärenden, förklara varför regeln finns och effekterna av stereotypisering, kulturrasism etc. Undersök kontexten om detta är normaliserat, för i så fall är det ett grupp-problem som kräver att man jobbar med gruppen.

- **Grupp som talar högt utan att tilltal till grupp x:** Markera allvaret i en situation där en grupp är mot en ensam individ, undersök kontexten, referera till skolpolicy, allvarlighetsgraden av gör om det ska tas till skolledning eller annan ansvarig för ärenden, förklara varför regeln finns och effekterna av stereotypisering, kulturrasism etc. Undersök kontexten om detta är normaliserat, för i så fall är det ett grupp-problem som kräver att man jobbar med gruppen.

- Återkommande: Markera varje gång. Undersök: Är det en del av mobbning? Görs detta för att provocera? Är det en del av anti-skolkultur? Viljan att vara edgy? En oförståelse för kulturrasism, stereotypiserande, andrefiering?

Dessa har olika allvarlighetsgrad, speciellt om det är återkommande och en grupp mot en individ. Det har då mest intention att skada och kan ses som mer aggresivt.

Elev/eller grupp elever som återkommande är kulturchauvinistiska, stereotypiserande, andrefierande

- Bemöt varje påstående med att synliggöra felslsut och inbjud eleven att vara undersökande, problematiserande.
- Är det i god tro eller ond tro? Är påsteående ett motstånd mot skolsituation eller ett symptom på något annat? Är det en förbittring för ett rådande tillstånd allmänt i samhället eller i elevens egna liv?

Elev/elever har riktat påstående/skämt/aggressiv handling mot en elev eller flera elever på grund av deras etnicitet

- Exempel: elever går fram till elev/grupp x och säger en fördom elevens grupptillhörighet.
- Exempel: elev/elever går fram till icke-svensk och säger att man ska rösta på SD.

Förslag på hantering:

Generaliserande, stereotypiserande påstående

- Grupp x gör negativ handling, Grupp x tar våra jobba, Grupp x jobbar inte, Alla är grupp x är på samma sätt, Vissa ur grupp x är på detta sättet som skiljer sig från majoritetsbefolknigen.
- Synliggör felslut: **Hasty Generalization (överdriven generalisering)**: Detta påstående innebär att man drar slutsatsen att hela grupp X är involverad i en negativ handling baserat på handlingarna av enstaka individer. Det är ett felslut eftersom det antar att en negativ handling är representativ för alla medlemmar av gruppen. **Scapegoating (syndabockstänkande)**: Detta är ett felslut där en specifik grupp, i detta fall grupp X, skylls för att orsaka ett problem, i detta fall arbetslöshet eller förlust av jobb. Det förutsätter ett kausalt samband mellan gruppens närvaro och jobbförlusten utan att ta hänsyn till andra möjliga faktorer, såsom ekonomisk politik, automation eller globala marknadsförändringar. **Zero-Sum Fallacy**: Detta felslut innebär att man ser arbetsmarknaden som ett nollsummespel, där fler jobb till grupp X innebär färre jobb till andra, utan att beakta att arbetsmarknaden är komplex och att nya jobb kan skapas av olika anledningar. **Logisk inkonsekvens:** en grupp kan inte både ta jobb och vara arbetslösa.

Exempel på kulturchauvinism: "Svenska värderingar är bäst."

- Förslag på hantering: vad är svenska värderingar? Vad är det som är svenskt och egentligen universellt? Jämlikhet, jämställdhet, sekularitet, icke-våld osv är inte något som skapats i Sverige utan är. Det som är "bäst" är i så fall det som är kopplat till humanism och rationalism, och olika universella etiska kategorier - utilitarism, dygdetik, pliketik, omsorgsetik exempelvis.

- Synliggör felslut: **Övergeneralisering**: Här görs en svepande generalisering om att alla "svenska värderingar" är bäst, vilket ignorerar att värderingar inom en kultur kan variera och att det finns värderingar i andra kulturer som också kan vara värdefulla eller till och med överlägsna i vissa sammanhang. **Etnocentrism:** Uttalandet uttrycker en uppfattning om att "svenska värderingar" är bättre än andra kulturers värderingar, utan att objektivt jämföra eller förstå dessa andra kulturer. **Felaktigt kausalitet**: Genom att påstå att "svenska värderingar" är bäst, antyds det att allt som är positivt i det svenska samhället enbart beror på dessa värderingar, vilket ignorerar andra bidragande faktorer. Många av de värderingar som anses svenska, såsom demokrati, mänskliga rättigheter, och jämlikhet, har sina rötter i globala idéströmningar och har påverkats av kulturellt utbyte med andra delar av världen.

Den här ideologin tycker så här och det tycker jag också.

- Bemöt med att uppmuntra **värdenyfikenhet** hos eleven. Måste en viss ideologi tolkas på ett visst sätt? Det finns ofta väldigt stor bredd inom ideologier. Exempelvis för elever som har nationalistisk lutning finns det alternativ som nationalistisk mångkultur, eller sekulär och liberal mångkulturaism. Mångkulturalism behöver alltså inte bara kritseras utifrån ett kulturchauvinistiskt och etnocentrisk nationalism. Men sedan att hitta andra ideologier och söka motivera varför man tycker på ett visst sätt inom en viss ideologi.
- Synliggör felslutet: **Appell till auktoritet**: Här innebär felslutet att personen accepterar ett påstående eller en uppfattning enbart baserat på att en ideologi eller auktoritet står bakom det, utan att självständigt granska eller kritiskt analysera om uppfattningen är rimlig eller korrekt. Det innebär att åsikten accepteras för att den

kommer från en källa som uppfattas som legitim, snarare än på grund av själva argumentets meriter.

Nyheten x tog upp det här, det visar på att det finns problem grupp x

- Förslag på hantering: uppmuntra tankar som fångar komplexitet, saklighet, undersökande, problematiserande, empati, internationell solidaritet, politisk pluralism.
- Styr bort diskussionen från kulturchauvinism, stereotypiserande, till fakta, kontextualitet, perspektivtagande.
- Synliggör felslut.

"Personen från grupp X fick priset för sin grupptillhörighet"

- **Övergeneralisering**: "Personer från grupp X får ofta priser bara för att de tillhör den gruppen." Detta påstående övergeneraliserar genom att anta att alla personer i en viss grupp får fördelar baserat på sin grupptillhörighet, utan att ta hänsyn till individuella prestationer eller kvalifikationer.
- **Falsk kausalitet (post hoc ergo propter hoc)**: "Personen från grupp X fick priset för att de tillhör grupp X." Detta påstående gör felaktigt antagandet att tillhörigheten till grupp X är den enda eller främsta orsaken till att priset vanns, utan att överväga andra faktorer som meriter eller prestationer.
- **Ad Hominem**: "Personen från grupp X fick priset, men det var bara på grund av deras grupptillhörighet." Här används grupptillhörigheten för att förminska individens prestationer och ifrågasätta legitimiteten i att de fick priset, vilket är ett personangrepp snarare än en objektiv bedömning av deras prestationer.
- **Strawman (halmgubbe)**: "Personer från grupp X får priser enbart på grund av sin grupptillhörighet, inte på grund av vad de faktiskt har uppnått." Detta påstående skapar en förvrängd bild av hur och varför personer från grupp X får priser, och ignorerar eller förvränger fakta om deras verkliga prestationer.

- **Confirmation Bias**: "Jag har hört att personer från grupp X ofta får priser, så det måste vara sant att den här personen också fick priset bara på grund av sin grupptillhörighet." Detta påstående baseras på en förutfattad mening som bekräftar en stereotyp utan att granska bevis eller individuella omständigheter.

Situation med där humor har använts: Stereotypiserande, andrefierande och överlägsenhets-skämt om grupp x.

Vad som kan sägas till eleven av en lärare och frågor som eleven kan säga till ställa sig själv i fortsättningen:

- Var medveten om känsliga ämnen. Skämt om tabuämnen som sex, genus eller etnicitet kan lätt bli stötande.
- Använd humor för att lindra spänningar och skapa en avslappnad atmosfär, men var försiktig med ämnen som kan vara känsliga för andra.
- Undvik att skämta på andras bekostnad. Skämt som bygger på att förlöjliga eller förminska andra kan vara kränkande och skadliga.
- Använd självironi istället för att skämta om andra. Självironi kan vara ett sätt att skapa humor utan att skada någon annan.
- Använd humor för att inkludera snarare än exkludera. Skämt ska stärka gemenskap och samhörighet.
- Var medveten om att alla kanske inte delar samma humor. Respektera andras känslor och gränser.
- Använd humor som ett sätt att hantera och acceptera livets svårigheter och paradoxer.
- Undvik cynism och negativ ironi som kan skapa distans och missförstånd.
- Var lekfull och kreativ med din humor, men respektera att alla inte kanske delar samma syn på vad som är roligt.
- Använd humor för att skapa glädje och entusiasm, men var lyhörd för andras reaktioner.

Frågor vi bör uppmuntra eleven att ställa till sig själv innan de skämtar:

- Skapar mitt skämt en känsla av gemenskap och inkludering?

- Kan mitt skämt göra att någon känner sig utanför eller exkluderad?
- Kan mitt skämt missuppfattas som kränkande eller olämpligt?
- Är det rätt tid och plats för detta skämt?
- Skulle jag känna mig bekväm om någon gjorde samma skämt om mig?
- Bidrar mitt skämt till att stärka eller bryta ner någon annan?
- Är mitt skämt roligt på grund av en oväntad vändning som alla kan uppskatta?
- Finns det en risk att någon kan känna sig sårad eller obekväm av skämtets oväntade element?
- Hjälper mitt skämt mig och andra att hantera livets utmaningar på ett positivt sätt?
- Bidrar mitt skämt till att skapa en djupare förståelse och acceptans för oss själva och andra?
- Är mitt skämt lekfullt och lättsamt utan att vara stötande?
- Kan alla inblandade uppskatta mitt skämt och känna glädje av det?
- Kan någon känna sig utanför eller dum om de inte förstår mitt skämt?

Påståendet "woke har förstört allt". Elever speglar vad som blivit vanligt i diskursen att all kritik mot kulturchauvinism, kulturrasism, stereotypiserande och generaliserande som att det är "woke".

- Det finns kritik av woke som inte är kulturrasistisk- led eleven mot denna istället och uppmuntrande undersökande och kritiskt tänkande.
- Synliggör påsteåendet som ett felslut: **Generaliserande:** Det drar en svepande slutsats om den "woke" rörelsens påverkan genom att påstå att den har förstört "allt", vilket innebär att alla negativa förändringar eller upplevelser tillskrivs en enda orsak utan att beakta andra möjliga faktorer eller nyanser i den komplexa sociala och politiska dynamiken. **Falsk kausalitet:** åståendet antyder att eftersom vissa negativa förändringar har skett samtidigt som den "woke" rörelsen blivit mer framträdande, så är det den "woke" rörelsen som orsakat dessa förändringar, vilket är ett felslut eftersom det antar ett orsakssamband utan att tillhandahålla bevis

för att den "woke" rörelsen faktiskt är ansvarig för alla dessa förändringar. **Halmgubbe:** Påståendet kan också ses som en halmgubbe, där den "woke" rörelsen framställs på ett förenklat och överdrivet negativt sätt. **Appell till känslor:** Det kan också utnyttja en rädsla för förändringar genom att måla upp en bild av att den "woke" rörelsen har en allomfattande negativ inverkan, vilket spelar på känslor snarare än att basera argumentet på rationella och faktabaserade grunder. **Falsk dikotomi:** Vidare kan påståendet skapa en falsk dikotomi genom att implicit antyda att det finns två lägen: ett där saker är förstörda på grund av den "woke" rörelsen, och ett där allt var bra innan den, vilket ignorerar möjligheten att vissa aspekter av den "woke" rörelsen kan ha haft både positiva och negativa effekter, samt att det finns fler faktorer att beakta

Hantering av motargument vid markering av nolltolerans

Här är konkreta förslag på hur man kan bemöta olika motargument från elever när de försöker försvara sig efter att ha uttryckt sig rasistiskt, stereotypiserande eller på annat sätt kränkande:

1. **"Jag menade inte att vara rasistisk, det var bara ett skämt."**
   o **Svarsformulering:** "Jag förstår att du kanske inte menade något illa, men det är viktigt att tänka på hur dina ord kan påverka andra. Skämt som bygger på stereotyper förstärker fördomar och kan såra människor, även om det inte var din avsikt. Vi måste alla vara försiktiga med hur vi uttrycker oss, särskilt när det kan påverka andras självkänsla och trivsel."
2. **"Jag har rätt att uttrycka mina åsikter."**
   o **Svarsformulering:** "Yttrandefrihet är en viktig rättighet, men med den följer också ett ansvar. I skolan har vi ett gemensamt ansvar för att skapa en miljö där alla känner sig respekterade och trygga. När vi uttrycker oss på ett sätt som sårar eller exkluderar andra, bryter vi ner den miljön.

Det är viktigt att tänka på hur våra ord kan påverka andra, även om vi själva tycker att vi bara uttrycker en åsikt."

3. **"Alla andra säger så här, varför är det ett problem när jag gör det?"**
   - Svarsformulering: "Bara för att något är vanligt betyder det inte att det är rätt. Om vi märker att ett beteende är skadligt eller kränkande, har vi ett ansvar att ifrågasätta och förändra det. Det är också en del av att vara en ansvarstagande individ i samhället att våga stå emot sådant som är fel, även om det verkar vara normen."

4. **"Jag pratade bara om fakta, inte om att vara elak."**
   - Svarsformulering: "Det är viktigt att skilja mellan att presentera fakta och att dra generaliserande slutsatser om grupper av människor. När vi använder fakta för att stereotypisera eller skapa en negativ bild av en hel grupp, bidrar vi till att sprida fördomar och diskriminering. Det är alltid viktigt att sätta fakta i ett sammanhang och vara medveten om hur de kan uppfattas och användas."

5. **"Jag har själv blivit utsatt för rasism, så jag förstår hur det känns."**
   - Svarsformulering: "Att du har erfarenheter av att bli utsatt för rasism är väldigt viktigt, och det är något vi behöver prata om. Samtidigt är det också viktigt att vi inte för vidare den smärtan genom att utsätta andra för liknande behandling. Vi kan använda våra erfarenheter för att bygga en mer förstående och respektfull miljö för alla."

6. **"Jag menade det inte så, det var inte riktat mot någon specifik person."**
   - Svarsformulering: "Även om du inte riktade din kommentar mot någon specifik person, kan sådana uttalanden ändå påverka människor i närheten som tillhör den gruppen. När vi generaliserar om grupper riskerar vi att skada och exkludera dem, även om det inte var vår avsikt."

7. **"Det var bara en åsikt, inte något personligt."**

- o **Svarsformulering:** "När vi uttrycker åsikter som handlar om grupper av människor kan de uppfattas som personliga av de som tillhör den gruppen. Att uttrycka en åsikt på ett sätt som är respektfullt och inte kränkande är en del av att delta i en konstruktiv och respektfull dialog."
8. **"Men jag hörde det på TV/läste det på nätet."**
   - o **Svarsformulering:** "Det är viktigt att vara källkritisk och reflektera över vad vi ser och hör i media. Bara för att något sägs i media betyder det inte att det är rätt eller att det är oproblematiskt. Vi behöver alltid tänka på hur informationen påverkar oss och andra, och hur vi kan använda den på ett sätt som inte skadar eller exkluderar någon."

"Jag ville bara starta en diskussion."

- **Svarsformulering:** "Att starta en diskussion är bra, men vi måste se till att diskussionen är respektfull och inte bygger på fördomar eller kränkande uttalanden. En konstruktiv diskussion handlar om att lyssna och lära sig, inte om att provocera eller såra andra."

"Jag tycker att det är överdrivet att kalla allt för rasism."

- **Svarsformulering:** "Jag förstår att det kan kännas som om begreppet rasism används mycket, men det är viktigt att vi tar dessa frågor på allvar. Rasism kan ibland vara subtil och ta sig uttryck på sätt som inte alltid är uppenbara. Genom att uppmärksamma och diskutera olika former av rasism kan vi bli bättre på att förstå hur våra handlingar påverkar andra."

"Men jag känner många som håller med mig."

- **Svarsformulering:** "Det är naturligt att vi påverkas av de vi har runt omkring oss, men det betyder inte att något är rätt bara för att många tycker likadant. Vi måste alltid ifrågasätta och reflektera över våra åsikter, särskilt när de kan påverka andra negativt. Att fler tycker något betyder inte att det inte kan vara skadligt."

"Men jag känner personer från den gruppen, och de blir inte arga när jag säger så."

- **Svarsformulering:** "Det är bra att du har relationer med personer från den gruppen, men det är viktigt att förstå att alla människor är olika och kan uppfatta saker på olika sätt. Bara för att några inte tar illa upp betyder det inte att det inte kan vara sårande för andra. Vi måste vara försiktiga med generaliseringar och alltid försöka vara respektfulla."

"Jag sa bara vad jag tycker, är det inte okej att ha en egen åsikt?"

- **Svarsformulering:** "Självklart är det viktigt att ha och uttrycka egna åsikter, men det är lika viktigt att vi gör det på ett sätt som inte skadar andra. I en mångfaldig miljö som vår behöver vi tänka på hur våra åsikter påverkar andra människor och sträva efter att uttrycka oss på ett sätt som är både respektfullt och konstruktivt."

"Men jag skämtade om alla, inte bara en grupp."

- **Svarsformulering:** "Att skämta om alla grupper kan ge intryck av rättvisa, men det betyder inte att skämten inte är skadliga. Stereotypa skämt förstärker fördomar och kan skapa en negativ atmosfär. Det är viktigt att vi tänker på vilka skämt vi gör och vilka konsekvenser de kan ha, oavsett om de riktas mot en specifik grupp eller flera."

"Jag visste inte att det skulle tas så illa upp."

- **Svarsformulering:** "Det är bra att du är öppen för att lära dig. Vi kan alla göra misstag, men det viktiga är att vi lär oss av dem. När vi säger något som sårar någon, även om det inte var avsiktligt, är det viktigt att vi tar ansvar och försöker förstå varför det gjorde ont. Det hjälper oss att undvika liknande situationer i framtiden."

"Andra säger värre saker, varför är det ett problem när jag säger detta?"

- **Svarsformulering:** "Bara för att andra kanske säger värre saker betyder det inte att det är okej att säga något som kan uppfattas som sårande. Vi har alla ett ansvar för att bidra till en positiv och respektfull miljö. Att någon annan gör något fel rättfärdigar inte att vi gör detsamma."

"Jag försökte bara vara ärlig."

- **Svarsformulering:** "Ärlighet är viktigt, men det är också viktigt att tänka på hur vi uttrycker vår ärlighet. När vi pratar om känsliga ämnen som ras, kultur eller religion måste vi vara medvetna om hur våra ord kan påverka andra. Ärlighet behöver inte innebära att vi sårar någon, vi kan vara ärliga och samtidigt visa respekt och empati."

"Men det är sant, jag har läst om det i nyheterna."

- **Svarsformulering:** "Det är viktigt att vara källkritisk och förstå att nyheter och information kan vinklas eller presenteras på olika sätt. Även om något är sant kan det presenteras på ett sätt som förstärker stereotyper eller fördomar. Vi måste vara försiktiga med hur vi tolkar och använder information, särskilt när den kan påverka hur vi ser på andra människor."

"Jag försökte bara lätta upp stämningen."

- **Svarsformulering:** "Att försöka skapa en lättare stämning är en god intention, men vi måste vara medvetna om att vissa skämt kan ha motsatt effekt och istället få människor att känna sig obekväma eller sårade. Det är bättre att använda humor som inte bygger på stereotyper eller kränkande generaliseringar."

"Men jag har hört vuxna säga samma sak."

- **Svarsformulering:** "Det är sant att vuxna inte alltid säger rätt saker, och det kan vara förvirrande. Men vi kan lära oss att tänka kritiskt och skilja på vad som är rätt och fel, oavsett vem som säger det. Bara för att någon annan säger något betyder det inte att det är okej eller att vi också ska göra det."

"Jag försökte bara vara realistisk."

- **Svarsformulering:** "Att vara realistisk handlar om att förstå världen som den är, men vi måste vara försiktiga så att vi inte använder 'realism' som en ursäkt för att förstärka negativa stereotyper. Verkligheten är komplex, och vi måste vara noga med att inte förenkla den på ett sätt som skadar eller exkluderar andra."

"Men det är ju så de är, jag säger bara som det är."

- **Svarsformulering:** "Det är viktigt att komma ihåg att människor är individer och inte definieras av sin etnicitet, kultur eller religion. När vi säger 'så de är', förenklar vi och generaliserar på ett sätt som inte är rättvist. Alla människor förtjänar att bedömas utifrån sina egna handlingar och egenskaper, inte utifrån stereotypa uppfattningar."

"Jag ville bara provocera lite för att få igång en diskussion."

- **Svarsformulering:** "Det är bra att du vill starta diskussioner, men vi måste vara försiktiga med att använda provokation som metod. Provokation kan ofta leda till att människor känner sig attackerade eller sårade, vilket gör det svårt att ha en konstruktiv dialog. Det är bättre att engagera andra genom att ställa frågor och lyssna än att provocera."

"Jag trodde att alla skulle hålla med mig."

- **Svarsformulering:** "Även om vi ibland tror att våra åsikter delas av alla, är det viktigt att komma ihåg att människor har olika erfarenheter och perspektiv. Att tänka på hur våra ord kan uppfattas av andra, särskilt de som har en annan bakgrund än vi själva, hjälper oss att skapa en mer inkluderande och respektfull miljö."

"Jag har aldrig haft problem med att säga det tidigare."

- **Svarsformulering:** "Det är möjligt att ingen har sagt något tidigare, men det betyder inte att det du säger inte kan vara skadligt. Ibland är människor inte bekväma med att säga ifrån, eller så har de inte haft möjligheten att uttrycka hur de känner. Att vi inte fått kritik tidigare betyder inte att vi inte kan lära oss och förbättra oss nu."

"Jag skojar alltid om sådana saker med mina kompisar, och de blir inte upprörda."

- **Svarsformulering:** "Det är viktigt att förstå att olika människor reagerar olika beroende på sina erfarenheter och relationer. Vad som kan fungera i en vänskapskrets kan vara olämpligt i en annan. I en skolmiljö, där vi har ansvar för att skapa trygghet för alla, behöver vi vara extra försiktiga med vad vi säger."

"Men jag är själv [etnicitet, religion, etc.], så det kan inte vara rasistiskt när jag säger det."

- **Svarsformulering:** "Det är förståeligt att du känner att du har rätt att tala om din egen grupp, men även inom en grupp kan vissa uttryck vara skadliga eller förstärka negativa stereotyper. Vi måste vara medvetna om att även självironiska kommentarer kan påverka hur andra ser på oss och vår grupp."

"Ingen har sagt något när jag har sagt detta förut, varför är det plötsligt ett problem?"

- **Svarsformulering:** "Det kan vara så att ingen har känt sig bekväm med att säga ifrån tidigare, eller så har situationen inte varit lika uppenbar som nu. Det viktiga är att vi lär oss att anpassa vårt beteende när vi inser att något vi säger kan skada andra, oavsett hur det har mottagits tidigare."

"Det är bara min personlighet att vara lite provokativ."

- **Svarsformulering:** "Att vara provokativ kan ibland leda till intressanta diskussioner, men vi måste vara försiktiga så att vi inte går över gränsen och skadar andra. Din personlighet är viktig, men vi måste alla ta ansvar för hur våra ord och handlingar påverkar de omkring oss."

"Men varför får jag inte säga det när andra får?"

- **Svarsformulering:** "Det kan kännas orättvist när det verkar som att andra får säga saker som vi själva blir kritiserade för, men det handlar om sammanhang och hur saker uppfattas. Vad som är acceptabelt att säga kan bero på relationer, erfarenheter och maktdynamik. Det är viktigt att vi alla reflekterar över varför vi säger vissa saker och vilka effekter det kan ha, oavsett vad andra gör."

3.5 Bemöta sexism och transdiskriminering

Generellt tillvägagångssätt för att bemöta sexism och anti-HBTQI-handlingar i skolan:

1. **Markera tydligt och omedelbart:**
   ○ Visa att beteendet eller kommentaren inte är acceptabel, och agera direkt för att sätta en gräns.
2. **Undersök kontexten:**
   ○ Ta reda på om detta är en enskild händelse eller del av ett återkommande mönster.
3. **Referera till skolans policy:**

- Hänvisa till skolans riktlinjer och regler om likabehandling och diskriminering.

4. **Bedöm allvarlighetsgraden:**
   - Avgör om det behöver rapporteras till skolledning, kurator eller annan ansvarig beroende på situationens allvar och om det är ett upprepat beteende.

5. **Förklara varför reglerna finns:**
   - Förklara de negativa konsekvenserna av sexism och anti-HBTQI-uttalanden, med fokus på stereotypisering och diskriminering.

6. **Vidare åtgärder:**
   - Ibland kan en kort diskussion räcka, men i andra fall kan en längre genomgång behövas vid ett senare tillfälle.

Korridoren: Anti-HBTQI eller sexistiska kommentarer

I en situation där anti-HBTQI eller sexistiska kommentarer fälls i korridoren, agera snabbt och direkt utan att skapa en offentlig scen. Dra de inblandade åt sidan och tydliggör att sådant beteende är oacceptabelt, även om det sker i en mer informell miljö som korridoren. Här är det viktigt att påminna om att skolans regler och policy gäller överallt, även utanför klassrummet. Om kommentarerna fortsätter eller är en del av ett större mönster, bör det rapporteras till skolledningen för att hanteras mer strukturerat. Det är även viktigt att observera den sociala dynamiken i korridoren, då den ofta präglas av en mer avslappnad atmosfär där gränser kan tänjas.

Lektionssalen: Sexistiska skämt

När sexistiska skämt förekommer i lektionssalen, är det avgörande att agera med både fasthet och pedagogik. Markera omedelbart att sådana skämt inte är tillåtna, men använd också situationen som en möjlighet till lärande. Genom att kort diskutera varför sexistiska skämt är skadliga kan man ge eleverna en djupare förståelse för vilka konsekvenser dessa har på gruppens klimat och individens känsla av trygghet. Men, det är viktigt att diskussionen inte stjäl för mycket tid från undervisningen. Om det inte passar att ta upp ämnet direkt, kan en framtida lektion användas för att fokusera på respekt och jämställdhet. Se till att ha en plan för hur diskussionen kan knytas an till ämnet och håll det relevant för eleverna, vilket kan skapa en mer konstruktiv lärmiljö.

Individ till individ: Nedsättande kommentarer mot HBTQI-elev

När en nedsättande kommentar riktas från en individ till en annan, särskilt när det gäller en HBTQI-elev, är det viktigt att agera direkt och i en privat kontext. Efter att ha markerat att detta beteende inte accepteras, följ upp genom att prata med båda parterna individuellt. Undersök om detta var en engångsföreteelse eller om det finns en djupare problematik, som mobbning. Erbjud stöd till den drabbade eleven och försäkra dig om att de känner sig trygga. Om kommentarerna verkar vara en del av ett större problem i klassen eller gruppen, kan det vara värt att överväga en bredare diskussion om klimatet i gruppen. Det är viktigt att identifiera om det finns underliggande mönster av exkludering eller osynliggörande och hantera dessa på ett strukturerat sätt.

Grupp till individ: Anti-HBTQI eller sexistiska handlingar

När en grupp agerar mot en individ, särskilt i form av anti-HBTQI eller sexistiska handlingar, är situationen särskilt allvarlig på grund av maktobalansen. Det är viktigt att bryta upp gruppen och tydligt markera att deras beteende inte accepteras. Följ upp med den drabbade individen och försäkra dig om att de känner sig trygga. Om det framkommer att detta är en del av en mer normaliserad kultur av mobbning eller trakasserier, bör du överväga en större insats på grupp- eller skolnivå. Det kan vara nödvändigt att arbeta med både förebyggande och åtgärdande åtgärder för att förändra gruppdynamiken och säkerställa att alla elever känner sig inkluderade och respekterade.

Grupp till grupp: Stereotypisering eller nedsättande kommentarer

När en grupp riktar stereotypiserande eller nedsättande kommentarer mot en annan grupp är det avgörande att identifiera om det finns en negativ spiral eller en pågående konflikt mellan grupperna. Det räcker inte med att bara markera och korrigera beteendet, utan det krävs ofta mer djupgående åtgärder för att förebygga ytterligare eskalation. En längre diskussion eller en strukturerad gruppintervention kan vara nödvändig, med fokus på att utveckla ömsesidig förståelse, respekt och empati mellan grupperna. Om det verkar vara en djupare konflikt som påverkar skolmiljön, bör skolledningen involveras för att säkerställa att en hållbar lösning uppnås, där grupperna får utrymme att hantera sina skillnader på ett respektfullt sätt.

Grupp som högt kommenterar utan direkt tilltal mot en viss grupp
När en grupp elever gör högljudda kommentarer om en annan grupp utan att direkt tilltala dem, är det viktigt att markera att även indirekta kommentarer kan ha en negativ inverkan på skolmiljön. Trots att ingen specifik person verkar vara måltavlan, kan sådana kommentarer skapa en känsla av exkludering och osäkerhet för de som hör dem. Det är viktigt att identifiera om detta är del av ett återkommande mönster och om det finns en normalisering av denna typ av beteende. Om så är fallet, kan en diskussion med hela gruppen eller klassen behövas för att hantera problemet på en bredare nivå, där ni tillsammans reflekterar över vad som bidrar till en inkluderande och trygg skolmiljö.

Återkommande sexistiska eller anti-HBTQI-kommentarer
När samma elever upprepade gånger gör sexistiska eller anti-HBTQI-kommentarer, måste det betraktas som ett allvarligt och strukturellt problem. Varje incident bör markeras tydligt, men det är också viktigt att undersöka om detta är del av en större mobbningsproblematik eller om kommentarerna görs för att provocera eller utmana skolans regler. Det kan också finnas ett behov av att arbeta med att öka förståelsen för hur kulturrasism och stereotypisering påverkar människor. Involvera skolledningen och överväg att genomföra bredare insatser, som temadagar eller workshops, för att förebygga framtida incidenter och förändra den kulturella dynamiken på skolan, där alla elever kan känna sig trygga och respekterade.

Vanliga mot argument när man påtalar att någon haft en sexistisk eller homofbisk/transfobisk jargong och hur man bemöter de.

"Det var bara ett skämt, slappna av!" Bemötande: Trivialisering - genom att hävda att något är "bara ett skämt" trivialiserar man den skada som sexistiska eller homofobiska skämt kan orsaka. Förklara att skämt kan normalisera fördomar och skapa en miljö där diskriminerande attityder accepteras och förstärks. Logiskt felslut - Ad Hominem: Att försvara ett skämt med att den andra personen är för känslig innebär ett personangrepp snarare än att ta ansvar för själva handlingen. Förklara att även om syftet var att vara humoristisk, kan skämt på bekostnad av någons identitet skapa osäkerhet och exkludering i gruppen, och att humor inte ska användas för att förstärka skadliga stereotyper.

"Alla är för känsliga nu för tiden, man kan inte säga någonting längre." Bemötande: Chauvinism - här upphöjs en äldre eller mindre tolerant kultur som norm, och de som påtalar kränkningar ses som överdrivna. Förklara att det handlar om att vara medveten om hur våra ord påverkar andra. Samhället utvecklas, och med det förändras också vad som anses acceptabelt. Felslut - Falsk dikotomi: Detta påstående skapar en falsk dikotomi där det antingen är okej att säga vad som helst, eller så är all yttrandefrihet hotad. Förklara att det inte handlar om att "inte kunna säga något," utan att ta ansvar för vad man säger och att använda sitt språk med omsorg. Belys att känslighet för diskriminering är ett tecken på social utveckling och inte en begränsning.

"Jag menade inget illa, varför ska jag behöva be om ursäkt?" Bemötande: Intentionsfallacy - att påstå att man inte menade något illa och därför inte behöver be om ursäkt är ett felslut som ignorerar effekten av ens ord. Det är inte bara avsikten som räknas, utan också hur mottagaren påverkas. Hierarkisering - genom att sätta sin egen uppfattning om vad som är kränkande över mottagarens känsla, förstärker man en makthierarki där den som yttrar sig avgör vad som är acceptabelt. Förklara att även om syftet inte var att såra, är det viktigt att ta ansvar för hur ens ord faktiskt tolkas och påverkar andra. Att be om ursäkt när någon upplever sig sårad handlar om empati och respekt.

"Men de där personerna är så känsliga ändå, de måste ju kunna ta lite skämt." Bemötande: Stereotypisering - detta påstående bygger på att man tillskriver en hel grupp (t.ex. HBTQI-personer) en viss egenskap (att vara "känsliga"), vilket är en form av stereotypisering och andrefiering. Förklara att ingen grupp ska behöva tåla diskriminerande skämt eller kommentarer, oavsett deras bakgrund eller identitet. Logiskt felslut - Generalisering: Genom att anta att alla i en viss grupp är lika känsliga eller reagerar på samma sätt, gör man en överdriven generalisering. Varje individ har olika gränser och rätt till respekt oavsett grupptillhörighet. Påpeka att det är viktigare att skapa en miljö där alla känner sig inkluderade än att insistera på en "rätt" att skämta på någon annans bekostnad.

"Det är ju bara min åsikt, ska jag inte få ha den?" Bemötande: Felslut - Appell till yttrandefrihet: Att försvara diskriminerande uttalanden med att man har rätt till en åsikt ignorerar att yttrandefrihet inte innebär frihet från konsekvenser. Förklara att även om alla har rätt till sina åsikter, betyder det inte att alla åsikter är respektfulla eller lämpliga i alla sammanhang. Andrefiering - genom att hävda att man har rätt att uttrycka en åsikt som sätter en annan grupp i en underlägsen position, förstärker man deras status som "den andre." Det handlar inte om att begränsa åsikter, utan om att främja respekt och förståelse för andras perspektiv och erfarenheter. Uppmuntra individen att reflektera över hur deras åsikt påverkar andra och varför det är viktigt att skapa en inkluderande miljö där alla känner sig välkomna och respekterade.

"Sådant här hände aldrig förr, varför har alla blivit så 'woke'?" Bemötande: Chauvinism och nostalgi - detta påstående bygger på en idealisering av en förfluten tid där sexism och homofobi kanske inte kritiserades på samma sätt, och ser dagens kritiska hållning som överdriven. Förklara att samhällets förändring mot mer jämlikhet är positiv och att vi nu har större medvetenhet om hur ord och handlingar påverkar marginaliserade grupper. Felslut - Falsk kausalitet: Att tro att "woke" rörelsen har skapat alla problem är ett exempel på falsk kausalitet. Förklara att många av dessa problem har funnits länge, men det är först nu som de lyfts upp och adresseras på bredare skala. Påminn om att dagens fokus på likabehandling är ett sätt att skapa en mer inkluderande och rättvis framtid för alla, snarare än att se det som ett problem.

"De där personerna överdriver bara för att få uppmärksamhet." Bemötande: Trivialisering och osynliggörande - detta påstående trivialiserar och ifrågasätter den som påtalar diskriminering genom att antyda att deras upplevelser inte är äkta eller viktiga. Det osynliggör också de verkliga skadorna som diskriminering orsakar. Ad Hominem - istället för att bemöta själva problemet fokuserar detta motargument på att ifrågasätta den som påtalar problemet. Förklara att det inte är produktivt att misstänkliggöra människors upplevelser, utan att istället lyssna och försöka förstå deras perspektiv. Betona vikten av att ta alla upplevelser av diskriminering på allvar och att arbeta för att skapa en miljö där alla känner sig hörda och respekterade.

"Men det är sant! Det stämmer att kvinnor/män/icke-binära/homosexuella/transpersoner är på det sättet." Bemötande: Stereotypisering och övergeneralisering - detta argument bygger på en stereotypisering där en hel grupp tillskrivs specifika egenskaper. Förklara att det är ett felslut att tro att alla individer inom en viss grupp beter sig eller är på ett visst sätt. Varje person är unik, och det är orättvist att dra generaliserade slutsatser om grupper baserat på några exempel. Confirmation Bias - påpeka att vi tenderar att lägga märke till exempel som stämmer överens med våra förutfattade meningar, vilket förstärker våra fördomar. Uppmuntra till att ifrågasätta dessa fördomar genom att aktivt söka efter motbevis. Förklara hur sådana stereotyper leder till diskriminering och hur vi bör arbeta för att se individen snarare än att kategorisera människor efter grupper.

"Ingen annan har sagt något om det, varför är det ett problem för dig?" Bemötande: Andrefiering och osynliggörande - detta argument försöker osynliggöra problemet genom att antyda att den som påtalar det är överkänslig. Förklara att bara för att ingen tidigare har sagt något, betyder det inte att det inte är ett problem. Det är möjligt att andra kanske inte vågar säga något, eller att de inte är medvetna om att de har rätt att reagera. Felslut - Ad Populum: Påpeka att det faktum att ingen annan har protesterat inte innebär att det som sades eller gjordes är rätt. Popularitet eller tystnad är inte ett mått på moral eller rättvisa. Uppmuntra eleven att tänka kritiskt om varför vissa kanske känner sig obekväma med att tala ut och hur man kan skapa en miljö där fler känner sig trygga att reagera.

"Men han/hon/hen blev inte arg, så varför är det ett problem?"
Bemötande: Trivialisering och hierarkisering - detta argument trivialiserar problemet genom att peka på att den drabbade inte visade tydlig upprördhet. Förklara att även om en individ inte omedelbart reagerar, kan kommentarer eller handlingar fortfarande ha en skadlig effekt på dem eller på andra som observerar det. Felslut - Falsk orsak: Att anta att frånvaron av en reaktion betyder att ingen skada har skett är felaktigt. Människor reagerar olika i situationer där de känner sig marginaliserade eller obekväma, och många kanske inte vågar säga ifrån. Påminn om att alla har rätt till en respektfull miljö, även om de inte direkt visar att de känner sig kränkta.

"Men hen tycker också det är kul, vi skämtar ju alltid så." Bemötande: Normalisering och osynliggörande - att anta att förnedrande skämt är okej för att någon tidigare inte har protesterat, är att normalisera skadliga mönster. Det kan finnas socialt tryck på den drabbade att acceptera skämten för att passa in, vilket betyder att det inte är rätt att fortsätta. Felslut - Appell till samtycke: Att någon accepterar ett beteende betyder inte att beteendet i sig är moraliskt korrekt. Förklara att grupptryck kan få människor att delta i jargong som de egentligen inte känner sig bekväma med. Uppmuntra eleven att tänka på hur deras skämt och kommentarer kan påverka någon på längre sikt, även om personen kanske "spelar med" i stunden.

"Det var inte riktat mot någon specifik, så det är inte diskriminering."
Bemötande: Andrefiering och trivialisering - även om ett skämt eller en kommentar inte riktas mot en specifik person, kan det fortfarande förstärka fördomar och stereotypisering. Förklara att diskriminering inte alltid är direkt eller personlig, utan att det också kan finnas i strukturer och jargong som marginaliserar grupper. Felslut - Irrelevant conclusion (Red Herring): Argumentet avleder från huvudfrågan om att kommentarerna kan vara skadliga, oavsett om de riktas mot någon specifik eller inte. Påminn om att det är viktigt att skapa en respektfull miljö för alla, och att negativa uttalanden om grupper kan påverka de som tillhör dessa grupper, även om de inte adresseras direkt.

"Jag känner någon som tillhör den gruppen, och de tar inte illa upp."
Bemötande: Stereotypisering och appellerande till falsk auktoritet - att hänvisa till en person som tillhör en viss grupp och som inte tar illa upp, är ett exempel på att använda en individ som representant för en hel grupp. Förklara att en persons känslor inte representerar hela gruppens upplevelser och att det är viktigt att inte generalisera utifrån en individs reaktion. Felslut - Anekdotisk bevisning: Detta argument baseras på anekdoter, vilket inte ger en rättvis bild av hela gruppens upplevelser. Uppmuntra till att förstå att individer inom samma grupp kan ha olika upplevelser och känslor, och att det alltid är bäst att respektera allas rätt att känna sig trygga och inkluderade.

"Varför ska vi överhuvudtaget bry oss om det här? Det är inte ens ett stort problem." Bemötande: Trivialisering och osynliggörande - detta argument trivialiserar det som andra upplever som ett verkligt problem. Förklara att även om en individ inte personligen upplever det som ett stort problem, kan det fortfarande vara djupt skadligt för andra. Felslut - Appell till ignorans: Bara för att man inte själv har upplevt något som ett stort problem, betyder det inte att det inte finns. Det är viktigt att erkänna och förstå de skador och konsekvenser som sexism, homofobi och transfobi har på individer och samhällen. Påminn om att en del av att vara en empatisk och ansvarstagande medborgare innebär att bry sig om andra människors välbefinnande, även om man själv inte har upplevt samma problem.

Påstående om kön och genus och hur dessa kan bemötas

Om män

1. "Män är naturligt aggressiva och våldsamma, det ligger i deras biologi."

Detta påstående bygger på en biologisk determinism som förenklar manligt beteende till en fråga om hormoner och genetiska förutsättningar.

Forskning visar att även om testosteron kan påverka vissa beteenden, spelar socialisering och kulturella normer en mycket större roll. Män är lika kapabla som kvinnor att agera på ett fredligt och empatiskt sätt, och våldsamhet är inte biologiskt förutbestämt. Att reducera män till aggressiva och våldsamma individer är ett exempel på stereotypisering och förstärker farliga normer om manlighet.

2. "Män bryr sig inte om sina känslor och är känslomässigt avstängda."

Detta är ett klassiskt exempel på könsstereotypisering där män framställs som känslomässigt distanserade och oförmögna att uttrycka sig känslomässigt. Forskning visar att män, precis som kvinnor, har komplexa känsloliv men ofta möter sociala normer som säger att de inte bör uttrycka känslor. Det är inte en biologisk sanning utan en socialt konstruerad norm som många män utmanar genom att visa sårbarhet och emotionell intelligens. Att säga att män inte bryr sig om sina känslor är ett felslut som osynliggör den emotionella kompetens som många män utvecklar och uttrycker.

3. "Män tänker bara på sex och kan inte kontrollera sina drifter."

Detta är en förenkling som reducerar män till att vara styrda av sina fysiska begär och ignorerar deras förmåga att fatta medvetna och rationella beslut. Denna stereotyp bidrar till skadliga normer kring manlighet och förväntningar om hur män bör bete sig. Forskning visar att både män och kvinnor har sexuella behov och drifter, men hur dessa uttrycks påverkas starkt av sociala och kulturella normer. Det är ett felslut att tro att mäns beteende styrs av okontrollerbara biologiska drifter, då social och emotionell medvetenhet är minst lika viktig.

4. "Män är inte lika bra på att ta hand om barn eftersom de inte är naturligt omsorgsfulla."

Detta påstående bygger på en stereotyp om att män saknar omsorgsförmåga, något som inte stöttas av forskning. Många studier visar att män kan vara lika engagerade och skickliga föräldrar som kvinnor. Förmågan att ta hand om barn är inte biologiskt förutbestämd utan något som utvecklas genom erfarenhet och viljan att vara närvarande. Att säga att män inte är lika bra föräldrar är ett exempel på könshierarkisering, där män osynliggörs i sin roll som vårdande individer.

5. "Män är alltid tävlingsinriktade och måste alltid vinna."

Detta påstående bygger på stereotypen om att män är naturligt mer tävlingsinriktade och aggressiva i konkurrenssituationer. Även om vissa män kan visa tävlingsinstinkt, är detta en egenskap som varierar mellan individer och inte är könsbunden. Sociala normer och uppfostran kan spela en större roll i att forma tävlingsinriktat beteende än biologiska faktorer. Män kan vara lika samarbetsvilliga som kvinnor och kan utveckla starka relationer baserade på ömsesidig respekt snarare än konkurrens.

6. "Män bryr sig bara om karriär och pengar, inte om familjelivet."

Detta argument bygger på en föråldrad syn på könsroller där män framställs som karriärdrivna och ointresserade av familjelivet. Forskning visar dock att många män lägger stor vikt vid att balansera karriär och familj, och att de i hög grad värdesätter sina relationer och föräldraskap. Det är ett felslut att tro att män generellt prioriterar arbete framför familj, då detta är en fråga om individuella värderingar snarare än kön.

7. "Män är sämre på att kommunicera känslor än kvinnor."

Detta påstående bygger på könsstereotypen att kvinnor är mer verbala och känslomässigt uttrycksfulla än män. Forskning visar att kommunikationsförmåga varierar mycket mellan individer och inte nödvändigtvis är könsbunden. Män kan vara lika känslomässigt medvetna och kapabla att uttrycka sig som kvinnor, men kan möta socialt tryck att vara reserverade. Att säga att män är sämre på att kommunicera känslor är ett exempel på hur stereotyper kan förstärka skadliga normer om manlighet.

Om icke-binära

1. "Icke-binära personer existerar inte på riktigt, de bara försöker vara speciella."

Detta påstående bygger på en förnekelse av icke-binära personers identitet och är ett exempel på osynliggörande och andrefiering. Forskning och erfarenheter visar att könsidentitet är en personlig och komplex upplevelse som inte nödvändigtvis passar in i de binära könsnormerna. Icke-binära personer har en lika verklig och giltig könsidentitet som män och kvinnor, och att förneka deras existens är att förminska deras erfarenheter. Att säga att icke-binära personer bara vill vara speciella är ett felslut och en form av diskriminering som osynliggör deras rätt till identitet och självdefinition.

2. "Icke-binära personer förvirrar bara samhället genom att inte välja ett kön."

Detta argument bygger på en traditionell uppfattning om att kön måste vara strikt binärt, vilket inte tar hänsyn till de många kulturella och historiska exempel där kön har betraktats som mer flytande. Att säga att icke-binära personer förvirrar samhället är att förminska deras rätt till självbestämmande. Det är ett felslut att tro att samhället bara kan fungera inom strikta könsramar. Många samhällen har redan anpassat sig till att erkänna och respektera olika könsidentiteter.

3. "Icke-binära personer är bara förvirrade och vet inte vad de vill."

Detta påstående bygger på stereotypen att icke-binära personer är osäkra på sin identitet och att deras könsidentitet inte är legitim. Forskning visar dock att könsidentitet är en djupt personlig erfarenhet, och att många icke-binära personer har en klar och bestämd uppfattning om vem de är. Att reducera icke-binära personers identitet till förvirring är en form av trivialisering och ett felslut som förnekar deras rätt att själva definiera sitt kön.

4. "Icke-binära personer kräver för mycket genom att vilja bli tilltalade med nya pronomen."

Detta är ett exempel på motstånd mot förändring i språkanvändning som anpassar sig efter nya sociala normer. Att respektera en persons pronomen är en grundläggande del av att erkänna deras identitet och värdighet. Att hävda att det är för mycket att kräva att använda nya pronomen är ett felslut som bygger på en ovilja att anpassa sig till en mer inkluderande språkanvändning. Att respektera pronomen är en fråga om grundläggande respekt och erkännande av individens identitet.

5. "Icke-binära personer kommer inte kunna passa in i arbetslivet eller i samhället."

Detta påstående bygger på en förlegad syn på arbetslivet som inte tar hänsyn till den ökande acceptansen för mångfald på arbetsplatser. Forskning visar att arbetsmiljöer som värderar inkludering och mångfald är mer produktiva och kreativa. Att säga att icke-binära personer inte kan passa in är en form av diskriminering som bygger på stereotypisering. Samhället blir allt mer medvetet om vikten av att inkludera personer med olika könsidentiteter, och det finns inga bevis för att icke-binära personer skulle ha svårare att fungera i samhället.

6. "Icke-binära identiteter är bara en trend som unga följer."

Detta är ett exempel på att förminska och trivialisera en verklig könsidentitet. Även om könsidentitet idag diskuteras mer öppet än tidigare, är det inget nytt fenomen. Många kulturer har historiskt erkänt fler än två kön. Att avfärda icke-binära identiteter som en trend är ett felslut som ignorerar både individens upplevelse och den långa historien av icke-binära identiteter.

7. "Icke-binära personer vill bara skapa kaos och förstöra traditionella könsnormer."

Detta påstående bygger på en föreställning om att könsnormer är fasta och oföränderliga, vilket inte är sant. Icke-binära personer utmanar inte könsnormer för att skapa kaos, utan för att dessa normer inte speglar deras verklighet. Att hävda att de vill förstöra traditionella könsnormer är ett exempel på felaktig kausalitet och en missuppfattning av deras önskan att leva autentiskt. Samhället har utvecklats och fortsätter att utvecklas för att bli mer inkluderande, och det finns utrymme för att erkänna och respektera olika könsidentiteter utan att det innebär en total omvälvning av traditionella strukturer.

Om kvinnor

1. "Män är bättre på att jobba med objekt för att män var jägare, kvinnor är mer omsorgsfulla för att de tog hand om barnen."

Detta argument bygger på en förenklad och stereotyp syn på könsroller, där män framställs som naturligt tekniska och kvinnor som omsorgsfulla. Den bygger på en förlegad idé om att könsrollerna historiskt har varit strikt uppdelade, men en ny metaanalys visar att kvinnor deltog i jakt i upp till 80% av fallen. Detta motbevisar uppdelningen av arbetsuppgifter baserat på kön. Dessutom är det ett felslut att tro att förmågor automatiskt överförs från förhistoriska roller till dagens samhälle, där både män och kvinnor utför alla typer av arbeten med lika stor skicklighet.

2. "Män gillar kvinnor mer för utseendet än personlighet, medan kvinnor värderar personlighet mer eftersom de söker en långsiktig partner."

Detta argument bygger på stereotypisering och essentialism, där män framställs som drivna av ytlig attraktion och kvinnor som rationella och långsiktigt strategiska. Även om vissa preferenser kan påverkas av sociala normer, visar forskning att båda könen värderar en kombination av utseende och personlighet, och att dessa preferenser varierar från person till person. Den senaste trenden där kvinnor i högre grad bedömer män på deras utseende visar också att sådana beteenden inte är biologiskt fastlagda utan kan påverkas av kulturella förändringar. Det är ett felslut att anta att könsbundna preferenser är fast rotade i biologin utan att ta hänsyn till det sociala och kulturella sammanhanget.

3. "När man är otrogen är det för att sprida sina gener vidare, men kvinnor är otrogna för att de vill ha en 'backup'."

Detta argument bygger på evolutionära spekulationer och förstärker stereotypen att män och kvinnor har fundamentalt olika skäl till otrohet. Forskning visar att det inte finns starka bevis för att otrohet enbart handlar om genetisk spridning. Sociala och psykologiska faktorer spelar en större roll i varför människor är otrogna, och dessa kan variera stort mellan individer. Det är ett felslut att anta att otrohet alltid har en biologisk orsak och att ignorera de komplexa känslomässiga och sociala faktorer som också spelar in.

4. "Kärnfamiljen är naturlig eftersom vi levde så tidigare, medan män hade flera partners eftersom de var polygama."

Detta argument skapar en falsk dikotomi där bara en av dessa två idéer kan vara sann, men båda påståendena är felaktiga. Forskning visar att vi inte levde i kärnfamiljer på det sätt vi gör idag, utan barnuppfostran var en gemensam aktivitet inom större grupper. Det finns också stor variation i hur olika kulturer hanterade relationer och partnerskap. Att hänvisa till en "naturlig" form av familj är ett felslut som bygger på nostalgi snarare än historisk och kulturell komplexitet.

5. "Män utför oralsex för att kontrollera om kvinnan har haft sex med någon annan."

Detta är en av de mindre seriösa och spekulativa teorierna som ibland tas upp. Det bygger på en syn på män som enbart styrda av konkurrensinstinkt. Mer sannolikt är att oralsex, precis som andra former av sexuell aktivitet, handlar om ömsesidig njutning och samhörighet. Att reducera det till en fråga om kontroll över kvinnors sexualitet är ett tydligt exempel på andrefiering och könshierarkisering, där kvinnan ses som ett objekt för mannens behov.

6. "Kvinnor styrs mer av känslor, medan män är mer rationella eftersom män var jägare och kvinnor tog hand om barnen."

Detta argument bygger på en könsstereotyp som inte stöttas av forskning. Alla människor, oavsett kön, använder känslor som en del av sitt beslutsfattande, och forskning visar att känslor är nödvändiga för rationellt tänkande. Dessutom visar studier att kvinnor presterar bättre på områden som kräver hög grad av verbal förståelse och social intelligens, vilket också kräver rationellt tänkande. Det är ett felslut att tro att känslor och rationalitet är motsatser eller att kön styr vilka egenskaper vi utvecklar. Båda könen använder både känslor och rationalitet i sitt beslutsfattande.

7. "Män producerar miljontals spermier, därför sprider de sina gener till flera partners, medan kvinnor är mer 'kräsna' för att de har få ägg."

Detta argument bygger på biologisk determinism och en förenklad syn på könsbeteenden. Det finns ingen direkt koppling mellan antalet spermier eller ägg och beteenden som otrohet eller partnerval. Det motsägs dessutom av att många kvinnor har flera sexpartners. Det är ett felslut att tro att biologiska förutsättningar automatiskt leder till vissa beteenden utan att beakta sociala, kulturella och personliga faktorer.

8. "Homosexualitet finns för att homosexuella är mer intelligenta eller för att de hjälper med att uppfostra andras barn."

Detta argument reducerar homosexualitet till en funktionell roll i samhället och ignorerar den komplexa mångfald av identiteter och livsstilar som finns. Det är ett exempel på essentialism och andrefiering, där en grupp människor ses som "annorlunda" och deras existens förklaras enbart genom deras nytta för andra. Forskning visar att homosexualitet är en naturlig variation av mänsklig sexualitet, och att homosexuella personer, precis som alla andra, lever sina liv utifrån individuella önskningar och relationer. Att reducera dem till ett verktyg för samhällets överlevnad är ett tydligt felslut.

9. "Kvinnor är hypergama – de vill ha män med så mycket resurser som möjligt, medan män vill ha unga och attraktiva kvinnor."

Detta argument bygger på en föråldrad och stereotyp syn på partnerval. Studier visar att både män och kvinnor prioriterar en mängd olika faktorer i relationer, såsom gemensamma värderingar, tillit, och lycka i förhållandet. Matchningstendenser visar att människor ofta söker partners på samma socioekonomiska nivå och med liknande livsmål. Att reducera relationer till ekonomiska resurser och utseende är en överförenkling och ett felslut som bortser från den emotionella och sociala komplexiteten i moderna relationer.

10. "P-piller har gjort att kvinnor väljer mindre maskulina män, och det har förstört samhällets naturliga ordning."

Detta argument bygger på en spekulation om att p-piller påverkar kvinnors partnerval på ett negativt sätt, men metaanalyser visar att det inte finns några starka bevis för att p-piller påverkar kvinnors preferenser för maskulina eller mindre maskulina män. Detta är ett exempel på hur man försöker koppla samhällsförändringar till biologiska fenomen utan att ha tillräcklig grund. Att skylla sociala förändringar på p-piller är ett felslut och ignorerar de många sociala, politiska och ekonomiska faktorer som har format moderna samhällen.

11. "Kvinnors dejtingpreferenser styrs av var de är i menscykeln."

Detta påstående har studerats noggrant, och metaanalyser visar att de påstådda effekterna av menscykeln på kvinnors partnerval är svaga eller obefintliga. Det är ett exempel på biologisk determinism, där man försöker förklara mänskligt beteende utifrån enkla biologiska processer utan att ta hänsyn till det bredare sammanhanget.

12. "Kvinnor är sämre på att samarbeta med andra kvinnor än män är med män, eftersom män alltid har behövt samarbeta vid jakt."

Detta argument bygger på en stereotyp uppfattning om att kvinnor är mindre benägna att samarbeta än män, vilket inte stöttas av forskningen. Samarbete är en mänsklig färdighet som utvecklas beroende på situation och kultur, och det är felaktigt att tro att kön spelar en avgörande roll här. Dessutom visar studier att kvinnor ofta har högre social intelligens och är väl kapabla att samarbeta i många olika sammanhang. Att tro att kvinnor är mer konfliktbenägna eller sämre på samarbete baserat på biologiska förutsättningar är ett tydligt exempel på stereotypisering.

Om transpersoner

1. "Transpersoner bara låtsas eller gör det för uppmärksamhet."

Detta påstående bygger på en förnekelse av transpersoners identitet och erfarenheter. Forskning och omfattande vittnesmål från transpersoner visar att könsdysfori och könsidentitet är djupt personliga och ofta svåra frågor, och inte något som någon "väljer" för uppmärksamhet. Detta är ett exempel på trivialisering och andrefiering som osynliggör transpersoners verkliga kamp. Att påstå att någon skulle genomgå en så livsförändrande resa som att byta kön för uppmärksamhet är ett felslut som ignorerar den allvarliga och känslomässigt laddade process det innebär.

2. "Det är bara en fas som transpersoner går igenom, särskilt när de är unga."

Detta påstående förminskar transpersoners erfarenheter och könsidentiteter genom att reducera dem till en övergående fas. Forskning visar att könsidentitet ofta är stabil över tid och inte förändras lättvindigt. Det är viktigt att respektera en persons självidentifiering och inte avfärda den som tillfällig. Att säga att transpersoners identitet är en "fas" är ett exempel på trivialisering och osynliggörande som ignorerar hur lång och ofta utmanande den inre resan kan vara för transpersoner.

3. "Transpersoner förstör idén om manligt och kvinnligt, vilket skapar kaos i samhället."

Detta påstående bygger på en föreställning om att kön är strikt binärt och att avvikelser från detta skapar samhällsproblem. Historiskt sett har många kulturer erkänt fler än två kön, och samhällen har fungerat väl med dessa erkännanden. Det är ett felslut att tro att samhället inte kan fungera om könsidentitet blir mer mångfaldig. Transpersoners existens hotar inte social ordning utan utmanar snarare förlegade normer, vilket öppnar upp för större inkludering och förståelse av kön som något mer än en binär struktur.

4. "Transkvinnor är egentligen bara män som försöker infiltrera kvinnliga utrymmen."

Detta påstående är ett exempel på transfobi som bygger på misstro och osäkerhet gentemot transpersoners identitet. Transkvinnor är kvinnor, och de genomgår ofta betydande fysiska och känslomässiga processer för att leva i enlighet med sin könsidentitet. Att framställa dem som hot eller manipulativa är en form av demonisering och andrefiering som ignorerar deras rätt att existera i samhällsutrymmen där de känner sig säkra. Forskning visar att transpersoner är en särskilt utsatt grupp som behöver stöd och inkludering, inte misstänkliggörande.

5. "Transpersoner kan aldrig vara riktigt lyckliga eftersom de aldrig kan bli sitt 'riktiga' kön."

Detta påstående bygger på en felaktig uppfattning om kön och identitet, och det ignorerar att många transpersoner upplever stor lättnad och lycka när de kan leva i enlighet med sin könsidentitet. Studier visar att transpersoner som får tillgång till stöd och könsbekräftande vård ofta rapporterar en markant förbättrad livskvalitet och psykisk hälsa. Att säga att transpersoner aldrig kan vara "riktigt" lyckliga är ett exempel på essentialism och osynliggörande av deras självuppfattning.

6. "Kön är biologiskt, och transpersoner kan aldrig förändra sin biologi."

Detta påstående bygger på en snäv definition av kön som enbart biologisk, vilket inte stämmer överens med modern vetenskap. Könsidentitet omfattar både biologiska, sociala och psykologiska aspekter, och forskning visar att kön inte kan reduceras till enbart kromosomer eller genitalier. Det är ett felslut att tro att kön är helt biologiskt fastlagt, då både medicinska och sociala insatser kan möjliggöra för transpersoner att leva i överensstämmelse med sin könsidentitet. Det handlar om att respektera en persons självdefinition snarare än att strikt hålla fast vid biologiska parametrar.

7. "Transpersoner är förvirrade och borde inte få fatta beslut om könsbekräftande vård."

Detta påstående bygger på en missuppfattning om att transpersoner inte kan förstå sitt eget bästa, vilket är ett exempel på paternalism och osynliggörande av deras självbestämmande. Forskning visar att transpersoner ofta har mycket tydliga och långvariga känslor om sin könsidentitet och att de som får tillgång till könsbekräftande vård rapporterar bättre mental hälsa och livskvalitet. Det är ett felslut att tro att utomstående bättre kan avgöra vad som är rätt för transpersoner, och det är viktigt att respektera deras rätt att fatta beslut om sin egen kropp och framtid.

4. Övningar kopplade att ge elever

Detta avsnitt ger först exempel på reflektionsfrågor kring olika områden 4.1, sedan är det övningar som eleverna kan göra 4.2.

4.1 Reflektionsfrågor

4.1.2 Härskartekniker

1. **Identifiering av Härskartekniker**
   Kan du tänka dig en situation i din egen skolgång där du har observerat eller upplevt någon av de beskrivna härskarteknikerna? Beskriv situationen och reflektera över hur det påverkade dig eller dina klasskamrater.
2. **Orsaker till Härskartekniker**
   Varför tror du att människor använder härskartekniker i

gruppsammanhang? Hur kan faktorer som maktobalans, osäkerhet eller sociala normer bidra till användningen av härskartekniker?

3. **Konsekvenser av Härskartekniker**
Vilka långsiktiga effekter tror du att användningen av härskartekniker kan ha på en skolkultur och elevernas välmående? Hur kan detta påverka både individer och gruppdynamiken i klassrummet?

4. **Motåtgärder och Förebyggande**
Vilka strategier eller åtgärder kan elever och lärare vidta för att förebygga och hantera härskartekniker i skolmiljön? Ge konkreta exempel på hur man kan skapa en mer respektfull och inkluderande atmosfär.

5. **Personlig Reflektion och Ansvar**
Reflektera över ditt eget beteende i gruppsituationer och sociala sammanhang. Har du någonsin använt någon av härskarteknikerna, medvetet eller omedvetet? Hur kan du arbeta för att främja positiva interaktioner och undvika att använda dessa tekniker i framtiden?

6. **Maktdynamik och Härskartekniker**
Hur tror du att härskartekniker speglar maktförhållanden i samhället i stort? På vilka sätt kan dessa tekniker användas för att upprätthålla status quo eller förtrycka andra?

7. **Härskartekniker och Medborgarskap**
På vilket sätt påverkar härskartekniker individens uppfattning om sina rättigheter och skyldigheter som medborgare? Hur kan de hindra en demokratisk och inkluderande samhällsutveckling?

8. **Vuxenblivande och Mognad**
Hur kan en medvetenhet om härskartekniker och deras effekter bidra till din personliga utveckling och mognad som individ? Vilka dygder, såsom respekt och empati, kan utvecklas genom att arbeta aktivt mot dessa tekniker?

9. **Kön och Härskartekniker**
Reflektera över hur härskartekniker kan ha en könsmässig dimension. Har du sett exempel där kvinnor eller män i högre grad utsätts för dessa tekniker? Vad kan detta säga om maktförhållanden mellan könen i samhället?

10. **Möjligheter till Förändring**
Hur kan du som individ och medborgare bidra till att minska
användningen av härskartekniker i din vardag och i samhället?
Reflektera över hur små handlingar kan leda till en större
förändring i attityder och normer.

4.1.2 Skojbråkande

1. Har du någonsin deltagit i eller observerat skojbråkande som
övergått till något obehagligt för den andra personen? Reflektera
över varför det blev så och hur du eller andra reagerade.
2. Hur tror du att skojbråkande kan påverka relationer i klassrummet
eller på arbetsplatsen på lång sikt? Finns det risker med att det
normaliseras?
3. Vilka dygder, som till exempel respekt och empati, är viktiga att
utveckla för att undvika att skojbråkande blir skadligt?
4. Hur kan skojbråkande hindra en positiv gruppdynamik och vilka
konsekvenser kan det få för medborgarskap och samarbete?
5. Varför tror du att skojbråkande ibland blir ett sätt att markera makt
eller status inom en grupp? Hur kan det motverkas?
6. Hur kan lärare och elever arbeta för att främja en atmosfär där
skojbråkande inte får negativa konsekvenser? Ge konkreta förslag.
7. Hur påverkar skojbråkande människor i olika åldrar och hur kan
det hindra deras utveckling till mogna, ansvarstagande vuxna?
8. Vilka långsiktiga konsekvenser kan skojbråkande ha på individens
självbild och självkänsla?
9. Vilka sociala normer tror du bidrar till att skojbråkande ibland
accepteras trots dess potentiella skadliga effekter? Hur kan dessa
normer förändras?
10. Reflektera över hur du själv kan bidra till att skojbråkande inte går
över styr och skapa en mer inkluderande miljö.

4.1.3 Humor

1. Har du någonsin upplevt att humor används på ett sätt som marginaliserar eller exkluderar någon? Reflektera över hur detta kan påverka gruppdynamiken.
2. Vilka är de långsiktiga effekterna av att använda humor för att förminska eller förlöjliga andra? Hur påverkar det gemenskap och medborgarskap?
3. Hur kan humor både förena och splittra en grupp? Ge exempel från din egen erfarenhet.
4. Hur kan en individ utveckla dygder som vänlighet och respekt i användandet av humor?
5. Vad är skillnaden mellan att använda humor för att avväpna en konflikt och att använda humor för att härska över andra? Hur kan du balansera dessa i din egen vardag?
6. Hur påverkas en skolmiljö av humor som används för att trycka ner andra? Vilka åtgärder kan vidtas för att säkerställa en positiv och inkluderande användning av humor?
7. Hur kan en individ använda humor på ett sätt som främjar självmedvetenhet och mognad?
8. På vilket sätt kan humor skapa falska stereotyper eller förstärka befintliga fördomar i en grupp?
9. Vilka ansvar har vi som medborgare när det gäller att använda humor på ett inkluderande och ansvarsfullt sätt i samhället?
10. Reflektera över hur humor kan användas som ett verktyg för att bygga broar snarare än att skapa klyftor mellan människor.

4.1.4 Rasism och etnisk diskriminering

1. Har du varit med om en situation där någon blivit utsatt för rasism eller etnisk diskriminering? Hur påverkade detta dig och gruppen?
2. Vilka är de långsiktiga konsekvenserna av rasism i en skolmiljö eller arbetsmiljö? Hur påverkar det välmåendet och deltagandet i samhället?
3. Hur kan individer och grupper motverka strukturell rasism och främja inkludering och rättvisa?
4. Hur kan dygder som rättvisa, mod och medkänsla hjälpa till att bekämpa rasism och diskriminering i vardagen?

5. Hur påverkar rasism och etnisk diskriminering samhället i stort och vad säger det om vårt medborgarskap?
6. Hur kan lärare och elever arbeta tillsammans för att skapa en atmosfär fri från rasism och diskriminering? Ge konkreta exempel.
7. Vad kan en individ lära sig om sig själv och samhället genom att reflektera över sina egna fördomar och hur de har utvecklats?
8. Hur kan vi som medborgare bidra till att skapa ett mer rättvist och jämlikt samhälle genom våra dagliga handlingar och beslut?
9. Vilka institutionella och sociala strukturer förstärker rasism, och hur kan dessa förändras på individ- och samhällsnivå?
10. Reflektera över vad du personligen kan göra för att motverka rasism och diskriminering i din vardag.

4.1.5 Sexism

1. Kan du tänka dig en situation där du eller någon annan har upplevt sexism? Hur hanterades situationen och hur påverkade den dig eller andra?
2. Vilka är de långsiktiga effekterna av sexism i skolor och arbetsplatser? Hur kan detta påverka individers självbild och karriärutveckling?
3. Vilka dygder, som exempelvis jämställdhet och rättvisa, är viktiga att utveckla för att motverka sexism?
4. Hur kan sexistiska beteenden påverka både individer och gruppdynamik? Hur kan detta kopplas till medborgarskap och ansvar?
5. Hur kan skolor och arbetsplatser aktivt arbeta för att skapa en miljö som är fri från sexism och främjar lika möjligheter för alla?
6. Vilka konsekvenser kan sexism ha på samhällets strukturer och vilka åtgärder behövs för att förändra dessa?
7. Hur kan individens mognad och självmedvetenhet bidra till att motverka sexism och främja respekt och inkludering?
8. Vilka normer i samhället förstärker sexism och hur kan dessa förändras genom utbildning och medvetenhet?
9. Hur kan du som individ bidra till att skapa en jämställd och rättvis miljö i din skola eller arbetsplats?

10. Reflektera över hur du kan utveckla dina egna värderingar och handlingar för att motverka sexism i din omgivning.

4.1.6 Transdiskriminering

1. Har du bevittnat eller upplevt transdiskriminering? Hur påverkade detta den utsatta personen och de andra runt omkring?
2. Vilka är de långsiktiga effekterna av transdiskriminering på individers mentala hälsa och självbild? Hur påverkar det samhället i stort?
3. Vilka dygder som rättvisa, mod och medmänsklighet kan hjälpa till att bekämpa transdiskriminering?
4. Hur kan transdiskriminering hindra individer från att delta fullt ut i samhället och hur påverkar detta vårt gemensamma medborgarskap?
5. Hur kan skolor och arbetsplatser skapa en inkluderande miljö där alla, oavsett könsidentitet, känner sig trygga och respekterade?
6. Vad kan vi som samhälle lära oss om mångfald och inkludering genom att reflektera över transpersoners rättigheter och erfarenheter?
7. Hur kan vi som individer utveckla en större medvetenhet om våra egna fördomar och sträva efter att vara mer inkluderande och respektfulla?
8. Hur påverkar transdiskriminering samhällsnormer och vilka åtgärder behövs för att förändra dessa på individ- och samhällsnivå?
9. Hur kan du som individ bidra till att skapa en miljö där alla, oavsett könsidentitet, har lika rättigheter och möjligheter?
10. Reflektera över vad du kan göra för att öka din förståelse för transpersoners erfarenheter och bidra till ett mer inkluderande samhälle.

4.2 Övningar kopplat till likabehandling, diskriminering och samtalsetik

Byta Perspektiv-Dialog

- **Förberedelse:** Förbered olika scenarier som eleverna kan diskutera, exempelvis en konflikt mellan två elever, en etisk fråga eller en situation där någon känner sig orättvist behandlad. Varje scenario bör vara skrivet på ett papper eller projiceras på tavlan.
- **Instruktion:** Eleverna delas in i par. Den ena eleven berättar sin syn på en av de förberedda situationerna medan den andra lyssnar noggrant och sammanfattar vad personen sagt utan att lägga till egna tankar. Efter några minuter byter de roller och diskuterar situationen från den andres perspektiv.
- **Exempel på reflektion:** Efteråt kan läraren be eleverna reflektera över hur det kändes att bli lyssnad på och om det var svårt att sammanfatta någon annans perspektiv. Vad lärde de sig om sig själva och om hur olika synsätt kan existera parallellt? Diskutera hur perspektivtagande kan bidra till empati och bättre kommunikation.

Empatikedjan

- **Förberedelse:**Inga särskilda förberedelser behövs, men ha gärna en plan för att skapa en trygg och öppen atmosfär där eleverna känner sig bekväma att dela med sig av personliga känslor.
- **Instruktion:** Eleverna sitter i en cirkel. Den första eleven beskriver en situation där de känt sig missförstådda, utan att nämna specifika namn eller känsliga detaljer. Nästa person ska spegla detta genom att dela en liknande känsla eller upplevelse, och kedjan fortsätter runt cirkeln. Alla deltagare ska känna att de är fria att delta eller avstå om de vill.
- **Exempel på reflektion:**Efter övningen kan eleverna diskutera hur de kände sig när de delade sina känslor och när de lyssnade på andras upplevelser. Läraren kan också diskutera hur empati hjälper till att bygga ett starkare band mellan människor och hur vi kan bli bättre på att förstå varandras känslor.

Rollspel: Modiga Beslut

- **Förberedelse:**
  Skapa scenarier där eleverna ställs inför moraliska dilemman. Det kan vara situationer som rör mobbning, grupptillhörighet, eller att stå upp för någon som behandlas illa. Skriv ner instruktioner för varje rollspel och förse grupperna med tydliga instruktioner för deras roll.
- **Instruktion:**
  Eleverna delas in i små grupper och får ett scenario att spela upp. Varje elev tilldelas en roll, till exempel den som står inför ett moraliskt beslut, åskådare eller den som gör fel. Efter rollspelet diskuterar gruppen vad som var svårt med att ta ett modigt beslut och hur mod kan visas på olika sätt i vardagen.
- **Exempel på reflektion:**
  Eleverna kan diskutera hur de kände inför att behöva fatta beslut som kan påverka andra negativt eller positivt. De kan även reflektera över vilka konsekvenser deras handlingar skulle kunna få i verkliga livet och vad det innebär att visa mod och rättskänsla.

Icke-Våldskommunikationsrutan

- **Förberedelse:**
  Förbered ett enkelt schema för icke-våldskommunikationens fyra steg: observation, känsla, behov och begäran. Skapa scenarier där en konflikt eller missförstånd uppstår, och låt eleverna arbeta utifrån dessa.
- **Instruktion:**
  Eleverna delas in i små grupper och får en fiktiv konflikt att lösa. De måste använda sig av icke-våldskommunikationens fyra steg. Läraren kan guida genom att ställa frågor som: "Vad observerade ni?" "Vilka känslor upplevde ni?" "Vilka behov ligger bakom dessa känslor?" och "Hur kan ni uttrycka en tydlig och respektfull begäran?"
- **Exempel på reflektion:**
  Efter övningen diskuterar klassen hur denna typ av kommunikation skiljer sig från hur de normalt sett hanterar

konflikter. Hur kan det förändra relationer om vi är mer medvetna om hur vi uttrycker våra känslor och behov?

Likabehandlingsloppet

- **Förberedelse:**
  Skapa en hinderbana, antingen fysisk eller mental, med stationer där eleverna ställs inför etiska dilemman eller uppgifter som kräver rättvis fördelning av resurser. Varje station kan ha en fråga eller utmaning som måste lösas för att gå vidare.
- **Instruktion:**
  Eleverna delas in i lag och ska ta sig igenom hinderbanan genom att samarbeta och reflektera kring rättvisa, likabehandling och omsorg. Vid varje station måste de lösa en etisk uppgift eller besvara en fråga kopplad till social rättvisa innan de får gå vidare till nästa hinder.
- **Exempel på reflektion:**
  Efter hinderbanan kan lagen reflektera över hur de fattade sina beslut. Hur väl lyckades de samarbeta och se till att alla blev hörda? Diskutera hur likabehandling och rättvisa kan fungera i praktiken och vilka utmaningar som kan uppstå.

6. Omsorgens Cirkel

- **Förberedelse:**
  Förbered en låda där eleverna kan lämna sina anonyma lappar med bekymmer eller saker de tänker på. Se till att du har en trygg miljö där eleverna känner sig bekväma med att diskutera ämnen som kan vara känsliga.
- **Instruktion:**
  Eleverna får skriva ner något som oroar dem eller som de vill ha stöd i. Läraren läser sedan upp lapparna (anonymt) och öppnar för diskussion om hur man kan visa omsorg och stödja varandra. Diskussionen kan kretsa kring hur vi som människor och grupp kan hantera svåra situationer och skapa en trygg gemenskap.

- **Exempel på reflektion:**
  Diskutera med eleverna hur det kändes att dela och lyssna på andras bekymmer. Hur kan vi visa omsorg i vardagen, och vad kan vi göra för att skapa en trygg och stödjande miljö för våra vänner och klasskamrater?

Modiga Röster

- **Förberedelse:**
  Eleverna kan förbereda ett kort tal om något de vill förändra i världen, skolan eller samhället. Läraren kan förbereda en lista på ämnen som eleverna kan välja mellan eller låta dem komma på sina egna.
- **Instruktion:**
  Eleverna får turas om att hålla sina tal inför klassen. Varje tal handlar om att stå upp för en orättvisa eller att främja rättvisa. Efter varje tal diskuterar klassen vad som krävs för att visa mod och hur de kan stötta varandra i att våga tala ut för det som är rätt.
- **Exempel på reflektion:**
  Diskutera med eleverna vad de upplevde som modigt i sina egna eller andras tal. Hur kan vi uppmuntra varandra att vara modiga och stå upp för våra värderingar i både stora och små sammanhang?

Samtalsetik-Parleken

- **Förberedelse:**
  Förbered ett antal känsliga eller komplexa ämnen som eleverna kan diskutera. Dessa kan vara etiska frågor, sociala dilemman eller ämnen som rör värderingar och rättigheter.
- **Instruktion:**
  Eleverna delas in i par och får diskutera ett av de förberedda ämnena. Regeln är att båda måste vara lika delaktiga i diskussionen, och innan någon får uttrycka sina egna tankar måste de sammanfatta den andres åsikt korrekt. Detta tränar dem i lyhördhet, samtalsetik och respekt för andras perspektiv.

- **Exempel på reflektion:**
  Diskutera med eleverna hur det kändes att lyssna och sammanfatta någon annans åsikt. Hur kan vi använda dessa färdigheter för att skapa bättre och mer respektfulla diskussioner i vardagen?

Empatispegeln

- **Förberedelse:**
  Inga speciella förberedelser behövs, men du kan förbereda några exempel på känslor som eleverna kan spegla, t.ex. glädje, sorg, förvirring, ilska, lättnad.
- **Instruktion:**
  Eleverna delas in i par. En elev beskriver en känsla utan att säga ordet för känslan, och den andra eleven speglar denna känsla genom kroppsspråk och ansiktsuttryck. Därefter byter de roller. Efter övningen diskuterar de hur väl de kunde förstå varandras känslor utan ord.
- **Exempel på reflektion:**
  Eleverna kan diskutera hur det var att uttrycka och tolka känslor genom kroppsspråk och hur det påverkade deras förståelse av varandra. Reflektera kring hur empati kan stärkas genom att vara uppmärksam på både ord och kroppsliga uttryck.

Post-it Wall: Rasismens Effekter

- **Förberedelse:**
  Förbered en stor tavla eller whiteboard. Ge varje elev en bunt post-it-lappar. På väggen gör du tre rubriker: "Händelse", "Känsla", och "Effekt".
- **Instruktion:**
  Be eleverna att tänka på situationer där de själva eller någon annan utsatts för rasism. På lapparna skriver de kortfattat en händelse, hur det kändes och vilken effekt det hade (på individen eller gruppen). Eleverna placerar sedan sina lappar under rätt kategori på väggen.

- **Exempel på reflektion:**
  När alla lappar är på plats diskuterar ni gemensamt vilka mönster ni kan se. Hur påverkar rasism individers välmående och hur påverkar det samhället som helhet? Hur kan vi motverka dessa effekter genom omsorg om andra och respekt för allas lika värde?

Härskartekniksspegeln

- **Förberedelse:**
  Skriv ner olika härskartekniker på lappar: t.ex. "osynliggörande", "förlöjligande", "skuld- och skambeläggning", "påförande av skuld". Se till att alla elever har varsin lapp med en teknik.
- **Instruktion:**
  Eleverna får ett scenario där de upplever att någon använder en härskarteknik på dem (exempelvis att de avbryts eller blir ignorerade). De ska agera utifrån sin lapp och reflektera över hur de känner sig och hur de skulle kunna motverka det. Sedan diskuterar klassen gemensamt hur härskartekniker påverkar relationer och vad vi kan göra för att undvika dem.
- **Exempel på reflektion:**
  Fråga eleverna hur de upplevde att vara mottagare av en härskarteknik. Hur kan vi arbeta för att skapa ett mer inkluderande klimat där vi inte tillåter dessa tekniker att fortsätta? Vad krävs för att stå upp för rättvisa?

Åskådareffekten: Vad Gör Du?

- **Förberedelse:**
  Förbered ett antal scenarier där någon blir utsatt för orättvisa eller kränkning (t.ex. mobbning, en sexistisk kommentar, eller rasistiska påhopp). Skriv varje scenario på ett kort eller en whiteboard.
- **Instruktion:**
  Eleverna får läsa varje scenario och diskutera i små grupper vad de skulle göra om de såg det hända. Vilka hinder finns det för att agera? Hur kan vi motverka åskådareffekten genom att vara mer

modiga och omsorgsfulla? Efter diskussionen kan grupperna presentera sina strategier för resten av klassen.

- **Exempel på reflektion:**
Diskutera varför åskådareffekten uppstår och vad vi kan göra för att övervinna den. Hur kan vi bli bättre på att agera istället för att passivt stå vid sidan av när orättvisor sker?

Följarskapets Fällor

- **Förberedelse:**
Skapa lappar med olika exempel på när följarskap leder till dåliga beslut (t.ex. grupptryck att exkludera någon, att delta i sexistiska skämt eller att ignorera rasistiska kommentarer).
- **Instruktion:**
Dela ut lapparna och låt eleverna i grupper diskutera varför det är lätt att falla in i följarskapets fällor. Vad krävs för att bryta sig ur? Hur kan vi motverka dessa fällor genom att främja kritiskt tänkande och empati? Låt eleverna skriva ner sina tankar och sedan gemensamt diskutera i klassen.
- **Exempel på reflektion:**
Diskutera varför följarskap ibland leder till negativa konsekvenser och hur modiga individer kan göra skillnad genom att säga ifrån. Vad kan vi lära oss om självständighet och ansvar?

Sexism: Vad är Skillnaden?

- **Förberedelse:**
Förbered två kolumner på en whiteboard med rubrikerna "Sexistisk Handling" och "Icke-Sexistisk Handling". Skriv ut några exempel på lappar (t.ex. att avbryta någon, använda ett sexistiskt skämt, ge kommentarer om någons kropp).
- **Instruktion:**
Eleverna får turas om att placera varje lapp i rätt kolumn och sedan diskutera varför de valde att placera den där. Varje val måste motiveras, och klassen får gemensamt komma fram till vad som

skiljer en sexistisk handling från en icke-sexistisk. Detta uppmuntrar kritiskt tänkande kring könsroller och respekt.

- **Exempel på reflektion:**
  Diskutera hur sexism kan påverka individers självbild och gruppens dynamik. Vad kan vi göra för att bli mer medvetna om våra handlingar och hur de påverkar andra? Hur kan vi skapa en mer jämställd miljö?

HBTQI: Ställ Upp för Andra

- **Förberedelse:**
  Skapa scenarier där någon utsätts för diskriminering på grund av sin könsidentitet eller sexuella läggning. Exempel kan vara verbala trakasserier eller exkludering från en grupp.
- **Instruktion:**
  Eleverna delas in i små grupper och får ett scenario. De ska först diskutera vad de skulle göra om de såg detta hända, och sedan gestalta hur de skulle agera för att stödja personen som blir utsatt. Efter varje presentation diskuterar klassen hur mod och omsorg kan visa sig i praktiken.
- **Exempel på reflektion:**
  Diskutera vad som krävs för att stå upp för någon som blir utsatt för HBTQI-diskriminering. Hur kan vi göra vår miljö mer inkluderande och välkomnande för alla, oavsett könsidentitet eller sexualitet?

Skojbråkande: Vart Går Gränsen?

- **Förberedelse:**
  Skriv ner exempel på skojbråkande som kan vara gränsfall, t.ex. att skoja om någons utseende eller använda ironiska kommentarer. Skriv varje exempel på en lapp.
- **Instruktion:**
  Dela ut lapparna och be eleverna avgöra om det är "Acceptabelt" eller "Oacceptabelt" och placera dem under rätt rubrik på en whiteboard. Efteråt diskuterar klassen vad som avgör om något är

skojbråk eller kränkning. Detta hjälper eleverna att reflektera över var gränserna går för respektfulla relationer.

- **Exempel på reflektion:**
Hur påverkar skojbråkande relationer i gruppen? Hur kan vi bli bättre på att förstå och respektera andras gränser? Vad kan vi göra om vi ser att skojbråkande går för långt?

Kroppslig Integritet: Min Kropp, Mitt Val

- **Förberedelse:**
Skriv påstående på lappar som rör kroppslig integritet (t.ex. "En person har rätt att säga nej till kramar", "Man ska alltid respektera någon annans personliga utrymme"). Gör två rubriker på tavlan: "Jag håller med" och "Jag håller inte med".
- **Instruktion:**
Eleverna får läsa varje påstående och gå fram till tavlan för att sätta sina lappar under den rubrik de anser passar bäst. Sedan diskuterar klassen de val som gjorts och varför kroppslig integritet är en viktig del av lika värde och respekt för andra.
- **Exempel på reflektion:**
Hur kan vi säkerställa att vi alltid respekterar varandras kroppsliga gränser? Varför är kroppslig integritet en grundläggande del av omsorg för andra och lika värde?

Tankar och Ord: Skapa eller Förstöra

- **Förberedelse:**
Skapa två kategorier på tavlan: "Byggande" och "Rivande". Förbered lappar med exempel på ord och fraser som antingen bygger upp eller bryter ner (t.ex. "Bra jobbat!" eller "Du är så dum").
- **Instruktion:**
Eleverna får placera lapparna under rätt kategori och sedan diskutera hur våra ord påverkar andra. Diskutera skillnaden mellan att använda ord för att skapa gemenskap och förtroende jämfört med att använda ord för att såra eller förminska andra. Detta

utmanar eleverna att reflektera över hur deras språkbruk kan påverka både individ och grupp.

- **Exempel på reflektion:**
Hur kan vi vara mer medvetna om hur vi använder våra ord? Hur kan vi skapa en kultur där vi använder språk för att bygga upp och stärka varandra, istället för att bryta ner?

Föreställ Dig Ett Annat Perspektiv

- **Förberedelse:**
Skapa flera olika "identitetskort" som beskriver fiktiva personer med olika bakgrunder (t.ex. kön, etnicitet, sexuell läggning, funktionshinder). Varje kort beskriver en kort bakgrundshistoria och en specifik situation där personen möter en utmaning, t.ex. diskriminering eller en kränkning.
- **Instruktion:**
Dela ut korten till eleverna och låt dem föreställa sig hur det skulle kännas att vara personen på kortet. De får diskutera i par eller små grupper om hur de skulle reagera i den specifika situationen, vad de skulle känna och hur de tror att samhället skulle behandla dem. Sedan delar de sina insikter med hela klassen.
- **Exempel på reflektion:**
Hur kan det hjälpa oss att förstå andra genom att föreställa oss deras perspektiv? Hur kan vi använda denna insikt för att öka vår omsorg för andra och arbeta för lika rättigheter och respekt för alla?

5. Förebyggande handlingar av den enskilde läraren i klassrummet

Här är en lista med tips för vad en enskild lärare kan göra för att förebygga stereotypiserande, rasistiska uttalanden och handlingar i klassrummet:

- Modellera det beteende vi vill se hos eleverna genom att uppvisa god tro, saklighet, empati, solidaritet, och ett undersökande förhållningssätt. Främja ödmjukhet och kritiskt tänkande genom att uppmuntra eleverna att vara försiktiga med att göra definitiva uttalanden, särskilt i komplexa frågor som rör etnicitet och migration.
- Påminn eleverna om att skolans uppdrag är att fostra demokratiska medborgare med empati och kritiskt tänkande. Använd skolans värdegrund som stöd när du hanterar situationer som rör etnisk diskriminering eller stereotyper. När elever uttrycker åsikter som verkar kulturchauvinistiska eller överlägsna, problematisera dessa genom att uppmana till reflektion och ifrågasättande. Hjälp dem att se världen ur flera perspektiv.
- Ge elever som söker en hård debatt alternativ och vägledning för att kunna delta i diskussioner på ett konstruktivt och respektfullt sätt. Påminn dem om att deras yttrandefrihet måste balanseras med skolans uppdrag att främja en trygg och inkluderande miljö för alla.
- Ta hänsyn till både intention och utfall när du bedömer elevers handlingar och uttalanden. Om en elevs intention var god men utfallet blev skadligt, använd situationen som ett lärandetillfälle.
- Kommunicera regler och tumregler tydligt från början så att alla elever vet vad som förväntas av dem i klassrummet. Se till att alla elever känner till och förstår skolans policy mot diskriminering och rasism, och gör det tydligt att respekt för alla är en grundläggande regel.
- Läs på om frågor som rör etnisk diskriminering och rasism för att kunna föra djupare diskussioner med eleverna. Med god kunskap blir det lättare att integrera skolans fostransuppdrag med

kunskapsuppdraget och att undervisa eleverna på ett meningsfullt sätt.

- Var uppmärksam på humorn i klassrummet och uppmuntra användning av inkluderande och respektfull humor. Var tydlig med att stereotypiserande eller överlägsenhetshumor inte hör hemma i klassrummet.

- Skapa en inkluderande och omsorgsfull klassrumsmiljö där alla elever känner sig välkomna och respekterade. Använd inkluderande språk och se till att representera olika kulturer och bakgrunder i undervisningsmaterialet. Visa att du värdesätter mångfald.

- Var ett föredöme för eleverna genom att själv agera respektfullt och inkluderande. Visa hur man kan diskutera känsliga frågor på ett respektfullt sätt och uppmuntra eleverna att göra detsamma.

- Uppmuntra kritiskt tänkande genom att lära eleverna att ifrågasätta stereotyper och fördomar. Hjälp dem att reflektera över vad som ligger bakom olika uttalanden och vilka konsekvenser deras handlingar kan ha.

- Skapa utrymme för öppna samtal där eleverna kan uttrycka sina tankar och känslor i en trygg miljö. Var öppen för att diskutera svåra frågor och ge utrymme för alla att delta, samtidigt som du upprätthåller en respektfull ton. Differentiera mellan kritisk diskussion om migrationspolitik och rasistiska argumentationer genom att förklara att det är möjligt att vara kritisk mot migration utan att falla in i etnocentriska eller stereotypiserande resonemang. Vägled eleverna till att skilja på rationellt grundade, humanistiska argument kopplade till olika etiska system, som exempelvis utilitarism, och de som är stereotypiserande, generaliserande, eller andrefierande.

6. Läroplan för likabehandling konkretiserad: Läromål, fostransmål och läroupplevelser om likabehandling, värdegrundsarbete, samtycke och relationer - ett 3 års hjul

- Detta är ett förslag på hur man kan jobba för att konkretisera sin skolas likabehandlingsplan om är en del av det förebyggande arbetet mot diskriminering och kränkande behandling.
- Samordna och ge översikt kring skolans systematiska arbete kring dessa frågor för att nå kunskaps- och fostransmål.

Problemformulering

- Värdegrund och kunskap tillsammans. Den ena utan den andra kommer inte gå. Kunskap utan värdegrund får vi inte koppling och översikt över kunskapen. Värdegrunsarbete utan kunskap så är det hög resistens eftersom elever har så många påstående som är starkare än ovanifrån försökt skapade värderingar. T ex i transfrågan florerar det många missuppfattningar som leder till transfobi.
- Lag att jobba förebyggande med rasism, sexism, transfobi på skolan. Den identifierade diskrimineringen är för det mesta rätt subtilt ofta i form av humor, men en humor som är ironiskt, distraniserade och skillnadsfokuserad (Kirkegaard). Finns en "edgy" humor, en tanke att det går att undslippa ansvar om det är inramat som "humor".
- Vissa elever påverkas av diskurser online och i politiken som i vissa fall är reaktionära, rasistiska, sexistiska och transfobiska. Det finns en korrelation mellan vissa ideologiska utgångspunkter hos elever och risken att ta del av rasistiska, sexistiska och transfoba diskurser. Målet är inte att förändra dessa grundideologiska utgångspunkter hos eleverna från skolhåll, utan att specifikt sikta in sig på rasistiska och transfobiska diskurser och handlingar. Exempelvis är "manosfären" konservativ och anti-feministisk med profiler som Andrew Tate. Elever har en viss distans till

Andrew Tate men verkar anamma vissa reaktionära åsikter. Här har skolan utifrån sitt kunskaps, likabehandling och demokratiuppdrag att gå in och problematisera. Samtidigt att definiera exakt vad sexism, rasism och transfobi måste vara tydligt från skolan, men debatten kring dessa frågor måste hållas öppna samtidigt. Det är en svår balans, som kräver hög nivå som är en ny utmaning.

- Elever tar ofta del av mycket påståenden online kring värdegrundsfrågor, ofta påstående som misstänkliggör skolan. Skolan behöver möta dessa påståenden för att kunna nå bortom. Annars öppnar vi upp för att vissa elever håller fast vid onaynserade påstående som att "det är bara wokeism/pk" och liknande påstående som snabbt avfärder fostransåtgärder och vissa kunskaper som ideologiskt grundade enbart.
- Systematiskt arbete med tydlighet kring vilka läromål och läroupplevelser som eleverna ska ha över de 3 åren för att säkerställa vissa läroupplevelser.
- Tidsbrist: lektioner, mentorstid och temadagar behöver alla användas på bästa sätt. Lektioner gör grunden, mentorstiden och temadagar förstärker den grunden.

Årshjul för likabehandling: ämnen, mentorstid, temadagar

Åk 1	Aktivitet/lärupplevelse	Förklaring	Läromål + uppföljning/feedback
Aug			
Sept			
Okt			
Nov			

Dec			
Jan			
Feb			
Mar			
Apr			
Maj			
Jun			

Åk 2	**Aktivitet/lärupplevelse**	**Förklaring**	**Läromål/uppfölning/feedback**
Aug			
Sept			
Okt			
Nov			
Dec			
Jan			
Feb			
Mar			

Apr			
Maj			
Jun			

Åk 3	Aktivitet/läruppleve lse	Förklarin g	Läromål/uppfölning/feedb ack
Aug			
Sept			
Okt			
Nov			
Dec			
Jan			
Feb			
Mar			
Apr			
Ma			

376

j			
Jun			

Läromål generellt (detta ska göras mer specifikt)

- Kunskap om trans. Statistik, vanliga missuppfattningar, politisk värderingar kopplat till diskussioner.
- Kunskap rasism. Utbreddning: diskriminering med naman på arbetsmarknad och bostadsmarknad. Ta med sig att exempelvis Sverige kan ha rasistiska strukturer, diskurser och praktiker och samtidigt ha lägre än andra länder. Anti-semitism, anti-mellanöstern sentiment, anti-ziagnism, afrofobi, transfob.
- Generell kunskap om argumentationsfel/felslut. Detta gör det möjligt för eleven att känna igen dålig argumentation från sig själv och andra.
- Lära sig om gränsdragningar i rasism och sexism. Vad är skillnaden mellan kultuchauvinism och en rationell och universalistisk kulturkritik som inte är andrefierande och obalanserat problematiserande av den andre osv.
- Kunskap om sexism. Genusdebatten
- Kunskap om normer
- Kunskap om samtycke och relationer.
- Kunskap om skojbråk. Orsaker, prespektiv, konsekvenser.
- Kunskap om humor och diskurser. Exempelvis humor som har högre risk att bli slå fel.
- Skillnad mellan intention och utfall.
- Språkets makt.
- Konversationens makt. Vad är grunden för bra konversation?
- Härskartekniker: humor, osynliggörande/marginaliserande, utfrysning.

- Förmåga till reflektiv distans och självständighet kring dessa frågor. Komma bort från enkla utsagor som att "det är bara wokeism/pk", eller en inflation i vad man benämner som rasism/sexism eller som ett resultat av rasism/sexism.

Läromål i de specifika ämnen

- Samhällskunskap 1b: Koppling mellan makt, identitet och normer. Kunskap om trans, rasism, diskriminering, identitetsuttryck, makt i dess olika former. Problematisera manosfären.
- Samhällskunskap 2: populism, "wokeism",
- Svenska 1
- Svenska 2
- Svenska 3
- Engelska 5: Satir/humor, konversation.
- Engelska 6
- Engelska 7
- Idrott
- Religion
- Historia
- Psykologi
- Filosofi

Läromål på mentorstiden/handledartid/klasstid

-

Läromål på temadagar

-

Fostransmål: Mål i beteende, värderingar och tankesätt.

- Internationell solidaritet
- Empati
- Respekt
- Se sin roll i hur tillit byggs.
- Delta aktivt i att förebygga rasistiska diskurser och praktiker på skolan.
- Inte delta aktivt i rasististiska, sexistiska och transfoba diskurser och pratkiker på skolan.
- Ha skript att använda när man integrerar med rasistiska, sexistiska och transfoba diskurser.
- Ledarskap
- Aktivt demokratiskt medborgarskap.
- Inte delta i skojbråk.
- Aktiva konversationer: nyfikna, empatiska
- Inte delta praktisera humor som inte är distanserade från olika grupper, fixerad vid skillnader (politiska, religiösa, sexuella, identitet, genus).
- Inte praktisera härskartekniker. Och ha skript för att bli utsatt för härskartekniker. Humor som härskarteknik är en av de vanligaste där kunskap och skript som kan neutralisera eller angripa ett kallt och distraniserande skämt.

Lärouppleveler

- Diskutera om likabehandlingsfrågor
- Bli utmanad i sina ideologiska övertygelser - reaktionära tendenser och onyanserad identitetspolitik som trycker för mycket på skillnader.
- Koppling till kulturella profiler och fenomen: Andrew Tate, manosfären,
- Reflektera muntligt i par och i grupp
- Reflektera skriftligt. Flera gånger. Systematiskt under lång tid, med stegring.

- Läs om varandras upplevelser?

Genomförande

- Ämnesövergripande arbete. Hur ska vi synliggöra att detta görs mellan olika lektioner, mentorstid och temadagar för eleverna?
- Hur ska läromålen följas upp och ge feedback på? Blir annorlunda i ämnena jämfört med mentorstid och temadagar.
- Hur ska man se och fånga (mäta) förändringar över tid?
- Hur ska läroupplevelserna garanteras?
- Hur ska samordningen med den läroplan över 3 åren göras så enkel som möjligt?

Översikt över 3 årshjul: ämnen, mentorstid och temadagar

Årskurs 1		
Ämnen	Mentorstid	Temadagar

Årskurs 2		
Ämnen	Mentorstid	Temadagar

Årskurs 3		
Ämnen	Mentorstid	Temadagar

7. Samtalsetik och kontroversiella ämnen

Samtalsetik är centralt i skolan är det övergripande målet med mycket fostran i skolan. Samtalsetiken är grunden för likabehandling och omsorg när vi kommunicerar med varandra. Detta avsnitt kommer ta upp olika aspekter av samtalsetik ur flera olika perspektiv. Detta kan avsnitt kan användas som inspiration till att tänka hur man ska jobba med samtalsetik i de olika ämnena

Samtalsetik är politiserat och även rätt så polariserad i dagens debatt. Det finns olikan syn på hur debatter och kommunikation bör ske. Utgångspunkter som skolan bör ha för samtalsetik är följande:

- Skolan behöver balansera olika värden och rättigheter. Friheter som yttrandefrihet och religionsfrihet. Dessa kan komma i konflikt när elever har åsikter om religiösa uttryck eller elever med en religiös tillhörighet. Här behöver skolan stödja eleverna i kunna prata och diskutera om skillnader utan att det
- Kränking som ord är svårt. Vad ska räknas som en kränkning? Räcker det med att personen känner sig kränkt? Det behövs mer

objektiva mått än bara det den subjektiva upplevelsen, annars kan detta användas i ond tro.

- Fokus på att se sin kommunikation som en etisk akt som kan kopplas till dygder, nytta, plikter och omsorg. Målet för en skola är att fostra och lära ut att kommmunikation inte är neutralt, något som står utanför moral eller opolitistikt.
- Skolan bör fostra mot omsorgsfull kommunikation om alla andra på skolan.
- Skolan är begränsad i hur långt man kan begränsa och villkora yttrandefriheten. Skolan har till exempel inget uppdrag om att få elever att bygga från en viss ideologi till en annan, förutom en generell liberal överideologi och humanism. Men denna liberalism inkluderar en stor grad av religionsfrihet.
- Skolor ska inte gå i fällan av att representera vad som i vissa elevers ögon kan ses som "politisk korrekthet" eller "woke". Skolans uppdrag är inte att fostra mot någon politisk korrekthet där vissa frågor står utanför att debattera. Skolor bör fostra en samtalsetik där alla saker kan diskuteras, men att det finns tid och plats, det är kontextuellt och framför allt hur man diskuterar det spelar roll. T ex är dåliga diskussioner generellt de som är utan omsorg, ojämlikhet i syn på andra människor, stereotypiseringar, övergeneraliseringar, andrefiering, hirearkiseringar. I kontroversiella frågor som är ideologiskt laddade och starkt politiserade som kriminalitet, invandring, yttrandefrihet, genus måste skolan ha som grund i en åsiktspluralism. Förtrycks detta från början blir det problem. För att hantera dessa frågor krävs att läraren använder god samtalsetik som moderator genom att rama in frågor på rätt sätt. Lärare kan rama in frågor på fel sätt där en viss sida demoniseras. Här kommer lärarens okunskap om olika ideologiska utgångspunkter ofta syns igenom. Skolor ska heller inte fostra eller praktisera en yttrandefrihet-absolutism, eftersom yttranden måste väga mot andra värden som trygghet, studiero osv.

7.1 Dygdetik

Dygdetik fokuserar på karaktärsegenskaper och dygder som gör en person till en god människa, snarare än på regler eller konsekvenser. När det gäller samtalsetik kan dygdetik hjälpa elever att utveckla goda vanor och värderingar som mod, rättvisa och ödmjukhet, vilket leder till mer konstruktiva och respektfulla samtal. Genom att öva på dygder i samtal lär sig elever att bli mer medvetna om sina egna handlingar och hur de påverkar andra, vilket bidrar till ett mer inkluderande och balanserat samtalsklimat.

Mod (Andreia)
Mod är viktigt i samtal eftersom det krävs för att våga uttrycka sina åsikter, särskilt när de kan vara kontroversiella eller impopulära. Ett balanserat mod innebär att vara ärlig och rak i sin kommunikation utan att bli aggressiv eller överväldigad av rädsla. Det handlar också om att våga stå upp för rättvisa och sanningen, även när det är obekvämt.

Rättvisa (Dikaiosyne)
Rättvisa i samtalsetik innebär att ge alla en rättvis chans att uttrycka sina åsikter och behandla alla med lika stor respekt, oavsett deras bakgrund eller perspektiv. Det handlar om att vara opartisk och rättvis, att inte favorisera någon och att säkerställa att samtalet förblir balanserat. Det innebär också att erkänna när man har gjort fel och rätta till det.

Måttfullhet (Sofrosyne)
Måttfullhet innebär att ha självkontroll och inte låta sig dras med av starka känslor som ilska, frustration eller överdriven glädje i ett samtal. Den som är måttfull lyssnar noga, tänker efter innan de svarar och undviker att överreagera. Det innebär att hitta en balans mellan att uttrycka sina egna känslor och att vara lyhörd för andras behov och perspektiv.

Visdom (Fronesis)
Visdom är kanske den mest centrala dygden i samtalsetik. Det innebär att använda god bedömning och förnuft för att fatta etiska beslut i samtalet. En vis person vet när det är bäst att tala och när det är bäst att lyssna. De

reflekterar över konsekvenserna av sina ord och handlingar och strävar efter att skapa ett samtal som leder till förståelse och lärande, snarare än konflikter.

Sanning (Aletheia)

Att hålla sig till sanningen är en central del av samtalsetik. Aristoteles betonar vikten av ärlighet och att vara sanningsenlig i alla interaktioner. Det innebär att inte ljuga eller förvränga fakta i samtal och att vara transparent i sina avsikter. Sanning skapar förtroende, vilket är grundläggande för ett framgångsrikt samtal.

Vänskap (Filia)

Vänskap, enligt Aristoteles, handlar om att ha en välvillig inställning till andra och att främja ett gott samarbete. I samtal handlar detta om att visa empati, stödja varandra och skapa ett klimat av ömsesidig respekt. Ett vänskapligt förhållningssätt uppmuntrar ett mer öppet, inkluderande och konstruktivt samtal.

Storsinthet (Megalopsychia)

Storsinthet innebär att ha en balanserad och värdig syn på sig själv, vilket också återspeglas i hur man behandlar andra. I samtal innebär det att vara ödmjuk, erkänna andras styrkor och inte behöva hävda sig själv överdrivet. Den storsinte personen är öppen för andras idéer och kan erkänna när någon annan har rätt eller gjort något värdefullt.

Vett och eftertanke (Euboulia)

Att ha goda råd och kunna tänka klokt i samtalssituationer är centralt för samtalsetik. Att ta tid att överväga olika perspektiv innan man tar till orda och reflektera över de långsiktiga effekterna av vad som sägs visar eftertanke. Detta främjar inte bara bättre beslut i samtalet, utan också ett djupare engagemang.

Tålmodighet (Hypomone)

Tålmodighet i samtal innebär att kunna hantera svåra eller provocerande situationer utan att reagera omedelbart eller aggressivt. Det handlar om att ge andra tid att uttrycka sig och att kunna vänta på ett rätt tillfälle att svara.

Genom att visa tålmodighet skapas utrymme för djupare reflektion och bättre förståelse.

Generositet (Eleutheriotes)

Generositet i samtal innebär att vara öppen med att ge tid, uppmärksamhet och erkännande till andra. Det handlar om att dela med sig av idéer och insikter utan att förvänta sig något direkt i gengäld. En generös person i samtal ger plats åt andras åsikter och perspektiv, och är villig att lyssna på andra med ett öppet hjärta.

Tacksamhet (Charis)

Tacksamhet handlar om att visa uppskattning för vad andra bidrar med i samtalet. När vi är tacksamma för andras insikter och ansträngningar främjar vi en kultur av respekt och ömsesidig uppskattning. Att uttrycka tacksamhet för olika perspektiv, även de som utmanar oss, kan stärka samtalets konstruktivitet.

Ansvarstagande (Hypologizesthai)

Ansvarstagande innebär att ta ansvar för sina ord och handlingar i ett samtal. Det är viktigt att vara medveten om hur ens ord påverkar andra och att vara redo att stå för vad man har sagt, särskilt om man har uttryckt något som kan vara sårande eller missvisande. Ansvarstagande inkluderar även att erkänna misstag och korrigera dem.

Öppenhet (Anechomai)

Öppenhet handlar om att vara mottaglig för nya idéer och perspektiv utan att genast avfärda dem. En öppen person i samtal lyssnar på andra och är villig att omvärdera sina egna uppfattningar om det finns goda argument. Öppenhet främjar en mer dynamisk och kreativ dialog där nya tankar kan utforskas.

Ödmjukhet (Tapeinosis)

Ödmjukhet innebär att inte se sig själv som överlägsen i samtal och att erkänna att andra kan ha insikter och kunskaper man själv saknar. En ödmjuk person undviker att dominera diskussionen och visar respekt för andras åsikter. Ödmjukhet i samtal skapar en balans där alla känner att deras röster är lika viktiga.

Förutseende (Pronoia)

Förutseende handlar om att tänka framåt och överväga de potentiella konsekvenserna av vad som sägs i ett samtal. Det innebär att vara medveten om hur ord och handlingar kan påverka relationer, diskussionens riktning och långsiktiga resultat. En person med förutseende reflekterar över hur deras bidrag kan påverka samtalet positivt eller negativt.

Pålitlighet (Pistis)

Pålitlighet i samtal innebär att vara trovärdig och hålla vad man lovar, både i handling och ord. Det handlar om att andra ska kunna lita på att du är ärlig och konsekvent i dina uttalanden. Genom att vara pålitlig bygger du förtroende, vilket är en grundpelare för ett meningsfullt samtal.

Integritet (Areté)

Integritet innebär att hålla fast vid etiska principer och vara sann mot sig själv i samtal. En person med integritet står för sina värderingar och agerar i linje med dem, även när det är svårt. Det innebär också att undvika manipulation eller förvrängning av fakta för att vinna en diskussion.

Respekt (Aidos)

Respekt innebär att erkänna och värdera andras åsikter, även om man inte håller med. Respektfull kommunikation är grundläggande för en etisk samtalskultur, där alla känner sig hörda och förstådda. Det handlar om att undvika att avbryta eller förringa andras synpunkter, och istället skapa en atmosfär där olikheter värdesätts.

Förtrolighet (Synesis)

Förtrolighet handlar om att förstå och vara medveten om den kontext i vilken samtalet äger rum. Det innebär att vara känslig för stämningen och att kunna anpassa sin kommunikation beroende på sammanhanget. En person med förtrolighet är bra på att läsa av sociala signaler och skapa förutsättningar för ett respektfullt och inkluderande samtal.

7.2 Utiliarism

Utilitarism fokuserar på att maximera det goda för flest människor. När det tillämpas på samtalsetik innebär det att elever bör sträva efter att skapa samtal som är till nytta för alla deltagare. Detta kan betyda att anpassa sitt sätt att kommunicera för att skapa en god atmosfär och undvika att skada någon. Genom utilitaristiska överväganden i samtal kan elever lära sig att väga konsekvenser och tänka på hur deras ord påverkar gruppen som helhet.

Maximering av lycka

I utilitarismen är målet att maximera lycka och minimera lidande för så många som möjligt. I samtalsetik innebär detta att skapa en miljö där samtalet leder till positivt välmående för alla inblandade. Samtalsdeltagare bör vara medvetna om hur deras ord kan påverka andras känslor och sträva efter att bidra till ett konstruktivt samtal som gynnar hela gruppen, snarare än att skapa konflikt eller skada.

Opartiskhet

En grundläggande princip inom utilitarismen är opartiskhet, där varje individs lycka eller lidande räknas lika mycket. När denna princip appliceras på samtalsetik innebär det att alla i samtalet ska behandlas lika och få lika mycket utrymme att uttrycka sina tankar. Ingen ska favoriseras eller förminskas, oavsett deras åsikter eller bakgrund, vilket säkerställer ett rättvist och inkluderande samtalsklimat.

Konsekvensernas betydelse

Utilitarismen betonar att handlingar bör bedömas utifrån deras konsekvenser. I samtalsetik betyder detta att man bör överväga konsekvenserna av vad man säger innan man yttrar sig. Om en kommentar riskerar att såra eller skapa onödiga konflikter, bör den antingen omformuleras eller undvikas. Fokus bör ligga på att främja en positiv och produktiv dialog som leder till goda resultat för alla deltagare.

Helhetsfokus

Utilitarismen tar hänsyn till helheten snarare än enskilda individers välmående. I samtalsetik innebär detta att man bör tänka på hela gruppens dynamik och välbefinnande, inte bara sina egna eller enskilda individers intressen. Om en person dominerar samtalet eller orsakar problem för helheten, bör samtalsledaren eller deltagarna agera för att balansera diskussionen och främja gemensamma mål.

Praktiska lösningar för maximalt välmående

Utilitarismen förespråkar praktiska lösningar som leder till största möjliga nytta för flest människor. I samtalsetik innebär detta att deltagarna bör vara lösningsorienterade och fokusera på att skapa meningsfulla resultat genom dialogen. Istället för att fastna i konflikter eller abstrakta argument, bör samtalet sträva efter praktiska lösningar som gynnar samtliga deltagare och leder till positiva förändringar i situationen.

Regelutilitarism: Skapa regler som främjar långsiktig nytta

Inom regelutilitarismen bedöms handlingar inte bara utifrån deras omedelbara konsekvenser utan baserat på om de följer regler som leder till största möjliga lycka på lång sikt. I samtalsetik innebär detta att vi bör etablera och följa regler som främjar konstruktiva samtal över tid. Exempelvis kan regler om att inte avbryta, att ge alla lika mycket talutrymme och att visa respekt för andras åsikter leda till bättre, mer produktiva samtal som gynnar alla i längden.

Preferensutilitarism: Respekt för individers preferenser i samtalet

Preferensutilitarism fokuserar på att maximera uppfyllandet av människors preferenser snarare än deras lycka i strikt hedonistisk mening. I samtalsetik innebär detta att samtalsledare och deltagare bör sträva efter att förstå och respektera andras preferenser och intentioner i diskussionen. Detta kan inkludera att beakta deltagarnas önskningar om hur samtalet ska föras (t.ex. deras behov av att bli lyssnade på eller att föra samtalet i en viss riktning) och att ta hänsyn till vad de värdesätter mest i samtalet.

Regelbundenhetens betydelse inom negativ utilitarism: Minimera skada genom samtalsregler

Negativ utilitarism prioriterar att minimera lidande framför att maximera lycka. I samtalsetik innebär detta att fokusera på att minimera skadliga effekter i dialogen, såsom förnedring, kränkning eller exkludering. Detta kan göras genom att upprätta regler som förhindrar skadliga interaktioner, såsom aggressivt språkbruk eller personlig kritik, och genom att skapa en trygg och stödjande miljö där alla kan delta utan rädsla för att bli sårade.

Genomsnittlig utilitarism: Optimera medelvärdet av alla deltagares upplevelse

Genomsnittlig utilitarism fokuserar på att maximera det genomsnittliga välmåendet snarare än den totala mängden välmående. I samtalsetik kan detta innebära att sträva efter att alla deltagare ska ha en så positiv upplevelse som möjligt, snarare än att några individer får väldigt positiva upplevelser medan andra får negativa. Samtalsledare kan fokusera på att balansera samtalet så att ingen dominerar eller marginaliseras, och att alla får en lika givande upplevelse.

Handlingsutilitarism: Anpassa agerandet i samtalet efter varje specifik situation

Handlingsutilitarism bedömer varje enskild handling baserat på dess omedelbara konsekvenser, utan att vara bunden till övergripande regler. I samtalsetik innebär detta att deltagare bör anpassa sina handlingar och ord till den specifika kontexten för att maximera nyttan i varje givet samtal. Till exempel kan det ibland vara bäst att avstå från att kritisera någon för att bevara samtalets flöde och harmoni, medan det i andra situationer kan vara nödvändigt att utmana en idé direkt för att uppnå ett bättre resultat för gruppen.

7.3 Pliktetik

Pliktetik handlar om att följa moraliska regler och principer, oavsett konsekvenser. I samtalsetik innebär detta att elever bör agera enligt etiska regler, som att visa respekt, vara ärliga och lyssna på andra, även om det inte alltid är lätt. Genom att tillämpa pliktetik i samtal kan elever lära sig vikten av att hålla sig till etiska normer och principer, vilket främjar ett rättvist och respektfullt samtalsklimat.

1. Moralisk plikt att respektera autonomi

Pliktetiken, särskilt inspirerad av Immanuel Kant, betonar att vi har en moralisk plikt att respektera varje individs autonomi. I samtalsetik innebär detta att ge varje deltagare möjlighet att uttrycka sina åsikter fritt och självständigt, utan att bli manipulerad eller påtvingad någon annans åsikter. Det innebär också att erkänna andras rätt att komma fram till sina egna slutsatser.

2. Handla utifrån maxim som kan universaliseras

En central princip inom pliktetik är att vi bör handla utifrån regler som kan bli allmänna lagar, alltså att våra handlingar ska kunna universaliseras. Applicerat på samtalsetik innebär detta att vi endast bör yttra oss på sätt som vi skulle vilja att alla gjorde i samtal. Om vi avbryter, förolämpar eller ignorerar andra, skulle detta skapa en norm som vi inte skulle vilja att alla följde.

3. Plikt att vara sanningsenlig

Sanningsenlighet är en kärnprincip i pliktetiken. I samtalsetik innebär detta att alltid vara ärlig och transparent i kommunikationen. Det betyder att undvika att överdriva, förvränga fakta eller använda vilseledande argument. Deltagarna bör ha som plikt att bidra med korrekt och relevant information för att samtalet ska bli produktivt.

4. Plikt att handla utifrån respekt för mänsklig värdighet

Kantisk pliktetik betonar att varje individ ska behandlas som ett mål i sig själv, och inte som ett medel. I samtalsetik innebär detta att vi ska visa respekt för varje persons värdighet och integritet. Ingen i samtalet ska användas för att driva en personlig agenda eller manipuleras för att tjäna någon annans intressen.

5. Plikt att undvika skada

Pliktetiken kan inkludera negativa plikter, som att undvika att skada andra. I samtal innebär detta att vi ska vara försiktiga med våra ord och handlingar så att de inte sårar, kränker eller förnedrar någon. Om vi har en negativ påverkan på någon genom vår kommunikation har vi brutit mot denna plikt.

6. Plikt att följa regler för rättvisa

Pliktetik kräver att vi handlar enligt regler för rättvisa och opartiskhet. I samtalsetik innebär detta att vi ska agera rättvist och se till att alla deltagare får lika mycket talutrymme, och att ingen blir favoriserad eller diskriminerad. Det är viktigt att vara medveten om och motverka maktstrukturer som kan påverka samtalets jämlikhet.

7. Plikt att hålla sina löften och åtaganden

En viktig del av pliktetiken är att hålla sina löften och åtaganden. I samtalsetik innebär detta att vara pålitlig och stå fast vid det man har sagt. Om man har lovat att följa upp något eller att lyssna noga, är det ens plikt att hålla detta löfte. Detta skapar en atmosfär av förtroende och tillförlitlighet i samtalet.

8. Plikt att ta ansvar för sina ord

Inom pliktetiken har vi ett ansvar för våra handlingar, och detta gäller även våra ord. I samtalsetik innebär det att vara medveten om och ta ansvar för de konsekvenser som våra yttranden kan få. Om vi sårar någon eller skapar missförstånd, har vi en plikt att rätta till det och be om ursäkt.

9. Plikt att vara konsekvent

Pliktetiken betonar vikten av att vara konsekvent i sitt moraliska handlande. I samtalsetik innebär detta att vi ska hålla oss till samma etiska standarder genom hela diskussionen och behandla alla deltagare med samma respekt och uppmärksamhet, oavsett deras ståndpunkt. Det skapar rättvisa och trovärdighet i dialogen.

10. Plikt att främja kollektivt ansvar

Pliktetiken kan även innehålla en plikt att främja det gemensamma goda. I samtalsetik innebär detta att vi inte bara fokuserar på våra egna åsikter och intressen, utan också tar ansvar för att samtalet ska gynna alla inblandade. Vi har en plikt att bidra till en konstruktiv och inkluderande diskussion som leder till gemensam nytta.

7.4 Omsorgsetik

Omsorgsetik, som utvecklats av filosofer som Carol Gilligan och Nel Noddings, fokuserar på relationer, empati och ansvar för andra. Samtalsetik enligt omsorgsetik handlar om att skapa genuina, omsorgsfulla relationer där alla parter behandlas med empati och respekt.

1. Empati som grundläggande för samtal

Omsorgsetik betonar att samtal ska baseras på en djup förståelse för andra personers känslor och perspektiv. I samtalsetik innebär detta att aktivt lyssna på och försöka förstå andras upplevelser och ståndpunkter innan man svarar. Empati skapar en mer inkluderande och stödjande samtalsmiljö.

2. Ansvar för relationer

Omsorgsetik ser varje relation som en förpliktelse att ta hand om den andre. I samtal betyder detta att vi har ett ansvar att upprätthålla en respektfull och stödjande relation med dem vi samtalar med. Det innebär att inte bara fokusera på sina egna argument utan också på hur samtalet påverkar relationen mellan deltagarna.

3. Vårda samhörigheten i samtalet

Omsorgsetik uppmanar till att vårda samhörighet och främja gemenskap. I samtalsetik innebär detta att skapa ett klimat där alla deltagare känner sig inkluderade och värderade. Genom att visa omsorg om hur andra känner sig i samtalet, kan vi bidra till att bygga starkare relationer och främja kollektivt samarbete.

4. Responsivitet och lyhördhet

I omsorgsetik är lyhördhet för andras behov och känslor central. Samtalsdeltagare bör vara lyhörda för hur deras ord påverkar andra och anpassa sitt sätt att tala för att möta dessa behov. Det innebär att vara flexibel och anpassningsbar i samtalet, istället för att hålla fast vid en rigid agenda.

5. Relationsfokus framför regler

Till skillnad från pliktetik, som fokuserar på regler och principer, betonar omsorgsetik vikten av att anpassa sig till de unika behoven och situationerna i varje relation. I samtalsetik innebär detta att inte alltid följa fastställda regler för hur man bör samtala, utan att istället ta hänsyn till varje individs unika situation och vara känslig för de relationella dynamikerna.

7.5 Martin Bubers filosofi

Martin Bubers dialogfilosofi, särskilt hans begrepp "Jag-Du" och "Jag-Det"-relationer, ger en djupare förståelse för samtalsetik. Buber menar att äkta möten sker i "Jag-Du"-relationer, där vi möter andra som subjekt, inte objekt.

Skapa "Jag-Du"-relationer i samtalet

Enligt Buber är "Jag-Du"-relationer centrala för autentiska möten. I samtalsetik innebär detta att behandla varje samtalsdeltagare som en hel och levande person, snarare än som ett objekt att övertyga eller vinna över. Det innebär att vara närvarande och genuin i sitt engagemang med andra, och att vara öppen för att verkligen mötas på ett personligt och autentiskt plan.

Undvik att reducera andra till "Jag-Det"-relationer

"Jag-Det"-relationer, där vi ser andra som objekt eller medel för att nå våra egna mål, är något Buber varnar för. I samtalsetik innebär detta att undvika att använda andra enbart som verktyg för att vinna argument eller bekräfta våra egna åsikter. Vi bör istället sträva efter att möta människor med respekt och inte reducera dem till ett medel för egen vinning.

Närvaro och äkthet i samtalet

Buber betonar vikten av att vara närvarande och äkta i mötet med andra. I samtalsetik innebär detta att ge sin fulla uppmärksamhet till samtalet och att vara ärlig och öppen i sin kommunikation. Det innebär också att vara mottaglig för vad den andre säger och att inte distraheras av egna fördomar eller dolda agendor.

Dialog som ett gemensamt sökande

Buber ser dialog som ett gemensamt sökande efter sanning, snarare än en tävling om vem som har rätt. I samtalsetik innebär detta att se samtalet som en process där alla deltagare bidrar till att hitta en gemensam förståelse. Det handlar inte om att vinna en diskussion, utan om att tillsammans utforska och förstå olika perspektiv.

Respekt för det heliga i varje möte

Buber menar att varje äkta möte med en annan person har en djup, nästan helig dimension. I samtalsetik innebär detta att behandla varje samtal som något värdefullt och betydelsefullt. Vi bör närma oss varje samtal med en känsla av vördnad och respekt, med insikten att varje människa och varje möte bär på en unik potential för insikt och förståelse.

7.6 Sociologi

Status och makt

Ge alla möjlighet till "statushöjande" bidrag

Theodore Kemper betonar att människor söker status och erkännande i sociala sammanhang. I samtal kan detta leda till att vissa personer försöker överglänsa andra för att höja sin egen status, medan andra kanske drar sig tillbaka av rädsla för att göra "fel".

- Tillämpning på samtalsetik: För att främja en etisk samtalsmiljö bör samtalsledare skapa utrymme för alla deltagare att göra status- och självförtroendehöjande bidrag. Detta innebär att uppmärksamma och bekräfta alla deltagares insatser, även de som kanske inte uttrycks lika självsäkert. Genom att erkänna olika typer av bidrag kan vi höja allas status och skapa en mer inkluderande samtalskultur.
- Exempel: När en elev som sällan talar väljer att dela en åsikt, bör samtalsledaren bekräfta detta på ett sätt som stärker elevens självförtroende och status. Detta kan göras genom att ställa följdfrågor eller uppmärksamma hur elevens bidrag tillför något viktigt till diskussionen.

Motverka hierarkier och skapa maktdelning

Enligt Kemper skapar sociala interaktioner ofta hierarkier, där vissa individer får mer makt och status än andra. Detta kan skapa ojämlika samtal där vissa röster alltid hörs mer än andra.

- Tillämpning på samtalsetik: Ett viktigt mål för samtalsetik är att motverka sådana hierarkier genom att fördela makten över samtalet. Genom att uppmuntra en mer demokratisk dialog, där alla får lika mycket utrymme och lika stor betydelse, kan vi skapa mer rättvisa och etiska samtal. Detta kan innebära att ge extra stöd till de som vanligtvis är mer tystlåtna eller marginaliserade.
- Exempel: I ett möte där några individer alltid tar mest plats, kan samtalsledaren använda metoder som rundor där varje person får möjlighet att tala, eller ställa specifika frågor till de som inte har tagit ordet, för att bryta upp den befintliga hierarkin och skapa en mer jämställd interaktion.

Skapa en atmosfär där status är mindre relevant

Kempers teori antyder att statusjakt kan skapa negativa känslor och konkurrens i interaktioner. När människor strävar efter att höja sin status på bekostnad av andra, kan detta leda till att samtalet blir mer tävlingsinriktat och mindre konstruktivt.

- Tillämpning på samtalsetik: Ett etiskt samtal bör eftersträva att minska vikten av status i interaktionen. Istället för att låta samtalet handla om vem som har rätt eller vem som är mest framstående, kan vi skapa en miljö där det är viktigare att förstå varandra och bidra till en gemensam förståelse. Detta kan innebära att vi aktivt arbetar för att värdera alla bidrag lika och uppmuntrar till samarbete snarare än tävling.
- Exempel: I en debatt om samhällsfrågor kan samtalsledaren betona att målet inte är att vinna argument, utan att förstå olika perspektiv. Genom att lyfta fram samarbetet i samtalet och tona ner statusaspekten, kan fler känna sig trygga att delta och bidra utan att känna sig underlägsna eller pressade.

Öka medvetenheten om status- och maktstrukturer

Kemper framhåller att status och makt ofta är osynliga för de som har högre status, medan de som har lägre status ofta är mycket medvetna om sin position. I samtal kan detta skapa en dynamik där de med högre status är omedvetna om hur de påverkar de som har lägre status.

- Tillämpning på samtalsetik: Ett etiskt samtal innebär att vi är medvetna om de osynliga maktstrukturerna och aktivt arbetar för att motverka dem. Detta kan innebära att de som har högre status i samtalet reflekterar över hur deras sätt att tala påverkar andra och att de med lägre status uppmuntras att ta mer plats.
- Exempel: En elev som ofta tar ordet i diskussioner kan uppmuntras att reflektera över hur deras dominans kan tysta andra. Samtalsledaren kan använda övningar som uppmuntrar till självreflektion kring makt och status i samtal och hur vi alla kan bidra till ett mer jämlikt samtalsklimat.

7.7 Eidelson - Samtal symbolisk kommunikation

Tänk på samtal som en form av symbolisk kommunikation. Visa respekt genom små handlingar: I samtal är varje gest och ord en symbol. Genom att visa respekt för andra, särskilt de från marginaliserade grupper, signalerar vi vår vilja att förstå och inkludera. Var uppmärksam på icke-verbala signaler: Kroppsspråk, tonfall och andra icke-verbala uttryck kan ofta tala högre än orden själva och visa respekt eller dess motsats.

Undvik överdeterminering av symbolik. Övertolka inte små handlingar: Försök att inte överdriva betydelsen av mindre detaljer i ett samtal, som ett ordval eller en paus. Detta kan leda till missförstånd och överreaktioner som skadar samtalet. Fokusera på intention och sammanhang: Ge människor utrymme att förklara sig om något känns stötande, och bedöm deras intentioner snarare än att omedelbart tolka symbolik som negativ.

Håll balansen i kraven på respekt. Sträva efter genuin respekt: Respekt bör vara äkta och inte enbart uttryckt genom ständigt ökande krav på symboliska handlingar. Om kraven på respekt blir för höga kan de förlora sin äkthet. Undvik "inflation" av respektkrav: Var försiktig med att ständigt höja ribban för vad som anses vara tillräckligt respektfullt. Detta kan skapa en ohållbar dynamik där ingen handling känns tillräcklig.

Var vaksam mot symbolisk upprättelse av status. Hantera kränkningar balanserat: När en symbolisk kränkning upplevs, reflektera över om det är viktigare att lyfta den som en del av en större orättvisa eller om det finns andra aspekter av samtalet som förtjänar mer uppmärksamhet. Fokusera på substans framför symbolik: För att samtal ska leda till verklig förändring, bör vi fokusera mer på att åtgärda strukturella orättvisor snarare än att bara diskutera symboliska kränkningar.

Hantera konflikter på ett konstruktivt sätt. Ta upp problem med respekt och lyhördhet: Om ett problem eller missförstånd uppstår, adressera det utan att anklaga eller skapa en defensiv atmosfär. Detta främjar ett mer öppet och konstruktivt samtal. Undvik symbolpolitik som kan eskalera konflikter: Om ett samtal börjar kretsa mer kring symboliska uttryck än verkliga problem, försök att styra tillbaka till substantiella frågor som jämlikhet och rättvisa.

Reflektera över etikettens roll i jämlikhet. Diskutera etikettens funktion: Förklara att normer och regler i samtal kan både stärka och försvaga jämlikheten. De är till för att visa respekt, men kan också leda till överdrivna förväntningar och konflikter. Sträva efter en balans mellan etikett och substans: Använd etiketten som ett sätt att bygga broar, men glöm inte att substansen – verkliga förändringar och rättvisa – alltid bör vara det huvudsakliga målet.

7.8 Pierre Bordieus - habitus, klass, symbolisk makt och kuturellt kapital

1. Habitus: Samtal är formade av vårt inlärda beteende

Bourdieus begrepp habitus beskriver hur våra beteenden, vanor och tankemönster formas av våra sociala och kulturella erfarenheter. Habitus påverkar hur vi agerar och kommunicerar i samtal utan att vi nödvändigtvis är medvetna om det. Samtalsstilar – som hur vi uttrycker oss, vilken typ av språk vi använder och hur vi tolkar andras yttranden – är ofta resultatet av det sociala sammanhang vi vuxit upp i.

- Tillämpning på samtalsetik: I ett etiskt samtal bör vi vara medvetna om att våra vanor och sätt att tala kan skilja sig beroende på social bakgrund och erfarenheter. Detta innebär att vi bör visa ödmjukhet inför att andra människor har olika sätt att kommunicera och undvika att döma dem utifrån våra egna normativa standarder för hur ett "korrekt" samtal bör föras. Förståelsen för habitus innebär också att vi bör sträva efter att skapa en miljö där alla deltagare känner sig välkomna att uttrycka sig på sina egna villkor, utan att känna sig marginaliserade.

2. Förväntningshorisonter: Samtalets outtalade normer

Bourdieus idé om förväntningshorisonter hänvisar till de outtalade regler och normer som finns i sociala situationer. I ett samtal kan det finnas förväntningar på hur deltagare bör agera, vad som är lämpligt att säga, och hur de förväntas reagera. Dessa normer varierar beroende på kontext och deltagarnas sociala position.

- Tillämpning på samtalsetik: Vi bör vara medvetna om att det finns olika normer och förväntningar i olika samtal, beroende på deltagarnas bakgrunder och sammanhang. Att förstå dessa förväntningar är avgörande för att skapa ett rättvist och inkluderande samtalsklimat. Samtidigt bör vi aktivt ifrågasätta och förändra de normer som kan verka exkluderande eller förstärka maktförhållanden, såsom att vissa typer av språkbruk eller argument värderas högre beroende på deltagarnas sociala eller kulturella kapital.

3. Symbolisk makt: Samtalet som en arena för social kontroll

Bourdieu talar om symbolisk makt, vilket innebär att vissa individer eller grupper kan utöva makt genom att kontrollera symboler och normer – inklusive språk, kunskap och kulturella uttryck. I samtal betyder detta att vissa sätt att uttrycka sig, vissa åsikter eller till och med vissa ord kan ha högre status än andra. De med högre symbolisk makt kan forma samtalets riktning och utgång på subtila sätt, utan att andra deltagare kanske ens märker det.

- Tillämpning på samtalsetik: För att främja ett etiskt samtal bör vi vara medvetna om att vissa personer, på grund av sin sociala status eller symboliska makt, kan ha en fördel i samtalssituationer. Vi bör arbeta aktivt för att bryta ner dessa maktstrukturer och säkerställa att alla deltagare har lika möjlighet att uttrycka sina åsikter, oavsett deras position i hierarkin.

4. Kulturellt kapital: Kunskap och samtalsstil som maktresurs

Kulturellt kapital hänvisar till den kunskap, utbildning och sociala kompetens som individer besitter och som ger dem fördelar i sociala sammanhang, inklusive samtal. Människor från olika klasser har olika nivåer av kulturellt kapital, vilket påverkar deras självförtroende och förmåga att delta i samtal på lika villkor.

- Tillämpning på samtalsetik: I samtal måste vi vara medvetna om att deltagare kan ha olika mängder kulturellt kapital, vilket innebär att vissa känner sig mer bekväma och har lättare att uttrycka sig i vissa diskussioner än andra. Samtalsledaren bör sträva efter att skapa en miljö där alla känner sig stärkta att bidra, oavsett deras kulturella bakgrund, och där olika typer av kunskap och erfarenheter värderas lika.

5. Subkulturellt kapital: Status i alternativa grupper

Subkulturellt kapital är en vidareutveckling av kulturellt kapital och beskriver hur specifika kunskaper, kläder, språk eller beteenden kan ge status inom subkulturer. I samtal kan individer använda sitt subkulturella kapital för att vinna status inom sin specifika grupp, till exempel genom att använda jargong eller hänvisa till gemensamma erfarenheter.

- Tillämpning på samtalsetik: I en etiskt hållbar samtalsmiljö är det viktigt att erkänna att olika grupper har olika former av kapital som ger dem status. Vi bör undvika att värdera ett slags kapital över ett annat och uppmuntra deltagarna att uttrycka sig på sina egna villkor utan att tvingas anpassa sig till normer som de inte delar.

6. Symboliskt våld: Samtal som osynlig maktutövning

Symboliskt våld refererar till de subtila och ofta osynliga formerna av makt som verkar genom språk, normer och kulturella praktiker, vilket gör att vissa människor internaliserar sin egen underordning och accepterar den. I samtal kan symboliskt våld yttra sig genom att vissa personer systematiskt marginaliseras eller tystas ner, utan att de eller andra kanske inser det.

- Tillämpning på samtalsetik: För att motverka symboliskt våld måste vi aktivt uppmärksamma när vissa deltagare blir marginaliserade eller när samtalet reproducerar maktstrukturer som upprätthåller ojämlikhet. Det innebär att skapa en medvetenhet om hur språk och normer kan utesluta vissa människor och att sträva efter att göra samtalsmiljön mer inkluderande genom att ifrågasätta dessa strukturer.

7. Praxis: Handlingar formar samtalets struktur

För Bourdieu är praxis de sociala handlingar som individer utför och som både påverkas av och påverkar de sociala strukturerna runt dem. I samtal bidrar våra handlingar, ordval och beteenden till att upprätthålla eller förändra de sociala strukturer som omger oss.

- Tillämpning på samtalsetik: Samtalet är inte bara ett forum för att utbyta idéer utan också en plats där sociala relationer och maktförhållanden reproduceras eller utmanas. Genom att vara medvetna om våra egna handlingar och hur de påverkar samtalets dynamik kan vi aktivt bidra till att förändra ojämlika maktförhållanden och främja en mer rättvis samtalskultur.

8. Klassdimensioner och samtalsetik

Bourdieus teorier visar tydligt att klass spelar en stor roll i hur vi deltar i samtal. Människor från olika samhällsklasser har olika tillgång till kulturellt kapital, olika förväntningar på hur man ska uttrycka sig och olika vanor när det gäller språk och kommunikation.

- Tillämpning på samtalsetik: När vi tänker på klassdimensionen i samtalsetik, måste vi vara medvetna om att människor med högre utbildning och social status ofta har större förmåga och självförtroende att delta i samtal. Samtalsledare bör arbeta för att inkludera deltagare från olika klassbakgrunder genom att skapa ett samtalsklimat där olika sätt att uttrycka sig värderas lika och där alla känner sig hörda, oavsett deras klassbakgrund.

7.9 Simone de Beauvoir - tvetydighetens etik

Simone de Beauvoirs "The Ethics of Ambiguity" erbjuder insikter kring existentiell frihet, ansvar och de dilemman som uppstår i människans strävan att relatera till sin omvärld och andra människor. Hennes tankar kan tillämpas på samtalsetik för att skapa mer medvetna, respektfulla och autentiska samtal. Här är hur några av hennes centrala begrepp kan överföras:

Mänsklig frihet och ansvar i samtal
De Beauvoir betonar att människor är fundamentalt fria, men denna frihet är kopplad till ansvar. Vi har friheten att uttrycka våra tankar och åsikter i samtal, men också ansvar för konsekvenserna av våra ord och hur de påverkar andra. I samtalsetik innebär detta att deltagare bör vara medvetna om hur deras ord kan forma samtalets dynamik och påverka andras frihet att uttrycka sig. Reflektion kring hur vi bidrar till dialogens kvalitet är avgörande för att främja etiska samtal.

Tvetydighet i människans existens och dialogens komplexitet
De Beauvoirs begrepp om tvetydighet bygger på att mänsklig existens är fylld av motsägelser och komplexitet. I samtal blir dessa spänningar ofta tydliga när olika perspektiv möts. Samtalsdeltagare bör vara öppna för att acceptera tvetydigheten i samtalets natur, där olika synpunkter kan vara både motstridiga och giltiga samtidigt. Detta främjar en djupare reflektion och en öppenhet för osäkerhet, snarare än att sträva efter enkla lösningar.

Ömsesidigt erkännande i samtal
De Beauvoir betonar vikten av ömsesidigt erkännande för att uppnå autentisk frihet. I ett samtal innebär detta att alla deltagare ses som jämlika subjekt vars åsikter är värda att lyssna på och respekteras.
Samtalsdeltagare bör aktivt erkänna varandras perspektiv, ge utrymme åt olika röster och undvika att dominera samtalet. Detta skapar en dialog där alla kan delta på lika villkor.

Ansvar för andras frihet och etiskt förhållningssätt
Friheten, enligt de Beauvoir, är inte enbart individuell utan beroende av att

andra är fria. I samtal betyder detta att vi har ansvar för att skapa en miljö där alla känner sig fria att uttrycka sig, särskilt de som kan vara mindre bekväma eller ha mindre makt. Samtalsledare bör vara medvetna om maktstrukturer som kan påverka samtalet och aktivt arbeta för att alla röster ska höras.

Autenticitet i samtal och att undvika "ond tro"
De Beauvoir varnar för att agera i "ond tro", vilket innebär att förneka sin frihet genom att följa yttre normer utan reflektion. I samtal innebär detta att vi bör sträva efter att vara autentiska och inte anpassa våra åsikter för att passa in. Samtidigt måste denna autenticitet balanseras med respekt för andras åsikter och känslor. Samtalet bör vara en plats för ärlighet och djup, där deltagarna är sanna mot sig själva och varandra.

Solidaritet och gemensamt projekt i samtal
De Beauvoir talar om solidaritet som ett sätt att skapa mening tillsammans med andra. I samtal innebär detta att vi ser samtalet som ett gemensamt projekt där alla bidrar till en djupare förståelse. Samtalet bör inte vara en tävling om att ha rätt, utan ett samarbete för att utforska idéer och perspektiv tillsammans.

Maktens dynamik och existentiellt förtryck i samtal
De Beauvoir diskuterar maktens dynamik och hur förtryck kan manifestera sig när vissa individer inte tillåts uttrycka sin frihet. I samtal kan detta ske när vissa röster tystas på grund av kön, etnicitet eller social status. Samtalsledare måste vara medvetna om dessa strukturer och arbeta för att skapa en jämlik plattform där alla deltagare har lika mycket utrymme att uttrycka sig.

Etikens öppenhet och kreativitet i samtal
De Beauvoirs etik är dynamisk och kräver ständigt omvärdering och kreativitet i hur vi förhåller oss till andra. I samtal innebär detta att vara öppen för att ompröva sina åsikter och att inte fastna i förutfattade meningar. Samtalet ska vara en plats där nya tankar och perspektiv välkomnas och där deltagarna är redo att omvärdera sina tidigare ståndpunkter när de möter ny information.

7.10 Randall Collins och emotionell energi i samtal

Randall Collins teori om **interaktionsritualer** (Interaction Ritual Chains) betonar hur sociala interaktioner kan skapa emotionell energi (EE) – en positiv känsla av entusiasm, samhörighet och motivation – när de lyckas, men också hur interaktioner kan misslyckas och leda till utmattning eller alienation om de inte fungerar väl. Genom att förstå och tillämpa Collins idéer på samtalsetik, kan vi arbeta för att maximera allas emotionella energi i samtal och skapa en mer engagerande och etiskt hållbar samtalsmiljö.

1. Gemensamt fokus för samtalets energi

Enligt Collins är en central del av lyckade interaktionsritualer att deltagarna delar ett gemensamt fokus. Detta gemensamma fokus, oavsett om det är en idé, ett ämne eller en gemensam uppgift, skapar en känsla av enighet och samhörighet, vilket höjer deltagarnas emotionella energi.

- Tillämpning på samtalsetik: I samtalsetik bör vi sträva efter att skapa ett tydligt gemensamt fokus som alla kan engagera sig i. Detta innebär att samtalsledaren bör vara tydlig med samtalets syfte och mål, samt uppmuntra deltagarna att hålla sig till ämnet. Om alla känner att de arbetar mot ett gemensamt mål, kommer samtalet att flyta bättre och emotionell energi att byggas upp.
- Övning: Elever kan delas in i grupper för att diskutera ett ämne med ett tydligt gemensamt mål, till exempel att hitta gemensamma lösningar på ett problem. Fokus på att nå enighet eller förståelse förstärker känslan av samhörighet, vilket ökar gruppens emotionella energi.

2. Gemensamma symboler och normer som förenar samtalet

Collins betonar vikten av gemensamma symboler och normer i interaktionsritualer, som kan vara allt från ord och fraser till kroppsspråk och gester, som signalerar samhörighet och förståelse mellan deltagarna.

Dessa symboler skapar en känsla av delad identitet och tillhörighet, vilket höjer den emotionella energin.

- Tillämpning på samtalsetik: För att maximera emotionell energi i samtal bör vi vara uppmärksamma på att skapa och upprätthålla gemensamma symboler och normer som signalerar respekt och gemensam förståelse. Detta kan vara så enkelt som att använda bekräftande ord eller kroppsspråk (som nickningar eller ögonkontakt) för att visa att man lyssnar och är engagerad i det andra säger.
- Övning: Låt eleverna öva på att använda bekräftande ord och kroppsspråk som en del av samtalet, och reflektera över hur detta påverkar samtalsklimatet. Genom att etablera dessa gemensamma symboler och normer kommer deltagarna känna sig mer samhöriga och emotionell energi kommer att öka.

3. Jämlikhet i deltagande och talutrymme

Collins betonar att interaktionsritualer fungerar bäst när alla deltagare har en chans att bidra och känna sig engagerade. Om vissa dominerar interaktionen, kan andra känna sig exkluderade eller mindre värda, vilket leder till minskad emotionell energi.

- Tillämpning på samtalsetik: Ett etiskt samtal bör säkerställa att alla deltagare får lika mycket talutrymme och möjlighet att uttrycka sig. Samtalsledare måste aktivt arbeta för att säkerställa att ingen person dominerar samtalet och att de som är tysta eller osäkra får möjlighet att delta på sina egna villkor.
- Övning: Ge eleverna i uppgift att reflektera över hur de kan skapa mer balans i talutrymmet i sina samtal. Detta kan innefatta att avstå från att prata för att ge andra utrymme, eller att aktivt uppmuntra de som inte talar att dela sina tankar. Efter övningen kan de reflektera över hur detta påverkade samtalets dynamik och emotionella energi.

4. Ömsesidig uppmärksamhet och lyssnande

En central del av interaktionsritualer är ömsesidig uppmärksamhet. Collins menar att för att en interaktion ska generera emotionell energi, måste alla deltagare vara uppmärksamma på varandra och lyssna aktivt. När alla känner sig sedda och hörda i samtalet, ökar deras emotionella energi och känsla av samhörighet.

- Tillämpning på samtalsetik: Samtalsledare och deltagare bör sträva efter att skapa en miljö där alla känner att de lyssnas på och att deras bidrag är viktiga. Detta kan innebära att aktivt visa att man lyssnar genom att använda verbal och icke-verbal bekräftelse (som att summera vad någon annan sagt eller ställa frågor).
- Övning: En enkel övning kan vara att låta eleverna para ihop sig och öva på aktivt lyssnande. Varje person får tala i fem minuter medan den andra lyssnar och sedan summerar vad som sagts. Genom att uppleva hur det känns att verkligen bli lyssnad på, ökar deltagarnas emotionella energi och förtroende för varandra.

5. Dela positiva känslor och skapa emotionell upptrappning

Collins beskriver att framgångsrika interaktionsritualer ofta skapar en emotionell upptrappning, där positiva känslor smittar av sig och byggs upp mellan deltagarna. Om någon uttrycker sig med entusiasm eller glädje, kan det höja energin för hela gruppen.

- Tillämpning på samtalsetik: Samtalsledare och deltagare bör vara medvetna om att positiva känslor är smittsamma, och bör uppmuntra entusiasm och positiv interaktion i samtalet. Att lyfta fram och berömma andras bidrag, och att visa glädje när någon bidrar med något värdefullt, kan hjälpa till att bygga emotionell energi i samtalet.
- Övning: Elever kan få i uppgift att aktivt uppmuntra positiva känslor i en diskussion genom att ge komplimanger för andras idéer eller uttrycka uppskattning för olika synpunkter. Efter övningen kan de diskutera hur detta påverkade stämningen och energin i gruppen.

6. Hantera konflikter på ett konstruktivt sätt

Enligt Collins kan misslyckade interaktionsritualer leda till minskad emotionell energi och alienation, särskilt om konflikter hanteras dåligt. Konflikter kan snabbt sänka energin i en grupp om de inte hanteras med respekt och öppenhet.

- Tillämpning på samtalsetik: I ett etiskt samtal är det viktigt att konflikter hanteras på ett konstruktivt sätt, så att de inte leder till att deltagare känner sig nedslagna eller exkluderade. Istället för att undvika konflikter bör vi sträva efter att skapa en miljö där alla åsikter kan uttryckas respektfullt, och där konflikter löses genom dialog snarare än aggression.
- Övning: Elever kan delta i en diskussion där konflikter är oundvikliga (t.ex. en debatt om ett kontroversiellt ämne). De kan sedan reflektera över hur de hanterade konflikterna och vad som kunde ha gjorts för att hålla samtalet positivt och energiskt trots oenighet.

7. Känsla av delaktighet och kollektiv samhörighet

Collins beskriver hur framgångsrika interaktionsritualer skapar en känsla av kollektiv samhörighet, där deltagarna känner att de är en del av något större än sig själva. Detta skapar en gemensam identitet och förstärker den emotionella energin.

- Tillämpning på samtalsetik: För att maximera emotionell energi i samtal bör deltagarna känna att de är del av ett gemensamt projekt eller mål. Detta innebär att skapa en atmosfär där alla känner sig välkomna och viktiga för samtalets framgång, och där ingen står utanför eller marginaliseras.
- Övning: Låt eleverna delta i en gruppdiskussion där de aktivt arbetar mot ett gemensamt mål, till exempel att lösa ett samhällsproblem eller skapa ett gemensamt projekt. Efter diskussionen kan de reflektera över hur känslan av delaktighet påverkade deras energi och motivation.

7.11 Sternbergs visdomsteori applicerad på samtalsetik

Sternbergs teori om visdom, även känd som balansmodellen för visdom, definierar visdom som förmågan att balansera egna, andras och samhällets intressen genom att reflektera över både kortsiktiga och långsiktiga konsekvenser. Teorin innefattar flera centrala delar som kan appliceras på samtalsetik. Här är en förklaring av varje del och hur de kan övas tillsammans med samtalsetik:

1. Balans mellan olika intressen

En av de viktigaste aspekterna i Sternbergs teori är att visdom innebär att kunna balansera egna intressen, andras intressen och samhällets bredare intressen i en given situation.

- Tillämpning på samtalsetik: I samtal är det viktigt att inte bara uttrycka sina egna åsikter, utan att lyssna på andra och reflektera över hur det som sägs kan påverka gruppen eller samhället. Samtalsdeltagare bör sträva efter att finna en balans där deras egna behov och perspektiv inte tränger undan andras eller gruppens bästa.
- Övning: Elever kan få delta i en diskussion om ett samhällsrelevant ämne, till exempel klimatförändringar eller sociala medier. Varje elev ska försöka balansera sitt eget intresse med gruppens och reflektera över vilka kompromisser som behövs för att skapa ett givande samtal som tar hänsyn till allas behov.

2. Reflektion över kortsiktiga och långsiktiga konsekvenser

En annan central del av visdom enligt Sternberg är förmågan att tänka på både de omedelbara och de långsiktiga konsekvenserna av ens handlingar och beslut.

- Tillämpning på samtalsetik: I samtalsetik innebär detta att tänka på hur våra ord inte bara påverkar samtalet i nuet, utan även relationerna och gruppens dynamik på längre sikt. Hur vi uttrycker

oss kan påverka förtroendet mellan deltagarna och skapa
långvariga effekter på kommunikationen.

- Övning: Låt elever diskutera ett känsligt ämne (t.ex. invandring
  eller yttrandefrihet) och uppmuntra dem att reflektera över hur
  deras ord kan påverka samtalets framtid. Efter diskussionen kan
  eleverna skriva ner vilka kortsiktiga och långsiktiga effekter de
  tror att deras bidrag kan ha på gruppen.

3. Balansera analytiskt, kreativt och praktiskt tänkande

Visdom enligt Sternberg innebär att kunna använda en kombination av
analytiskt, kreativt och praktiskt tänkande för att lösa problem och göra
välavvägda beslut.

- Tillämpning på samtalsetik: I samtalsetik handlar detta om att vara
  analytisk nog att förstå olika synpunkter, kreativ nog att föreslå
  nya lösningar eller idéer, och praktisk nog att kunna implementera
  dessa lösningar på ett sätt som fungerar i verkligheten.
- Övning: Eleverna kan få ett specifikt problem att diskutera (t.ex.
  etiska dilemman på sociala medier), där de ska försöka använda
  alla tre typerna av tänkande. De ska först analysera problemet,
  sedan föreslå kreativa lösningar och slutligen diskutera hur dessa
  lösningar kan genomföras praktiskt i verkligheten.

4. Hantera osäkerhet och tvetydighet

Visdom innebär också att kunna navigera i situationer som är osäkra eller
otydliga, där det inte finns några klara svar eller lösningar.

- Tillämpning på samtalsetik: I samtal handlar detta om att acceptera
  att alla frågor inte har enkla svar och att kunna hålla flera
  perspektiv i åtanke samtidigt. Det är viktigt att kunna diskutera
  komplexa ämnen utan att snabbt döma eller dra förhastade
  slutsatser.
- Övning: Elever kan delta i en diskussion där ämnet är tvetydigt
  och moraliskt komplext (t.ex. övervakning och integritet på
  internet). De ska öva på att hantera osäkerheten och att förstå att

olika synpunkter kan vara giltiga samtidigt, utan att nödvändigtvis behöva komma fram till ett "rätt" svar.

5. Empati och medkänsla för andra

Sternbergs visdomsmodell betonar vikten av att ha empati och medkänsla för andra människor när vi fattar beslut.

- Tillämpning på samtalsetik: I samtalsetik innebär detta att vi inte bara ska lyssna på andra, utan också försöka förstå deras känslor och erfarenheter. Att visa empati i ett samtal bidrar till att skapa en atmosfär där alla känner sig hörda och respekterade.
- Övning: Eleverna kan få öva på att delta i ett samtal där de uttryckligen ska försöka sätta sig in i den andra personens situation och reflektera över hur det påverkar deras egna perspektiv och sätt att samtala.

6. Perspektivtagande och mångsidighet

Visdom handlar enligt Sternberg om att kunna se situationer från flera olika perspektiv och inte fastna i en begränsad syn på verkligheten.

- Tillämpning på samtalsetik: I samtalsetik är perspektivtagande avgörande för att förstå komplexa frågor och respektera olika synpunkter. Det innebär att aktivt försöka förstå hur andra ser på ett problem och vad som påverkar deras åsikter.
- Övning: Elever kan ges en debattfråga där de först får argumentera för sin egen åsikt och sedan byta sida och försöka argumentera från motståndarnas perspektiv. Detta hjälper dem att öva på att se problem från flera olika håll och utveckla större förståelse för andras synsätt.

7. Balansera individualism och kollektivt ansvar

Sternberg menar att visdom innebär att kunna balansera självintressen med kollektiva intressen. Att vara vis är att kunna se till hela samhällets bästa, inte bara sitt eget.

- Tillämpning på samtalsetik: I samtal betyder detta att inte låta sina egna åsikter eller intressen dominera diskussionen, utan att även väga in gruppens eller samhällets bästa i samtalet. Detta gäller särskilt vid diskussioner om samhällsfrågor.
- Övning: I en gruppdiskussion kan eleverna få i uppgift att diskutera ett kontroversiellt ämne (t.ex. utbildningsreformer) där de måste väga sina egna önskemål och intressen mot vad som är bäst för skolan eller samhället som helhet. De ska reflektera över när det är lämpligt att kompromissa för det kollektiva goda.

8. Reflektion och självmedvetenhet

En viktig komponent av visdom är självmedvetenhet – att kunna reflektera över sina egna handlingar, tankar och motiv.

- Tillämpning på samtalsetik: I samtalsetik innebär detta att vara medveten om sina egna fördomar, vanor och tendenser i samtal. Att reflektera över hur man själv deltar i samtal kan hjälpa till att förbättra hur vi kommunicerar och interagerar med andra.
- Övning: Efter en gruppdiskussion kan eleverna få skriva en reflektion där de granskar sin egen roll i samtalet. Vad gjorde de bra? Vilka fördomar eller antaganden hade de? Hur kan de förbättra sitt deltagande i framtida samtal?

9. Övervägande av etiska dimensioner

Visdom innefattar en förmåga att väga in etiska och moraliska överväganden i sina beslut och handlingar.

- Tillämpning på samtalsetik: I samtal betyder detta att överväga hur det vi säger kan påverka andra etiskt och moraliskt. Vi bör sträva efter att föra diskussioner som inte bara är informativa utan också etiskt försvarbara och respektfulla.
- Övning: Låt eleverna diskutera ett moraliskt dilemma (t.ex. om yttrandefrihetens gränser) där de explicit måste ta hänsyn till de etiska konsekvenserna av de åsikter och argument de framför.

10. Mod att ta svåra beslut

Enligt Sternberg är modet att fatta svåra beslut och stå fast vid dem trots motstånd en del av visdom.

- Tillämpning på samtalsetik: I samtalsetik innebär detta att våga uttrycka svåra eller impopulära åsikter på ett respektfullt sätt. Det handlar också om att våga ta ansvar för det som sägs och stå för sina ord.
- Övning: Eleverna kan få öva på att ta ställning i en kontroversiell fråga och argumentera för sin ståndpunkt, även om den är impopulär i gruppen. De ska reflektera över hur de hanterade det eventuella motståndet och hur de kunde kombinera mod med respekt för andra.

7.12 Övningar om samtalsetik med elever

1. Dygdetik: Rollspel för att öva mod och respekt

- Tid: 30–40 minuter
- Instruktioner: Dela in eleverna i grupper om 4–5 personer. Varje grupp får ett scenario där en elev spelar rollen av någon som har en impopulär åsikt i en diskussion. De andra eleverna ska föra en diskussion utifrån andra perspektiv. Exempel på scenario: "Diskussion om huruvida sociala medier bör regleras striktare." Den som försvarar en sträng reglering står inför en grupp som försvarar yttrandefrihet och frihet från statlig inblandning.
- Syfte: Eleverna övar på att visa mod genom att försvara en svår ståndpunkt, samtidigt som de visar respekt för andras åsikter. Efter rollspelet reflekterar gruppen över hur väl de lyckades balansera mod och respekt i samtalet.
- Exempel: I en grupp diskuterar en elev varför statliga regleringar av sociala medier kan skydda unga från skadligt innehåll, medan de andra ifrågasätter detta utifrån rätten till fri information.

2. Omsorgsetik: Reflekterande dialog om ansvar i vänskap

- Tid: 25–30 minuter
- Instruktioner: Eleverna får läsa ett kort utdrag från Carol Gilligans tankar om omsorgsetik och relationer, som betonar vikten av ansvar för andra i nära relationer. Efter att ha läst texten, delas klassen upp i smågrupper där de diskuterar frågor som: "Hur visar vi omsorg i våra samtal med vänner?" och "Hur kan vi förbättra våra samtal för att stärka våra relationer?".
- Syfte: Övningen hjälper eleverna att reflektera över hur de agerar i samtal, speciellt i vänskapssituationer, och att förstå omsorg som en moralisk plikt i relationer.
- Exempel: En elev berättar om ett samtal med en vän där hen inte tog ansvar för att lyssna ordentligt, vilket ledde till missförstånd. Efter reflektionen inser eleven att mer aktivt lyssnande kunde ha stärkt deras vänskap.

3. Pliktetik: Argumentera utifrån en plikt

- Tid: 30 minuter
- Instruktioner: Eleverna väljer en plikt som de anser är avgörande för god samtalsetik, till exempel att vara ärlig eller att inte avbryta. I en strukturerad debatt ska eleverna argumentera för varför denna plikt är viktig och hur den bidrar till ett bättre samtalsklimat. De andra eleverna ska ställa frågor om potentiella konflikter mellan plikter, t.ex. att vara ärlig men samtidigt undvika att såra någon.
- Syfte: Att få eleverna att tänka på hur olika plikter kan påverka ett samtal och vilka utmaningar som kan uppstå när olika plikter krockar.
- Exempel: En elev argumenterar för plikten att vara ärlig i alla samtal. Motargumentet kan vara att total ärlighet ibland kan vara sårande, vilket kan skapa konflikter. Diskussionen handlar om hur man balanserar dessa plikter i verkliga samtal.

4. Utilitarism: Maximering av samtalets nytta

- Tid: 20–25 minuter

- Instruktioner: Ge eleverna ett scenario där en grupp människor diskuterar ett svårt ämne (t.ex. klimatförändringar eller immigration). Uppgiften är att diskutera hur samtalet kan organiseras för att maximera nyttan för alla deltagare. Detta kan innefatta att undvika onödiga konflikter, främja samarbete och att se till att alla får komma till tals.
- Syfte: Att eleverna ska lära sig att tänka på hur samtalets struktur och innehåll kan maximeras för att gynna hela gruppen, inte bara enskilda individer.
- Exempel: Elever diskuterar klimatförändringar och hur man kan minska sin påverkan. De reflekterar över hur de kan leda samtalet på ett sätt som gör att ingen känner sig marginaliserad och att varje deltagare känner sig hörd och delaktig.

5. Martin Buber: "Jag och Du"-samtal

- Tid: 40–45 minuter
- Instruktioner: Introducera Martin Bubers filosofi om "Jag och Du"-relationer, där vi ser andra som unika individer med egna värderingar och inte som objekt att använda för egna syften. Eleverna delas in i par och får diskutera ett personligt ämne (t.ex. vad som motiverar dem i livet). De måste fokusera på att verkligen lyssna och förstå den andra personen utan att avbryta eller döma.
- Syfte: Att träna eleverna i djupare och mer meningsfulla samtal där målet är att se den andra som en jämlike, snarare än ett objekt i samtalet.
- Exempel: En elev berättar om sin passion för musik, och den andra eleven ställer frågor för att förstå mer om vad som gör denna passion viktig, utan att döma eller dra egna slutsatser.

6. Dygdetik: Reflektion över respekt och ödmjukhet

- Tid: 15–20 minuter
- Instruktioner: Eleverna ska reflektera över ett samtal de haft där de antingen visade eller inte visade ödmjukhet och respekt. De skriver korta reflektioner och diskuterar sedan i grupper hur respekt och

ödmjukhet kan förbättras i samtal, samt vilka konkreta handlingar som kan bidra till detta.

- Syfte: Att eleverna reflekterar över hur de agerar i samtal och lär sig att använda dygderna respekt och ödmjukhet som vägledare för sitt beteende.
- Exempel: En elev delar med sig av ett tillfälle där hen avbröt en vän mitt i ett resonemang och senare insåg att det hade kunnat undvikas genom ödmjukhet och att ge utrymme för andra att prata.

7. Omsorgsetik: Ansvarsfull dialog om känsliga ämnen

- Tid: 30–40 minuter
- Instruktioner: Låt eleverna diskutera ett känsligt ämne, till exempel etik och moral på sociala medier, där de måste visa omsorg för andras känslor och tankar. De ska vara medvetna om hur deras ord påverkar andra, och anstränga sig för att skapa ett tryggt samtalsklimat där alla känner sig respekterade och hörda.
- Syfte: Att hjälpa eleverna att öva på att ta ansvar för andras välmående i samtal och förstå hur omsorg kan vägleda etiska interaktioner.
- Exempel: Elever diskuterar sociala mediers påverkan på självbild och försöker visa omsorg genom att lyssna noggrant på andra och inte döma dem för deras erfarenheter.

8. Pliktetik: Skriva ett etiskt samtalslöfte

- Tid: 20 minuter
- Instruktioner: Låt eleverna skriva ett kort "samtalslöfte" där de formulerar vilka plikter de anser vara viktiga att följa i samtal, såsom att alltid vara ärlig, att lyssna aktivt eller att visa respekt för andras autonomi. Låt dem sedan dela sina löften i smågrupper och diskutera varför de valt just dessa plikter och hur de kan påverka samtalen.
- Syfte: Att eleverna reflekterar över sina egna etiska åtaganden och ansvar i samtal.

- Exempel: En elev skriver ett löfte om att alltid försöka ge andra lika mycket talutrymme i samtal, och förklarar varför detta är viktigt för att främja rättvisa i dialog.

9. Utilitarism: Debatt om "största möjliga lycka" i ett samtal

- Tid: 35–40 minuter
- Instruktioner: Dela klassen i två lag och låt dem debattera om hur man kan maximera lycka i ett samtal om ett kontroversiellt ämne (t.ex. yttrandefrihet eller djurförsök). Det ena laget argumenterar för att man bör fokusera på rationella och logiska argument för att maximera nyttan, medan det andra laget förespråkar att man bör ta hänsyn till deltagarnas känslor och personliga välmående.
- Syfte: Att hjälpa eleverna att förstå hur olika perspektiv på utilitarism kan påverka hur vi ser på etiken i samtal.
- Exempel: En elev föreslår att samtalet om djurförsök bör fokusera på fakta och vetenskap för att skapa största möjliga nytta, medan en annan elev argumenterar för att det också är viktigt att överväga hur ämnet påverkar människors känslor kring djurrätt.

10. Martin Buber: Bygg en dialog som förbinder istället för att splittra

- Tid: 25–30 minuter
- Instruktioner: Eleverna får läsa ett utdrag från Martin Bubers "Jag och Du" och diskutera hur samtal kan bygga broar mellan människor med olika bakgrunder och åsikter. Eleverna delas in i par och får simulera ett samtal där de fokuserar på att verkligen skapa en förbindelse genom aktivt lyssnande och att ställa frågor som fördjupar förståelsen för den andras perspektiv.
- Syfte: Att eleverna övar på att bygga förtroende och skapa djupare dialog genom att se den andra personen som en jämlike och inte ett objekt i samtalet.
- Exempel: Elever diskuterar olika åsikter om invandring och fokuserar på att förstå varandras personliga erfarenheter och synvinklar snarare än att försöka övertyga varandra om att den ena sidan har rätt.

8 Kontroversiella frågor

Kontroversiella frågor kan vara kraftfulla lärandemoment som inte bara berör ämneskunskaper utan också främjar god samtalsetik. När elever får möjlighet att diskutera laddade ämnen, som exempelvis invandring, genus, eller klimatförändringar, uppstår en situation där de både får öva på att använda sina kunskaper och lära sig att hantera olika perspektiv och värderingar på ett respektfullt sätt.

I det specifika ämnet ger kontroversiella frågor eleverna en chans att tillämpa och fördjupa sin förståelse av begrepp och teorier. Exempelvis, i en samhällskunskapsdiskussion om jämlikhet, kan eleverna använda sina kunskaper om politiska ideologier för att argumentera för eller emot olika tolkningar av begreppet. Genom att utforska olika perspektiv kan eleverna få en mer nyanserad syn på ämnet och se hur teorier i verkligheten kan vara dynamiska och situationsberoende. Detta förstärker deras ämneskunskap samtidigt som de tränar på att argumentera sakligt och faktabaserat.

Samtidigt utgör dessa diskussioner en utmärkt möjlighet att träna god samtalsetik. När en debatt rör känsliga eller polariserande ämnen, lär sig eleverna att lyssna aktivt och med respekt, även när de inte håller med varandra. De tränar sig i att hantera oenighet utan att attackera personen bakom åsikten. Genom att uppmuntras att använda icke-våldskommunikation och hålla en saklig ton, kan eleverna utveckla en medvetenhet om hur man kan uttrycka sina åsikter utan att såra eller förminska andra. Detta stärker deras förmåga att delta i konstruktiva samtal i framtida arbets- och samhällsliv.

Diskussioner om kontroversiella frågor hjälper också eleverna att navigera tvetydigheter och moraliska dilemman, där det sällan finns ett rätt eller fel svar. Samtalsetik handlar om att erkänna och hantera dessa komplexiteter på ett sätt som är öppet och inkluderande. Eleverna får möjlighet att öva på att analysera argument, ställa kritiska frågor och överväga flera perspektiv innan de formar sina egna ståndpunkter. Genom detta utvecklar de en medvetenhet om värden som tolerans, rättvisa och frihet, och hur dessa kan stå i konflikt med varandra i praktiska sammanhang.

Här är en checklista som förberedelse innan man jobbar med kontroversiella frågor. Sedan kommer två exempel på inramningar av två kontroversiella debatter.

8.1 Checklista för kontroversiella debatter

Förberedelse – rätt kunskaper

- Säkerställ att du som lärare har grundläggande kunskap om ämnet och är medveten om de vanligaste argumenten och perspektiven. Inkludera olika ideologiska, vetenskapliga och kulturella synvinklar.
- Läs in dig på de mest aktuella forskningsrönen och politiska diskussionerna, samt var medveten om potentiellt känsliga eller laddade delar av ämnet.
- Tänk på samtalsetik: hur kan du som lärare facilitera ett öppet samtal där alla elever känner sig trygga att uttrycka sina åsikter utan rädsla för att bli förlöjligade eller tystade?

Dilemman och politiska tankeexperiment

- Introducera tankeexperiment och moraliska dilemman för att visa att många kontroversiella frågor inte har enkla svar. Diskutera till exempel frågor om frihet kontra säkerhet, rättigheter kontra skyldigheter och individuellt självbestämmande kontra kollektiva behov.
- Använd dessa scenarier för att få eleverna att reflektera över hur politiska värden kan krocka och hur kompromisser kan behövas.

Politiska värden – tolkning och konflikt

- Förmedla att politiska värden som frihet, jämlikhet, rättvisa och självbestämmande kan tolkas på olika sätt beroende på ideologi och sammanhang. Diskutera hur dessa värden ofta står i motsättning till varandra och hur man kan arbeta för att hitta balans.
- Lär eleverna att förstå hur dessa värden inte alltid är statiska, utan kan omdefinieras och justeras beroende på situationen.

Ideologier – flexibilitet och variationer

- Betona att ideologier inte är fasta paket som måste accepteras i sin helhet. Visa hur det finns variationer inom varje ideologi och att eleverna kan hålla med om vissa delar utan att nödvändigtvis hålla med om allt.
- Uppmuntra eleverna att se flexibilitet i sina egna politiska övertygelser och att förstå hur ideologiska synsätt kan utvecklas över tid.

Olika ämnesområden

- Kontroversiella frågor kan belysas ur många olika ämnesområden. Inkludera sociologi, ekonomi, statsvetenskap, psykologi, historia, biologi och litteratur för att ge en bred förståelse och visa hur olika discipliner kan ge olika perspektiv på samma fråga.
- Uppmuntra tvärvetenskapligt tänkande och använd ämnesöverskridande exempel för att belysa komplexiteten i dessa frågor.

Medborgarfostran – kritiskt tänkande och reflektion

- Tänk på hur diskussionen om dessa frågor kan bidra till elevernas fostran till att bli bättre medborgare. Koppla diskussionerna till begrepp som demokrati, respekt för olikheter och civil dialog.
- Hjälp eleverna att förstå hur deras deltagande i sådana debatter kan bidra till en mer reflekterande och inkluderande samhällsmedborgare.

Hantera dilemman och tvetydigheter

- Diskutera att många kontroversiella frågor är komplexa och fulla av tvetydigheter. Förbered eleverna på att acceptera att det sällan finns en enda lösning eller ett slutgiltigt svar på vissa frågor.
- Visa hur det är möjligt att leva med och reflektera över dessa tvetydigheter, snarare än att försöka eliminera dem.

Kritiskt tänkande – fokusområden

- Lär eleverna att identifiera vanliga argumentationsfel, som cirkelresonemang, ad hominem och halmgubbe, särskilt i laddade debatter.
- Uppmuntra kritiskt tänkande genom att be eleverna att ifrågasätta sina egna åsikter, överväga motståndarsidans argument och analysera konsekvenserna av olika ståndpunkter.

8.2 Religion, etnicitet, mångkulturalism och invandring

En inramning för lärare som hanterar de komplexa frågorna kring etnicitet, mångkulturalism, invandring och religion bör ge utrymme för olika perspektiv och balansering av värden. Här är en mer nyanserad och konkretiserad inramning som kan vägleda undervisningen:

1. **Humanism och medmänsklighet**
   Detta perspektiv lyfter fram den moraliska skyldigheten att hjälpa människor i nöd, oavsett kostnad. Det handlar om solidaritet och empati, där människors rätt till ett bättre liv sätts i centrum. Här ställs frågan om vi som samhälle har en plikt att hjälpa andra och hur vi bäst kan göra det utan att underminera vårt eget samhälle.

2. **Ekonomisk nytta och kostnader**
   Ekonomisk analys fokuserar på invandringens inverkan på arbetsmarknad, skatteintäkter och samhällsekonomin. Men ekonomiska värden måste också ses globalt, där invandrare ofta utför arbeten i underbetalda sektorer som underskattar deras bidrag

till samhället. En djupare förståelse av hur invandring kan stärka ekonomin på lång sikt behövs för att få en balanserad debatt.

3. **Yttrandefrihetens gränser**
   Diskutera hur yttrandefriheten begränsas, både av lagar och sociala normer, och hur debatten om politisk korrekthet (PK-debatten) påverkar invandringsfrågor. Liberal yttrandefrihet utmanas av det faktum att företag och sociala plattformar också kan begränsa yttranden, vilket skapar en osynlig men påtaglig censur.

4. **Kritik mot och försvar av "woke"**
   Från vänsterhåll finns kritik mot "woke" rörelsen som argumenterar att den blivit kapad av eliter (elit capture) och att dess fokus på identitetspolitik avleder från grundläggande ekonomiska och klassmässiga orättvisor. Samtidigt finns försvaret att identitetspolitik kan hjälpa till att synliggöra marginaliserade gruppers kamp. Här kan man också inkludera marxistisk, feministisk, liberal och konservativ kritik och försvar av rörelsen.

5. **Försiktighetsprincipen och invandring**
   Denna princip förespråkar en restriktiv invandringspolitik för att skydda den nationella stabiliteten och samhällsordningen. Ett samhälle kan endast ta emot invandrare i den takt det kan hantera för att undvika att skapa sociala spänningar och resursbrist. Samtidigt måste principen balanseras mot humanitära behov och globala ansvar.

6. **Självbestämmande och nationsgränser**
   Här behandlas nationens rätt till självbestämmande i förhållande till migration. Vissa anser att varje stat har rätt att kontrollera sina gränser för att bevara sin nationella identitet, medan andra betonar att individers rätt till frihet och rörlighet är universella och borde prioriteras. Diskussionen om självbestämmande kan också kopplas till globala maktrelationer och postkolonialism.

7. **Olika syn på frihet**
   Frihet kan tolkas på flera sätt: den individuella friheten att röra sig fritt och söka bättre livsvillkor, kontra en nations frihet att skydda sina gränser och upprätthålla samhällsordning. Det finns en spänning mellan dessa friheter, som ofta ställs mot varandra i invandringsdebatten.

8. **Rättigheter och skyldigheter**

   Invandrares rättigheter, som asylrätt, och skyldigheterna gentemot det nya samhället skapar en diskussion om balansen mellan universella mänskliga rättigheter och de nationella medborgarnas skyldigheter. Vissa anser att invandrare har en moralisk och juridisk skyldighet att integrera sig i sitt nya samhälle, medan andra ser rättigheterna som icke-förhandlingsbara.

9. **Effektivitet och välstånd**

   En mer liberal syn på invandring framhåller hur invandrare bidrar till innovation och tillväxt, och hur mångfald kan vara en resurs för ekonomisk utveckling. Men invandring ses också som en utmaning, där skeptiker ifrågasätter om samhällets resurser räcker till och om det skapar större sociala klyftor.

10. **Tolerans och integration**

    Hur mycket tolerans bör ett samhälle visa gentemot nya kulturella uttryck? Integration handlar om hur både majoritetssamhället och invandrare anpassar sig för att samexistera. Här väcks frågor om kulturella normer, hur invandrare ska integreras och om samhället ska förändras för att rymma nya värderingar.

11. **Rasism och diskriminering**

    Rasism och dess effekter är en realitet i många samhällen, men debatten kretsar ofta kring i vilken utsträckning strukturell rasism påverkar samhällsfunktioner. Frågan är hur djupgående rasismen är och hur den bäst motverkas utan att skapa nya motsättningar.

12. **Postkoloniala perspektiv**

    En postkolonial analys ser Sveriges roll som en del av ett globalt system som har bidragit till migration och flyktingkriser. Här ses flyktingströmmar som ett resultat av krig, exploatering och ojämn resursfördelning som upprätthåller globala ojämlikheter.

13. **Institutionella och kulturella utmaningar**

    Ett samhälle måste ha vissa gemensamma värderingar för att fungera som en demokrati. Institutionella utmaningar som invandring medför är hur värderingar om frihet, jämlikhet och rättvisa bevaras och utvecklas i ett mångkulturellt samhälle.

14. **Religionens roll**

    Hur påverkar religion samhällens sammanhållning och demokrati?

I invandringsdebatten kommer religion ofta upp som en fråga, där sekulära värderingar ställs mot religiösa uttryck. Frågor om hur religiösa minoriteter ska integreras utan att hota sekulära samhällsnormer diskuteras.

15. **Internationella och nationella utmaningar**
Flyktingkriser, krig och geopolitik driver invandringen. Samtidigt finns nationella utmaningar som att hantera dessa strömmar inom ramarna för en fungerande demokrati och välfärdsstat. Här behöver lärare hjälpa elever att förstå hur globala händelser påverkar nationell politik och samhällsstruktur.

Genus, sexism, transdiskriminering

1. **Humanism och medmänsklighet**
Detta perspektiv lyfter fram den moraliska skyldigheten att hjälpa människor i nöd, oavsett kostnad. Det handlar om solidaritet och empati, där människors rätt till ett bättre liv sätts i centrum. Här ställs frågan om vi som samhälle har en plikt att hjälpa andra och hur vi bäst kan göra det utan att underminera vårt eget samhälle.

2. **Ekonomisk nytta och kostnader**
Ekonomisk analys fokuserar på invandringens inverkan på arbetsmarknad, skatteintäkter och samhällsekonomin. Men ekonomiska värden måste också ses globalt, där invandrare ofta utför arbeten i underbetalda sektorer som underskattar deras bidrag till samhället. En djupare förståelse av hur invandring kan stärka ekonomin på lång sikt behövs för att få en balanserad debatt.

3. **Yttrandefrihetens gränser**
Diskutera hur yttrandefriheten begränsas, både av lagar och sociala normer, och hur debatten om politisk korrekthet (PK-debatten) påverkar invandringsfrågor. Liberal yttrandefrihet utmanas av det faktum att företag och sociala plattformar också kan begränsa yttranden, vilket skapar en osynlig men påtaglig censur.

4. **Kritik mot och försvar av "woke"**

   Från vänsterhåll finns kritik mot "woke" rörelsen som argumenterar att den blivit kapad av eliter (elit capture) och att dess fokus på identitetspolitik avleder från grundläggande ekonomiska och klassmässiga orättvisor. Samtidigt finns försvaret att identitetspolitik kan hjälpa till att synliggöra marginaliserade gruppers kamp. Här kan man också inkludera marxistisk, feministisk, liberal och konservativ kritik och försvar av rörelsen.

5. **Försiktighetsprincipen och invandring**

   Denna princip förespråkar en restriktiv invandringspolitik för att skydda den nationella stabiliteten och samhällsordningen. Ett samhälle kan endast ta emot invandrare i den takt det kan hantera för att undvika att skapa sociala spänningar och resursbrist. Samtidigt måste principen balanseras mot humanitära behov och globala ansvar.

6. **Självbestämmande och nationsgränser**

   Här behandlas nationens rätt till självbestämmande i förhållande till migration. Vissa anser att varje stat har rätt att kontrollera sina gränser för att bevara sin nationella identitet, medan andra betonar att individers rätt till frihet och rörlighet är universella och borde prioriteras. Diskussionen om självbestämmande kan också kopplas till globala maktrelationer och postkolonialism.

7. **Olika syn på frihet**

   Frihet kan tolkas på flera sätt: den individuella friheten att röra sig fritt och söka bättre livsvillkor, kontra en nations frihet att skydda sina gränser och upprätthålla samhällsordning. Det finns en spänning mellan dessa friheter, som ofta ställs mot varandra i invandringsdebatten.

8. **Rättigheter och skyldigheter**

   Invandrares rättigheter, som asylrätt, och skyldigheterna gentemot det nya samhället skapar en diskussion om balansen mellan universella mänskliga rättigheter och de nationella medborgarnas skyldigheter. Vissa anser att invandrare har en moralisk och juridisk skyldighet att integrera sig i sitt nya samhälle, medan andra ser rättigheterna som icke-förhandlingsbara.

9. **Effektivitet och välstånd**

En mer liberal syn på invandring framhåller hur invandrare bidrar till innovation och tillväxt, och hur mångfald kan vara en resurs för ekonomisk utveckling. Men invandring ses också som en utmaning, där skeptiker ifrågasätter om samhällets resurser räcker till och om det skapar större sociala klyftor.

10. **Tolerans och integration**

Hur mycket tolerans bör ett samhälle visa gentemot nya kulturella uttryck? Integration handlar om hur både majoritetssamhället och invandrare anpassar sig för att samexistera. Här väcks frågor om kulturella normer, hur invandrare ska integreras och om samhället ska förändras för att rymma nya värderingar.

11. **Rasism och diskriminering**

Rasism och dess effekter är en realitet i många samhällen, men debatten kretsar ofta kring i vilken utsträckning strukturell rasism påverkar samhällsfunktioner. Frågan är hur djupgående rasismen är och hur den bäst motverkas utan att skapa nya motsättningar.

12. **Postkoloniala perspektiv**

En postkolonial analys ser Sveriges roll som en del av ett globalt system som har bidragit till migration och flyktingkriser. Här ses flyktingströmmar som ett resultat av krig, exploatering och ojämn resursfördelning som upprätthåller globala ojämlikheter.

13. **Institutionella och kulturella utmaningar**

Ett samhälle måste ha vissa gemensamma värderingar för att fungera som en demokrati. Institutionella utmaningar som invandring medför är hur värderingar om frihet, jämlikhet och rättvisa bevaras och utvecklas i ett mångkulturellt samhälle.

14. **Religionens roll**

Hur påverkar religion samhällens sammanhållning och demokrati? I invandringsdebatten kommer religion ofta upp som en fråga, där sekulära värderingar ställs mot religiösa uttryck. Frågor om hur religiösa minoriteter ska integreras utan att hota sekulära samhällsnormer diskuteras.

15. **Internationella och nationella utmaningar**

Flyktingkriser, krig och geopolitik driver invandringen. Samtidigt finns nationella utmaningar som att hantera dessa strömmar inom ramarna för en fungerande demokrati och välfärdsstat. Här behöver lärare hjälpa elever att förstå hur globala händelser påverkar nationell politik och samhällsstruktur.

Denna ramverk kan vägleda lärare att engagera sig i en balanserad och nyanserad diskussion om dessa komplexa frågor, och stödja elever att förstå hur olika perspektiv och värden kan prioriteras och kombineras.

8.3 Sexism, trans, hbtqi

1. **Vad är kön och genus?** Utgångspunkten för många debatter är skillnaden mellan biologiskt kön och socialt konstruerat genus. Biologiskt kön refererar till fysiska skillnader medan genus handlar om de roller, förväntningar och identiteter som formar hur människor uttrycker sig i samhället. Diskussioner om transpersoner och icke-binära individer ifrågasätter den traditionella binära uppdelningen mellan man och kvinna och lyfter genus som en flexibel kategori.

2. **Biologisk determinism vs. social konstruktion** En vanlig konflikt i debatten är mellan de som menar att kön och beteende är biologiskt förutbestämda (biologisk determinism) och de som ser kön och genus som sociala konstruktioner. Biologisk psykologi framhäver evolutionära och hormonella skillnader mellan könen, medan socialkonstruktivism betonar hur könsroller lärs in genom uppväxt, kultur och social påverkan.

3. **Transidentiteter och självidentifikation** Transpersoner och deras rättigheter är ofta i centrum för debatten om genus. Självidentifikation är ett centralt begrepp där individens upplevelse av sitt kön är avgörande, snarare än deras biologiska kön. Kritiker menar att detta kan leda till svårigheter med att definiera genus och skapa gemensamma standarder.

4. **Könsskillnader inom utbildning och arbetsliv** Forskning visar att pojkar och flickor behandlas olika i utbildningssystemet, vilket påverkar deras prestationer och yrkesval. Diskussionen om genus och yrkesval kretsar ofta kring frågor om varför kvinnor och män

är underrepresenterade i vissa yrken, och om detta är ett resultat av socialisering eller biologiska skillnader.

5. **Kritik mot "manosfären" och feministiska perspektiv** "Manosfären" är ett samlingsnamn för rörelser som betonar traditionella könsroller och är kritiska mot feminism, särskilt kring frågor om kvinnors ökade närvaro i arbetslivet och transpersoners rättigheter. Feministiska perspektiv, å andra sidan, lyfter fram vikten av jämställdhet och upphävandet av traditionella könsnormer.

6. **Debatt om transdiskriminering** Transdiskriminering, eller diskriminering mot transpersoner, är ett växande debattämne, särskilt i frågor om juridisk könskorrigering, rättigheter och inkludering i olika sammanhang, som idrott och arbetsplatser. Här handlar diskussionen ofta om balansen mellan individens rätt till självdefinition och de sociala strukturer som är kopplade till kön.

7. **Sexism och könsroller** Sexism innebär diskriminering baserad på kön, ofta riktad mot kvinnor. Diskriminering inom arbetslivet, lönegap, och bristen på kvinnor i ledande positioner är vanliga frågor. Samtidigt diskuteras stereotypa uppfattningar om vad som är "maskulint" och "feminint" och hur dessa påverkar både mäns och kvinnors liv.

8. **Genus-jämlikhetsparadoxen** Genus-jämlikhetsparadoxen handlar om att länder med hög jämställdhet ofta har större könsskillnader i yrkesval, vilket är en gåta för forskare. Vissa menar att i mer jämställda samhällen kan människor välja mer traditionella könsroller utan tvång, medan andra hävdar att detta visar på att strukturella faktorer fortfarande begränsar valmöjligheter.

9. **Historiska och kulturella perspektiv på genus** Forskning inom arkeologi och antropologi visar att könsroller har varit mer varierade och dynamiska än vad traditionella teorier ofta framställer. Exempel på matriarkala samhällen och olika könsidentiteter genom historien, såsom "två-andar" bland nordamerikanska indianer, illustrerar att genus är kulturellt konstruerat och förändras över tid.

10. **Religiösa och ideologiska perspektiv** Religion spelar ofta en central roll i debatten om genus och sexualitet. Vissa religiösa

grupper har fasta uppfattningar om könsroller, medan andra förespråkar en mer inkluderande och flexibel syn på genus och sexualitet. Denna konflikt uppstår ofta i frågor om hur religiösa normer ska balanseras med sekulära rättigheter i ett mångfaldigt samhälle.

11. **Frihet** Frihet är centralt i debatten, särskilt när det gäller individens rätt att uttrycka sitt kön och genus på egna villkor. Liberalt perspektiv betonar individens rätt till självbestämmande, där människor själva ska få definiera sin könsidentitet och sexuella läggning utan statliga eller sociala hinder. Konservativt perspektiv tolkar frihet som rätten att upprätthålla traditionella könsroller och värderingar, medan genusperspektiv ser frihet som att befria individer från könsnormer och patriarkala strukturer.

12. **Jämlikhet** Jämlikhet innebär att alla ska ha samma rättigheter och möjligheter, oavsett kön eller könsidentitet. Det marxistiska perspektivet ser könsrelaterad ojämlikhet som en del av den bredare klasskampen, medan det liberalfeministiska perspektivet främjar jämlikhet genom lika rättigheter och möjligheter för alla kön. Radikalfeministiska perspektivet argumenterar att jämlikhet inte kan uppnås förrän de patriarkala strukturerna i samhället avskaffas.

13. **Rättvisa** Rättvisa handlar om att behandla alla rättvist och att erkänna de olika utmaningar som människor kan möta på grund av deras kön, sexualitet eller könsidentitet. Social rättvisa fokuserar på hur könsdiskriminering, rasism och ekonomisk ojämlikhet ofta sammanflätas och betonar vikten av intersektionell rättvisa. Institutionellt perspektiv analyserar hur rättvisa kan upprätthållas eller undermineras av samhälleliga institutioner, medan pliktetik och dygdetik fokuserar på hur moraliska plikter kan skapa rättvisa könsrelationer.

14. **Självbestämmande** Självbestämmande handlar om individens rätt att definiera och uttrycka sin egen identitet, utan att bli påtvingad externa normer. Liberalt självbestämmande betonar individens rätt att bestämma över sitt liv, särskilt i frågor om transrättigheter. Institutionalism fokuserar på hur institutioner påverkar denna rätt,

medan marxistisk kritik ser självbestämmande som en kollektiv kamp för förändring.

15. **Marxistiskt perspektiv på genus och sexism** Marxismen ser genus och sexism som ett resultat av kapitalistiska strukturer. Kvinnors och transpersoners förtryck ses som en del av kapitalismens exploatering, och genuskampen ses som sammanflätad med klasskampen. För att uppnå verklig rättvisa krävs förändringar både i könsrelationer och i klasstrukturer.

16. **Institutionalism och genus** Institutionella perspektiv fokuserar på hur regler, lagar och organisationer påverkar genus och sexism. Detta kan handla om hur skolor, arbetsplatser och rättssystem behandlar kvinnor och transpersoner. För att uppnå jämställdhet krävs institutionella förändringar, såsom nya lagar och policyer.

17. **Normkritik och queerteori** Normkritiska perspektiv och queerteori ifrågasätter fasta kategorier som man och kvinna och strävar efter att dekonstruera traditionella könsroller. Queerteori ser genus som flytande och betonar att både biologiskt och socialt kön är konstruktioner som kan förändras.

Spelifieringar i skolan: forskning och förslag på större spelifieringar

Problemformulering: Elever är för ofta uttråkade och inte "engagerade" i klassrummet. Detta har stora konsekvenser för deras inlärning. 1. Mindre fokus - som visat sänka inlärningen väldigt mycket. 2. Mindre emotionell koppling till materialet lärs ut som minskar inlärningsgraden ännu mer. 3. Det hjärnan tycker är tråkigt tolkar den också som meningslöst. Det hjärnan tolkar som meningslöst kommer den inte se som användbart. Användbarhet, meningsfullhet och mönsterskapande är centralt för inlärning. 4. Eleven får ökad aversion mot skolan som i förlängningen skapar eller förstärker anti-skolbeteende och anti-skolnormer. Det gör att man kan få ännu större ointresse och även att fokus flyttas till aktiviteter som stör klassen. Spelifering är ett sätt att minska graden av uttråkning i klassrummet. Olika former av spelifieringar är numera rätt vanliga i klassrummet, kanske vanligaste med frågesportspelet Kahoot. Det som det finns brist på bland denna mångfald av spel är speliferingar som skapar en röd tråd, är lätt för läraren att implementera utan ett kostsamt program och kan ligga nära innehållet i läroplanen.

Förslag på intervention: Spel för hela kurser som knyter ihop innehållet för kursen.

Potentiella effekter: 1. Röd tråd. 2. Något ökat engagemang. 3. Gruppövningar som har ett roligt inslag.

1. Problemformulering, forskning, genomförande

1.1 Problemformulering

Elever är för ofta uttråkade och inte "engagerade" i klassrummet. Detta har stora konsekvenser för deras inlärning. 1. Mindre fokus - som visat sänka inlärningen väldigt mycket. 2. Mindre emotionell koppling till materialet lärs ut som minskar inlärningsgraden ännu mer. 3. Det hjärnan tycker är tråkigt tolkar den också som meningslöst. Det hjärnan tolkar som meningslöst kommer den inte se som användbart. Användbarhet, meningsfullhet och mönsterskapande är centralt för inlärning. 4. Eleven får ökad aversion mot skolan som i förlängningen skapar eller förstärker anti-skolbeteende och anti-skolnormer. Det gör att man kan få ännu större ointresse och även att fokus flyttas till aktiviteter som stör klassen. Spelifiering är ett sätt att minska graden av uttråkning i klassrummet. Olika former av spelifieringar är numera rätt vanliga i klassrummet, kanske vanligaste med frågesportspelet Kahoot. Det som det finns brist på bland denna mångfald av spel är spelifieringar som skapar en röd tråd, är lätt för läraren att implementera utan ett kostsamt program och kan ligga nära innehållet i läroplanen.

1.2 Förslag

I detta dokument finns det efter en forskningsgenomgång, först olika exempel på mindre spelifieringar och sedan 11 större olika spelifieringar för kurserna.

1.3 Genomförande

- Kopiera de spelplaner och instruktioner som finns i denna rapport rakt in i din egen undervisning.

2. Forskningsgrund: Spel i skolan och samhället

Spelifieringen är en stor trend inom utbildning som tar sin utgångspunkt i det engagemang som spel av olika slag kan skapa och sätter det i en skolkontext. Spelifiering tar olika aspekter av spel som gör det engagerande och lärande: stora (episka) mål, delmål, bygga allianser och känna gemenskap, delta i en annan värld som är spännande att upptäcka, skapar känsla av självkontroll genom "power ups", gör återkoppling tydligare genom att man direkt märker om man lyckas eller inte, som syns i spelet och kan visas på sina avatar om kan utvecklas utseendemässigt eller bli bättre i olika dimensioner (Mcgonical, 2013, Gee, 2007). Spel lyckas med det som Hattie menar är centralt för effektivt lärande att göra lärandet "synligt" (Hattie, 2013). Detta är också grunden för det nu relativt nya paradigmet inom återkoppling, formativ bedömning, där eleven ska få en tydlig bild som uppdateras återkommande: var den ligger, hur den ska ta sig framåt och vad målen är (Willliam, 1997). Spel är också bra för det får ofta personer att hamna i målmedveten träning (eng deliberativ practise) (Ericsson, 2013) med högt fokus, direkt återkoppling, en coach som leder tränandet och tydligt mål. Spelare kan dock också hamna utanför deliberativ träning när man lärt sig spelet, men det finns ofta med spel mycket som lockar till att hamna i ett tillstånd av deliberativ träning på grund av en ökad svårighetsgrad. Debatten mellan förmedlingspedagogik och upptäckslärande har forskning i dag mest hamnat i att en balans mellan dessa två är bäst och hur denna balans görs i praktiken (Håkansson & Sundberg, 20).[38] Spelifiering är ett sådant sätt där dessa kombineras och kan kombineras på olika sätt, som kan göra upptäckslärande mer strukturerat (eng scaffoldat) och förmedlingspedagogiken mer av en känsla av ägande och att eleven själv är med och gör något. Forskning om spelifiering kan motiveras ur pedagogisk och psykologisk litteratur och har ofta gjort det. Fältet spelstudier är mer sociologiserat (Deterding, 2014, Juul, 2008, Zimmerman,2012 efter Huzinga)[39]

---

[38] Utmärkt undervisning (Håkansson & Sundberg, 2016)

[39] Huizinga, Johan. 1971. Homo Ludens: A Study of the Play-Element in Culture. Boston: The Beacon Press. Juul, Jesper. 2008. "The Magic Circle and the Puzzle Piece." In Conference Proceedings of the

2.1 Vad är spelifiering och lekifiering?

Deterding (2014) visar att det finns en stor debatt om exakt vad spelifiering och lekifiering är med olika teorier och olika konceptualisering, men med någon form av konsensus kring att man tar aspekter från spel och lek och applicerar det i en ny kontext (Hamari, 2019, Deterding, 2014) Spel kan ses som att gå in i "den magiska cirkeln" av spel (Huzinga, 1971). Det finns flera olika definitioner av spelifiering , spelfullhet, lekifering, lekfullhet (Deterding, 2014)[40]. Två viktiga utgångspunkter är Callois och Huzinga. Callios: spel och lek finns på ett spektrum mellan lek (paida) och ludus(tävling). Det har i forskning mest varit fokus på ludus (Deterding, 2016, s 314). Deterding tycker det är viktigt att prata om lekfull och spelfull design (Deterding, 2016, s 315) för det är en viktig distinktion. Callois har 4 kategorier av spel: mimicry-make-believe, agon-tävlingsspel, alea- tur och ilinx (skapande av olika starka känslor från bungyjump ex.

Spel kan sägas kretsa mellan daulismerna är kontroll/frihet, verklighet/fiktion, ändra på reglerna/bindande regler, förlorad i spelet/medveten, utan syfte och syfte, skapa ordning och gemenskap och vara en del i att göra motstånd mot en ordning och gemenskap (Raussens, 2014, s 102). Huzinga menar att all kultur kan ses som en lek men samtidigt menar Huzinga att den romantiska eran var den sista ha en "lekfull anda" (Raussens, 2014, s 102). Spel ses av vissa som en formaliserad version av lek (Salen & Zimmerman, 2004, s 301). Serious games (spel utan nöje som mål, utan inlärning eller välja mellan olika sökande tilll ett jobb) (Bogost, 2011) är ett koncept istället för spelifering för ofta är det så lite av spelet som är med i spelifering, i princip bara

---

Philosophy of Computer Games 2008, edited by Stephan Günzel, Michael Liebe, and Dieter Mersch, 56–67. Potsdam: Universitätsverlag Potsdam.

[40] Deterding, S. (2014). Eudaimonic design, or: Six invitations to rethink gamification. In S. Fizek,

M. Fuchs, P. Ruffino, & N. Schrape (Eds.), Rethinking gamification (pp. 305–331). Lüneburg,

Germany: Leuphana University of Lüneburg, Meson Press.

poängssystem och narrativa delen är ofta väldigt frånvarande (Bogost, 2011).

2.2 Effekter av spelifering och lekifiering inom utbildning

Massor av metaanalyser finns på området som visar på positiva effekter generellt, vissa studier får starkare effekt i olika dimensioner, kognitiv utveckling, studieresultat mätt i betyg, engagemang och beteendeförändring (Lamb, Anetta, Firestone, Etopio, 2018, Sailer & Homner, 2019, Sailer, 2020, Kleiber, 2020, Qian & Clark, 2016)[41]. Det är mer osäkert är vad exakt det är som skapar effekten. Det finns en kritik mot att mycket forskning inom spelifering utgått för mycket från behavioristiska teorier (Deterding, 2014, Klieber, 2020). Vilken effekt spelifiering av lärande får beror på flera aspekter: hur bra spelet är utformat (Palmquist, 2018)[42]. Speliferingen är fortfarande ett nytt sätt att undervisa på och studierna som gjorts har stora brister som har gjort det svårt att dra robusta slutsatser i metaanalyser (Smolén, 2015). Tredimensionella spel har störst effek (Lamb, Anetta, Firestone, Etopio, 2018). Effekterna verkar försvinna på universitetsnivå (Lamb, Anetta, Firestone, Etopio, 2018) med olika undantag. Största effekten syns i att utveckla olika förmågor, inte generella kunskaper (Lamb, Anetta, Firestone, Etopio, 2018). Serious educational games (både tasks och content) har större effekter än educational simulations (simuleringar verkligheten) och serious games (träna på riktiga uppgifter i ett spel) (Lamb, Anetta, Firestone, Etopio, 2018) Moderator variabler som identifieras som påverkar hur stark effekten är: emotion, engagemang (flow exempelvis), motivation, känsla av självkontroll (self-efficacy), kognition, förmåga utveckling, dimensionalitet (2-3d), längd på intervention ((Lamb, Anetta, Firestone, Etopio, 2018). Längd påverkade inte (Lamb, Anetta, Firestone, Etopio, 2018) vilket verkar väldigt konstigt

---

[41] https://www.sciencedirect.com/science/article/abs/pii/S0747563217306143 - stora effekter.
https://link.springer.com/article/10.1007/s10648-019-09498-w
https://www.researchgate.net/publication/335189630_The_Gamification_of_Learning_a_Meta-analysis Qian, M., Clark, K. R. (2016). Game-based learning and 21st century skills: A review of recent research. Computers in Human Behavior, 63, 50–58.

[42] Det speliferade klassrummet, 2018

resultat, men de flesta studierna var ändå korta. Ungefär 50 stycken studier hittades som var relevanta för metaanalysen.

Faktorer som skapar bättre spelupplevelser och bättre inlärning verkar svårt att skilja ut på grund av att det är den generella spelupplevelsen som skapas som får effekt, som på grund av att människor kommer med olika subjektiva meningstolkningar kommer att påverkas olika av spelen och det mer bör betraktas som ett emergent fenomen (Deterding, 2014). Det behavioristiska paradigmet har övergetts för att det är så svårt att förutse effekter av olika element i ett spel det kommer ha på spelaren istället är "emergenta teorier" mer centrala idag (Deterding, 2014, s 316) på grund av att spelarens upplevelser är subjektiva, holistiska, emergenta, situerade, dynamiska, specifika, (Hassenzahl, 2010 i Deterding, 2014, s 317). Det finns ingen deterministisk motiverande effekt mellan en viss aspekt i ett spel till exempel badges och hur det kommer att motivera spelaren. Deterding kopplar till ekologiskt terori boch begreppet "affordances" det man har, en sociologiskt liknande term är habitus eller subjektifering som spelaren har för tillfället (Deterding, 2014, s 317).
Ändå verkar god speldesigns olika delar behövas och ju bättre dessa är desto bättre engagemang, men engagemang och inlärning har inte en helt stark korrelation på grund av att visst engagemang kan skapas som inte är kopplat till lärandet. Finns massor av spel som skapas men väldig dålig effekt på inlärning men starkt engagemang på grund av att det som görs i spelet inte kan transfereras som förmåga till den verkliga kontexten. Det kan också vara ett för stort hopp mellan vad som ska göras och operationaliseringen, till exempel döda drakar och lära sig matte, gör att inte så mycket matte lärs. Speliferingar behöver alltså vara riktat mot att tid spenderas med det som ska läras, annars får det ökade engagemanget ingen pay-off.

2.3 Olika principer/effekter inom spel som man kan tänka på när man utformar spel och är spelledare som lärare

Vad kan man tänka på när man som lärare jobbar med spelifieringar? Några take aways finns här efter en genomgång av litteraturen.

1. Rollspel generellt positivt. Beror på hur detta görs. Avatars, kla i sig olika roller. Gör möjlighet att stödja fantasin och fokusera vad som är syftet med det som lärs ut. Exempel på det är att när man har grupparbeten att man ger olika roller: vd, cto etc om arbetet har att göra med företagande.

2. Mål: kopplingen mellan större mål och delmål. Val av mål är viktigt. Målen kan ha en form av makebelieve över sig och samtidigt kännas meningsfullt och vara meningsfulla i att målen inte blir för långt från de innehåll man vill att eleverna ska lära sig.

3. Man kan bestämma hur tunn eller tjock spelifieringen ska vara. En tunn version är att man har bara med en poänginsamling. Tjockare spelifieringar har make-believe etc.

4. Om en identifikation och tro inte skapas till spelet kan motståndspraktiker uppstå som leder till cynism (Puranga, 2014). Känns spelet för töntigt av eleverna kommer det lett leda till cynism.

5. Eleverna med och bestämmer: vilka mål, vilka quests. Ge olika förslag på quests och mål inom en ram som är godtagbar.

6. Poäng ökar risken för en "elektronisk piska" men samtidigt är det något som kan skapa ett mål som behövs i ett spel. Poäng är också något som kan synliggöra konflikter som behöver vara en del av spel. Belöningar kan ges på andra sätt eller kompletteras av poäng som är exempelvis: nya förmågor, nya upplevelser, nya nivåer som gör att spelet i sig blir den fortsatta belöningen.

7. Estetiseringen kan göras på olika sätt där hur estetiseringen görs kan påverka identifieringen med spelet. Estetiseringen kan vara något som skymmer lärande och kan vara fel ålder, exempelvis har fantasy används ofta som genre, men kan vara väldigt långt ifrån elevernas identitet.

8. Språket kan också vara något som är i vägen, där att lära sig massa nya begrepp för att spela spelet kan öka icke-önskvärda svårigheter.

9. Spelet i sig kan bli icke-önskvärd svårighet i stället som blir i vägen för att skapa önskvärda svårigheter.

10. Spelen som görs behöver ge plats för att misstag, testande och experimenterande kan göras eftersom det är just det som lyfts fram som speciellt med spel.

11. Bra spel handlar om just lärande i att se mönster, lära sig innehåll/få kunskap om en viss domän och utveckla förmågor. Bra speldesign är banor som hela tiden lär ut något.

12. Andra delar av framgångsrika spel är att man har tid att förbereda sig, att det finns en känsla av rymd där spelet utspelar sig och den inramningen görs bra, att det finns en god "kärnmekanik" (exempelvis schack flytta pjäsen). Engagemang och ökad inlärning tar hänsyn till scaffolding och att eleven är i den proximala utvecklingszonen, från stöd till egen driven. Belöningar kan inte heller vara helt förutsägbara utan exempelvis är varierad förstärkning bra kraftfullt för ett fortsatt engagemang. Misslyckande måste kosta men hur mycket och på vilket spelar roll för motivationen.

13. Spel bör också för att få så stark effekt vara utformade med "end-game" i åtanke.

14. Spel måste kommunicera vad målet och syftet är, annars driver man runt. Man måste också ge en viss grad av autonomi på grund av att frihet är starkt kopplat till lek, annars blir upplevelsen mer att det inte är ett spel bara en checklista (Deterding, 2014).

15. Berättelser är en faktor i spel men detta kan inte driva spelet, för då är det inte ett spel längre. Berättelserna kan berättas på olika sätt. En uppdelning är explicit, implicit (exempelvis genom miljön) och emergent.

16. Överraskningsmoment är en del av speldynamiken där rollercoaster modellen är ofta använd, men där större överraskningsmoment kan vara viktig för att skapa ännu starkare engagemang.

17. Svårighetsgraden är en central del av vad som skapar flow och engagemang i ett spel. Vad som skapar flow enligt Mihaly Csikszentmihalyi utmanande aktiviteten (inte för lätt, inte för svår), tydliga mål, tydlig och snabb återkoppling och paradoxen att känna kontroll i en osäker situation där resultatet är okänt. Detta skapar flow känsla som karaktäriseras av fusion mellan handling

och medvetenhet, koncentration, förlorande av självmedvetenhet och tidsuppfattning som ändras. Csikszentmihalyis tips för att skapa konstant flow är just att spelifiera det, hur kan jag bli bättre på den här detaljen etc, genom att lägga till mål, regler och andra element av njutning menar Csikszentmihalyi något som Mcgongial har omsatt i praktik med spelet Superbetter, och andra spelifieringar har sett, där mondäna aktiviteter blir mer njutningsfulla.

18. Vissa spel är uppbyggda i att man först får välja svårighetsgrad, men en speldesigner menar att den bästa är när banorna i sig skapar ett val där man med ökad risk kan få större belöning (exempelvis i racingspel är det att hitta genvägar som är trånga och risken för att krascha). Ett annat med svårighetsgraden att den utgörs av motståndare som är andra verkliga människor som man vinner mot och sedan får möta duktigare personer.

19. En annan central speldesign för hög inlärning av komplexa förmågor och kunskaper är att det är olika utmaningar samtidigt som kräver av personen att prioritera och kombinera. Detta skapar en belastning för arbetsminnet. Den ökade komplexiteten gör spel mer levande. Spelarna behöver göra avvägningar vad de ska satsa på med den tiden de fått och de rummet de har tillgång till.

20. Rytmen är en faktor som spelar in i spelet där det måste finnas en viss rytm vi kan hitta.

21. Döda inte intresset med långa dialoger, instruktioner och textmassor är generellt inom speldesign. För serius educational games blir detta annorlunda på grund av att läsande är något som man vill att eleverna ska fokusera på. Läsande det som spelet ska motivera till, därför kommer det vara mer närvarande. Men man kan ändå ha med det som tumregel att försöka skapa en balans mellan att man handlar i spelet och att man får nya instruktioner.

22. I spel med inlärnings som fokus är helt centralt hur olika faktorer kopplas till inlärningsmålen: belöningar, berättelse, överraskningsmoment, speldynamiken, kärnmekaniken, vilka förmågor och kunskaper som lärs ut i spelet och hur nära dessa är verkligheten, vad som skapar engagemanget - är det spelet i sig eller lärstoffet.

23. Jacques Henriot identiferiar 4 kriterier mellan spelare och spelet som är användbara:[43] distans, osäkerhet, duplicitet (ser sig själv spela och att det bara är ett spel) och illusion (ta en spelfull/lekfull attityd). Spelillusionen kan ses som en dubbel illusion. Playabilitet (Henriot) är det som drar in i spelet (Ferri, 2014). Tänk som en spelare inte som en speldesigner, vad är det som skapar lekfullheten är centralt att fråga sig. Finns 3 felslut där man tror att man speliferiat: digitalisera, behavorist, estetik, spelfelslut. Man tar utseendet, digitalisrear och tar in vissa beteendeaspekter så har man inte speliferat något (Ferri, 2014)

24. Skapande av trajectory har lyfts fram som en viktigt del varför speliferingear är indragande, som görs på olika sätt t ex genom ett narrativ (Deterding, 2014, s). Det som Deterding lyfter fram som bra speldesing är väldigt nära vad Collins menar på skapar emotionell energi där kulturellt kapital och skapande av trajectory är en central del. Barbalet (2004) menar också att just uttråkning är brist på mening.

25. Theming, storification, scripting, ruling , framing - keying (goffman) - möjliggör att man kunde undersöka nya sätt att vara för det är på låtsas. Att arbetare gör om sitt arbete till spel/lek är ett sätt att motivera till motstånd eller frama det som en lek för att öppet motstånd och allvarsam strategi är för riskabelt (Deterding, 2014)

26. Känslan av meningsfullhet är viktigt. Nicholson (2014) går in på vad som ska vara kopplingen mellan spelet och verkligheten för att skapa en förändring. Spelet måste efterlikna aspekter av det riktiga livet som gör att det man lärt sig kan överföras. MMORPGs har som slutmål att man kör mot andra spelar i matcher. I skolan: debatter är bland de bästa.. MMORPGs har också en sociala aspekt, ett community runt spelet. Nicholsons (2014) ramverk för "meningfull spelifering"[44] skapar reflektion, exposition, val, information, lek, engemang. Deterding, 2014 ramverk för eudonomisk spelfullhet är: autonomi, situationella normer,

---

[43] (Nicholson 2012c)

[44] (Nicholson 2012c)

motiverande upplevelser, affordances inte behavioristiskt tänk, målet med spelet i sikte.

2.4 Spelifiering som en problematisk regim/social praktik - vikten att skapa eudonamisk spelifiering

Spelifiering ses ofta som en oproblematisk progressiv praktik i att det skapar mer "engagemang" på olika sätt utan identifierar vilka mål som den har. Emergent spelifiering är en större bredare trend där spel och spelande blir en större del av hur vi tänker om olika aspekter av livet och är större del av praktiker (Hamari, 2019)[45]. Spelfulla (gameful) upplevelser dominerar mer och mer våra liv. Det har varit debatt om hur exakt långt denna utveckling har gått och hur spelifierat samhället är, men det ses av de flesta som en rätt underordnad praktik men har olika uttryck i tjänster, reklam, utbildning osv. Det ses som en teknik som är persuasive eller motiverande i att skapa ett visst beteende (Hamari, 2019).

Spelifieringen av kulturen syns på olika ställen som Slumdog Millionare (Raessens, 2014) och kan läggas till olika spel i tv där man ska vinna olika saker till exempel att gifta sig i Bachelor och Bachelorette, Robinson och ett världsfenomen Squid Game på Netflix. Fiske har kallat dessa fenomen för ritaul-game-ritual (1987). Bauman är av uppfattningen att den "The mark of postmodern adulthood is the willingness to embrace the game whole-heartedly, as children do" (Bauman 1995, 99). Vissa inom spelstudier har gått så långt att se detta århundrade som spelets århundrade (Zimmerman & Chaplin, 2013, i Raessens, 2014). Spel och lek är positivt laddat för filosofer som Schiller till Nietzsche, Wittgenstin, Hiedegger, Marcuse, Derrida, Delueze -som på något sätt att människor är som mest människa när de leker som Schiller beskrev det (Raessens, 2014, s 96). Spelifieringen v samhället beror på att moderniteten i sig är öppen där det är ett spel som spelas, där reglerna är öppna att ändras. Spelifiering kan också ses mot bakgrund av Elluls teori om det teknologiska samhället, där

---

[45] i Ritzer, George (2007). *The Blackwell Encyclopedia of Sociology || Gamification. , (), 1–3.* doi:10.1002/9781405165518.wbeos1321 uppdaterad 2019

den underliggande drivkraften i moderniteten är ökningen av effektivitet genom olika tekniker. Spelifiering har möjligheten att effektivisera, men Ellul ser också att tillslut kommer det skapa mer komplexitet på grund av alla försök till alla effektivisering. Samma kan ses genom att spelifiera sitt liv. Detta kan bli något som kontrollerar ens liv, som synliggjort i ett avsnitt i Black Mirror där vi får följa en karaktär som hela tiden måste delta i olika spel och underhållning och offentligheten har slutat existera, och istället möts samhället i en stor tävlingsshow likt Talang. Detta är det spelifierade samhällets mörkaste potentiella framtid.

Sociologisk forskning har tagit en mer kritisk och skeptisk förhållning till spelifering genom att fokusera det som en ny regim för social kontroll, mätning och subjektifiering (Smolén, 2015).[46] Det ses också som en form av digital labour eller "playbor" en kombination av play och labour (Patella-Rey,)[47]. Det går ihop med en stor trend i den "andan" av kapitalism som diskursivt fokuserar på autenticitet, avhirearkisering, flexibilitet, medbestämmande (Boltanski & Chiapello, 2007). Spel blir en väg i att skapa känslan av att det är "roligt" som ett sätt att bygga en interaktion är också något som företag gör för att skapa en "familj" eller en god stämning som dock skapar olika reaktioner, exempelvis en cynisk distans på grund av att "roligiferingen" upplevs nedlåtande (Fleming, 2005).

Vad exakt "ren" spelifiering var något som visade forskare debatterade ett tag, men viktigare är snarare att se vilken social mening "spelifiering" får i en viss kontext för de personer som deltar i den regimen (Smolén, 2015). Smolén analyserar Mcgonigals spel SuperBetter där ett av hennes mål är att "make boring tasks fun" som kan ses som en ideologiproduktion att dölja hur tråkigt livet har blivit i detta samhälle (Smolén, 2015). Smolén menar att Superbetter gör världen mindre komplex och får stöd i vad man

---

[46] http://gamification.al.uw.edu.pl/files/Michal-Smolen-Gamification-Critical-Approaches.pdf

[47] https://thesocietypages.org/cyborgology/2012/10/15/gamification-playbor-exploitation-2/

ska fokusera på, något som kulturer generellt försöker göra genom tex religion med olika påbud och förbud. Mcgonigal fick med sina vänner och syskon i spelet som också började spela det. Misstänksamheten finns mot spelifiering i vad för subjektifiering sker. Tydliga användningar som inte har en tydlig aspekt av nytta för användaren är företag som använder det för att sälja mer av sin produkt, där devisen gäller att "be the house, or get played" som i ett casino (Cunningham & Zickermann i Smolén, 2015). Spelifiering tas in som en teknik i att motivera, skapa "inre motivation" som det ofta heter genom att koppla till psykologisk forskning, men att detta begrepp är otydligt på grund av att det är ett tydligt yttre som skapat "motivationen", där personer mer behöver förhålla sig till ett nytt kontrollsystem, som också kan vara kul (Ahl, 2001). Istället för att skapa "inre motivation" kan man istället se spelifiering som en variant på biopolitik (Foucault, 2008 i Smolén, 2015). Paulsens teori om olika "modes of obedience" menar på att vi lyder inte på ett sätt eller i ett tillstånd utan pendlar mellan olika former av lydnad: seduction, funktionell dumhet, auktiorätirainism, förtvivlad och cynism. Spelifiering har kan skapa alla dessa tillstånd: förtvivlan om spelet känns meningslöst, utan värdighet och att ens liv är "wasted" (Adorn i Paulsen, 2016). Spelifiering har störst chans att skapa seduction, att man blir förförd genom spelet och den fantasi som skapas runt de uppgifter man ska utföra som elev eller anställd. Spelifiering kan också skapa funktionell dumhet i att man inte fastnar/stannar i reflekterande tankar men spelifiering kan just ha som syfte att skapa reflektion hos elever, men det är ofta en reflektion som är inom vissa ramar för att förenkla och på grund av lärare och speldesigners begränsade förmåga till reflektion. Paulsen är kritisk mot tendens i viss sociologisk forskning att totalisera systemet som omöjliggör agens. Det går alltså att vara en aktör i en spelifierad miljö. Man kan argumentera för att visa spelifieringar skulle kunna stödja ett aktörskap, i viljan att bli aktör om det är designat på rätt sätt.

Den samhälleliga kontexten är att gamingindustrin är den största inom underhållningsbranschen idag, med många spel kopplade till utbildning som kommer ut. Dessa är fortfarande dock av rätt dåligt kvalitet, med viktiga undantag som Vektor (Klingberg,). Det är stora summor som går in i spel som mer kan kopplas till en del av "kulturindustrin" eller "medvetande industrin" (Adorno & Horkheimer,) som fungerar som distraktion, ideologiproduktion, subjektifiering och eskapism (Bailey, 2019, Postman, 1984). Ritzers begrepp Mcdonalidzation är hur processer kan instrumentialiseras för ett mål som till exempel kontroll och vinst för företag (Ritzer, 2014). Mcmindfullness är en form av mindfulness där mindfullness har instrumentaliseras av exempelvis företag som istället för att ge mer stöd och bestämmande till sina anställda introducerar mindfullness som en praktik för att minska och hantera stressen. Mindfulness blir då ett instrument för kontroll som nullifeis/neutraliserar potential som finns i mindfulness som praktik kopplat till ett helt etisk system av socialt och politiskt engagemang (Purser, 2019). En sociologisk teori om spelifiering skulle på liknande sätt introducera begreppet Mcgamefullness, där spelifieringen används tydligt för att kontrollera och syften som inte är emancipatoriska. Frihetlig eller kanske resonant spelifiering skulle bygga på Rosas begrepp resonans, vi skulle kunna ha en alienerande och resonant form av spelifiering. Resonant spelifiering använder fantasin i spelifieringen och tydliggörande av vissa mekanismer som vi dras mot för att nå mål som minskar förtryck och ökar rättvisa i olika etiska system exempelvis frihet som frihet från dominans (republikanism efter Machiavelli) eller frihet som gemensam öppen handling (Arendt) (Skinner, 1993). Alienerande spelifiering lyckas också skapa ett falskt medvetande att det inte upplevs som lika alienerande som det var innan på grund av att man blir mer engagerad (Patella-Rey,). Alienerad spelifiering är exploativt i att något tas från den samtidigt som förmågor kan skapas. Spelifiering är något som kan ta explatering in i nya domäner som kan späda på den hyperalination (Paulsen, 2010, s) där våra personligheter, psyken, blir en del av exploateringen (Hochcshild, 1983, Fuchs, 2012).

Spelifiering betraktas av vissa som en del av en bredare trend, en infantil etos som Barber kallade det (Maturo, 2015).[48] Spelande och lek som en del av att vara ett barn av Maturo och att göra saker mer av plikt ses som vuxet. Spelifiering blir ett gott komplement till ett infantilt etos med

---

[48] http://www.ea-journal.com/images/Art07/5-Maturo.pdf

människor som är vana vid att göra infantila praktiker. Mead menade att spel och lek var en central del av utvecklande av ett själv (Maturo, 2015) vilket sätter i fokus vad för själv som skapas, vad är det speliferiade självet? Det finn stor optimism kring spelifiering eller ludifieringen av kulturen. Men speliferingens effekter kan också ses utifrån FOucaults begrepp governemntalitet och biopolitik som skapar en stark själv-övervakning och subjektifierar en visst form av väldigt entreprenöriellt subjekt, genom mjukt makt, där straff inte är så närvarande som det innan varit i disciplinsamhället (Focuault i Maturo, 2015). Spelifiering i vissa uttryck i form av kvantifiering, valarkitetkturer och bid data tekniker tar spelifiering i en extrem form av governmentalitet (Schrape, 2014). Spelifiering är fräsmt kopplad ur och sprungen ur marknadsföring (Schrape, 2014) men har sedan applicerats i andra domäner som utbildning och själv-hjälp (Cederström & Spicer, 2017). Speiferingen är kopplat till wellnessyndromet där wellness och hälsa blir ett överordnat mål i kontrast till ett gott etiskt liv (Cederström & Spicer, 2017). Spännande är att Foucault beskrev liberal governemntalitet som ett "economic game" där staten ska sätta reglerna och inget mer (Foucualt, 2008 i Scrape, 2014, s 39).

En del av gamiferingen är fokus på begreppet "engagemang" som i vissa fall får en väldigt snäv och instrumentaliserad användning där det är att bara göra olika procedurer (Ruffino, 2014, s 47). Ett exempel är NIke+ appen som disciplinerar kroppar, gör dem aktiva men docila och menar att Mcgonigals app Superbetter har liknande snäva syn på spel (Ruffion, 2014, s 48). I kontrast till detta menar Ruffion med inspiration av Bergson att vi behöver en koncept kring vitalitet eller att vara levande i mötet med ett spel (Ruffion, 2014, s 57). Detta kan kopplas till Woodcock och Johnsons (2017) begrepp spelifiering-underifrån och Deterdings eudonomisk spelifiering (2014). Spelifiering kan vara koloniserande eller stödjande av livsvärldar beroende på hur de är designade, där många har en koloniserande effekt från systemvärlden där Nike+ är ett exempel.

Funoptikon har använts som begrepp för att förstå hur roliga speliferingar samverkar med övervakning och själv-övervakning (Fleming, Lewis, Lyon,). Det straffande i speliferingen kan också bli en form av "elektroniska piska" (Deterding, 2014) elektroniskt öga (Lyon, 20) och har potential att skapa istället för energi en övervakningströtthet (Lewis, 2017). Spelifiering kan också kopplas till debatter om transparens, där vissa menar att det finns en överkommunikation och övertransparens, allt blir så synligt att vi inte kan se något i transparenssamhället (Chul-Han, 2016). Det har kallats för en "deltagande övervakning" (Whitson i Maturo, 2015). Där olika spelappar kan förstärka avpolitiseringen av exempelvis hälsa, där du istället för ett bättre samhälle, får en app för att ta hand om din hälsa (Maturo, 2015). Spelifering och avpolitisiering är alltså konkurerande praktiker, som Deterding bemött genom begreppet eudonomisk spelfullhet i kontrast till en mer inkorporerad eller instrumentialiserad form (Deterding, 2014, s 310).

En kritik mot speliferingen är också att spelifering kan kategoriseras som en del av "digitial utopianism" eller internet-centrism, där olika aktörer tror att samhällelig förändring är möjlig genom olika tekniker och teknologier (Morozov, 2017). Den talande titeln "click here to save everything" ger Morozov en lista på hur olika digitala lösningar med spelifierade komponenter ska fixa i princip alla världens problem som dock kan leda till oväntade och negativa effekter, som t ex för mycket transparens för att visa grad av hemlighet behövs exempelvis i politiken (för att överlägga, exempelvis möjliggör detta bättre samarbete i riksdagens utskott, där politiker inte måste tala till betraktande politik i mötet med andra politiker). Inom skolvärlden kan man se framför sig en dystopisk framtid där eleverna bara lär sig saker på grund av att det är ett spel, men aldrig tar klivet till att lära sig av viljan att göra det utanför spelet.

Spel och lek är kopplad till frihet (Graeber, 2015) på grund av att vi känner att vi är med i skapande process där vi känner och är i kontroll, det är en öppenhet i interaktion där leken kräver ett möte med andra människor, som har en lyhördhet över vad de gör och det finns utrymme att reagera på flera olika sätt för att ta den interaktionen framåt som är frånskild ett instrumentellt värde (Huzinga, Graeber, MArcuse). Marcuse såg leken som motsatsen till kapitalism, men lek kan approprieras av kapitalism (Patella-Rey,). Marcuse negativa bild av kapitalism som motstånd till lek kan dock ifrågasättas där lek alltid har varit en del av kapitalism, centralt i form av konkurrensen som en form av tävling som är institutionaliserad, den är tuff lek men har ändå drag av lek ( ). Allvarsam lek (Nietzche) med humor och leende gör vi svåra saker. Spel och lekfullhet som attityd mot livet har också kopplingar till Foucault sena syn på potential till aktörskap och omvandling som en omsorg om självet där man bör betrakta livet som en konstform, livskonstnär är vad man bör sträva mot.

Leken är också central del i motståndet mot olika former av förtryck exempelvis rörelser som identifierar kapitalism som exploaterande som Situationist rörelse (Woodcock & Johnson, 2017). De gör en indelning mellan spelifiering-nedifrån (gamification-from below) den situationistiska och spelifiering-uppifrån (gamification-from-above) den kapitalistiska och exploaterande (Woodock & Johnson, 2017) med inspiration från socialism-from-above, socialism-from-below[49]. De ser spelifiering som en praktik att stödja arbetare i sitt motstånd och ser spelifiering-nerifrån som "äkta" spelifiering på grund av att den är närmare andan av lek som är subversiv, korrumperade och hånande av aktiviteter som ses som seriösa (Woodcock & Johnson, 2017). Spelifiering underifrån kan kopplas som Woodcock och Johnson gör till en arbetskritik, så spelifiering-nerifrån skulle vara att underminera arbete istället för att göra arbetet bättre (2017). Det blir en "motstånds-spelifiering" (counter-gamification) (Dragona, 2014 i Woodcock & Johnson, 2017). Spelifiering-underifrån är riktigt spel som inte bara tar vissa formella struktur av ett spel och framför allt fokus på poäng och priser, utan tar in andan av subversivitet som Woodcock visat (2017) kan göras på call-centers, ett perfekt exempel på motstånds-spelifiering. Woodcock och Johnson använder sig också av den tradition som finns i politisk-estetisk arbete som Dadaism där leken och det estetiska är en del i motstånd och politisk kamp, eller Situationism som exempelvis blandat marxism med surrealism för att skapa lekfulla och militanta situationer som ska rucka på rutiniseringen och homogeniteten i det vardagliga livet i och utanför arbetet (Woodcock & Johnson, 2017).

---

[49] (Woodcock & Johnson, 2017)

Sociala media är på olika sätt drag av ett spel, t ex Snapchats streak, följare och likes som görs synligt och Wark har kallat detta för att vi är i olika gamespaces där spelaspekter är närvarande konstant (Dragona, 2014). Men dessa gamespaces använder ofta den minst viktiga delen av spelet, som är tex poäng, leaderboards och priser och att det är ibland mer rättvisande att prata om "poängifiering" och att den osäkerhet, fiktion och ambivalens är borttagen (Dragon, 2014). Sociala medie som ett spel så använder man en definition som att det innehåller en artificiell konflikt, regler och resultatet är kvantiferarat, som skulle kunna beskrivas som en tunn form av spelifiering (Salen & Zimmerman, 2004 i Dragona, 2014) i kontrast till en tjockare spelifiering med lekfullhet som centralt med starka berättelser tex. Processer av normalisering och homogenisering är närvarande i olika former av speliferingar, det standardiserar och riktar ett beteende. Bernays som skrivit boken om Propaganda menade att den som ska föra massan i någon riktning behöver tala till olika "stora grundläggande motivationer" som är själv-preservation, ambition, stolthet, hunger, kärlek, imitera, önskan att vara ledare och vår kärlek till lek (Tiessen, 2014, s255). Har det gått så långt att det snart går att prata om en spelokrati, där vi mer och mer bara reagerar på incitament istället för att göra riktiga val som Bogost varnar för som gör att speiferingens slutmål är post-human, spelet gör val åt oss (Tessen, 2014)?

Deterding menar att spelifiering inte är inneboende mer oetiskt än andra former utan det är hur det görs och till vilka ändamål (Deterding, 2014, s 320), spelutvecklare har behövt ha en etisk (legitimerande) diskurs. Etiskt om det inte producera negativa effekter och är med informerat samtycke. Detta är likt libertariansk paternalism (Thaler & Sunstein) som gör människor bättre "bedömda av de själva) (Deterding, 2014 s 321). Etisk spelifiering, eller eudonamisk spelifiering (Deterding 2014 s 321) har en design stödjer mänsklig blomstring. Deterding lyfter också fram etisk spelutvecklingsparadigm att vad ska en spelutvecklare lägga sin tid på (Deterding, 2014, s 323). Papenek menar att speldesigners ofta utgår från önskemål från en priviligerad klass i samhället, som missar behoven för denna klass och än mindre behov för hela samhället i att motverka samhälleliga problem (Deterding, 2014).

4. Kunskaps och begreppsrace

Göra egna begreppsrace. Bäst effekt för spelifiering och elevernas engagemang är om du skriver ut det så att det blir en tydlig spelplan. Ha pluppar att gå med, i värsta fall gem t ex. Köp några tärningar eller använd en digital tärning: https://www.online-tarning.se/

- Välj ämne
- Välj utseende på spelplanen och hur många rutor det ska vara. Det finns användning för mindre spelplaner med 20 rutor eller 140 rutor för att ta större moment. Gör enkelt en spelplan med tabell i Google dokument och välj A3 som storlek. Skriv ut så har du sen en spelplan. Skriv ut 8 kopior så kan en klass på 30 elever köra samtidigt. Eller gör en spelplan med 30 rutor som är blanka som i bilden nedan. En slumpgenerator för siffror bestämmer sedan vad man får vid nästa steg.
- Om man bedöms av de andra att ha fel svar, så får man gå tillbaka 2/3 steg.
- Koppla till ett läromedel, med olika länkar för var man kan läsa mer om det. Man kan exempelvis dela ett dokument där begreppsdefinitioner finns så eleverna snabbt kan titta på rätta svaren.
- Kopiera dessa mallar för att snabbt göra en egen spiral. Enkelt att göra med Google tabeller. Tryck på infoga för att skapa tabell. Markera rutorna i mitten, högerklicka och välj sammanfoga celler för att skapa ett en stor cell i mitten där du kan lägga in bilder som är relevanta för ditt ämne, t ex bilder som du har haft i din presentation.

Start/mål	1	2	3	4	5	6	7	8
33								9
32								10
31								11
30								12
29								13
28								14
27								15
26								16
25	24	23	22	21	20	19	18	17

Mål	Psykodynamiska perspektivet	Start
Vad fanns före psykodynamiska perspektivet?		Vem kom på psykoanalys?
Medvetna		Vad för 2 stycken perspektiven kom efter psykodynamiska perspektivet?
Finns det någon vetenskapligt grund drömtydning?		detet och lustprincipen
När var psykodynamik som störst?		Vad menade freud med det oceaniska?
undermedvetna		regression sublimering
eskapism		
rationalisering Intellektualisering		jaget och realitietsprincipen
Beskriv fallet Marie med hjälp av psykodynamiska begrepp		neuroser
förnekande reaktionsbildning		överjaget
Bortträngning		Fixering
Freudiansk felsägning		Vad är 4 saker som är viktiga för att vi ska måbra enligt psykodynamiken?
		Vad hände med Freuds patienter efter psykoanalys?
Projecisering		Varför psykodynamiska viktigt i psykologins historia?
Unexpressed emotions will never die. They are buried alive and will come forth later in uglier ways. - vad menade Freud med detta?	Vad är och varför uppkommer försvarsmekanismer?	Vilken drog använde Freud ett tag?

5. Större spelifieringar: Kursspel

Nedan följer olika spel med i princip samma upplägg. Eleverna delas in i grupper och ska samla poäng under kursen genom att göra olika uppdrag. Du som lärare kommer kunna ha olika överskningar eller händelser där slumpen kommer in i speldynamiken. Det finns för några ämnen och några ämnesöverskridande teman som exempel här. Samma spellogik som finns här går att använda för andra ämnen: matematik, fysik, kemi, naturkunskap, biologi etc.

5.1 Det politiska spelet

5.1.1 Samhällskunskap 1 Det politiska spelet elevinstruktioner

Samhällskunskap är ett område som innehåller ekonomi, statsvetenskap (läran om politik), sociologi (läran om det sociala), kulturgeografi och filosofi. Samhällsvetenskap syftar till att lära er om om samhället det som binder och skiljer människor åt. Samhällsvetenskap ska också forma er till medborgare som är aktiva, empatiska, innovativa, nyfikna, kreativa, kritiskt analyserande. För att göra detta kommer vi som en tråd igenom hela kursen att ha ett spel där man i grupper samlar poäng. Den antika politiska filosofen kallade människan för det "politiska djuret".

Varför ett spel?

Spelpsykologi är väldigt intressant. Spel har mycket av det som lärare hoppas ha i sin undervisning. Spelpsykologi Jane Mcgonigall har kommit på begreppet "spelfullhet" (på engelska gamefullness). Spelfullhet är ett tillstånd då man ser utmaningar som en del av ett spel och som givande och roligt. Delar som gör ett spel roligt psykologiskt är episka mål och delmål (det gör att vi känner ett syfte bortom oss själva och vi har något tydligt att fokusera på), det finns både allierade och fiender som gör att vi känner gemenskap och att vi utmanas, man får feedback över hur det går på olika sätt genom poäng eller hur andra spelare agerar, man använder "make-believe" alltså fiktion som gör att vår fantasi aktiveras också, spel gör det ofta tydligt hur man ska lära sig saker med tydliga verktyg och även powerups (det kan vara vapen, extra liv, powerboosts). Hamnar man i ett tillstånd av spelfullhet kan alltså kan alltså utmaningen att lära sig om internationell ekonomi i bli lite roligare.

Spel används också som en liknelse för att förstå mycket av det som sker i samhället. Först finns det en helt forskningsområde som heter "spelteori" där man antar att människor agerar som i ett spel. Ni kanske har hört begreppet "det politiska spelet" som är hur partier spelar mot varandra med olika taktiker och strategier. Ekonomin har också liknats vid ett spel, "det ekonomiska spelet" där företag och stater tävlar ekonomiskt i en konkurrens för vinst, jobb och ekonomisk tillväxt. Närmare kan det också finnas ett spel efter status i olika grupper där statusleken kan vara väldigt hård och exkluderande. Spel och lekande är en central del av människans kultur. Vi visar lekfullhet med humor, vi spelar mer än aldrig full med sociala media som många speldynamiker poäng på likes, följare, och än spelindustri som de flesta tar del av idag. Skolan i sig kan ses som ett spel efter att få höga betyg för att komma in på bra utbildningar i konkurrens mot andra, som tyvärr gör att det blir ett för stort fokus på betygen. Den här spelifieringen är till för att ta lite fokus för "spelet om betygen" och istället uppskatta det man lär bara för sig och stärka er nyfikenhet inför världen.

Spelet: en översikt - jakten på opinionen - Det politiska spelet

Det politiska spelet går ut på att ni precis som partier idag gör kommer att kämpa för högre opinionssiffror för att kunna påverka politiska beslut mer. Opinionssiffror är mätningar av vad "opinionen" tycker i en viss fråga exempelvis om partier. Opinionen är allmänheten, befolkningen i Sverige. Opinionssiffrorna kommer alltid att fördelas i procent utifrån opinionspoäng. Man samlar opinionspoäng genom olika uppdrag både individuellt och i sitt grupps parti. Det kommer även ske olika politiska händelser under kursen som jag kommer presentera som kommer påverka ert parti. Exempelvis kan det ske skandaler i partier som gör att man förlorar i opinionspoäng, eller så kan det komma ut positiva nyheter. Ni kommer få redovisa olika saker ni gör genom små mini "presskonferenser" också.

Opinionsjakten - Opinionspoäng								
Parti								
Utgångsläget i opinionen	12	12	12	12	12	12	12	12
Politisk händelse	Poäng: %:							
Slut i opinionsläget: poäng omvandlas till procent								

Uppdragen

- Kunskapsrace 1:an och 2:an i varje kunskapsrace ger en BNP-poäng. 4 i gruppen alltså få 4 opinionspoäng om alla kommer 1:a eller 2:a. Kunskaprace: ideologier, politiska värden
- Kunskapsrace: statsskick, politisk förändring
- Kunskaprace: media
- Kunskapsrace: nationalekonomi och privatekonomi
- Kunskapsrace: mänskliga rättigheter, grupper, identitet, folkrätt.
- Kunskapsrace allt innehåll i Sam1.
- Aktiekampen. Så mycket procent som deras portfölj gått upp eller ner multiplicerat med 5, får de i poäng vid slutet av läsåret från det. Detta liknar vid statlig pensionsförvaltning exempelvis och allmänt simulerar hur aktiemarknaden gått i landet om man vill.
- Lägga ihop antal sidor som gruppen antecknat. 0,5 opinionspoäng per sida. Extra BNP-poäng om det är ett städat dokument som

455

följer mallen av att göra rubriker som är hyperlänkade för att snabbt hitta i dokumentet. Detta kollas då och då, som man får poäng för då. Gjort de olika övningarna som ni får skriftligen allihopa, så blir det 10 opinionspoäng extra. Antal renskrivna sidor man har i sitt anteckningsdokument/loggbok (sammanhängande meningar). Rad avstånd 1,5, storlek 12…

- Antal nyhetsartiklar eller bloggposter om ekonomi och internationell ekonomi. De ska vara sammanfattade med 4 meningar med egna ord. Det måste vara olika länkar i gruppen, har gruppen läst samma artikel får man bara poäng för en ändå. 0,2 BNP-poäng per nyhetsartikel.
- Föra loggbok över hur det går i kursen och varför. Gjort de olika övningarna. 2 BNP per person i gruppen. Exempelvis reflektion kring medborgarskap.
- Delta muntligt på lektionen. Poäng för att räcka upp handen, och svara på frågor jag ställer till klassen. 0,2 BNP-poäng per gång man pratar inför klassen. (kan ändra denna beroende på). Delta muntligt är också ett sätt att träna sig och en chans att höja sin betyg och mitt helhetsintryck av era kunskaper i den slutgiltiga bedömningen. Bonus: jag kan också ge extrapoäng om jag får ta del av bra diskussioner medan jag går runt och lyssnar under lektioner.
- Hålla en del av lektionen 7-10 minuter. Liten genomgång av något och sen en övning för klassen

Bonusuppdrag
- Läsa en bok om ekonomi, investering, aktier, ekonomisk psykologi. Skriva om det i en uppsats eller förbereda en 3 minuters redovisning för klassen. 10 opinionspoäng.
- Samla intressanta fakta, länkar, youtubeklipp. Skriva vad det intressanta är och varför. 0,1 opinionspoäng per intressanta fakta eller länk.

Uppdragen för de olika momenten

Ni kommer få olika uppdrag där ni ska göra rapporter, skriftligt eller bara brainstorma muntligt. Era tankar ska ni sedan presentera informellt från era bord i "minipresskonferenser" 1-3 minuter där er grupp berättar vad ni kommit fram till. De andra grupperna kommer att rösta hur väl ni verkar ha förstått frågan, originalitet, och hur väl analysen verkar varit. Originaliteten blir viktigt för säger man något som någon annan redan har sagt bidrar inte det så mycket och det är tanken att man ska bidra som på ett seminarium där ni bygger vidare på varandras resonemang. Om man tycker det är orättvist, så ska man förbereda lite olika svar så man kan anpassa om andra säger precis det man skulle säga. Ibland är det alla som har presskonferens, ibland är det bara vissa partier som har det. Ni kommer rösta med ert Google inlogg i Google enkäter, som gör att jag kan se om ni röstar på er själva och om ni systematiskt röstar på någon för ett samarbete. Jag kommer utifrån detta ge opionspoäng till de olika partierna.

Politik, demokrati momentet

- Yttrandefrihet: Hur ska yttrandefriheten vara i Sverige? Paludan vill demonstrera - vad tycker ert parti, ska ni gå till val på att ändra lagen för vad som är tillåtet att göra på en demonstration? Ska naziser få demonstrera? Resurser
- Demokratin står inför olika utmaningar. Ge några förslag på hur man kan möta dessa utmaningar. Resurser
- Debatt mellan de olika partierna, ni kommer för ett tag ha en specifik ideologi. Sedan regeringsförhandlingar. Resurser för ideologier. Resurser för bilda regering (det svenska undantaget, tex)
- Hur ska ni minska maktspelandet i ert parti? Det finns många i ert parti som är rädda för att säga vad de egentligen tycker, det är många som bryr sig mer om att klättra i hierarki och status än att faktiskt göra något bättre för samhället, ni har också tappande medlemskap och de medlemmar som är med är inte särskilt aktiva. Resurser
- Efter politikprovet: Alla i gruppen tar de bästa 20 % från sitt svar och lägger ihop till ett gemensamt svar. Skriv en gemensam slutsats om ni tyckte olika och varför. Resurser

Media

- Vad finns det för problem med den offentliga debatten? Disinformation, fake news, snabbhet, trivialitet, medialogik.Det är polariserat, det är lågt engagemang i debatten speciellt är vissa grupper inte med, folk tittar mest på underhållning, låg nivå av källkritik, tar inte del av nyheter i dagstdinginra, få läser böcker. Vissa menar även att böcker ska brännas som är stötande. Samtidigt finns det kritik mot att media är vinklad, vissa menar att de har fått för mycket makt i dagens medialiserade samhälle. Vad ser ni för lösningar på det? Är det någon ideologi i mediafrågan som ni ser som bättre? Varför? Vad kan ni göra för lagändringar, vad kan man stötta för kulturförändringar
- Skriva en debattartikel. (individuellt först) Resurser

Mänskliga rättigheter

- Mänskliga rättigheter utmaningar: i andra länder som man ger bistånd till eller köper saker av. Mänskliga rättigheter utmanas i Sverige, vad ska ni göra?
- Reflektioner från mänskliga rättigheter projektet - vad är ert partis reflektioner? Samla era tankar. Läs varandras uppsatser som ni gjorde i projektgrupperna och lägg ihop dem till ett dokument.

Ekonomi

- Aktiekampen börjar. Vilkets parti portföljer har gått bäst? Väljarna gillar för tillfället politiker som är duktiga på ekonomi.
- Ekonomiskt scenario att hantera. Krisande ekonomi: hur kan ekonomin förbättras, vilka regleringar? Vad för skatter. Ta ett ekonomiskt beslut och motivera och väg för och emot varför ni tog beslutet. Synliggör också om er politiska övertygelser har lyst igenom i beslutet. Bnp, arbetslöshet, statsskuld, skattekvot, långtidsarbetslöshet och korttidsarbetslöshet, klimatutsläpp, relativ och absolut fattigdom. (Förberedelse för ekonomiprovet som kommer senare)
- Aktiekampen avslutas.

Drömsamhället och medborgarskap

- Valfritt område att skriva en uppsats om enskilt.
- Reflektion om sitt medborgarskap. Hur har ni utvecklats som medborgare? Vad vill ni göra i framtiden? Varför är medborgarskap viktigt att utvecklas i - kopplat till demokrati, politik, ekonomi, mänskliga rättigheter?
- Poängräkning från de uppdrag som man haft individuellt under hela läsåret, som omvandlas till opinionssiffror. Sista opinionsmättning utgår från hur grupperna tillsammans samlat poäng.

Förberedelser inför spelet

- Upprätta ett anteckningsdokument för psykologi 1 i din Google drive mapp.
- Olika mindre spel som man spelar individuellt som läggs till ens grupp poäng. 4 i varje grupp 34 elever så blir det 8 grupper. Bestäm lagets namn - där man har en psykolog i namnet. Ni kommer att byta platser men vara i samma grupp. Vissa övningar vi gör kommer ni att vara en grupp.
- Lägg in ert gruppnamn i detta dokument som också kommer vara poängdokumentet.
- Skapa ett gruppdokument där ni kommer samla olika uppgifter som är kopplade till det politiska spelet.

Uppdragen från anteckningsdokumentet

- Gör en framsida: Hitta 2-3 bilder som har någon koppling till psykologi och kopiera in dem på framsidan. Skriv psykologi 1 och ditt namn.
- Skapa innehållsförteckning som kommer länka till rubriker ni sätter i dokumentet. Det är för att ni lättare ska hitta i dokumentet när ni pluggar inför prov och för att få en överblick, och känsla av att ni skapar ett fint och användbart dokument med era tankar och lärande i. **Jag kan göra den mallen? Kanske för tidigt, för då**

måste jag ha klart alla övningar som de ska göra som jag inte vet.

- Politisk filosofi. Vilka var dina favorit tankexperiment. Välj 2 stycken varför du tyckte det och varför de är bra tankeexperiment.
- Reflektera om medborgarskap i klassrummet: 1. Engagemang och skapa tryggt fokuserat lärande klimat. Delta i lektionen. Poäng för att räcka upp handen, och svara på frågor jag ställer till klassen. Som politiker i klassrummet ska vi inte slösa på skattepengar genom att ha fel fokus. 2. Ledarskap. 2a. Hålla en del av lektionen 7-10 minuter. Liten genomgång av något och sen en övning för klassen. 2b: visa ledarskap i att bidra till ett positivt och fokuserat klassrum och att du är medskapare till vad som sker i klassrummet. Följjarskap är att dras med i när andra börjar prata. 3. Generositet. Bidra med sina tankar. 4. Mod: våga dela med sig av tankar. 4. Balans mellan vilande och ansträngning. Inte ta mobilerna i rasten.

5.1.2 Det politiska spelet Lärarinstruktioner

Syftet

Syftet *Det politiska spelet* för kursen Internationell ekonomi är att spelifiera kursens olika delmoment. Det ekonomiska spelet följer kursplanen i Lgr22 för Samhällskunskap 1.

Speldynamiken - jakten på opinionen

Målet med spelet är att få flesta opiononspoäng som i slutet översätts i %. De får olika uppdrag i de partier som de skapar. De kan välja namnet på sitt parti själva (som du som lärare godkänner). De får olika uppdrag som ger olika opinionspoäng som är både individuellt och i grupp.

Förberedelser

Detta spel bygger på att du som lärare behöver vara spelledare som styr spelet. Det är du som med tärningar kommer att göra att olika händelser sker. Det är du som leder klassen i att göra de olika uppdragen.

Instruktionerna till eleverna ger en god bild över förberedelserna. Det som du som lärare också behöver göra är att förbereda vilka delar av spelet du kommer att ta med som är anpassat för det kursinnehåll och de läromedel som du har valt att använda.

I instruktionerna står det att inte ta detta spel för seriöst, eftersom det kan bli tungt att hamna sist. Det har försökts att nå en balans i slump och ansträngning, så att de ska känna att var man ligger också är beroende av slump i vad som händer i de politiska händelserna som de inte kan påverka.

Spelet bygger också på att de använder sig av Aktiekampen som är lätt att skapa på aktiekampen.se för en klass/grupp.

Bilder finns inte än för att det är under test så om man vill lägga till bilder kan man förbereda en powerpoint för de olika händelserna och uppdragen för att en visuell upplevelse kopplat till instruktionerna.

Poltiska händelser- överaskningsmoment som bara du som lärare vet om

- Er partiledare gjorde en lyckad intervju i DN och SvD om ni får 1-3. 4-6 var det inte en lyckad intervju. Om lyckad intervju 2 opinionspoäng.
- Det har kommit fram att en högt uppsatt partikamrat har fifflat med skatten. Han har inte betalat skatt på sitt hus. Får man en 5 eller 6 har detta hänt i ens parti. Då är det 3 opinionspoäng minus.
- Er partiledare var med i en partiledardebatt och presterade bra. 5-6 om ert parti. 2 opinionspoäng plus.
- Det kommer fram att det är en hård kultur i ert parti. 5-6 om ert parti. 2 opinionspoäng minus.

- Ni har lagt fram en rapport med olika förslag på idéer om hur klimatkrisen ska kunna bekämpas. 5-6 om ert parti. 2 opinionspoäng plus.
- Ert ungdomsparti har kommit med förslag om hur kriminaliteten i Sverige ska minskas. Detta påverkar ert positivt. 5-6 om ert parti. 2 opinionspoäng plus.
- En journalist har funnit att en av era europaparlamentariker nere I Bryssel har tagit lagförslag rakt av från vad en lobbyorganisationen ville. Detta gör att vissa väljare bli osäkra på om ert parti driver egna frågor eller bara är megafon för lobbygrupper. Om 4-6 har det hänt ens parti och man förlorar 4 opinionspoäng.
- Det har kommit fram att ert parti haft rasistiska tankar under början 1900-talet. Hur rasistiskt ert parti var visar tärningarna
- En svensk har blivit satt i fängelse utan rättegång i ett land där hon utförde sitt journalistiska jobb. En diplomat som är kopplat till ert parti har med förhandlingar lyckats få journalisten frisläppt. 5-6 om en diplomat från ert parti var med i dessa förhandlingar. Plus 2 poäng.
- Det kommer fram att ert parti var inblandad i en förhandling med ett kinesiskt teknikföretag i en kommun i södra Sverige. Det kommer ge kommunen 1000 nya jobb, men det finns risk att detta teknikföretag kan avlyssna den kommunen. 5-6 om ert parti. 2 opinionspoäng minus.
- Det kommer fram att ert parti var inblandad i att låta USA avlyssna och övervaka flera svenska medborgare. 5-6 om ert parti varit inblandat i det. 2 opinionspoäng minus.
- Det visar sig att några i ert parti använt sig av insidertrading när de har handlat aktier. 5-6 om ert parti varit inblandat i det. 2 opinionspoäng minus.
- Er partiledare har varit otrogen med sin pressekreterare mot sin partner hen varit gift med i 20 år. 1 om detta händer er partiledare. 3 minus opiononspoäng.
- Alla partier var inblandat i hanteringen av senaste finanskrisen där det kommit fram hur lite man visste hur man skulle göra.

Förtroendet för ert parti har minskat. Hur mycket visar tärningen som visar antal minuspoäng.

Uppdragen

Det kommer vara uppdrag som de kan få poäng på via "minipresskonferenser" på 1-3 minuter. De kommer få uppdrag att förbereda sig antingen i skrift, t ex en rapport, eller muntligt brainstorma för att sedan berätta för klassen vad man kom fram till. Sedan kommer resten av klassen att rösta på förståelse, orginalitet och hur bra analysen var. Originalitet blir här om man kan lägga till något nytt när andra redan sagt saker. Detta ska göra att de tvingas lyssna på varandra och tränas i att utveckla varandras tankar och ta inspiration. Exempelvis kan de rösta i en Google enkät med Google login så man kan se om de röstar på sig själva eller om de systematiskt röstar på en kompis parti.

Uppdragen instruktioner

- Kunskapsrace 1:an och 2:an i varje kunskapsrace ger en opinionspoäng. 4 i gruppen alltså få 4 opinionspoäng om alla kommer 1:a eller 2:a. Kunskaprace: ideologier, politiska värden
- Kunskapsrace: statsskick, politisk förändring
- Kunskaprace: media
- Kunskapsrace: nationalekonomi och privatekonomi
- Kunskapsrace: mänskliga rättigheter, grupper, identitet, folkrätt.
- Kunskapsrace allt innehåll i Sam1.
- Aktiekampen. Så mycket procent som deras portfölj gått upp eller ner multiplicerat med 5, får de i poäng vid slutet av läsåret från det. Detta liknar vid statlig pensionsförvaltning exempelvis och allmänt simulerar hur aktiemarknaden gått i landet om man vill.
- Lägga ihop antal sidor som gruppen antecknat. 0,5 opinionspoäng per sida. Extra BNP-poäng om det är ett städat dokument som följer mallen av att göra rubriker som är hyperlänkade för att

snabbt hitta i dokumentet. Detta kollas då och då, som man får poäng för då. Gjort de olika övningarna som ni får skriftligen allihopa, så blir det 10 opinionspoäng extra. Antal renskrivna sidor man har i sitt anteckningsdokument/loggbok (sammanhängande meningar). Radavstånd 1,5, storlek 12...

- Antal nyhetsartiklar eller bloggposter om ekonomi och internationell ekonomi. De ska vara sammanfattade med 4 meningar med egna ord. Det måste vara olika länkar i gruppen, har gruppen läst samma artikel får man bara poäng för en ändå. 0,2 BNP-poäng per nyhetsartikel.
- Föra loggbok över hur det går i kursen och varför. Gjort de olika övningarna. 2 BNP per person i gruppen. Exempelvis reflektion kring medborgarskap.
- Delta muntligt på lektionen. Poäng för att räcka upp handen, och svara på frågor jag ställer till klassen. 0,2 BNP-poäng per gång man pratar inför klassen. (kan ändra denna beroende på). Delta muntligt är också ett sätt att träna sig och en chans att höja sin betyg och mitt helhetsintryck av era kunskaper i den slutgiltiga bedömningen. Bonus: jag kan också ge extrapoäng om jag får ta del av bra diskussioner medan jag går runt och lyssnar under lektioner.
- **Medborgarskap: fokus?**
- Hålla en del av lektionen 7-10 minuter. Liten genomgång av något och sen en övning för klassen

Bonusuppdrag
- Läsa en bok om ekonomi, investering, aktier, ekonomisk psykologi. Skriva om det i en uppsats eller förbereda en 3 minuters redovisning för klassen. 10 opinionspoäng.
- Samla intressanta fakta, länkar, youtubeklipp. Skriva vad det intressanta är och varför. 0,1 opinionspoäng per intressanta fakta eller länk.

5.2 Psykologiska forskarspelet

5.2.1 Psykologispelet: elevinstruktioner

Psykologi finns överallt i samhället, psykologiska teorier och begrepp används för att förstå världen och oss själva. Psykologi finns i vårt språkbruk med fraser "det måste vara min reptilhjärna", jag har supermycket ångest, jag är lite deppig, jag självmedicinerar, kalla någon för ett psycho eller att någon är en psykopat, eller att någon har damp eller adhd, jag är en typisk introvert, att någon är "scizo", beroende av allt, du har ett väldigt starkt överjag.

Psykologi är något som många möter i olika delar: de flesta känner någon som antingen varit i psykoterapi, varit i kontakt med psykiatri och tar någon form av psykofarmaka. Kanske har du också stött på psykologi i skolan att stärka sin självkänsla eller lära sig att prata om sina känslor.

Psykologi har stor påverkan på samhället. Psykologer är med och utformar marknadsföringskampanjer, psykologiska teorier har legat till grund för hur sociala medier är uppbyggda. I princip alla appar använder sig av att människor går igång av "varierad förstärkning" - att ibland få en belöning, som man får t ex när man bläddrar igenom tiktok på jakt efter ett nytt bra klipp. Psykologisk kunskap har också använts för att utforma propaganda och retoriska knep av politiker.

Psykologi är ett stort fält som har tusentals forskare inom sig inom massor av olika områden exempelvis: klinisk, social, biologisk, personlighet, arbetes, ekonomi, politik, idrott, klimat, marknadsföring, skolan, inlärning och utvecklingsykologi

Psykologi 1 kursen handlar om:

- Psykologins historiska framväxt
- Lära sig om olika psykologiska perspektiv: psykodynamiska, humanistiska, behavoristiska, sociala, biologiska och kognitiva för att se människans komplexitet. Syftet är att kunna använda

perspektiven för att analyser men också kunna med distans kunna värdera perspektivens vetenskapliga grund, styrkor och svagheter.

- Kunna analyser egna erfarenheter och andra utifrån psykologiska perspektiv
- Förstå olika verklighetsbilder, självbilder
- Psykisk hälsa och ohälsa med fokus på stress och kriser.
- Gener och miljöns betydelse för att förstå hur människor blir.

Psykologi 1 är en väldigt snabb kurs som är på en termin, 50 poäng, med mycket som ska avhandlas. När ni är klara med den här terminen kommer ni ha lärt er 6 psykologiska perspektiv, ungefär 40-200 psykologiska begrepp beroende på vilken nivå ni siktar på, se psykologiska samband och komplexiteten i människan, utforma experiment och tolka experiment och ha lite mer av psykologiskt medvetande - gå från "naiva psykologer" till mer vetenskapliga tänkande psykologer. Den röda tråden för att lära er detta kommer vara ett "psykologispel" med olika uppdrag och utmaningar. Ni kommer vara både i lag och själva spelet.

Varför ett spel?

Spels psykologi är väldigt intressant. Spel har mycket av det som lärare hoppas ha i sin undervisning. Spelpsykologi Jane Mcgonigall har kommit på begreppet "spelfullhet" (på engelska gamefullness). Spelfullhet är ett tillstånd då man ser utmaningar som en del av ett spel och som givande och roligt. Delar som gör ett spel roligt psykologiskt är episka mål och delmål (det gör att vi känner ett syfte bortom oss själva och vi har något tydligt att fokusera på), det finns både allierade och fiender som gör att vi känner gemenskap och att vi utmanas, man får feedback över hur det går på olika sätt genom poäng eller hur andra spelare agerar, man använder "make-believe" alltså fiktion som gör att vår fantasi aktiveras också, spel gör det ofta tydligt hur man ska lära sig saker med tydliga verktyg och även powerups (det kan vara vapen, extra liv, powerboosts). Hamnar man i ett tillstånd av spelfullhet kan alltså kan alltså utmaningen att lära sig om internationell ekonomi i bli lite roligare.

Spel är något som används av vissa forskare inom psykologi. Spel kan användas i experiment för att se hur människor reagerar om det är orättvisa regler. Det finns ett forskningsfält som heter spelteori där psykologi och psykologer är med och forskar. På ett sätt kan man se den mänskliga samvaron som ett psykologiskt spel där vi försöker tolka varandra, där vissa är mer strategiskt än andra. psykologiska spel har en negativ konnotation: vissa spelar "spel" i relationer, spelar maktspel på jobbet osv. Psykologiska tekniker används hela tiden i det "politiska spelet" om väljarnas röster och att överlista eller utmanövrera politiska konkurrenter. Psykologi används också i spelet mellan företag och kunder, med lockande reklam exempelvis. Slutligen så kan man likna forskningen vid ett stort spel. Det man tävlar om är att nå sanningen med olika konkurrerande idéer om hur man når till den. Inom forskning är också hur många gånger man blivit refererad av andra som kallas citeringar. Exempel på hur många gånger några forskare blivit citerade är i psykologi: Sigmund Freud 400 000 gånger, Adam Grant har 33 000 och hans "Google scholar sida" ser ni här nedan som visar hur det kan se ut.

Sigmund Freud är en av de viktigaste psykologerna genom tiderna och lever inte länge. Adam Grant lever fortfarande var väldigt ung för att bli professor i psykologi.

Hur många citeringar man har som forskare och institut är ett av det viktigaste måttet för dig som forskare, det är så du får mer pengar, blir befordrad, blir inbjuden till olika konferenser, jobba finare universitet. Förutom uppdrag kan det också ske oväntade händelser som kan påverka ert universitet eller institut, som kommer vara överaskningsmoment.

Spelet: en översikt - jakten på citeringar som forskningsinstitut

Detta spel utgår från att ni är olika forskningsinstitut på olika universitet, vilket universitet får ni välja själva i gruppen. Ni kommer att vara 8 grupper, 4 personer i varje grupp. Vi kommer låtsas att ni är forskningsinstitut som kämpar om att få så många citeringar som möjligt. Forskningsinstituten ni jobbar på är den för psykologisk forskning såklart. Ni kommer få olika uppdrag som ni ska göra ibland individuellt och ibland grupp, som räknas in i "citeringspoäng". Citeringar är när en annan forskare refererar till din artikel.

Förberedelser inför spelet

- Upprätta ett anteckingsdokument för psykologi 1 i din Google drive mapp.
- Olika mindre spel som man spelar individuellt som läggs till ens grupp poäng. 4 i varje grupp 34 elever så blir det 8 grupper. Bestäm lagets namn - där man har en psykolog i namnet. Ni kommer att byta platser men vara i samma grupp. Vissa övningar vi gör kommer ni att vara en grupp.
- Lägg in ert gruppnamn i detta dokument som också kommer vara poängdokumentet.

	Citeringspoäng							
Universitet								
Start	0	0	0	0	0	0	0	0
Slutpoäng								

Uppdragen Psykologi 1

- Valet kommer den 2 september och ni ska rösta i skolvalet. Vad för olika psykologiska effekter bör man se upp med och hur kan man göra så man tar bättre beslut i valet? Lista 5 psykologiska effekter. Hur ska du göra att du tar ett välgrundat beslut som gör att du inte luras av din psykologi?

- Kunskapsrace: skolans psykologi. 1:an och 2:an får poäng i varje race. I kunskapsrace får man poäng tillsammans. 4 i gruppen alltså få 4 citeringspoäng om alla kommer 1:a eller 2:a.
- Kunskaprace: humanistisk psykologi
- Välj en vana eller en vana som alla göra i gruppen. Ni ska vara varandras push får att vanan ska skapas. Då kommer vi att uttnyttja den sociala kraften som finns. Introduceras under behaviorismen. Förstärk en ny vana 2 citeringspoäng. Skapa ny vana 3. Vana som är en nyckelvana för skolan 3 citeringspoäng. Läsning som vana 4 citeringspoäng per person i gruppen.
- Kunskaprace psykodynamiska psykoloig
- Kunskapsrace: beteende psykologi
- Kunskapsrace: kognitiv psykologi
- Kunskapsrace: socialpsykologi
- Kunskapsrace: biologiska psykologi
- Hitta ett experiment som du ska sammanfatta. Hur det var utformat? Vad kom det fram till? Vad finns det för problem med experimentet (Är det det delar av experimentet som kommer skapa konstiga eller missvisande resultat? (Se här för exempel.
- Psykologiska fallen. Analysera fallen.
- Ni är inbjudna på internationell psykologikonferens. På en workshop ska ni berätta för de andra deltagarna om olika psykologiska perspektiv. Efter det kunskaprace Kunskaprace: inför prov 1.
- Kunskapsrace: applicerad psykologi
- Forskardebatt. Det är debatt mellan olika perspektiv. Ibland blir forskare väldigt argumenterande istället för att diskutera. Ni kommer att få representera varsit perspektiv och försöka få det framställt så bra som möjligt och de andra perspektiven så dåligt som möjligt.
- Hålla en presentation om något för klassen som de får chans ger 2 citeringspoäng. 5-10 minuter. Chans på bonuspoäng för utmärkt

utförd presentation. Hålla en del av lektionen 7-10 minuter. Liten genomgång av något och sen en övning för klassen.

- Kunskapsrace: inför prov 2
- Lägga ihop antal sidor som gruppen antecknat. 0,5 citerings-poäng per sida. Extra citerings-poäng om det är ett städat dokument som följer mallen av att göra rubriker som är hyperlänkade för att snabbt hitta i dokumentet. Detta kollas då och då, som man får poäng för då. Antal renskrivna sidor man har i sitt anteckningsdokument/loggbok (sammanhängande meningar). Rad avstånd 1,5, storlek 12... 10 citeringspoäng om man gjort alla övningar och de ligger i antecknignsdokumentet.
- Antal nyhetsartiklar eller bloggposter om psykologi. De ska vara sammanfattade med 4 meningar med egna ord. Det måste vara olika länkar i gruppen, har gruppen läst samma artikel får man bara poäng för en ändå. 0,2 citeringspoäng per nyhetsartikel.
- Föra loggbok över hur det går i kursen och varför. Gjort de olika övningarna. 2 citeringspoäng per person i gruppen.
- Skriva en rapport/pamflett om det goda livet. Fyll i det här dokumentet. 1 citeringspoäng
- Med hjälp av psykologi förbättra en organisation, samhälle eller stad, arbetsplatser, hem. 1 citeringspoäng
- Delta muntligt på lektionen. Poäng för att räcka upp handen, och svara på frågor jag ställer till klassen. 0,33 citeringspoäng per gång man pratar inför klassen. (kan ändra denna beroende på). Delta muntligt är också ett sätt att träna sig och en chans att höja sin betyg och mitt helhetsintryck av era kunskaper i den slutgilitga bedömningen.
- Reflektera om dig själv ur 6 psykologiska perspektiv. 1 citeringspoäng per person i gruppen som gjort reflektioner om sig själv och sitt liv ur alla 6 perspektiven.

Bonusuppdrag
- Läsa en bok om psykologi. Skriva om det i en uppsats eller förbereda en 3 minuters redovisning för klassen. 10 citeringspoäng.

- Samla intressanta fakta, länkar, youtubeklipp. Skriva vad det intressanta är och varför. 0,1 citeringspoäng per intressanta fakta eller länk.

5.2.2 Lärarinstruktioner psykologispelet

Syftet

Syftet *Det psykologiska forskar spelet* för kursen Psykologi 1 och 2 är att spelifiera kursernas olika delmoment. Det ekonomiska spelet följer kursplanen i Lgr22 för Psykologi 1 och 2.

Speldynamiken

Eleverna blir indelade i grupper som i olika forskningsinstitut eller forskningsavdelning i psykolog. De får välja vilket universitet de ska vara på.

Målet i spelet är att få högst "citeringspoäng". Detta ska efterlikna hur forskare i psykologi strävar efter att ha impact med sin forksning, där ett viktigt mått är just antal citeringar. Den som vill kan problematisera detta mått som en del av kursens innehåll.

De får olika uppdrag som de får poäng på, och sedan är det också olika överaskningsmoment där man genom tärningskast bestämmer utfallet.

Förberedelser

Detta spel bygger på att du som lärare behöver vara spelledare(game master) som styr spelet. Det är du som med tärningar kommer att göra att olika händelser sker. Det är du som leder klassen i att göra de olika uppdragen.

Instruktionerna till eleverna ger en god bild över förberedelserna. Det som du som lärare också behöver göra är att förbereda vilka delar av spelet du kommer att ta med som är anpassat för det kursinnehåll och de läromedel som du har valt att använda.

Förbered länkar till olika dokument för instruktioner för de olika uppgifterna. Dessa ska finnas länkade där uppdragen står listade. Som de kommer i ordning sen.

Visa en lista på olika universitet som de kan välja mellan. Man kan också ge dem olika roller i gruppen som är titlar i akademien: professor, doktorand, etc

Bilder finns inte än för att det är under test så om man vill lägga till bilder kan man förbereda en powerpoint för de olika händelserna och uppdragen för att en visuell upplevelse kopplat till instruktionerna.

Kopiera speldynamiken in i ett eget Google dokument för att kommunicera läget i spelet

Kopiera mallen nedan för att hålla poäng för de olika händelserna under spelets gång, annars enkelt att göra en liknande tabell själv i ett Google dokument exempelvis.
Du kommer själv då skriva in vilken händelse och vilken poäng de fick. Detta skapar en flexibilitet för dig som lärare att spelifiera så mycket som du vill av din kurs.

Överaskningsmomenten som bara du som lärare vet om (här kan man lägga till fler såklart efter egen fantasi och syfte)

- En av era forskare har skrivit en ny artikel.
- Ert institut har fått mer pengar detta kommer leda till bättre forskning.
- Det har visat sig att en av era forskare har fuskat med data.
- Ni får åka på konferens med resten av universitet som gör att er forsknings sprids mer.
- En inflytelserik forskare vill samarbeta med er.
- En administratör på universitet har bestämt att ni måste lägga mer resurser på adminstration.

5.3. Det ekonomiska spelet: för internationell ekonomi

5.3.1 Internationell ekonomi - Det ekonomiska spelet Elevinstruktioner

Internationell ekonomi är en del av de samhällsvetenskapliga ämnen på universitetet. Internationell ekonomi är främst ett underämne till nationalekonomi, men internationell ekonomi tar också in kunskaper statsvetenskap (läran om politik), sociologi (läran om det sociala), geografi och ekonomisk historia.

Internationell ekonomi är ett samhällsvetenskapligt ämne som syftar till att både lära er mer om hur samhället fungerar med fokus på internationell ekonomi. Samhällsvetenskap ska också forma er till medborgare som är aktiva, empatiska, innovativa, nyfikna, kreativa, kritiskt analyserande. För att göra det lite roligare att lära sig om internationell ekonomi och stärka er som medborgare kommer vi under hela kursen ha ett spel, *Det ekonomiska spelet.*

Varför ett spel?

Spelets psykologi är väldigt intressant. Spel har mycket av det som lärare hoppas ha i sin undervisning. Spelpsykologi Jane Mcgonigall har kommit på begreppet "spelfullhet" (på engelska gamefullness). Spelfullhet är ett tillstånd då man ser utmaningar som en del av ett spel och som givande och roligt. Delar som gör ett spel roligt psykologiskt är episka mål och delmål (det gör att vi känner ett syfte bortom oss själva och vi har något tydligt att fokusera på), det finns både allierade och fiender som gör att vi känner gemenskap och att vi utmanas, man får feedback över hur det går på olika sätt genom poäng eller hur andra spelare agerar, man använder "make-believe" alltså fiktion som gör att vår fantasi aktiveras också, spel gör det ofta tydligt hur man ska lära sig saker med tydliga verktyg och även powerups (det kan vara vapen, extra liv, powerboosts). Hamnar man i ett tillstånd av spelfullhet kan alltså kan alltså utmaningen att lära sig om internationell ekonomi i bli lite roligare.

Ekonomin har många gånger också liknats vid ett spel. En forskare har kallat det för det "ekonomiska spelet", forskare använder ofta begreppet spelregler när man pratar om vilka lagar man ska sätta upp för att det ska bli mest rättvisa utfall. Det finns en teori inom bland annat internationell ekonomi som heter "spelteori" där man utgår från att allt som människor gör kan liknas vid spel. Konkurrens som är centralt på marknaden är också en form av tävlan. Konkurrens kommer från ett grekiskt ord som betyder "upptäcka tillsammans". Konkurrens gör att man tillsammans mellan företag och konsumenter upptäcker vad som är ett bra pris på en vara, vad folk värderar och kan göra att företag tvingas innovera i att komma på nya produkter eller lösningar, eller innoverar för att göra produkter billigare eller få högre kvalitetet. Företag behöver ofta förhålla sig till andra företag som i ett spel, där man försöker hitta allierade i kunder, leverantörer och samarbetspartner och fiender finns i konkurrerande företag och kanske en stat som sätter lagar som gör det jobbigt att driva företag. Entreprenörer som driver företag har ofta i tanken ett episkt mål, som är att växa och hjälpa många människor. Stater är också indragna i en tävlan, även Sverige, det är en konkurrens där länder på ett sätt kan sägas tävla i den som kan skapas bästa ekonomiska klimat. Detta är viktigt eftersom då kan man locka till sig investeringar, företag som går bra som kan exportera som gör att levnadsstandard och arbeten kommer till Sverige.

Planering

Ni kommer att bli indelade i lag efter de första veckorna. Då har ni gjort ett diagnostiskt test och jag vet lite var ni ligger. Första veckorna blir det handelsspelet och fokus på ekonomiska aspekter i valet till riksdagen.

Sedan kommer vi att spela detta spel till läsårets slut ungefär. Det följer oss hela kursen alltså som en röd tråd.

Spelet: en översikt - jakten på ökat BNP.

Ni kommer bli indelade i 6 stycken lag. Ni bestämmer ert namn på ert land som ni hittar på. Ni bestämmer också ungefär hur många invånare ni har. Alla länder kommer vara demokratier och ni kommer vara en koalitionsregering, alltså ni kommer vara fylld av olika partier som tycker rätt olika. Ni tävlar om att få mest poäng i BNP. BNP-poängen får ni efter att ha gjort olika uppdrag och mindre deltävlingar som quiz, kunskapsrace, rapporter, debatter. Ni kommer göra saker enskilt och i grupp. Ni kommer att få redovisa på "presskonferenser" där andra efter kommer att bestämma vem de helst vill handla mer med. Den som får mest röster får BNP-poäng för det. I spelet finns det också en dos av slump precis som det är i den globaliserade världen. Ni kommer alltså att vara med om olika ekonomiska händelser under kursens gång som kommer ge er BNP-poäng eller sänka er BNP-poäng. De finns också chans att läraren som spelledare ibland går in och ändrar lite om det skulle gå för bra för någon motiverat att någon ekonomiska händelse har hänt specifikt för dem.

BNP i miljarder dollar						
Land						
Utgångsläge	400	400	400	400	400	400

Uppdragen för att få BNP

- Kunskapsrace Ekonomisk historia, globalisering, handelsteorier, affärskulturer. 1:an och 2:an i varje kunskapsrace ger en BNP-poäng. 4 i gruppen alltså få 4 BNP-poäng om alla kommer 1:a eller 2:a.
- Kartspelet. Välj 10 kartor. De ska lära sig de olika kartorna som säger något om internationell ekonomi. Sedan kommer ett quiz på detta.
- Ni är inbjudna på internationell ekonomikonferens. På en workshop ska ni berätta för de andra deltagarna om olika handelsteorierna. Sen kommer ni utifrån den informationen att köra ett quiz vem som bäst har lärt sig om handelsteorierna. 1an-3BNP, 2an-2BNP, 3an-1BNP, 4an-1BNP
- Aktiekampen. Så mycket procent som deras portfölj gått upp eller ner multiplicerat med 5, får de i poäng vid slutet av läsåret från

det. Detta liknar vid statlig pensionsförvaltning exempelvis och allmänt simulerar hur aktiemarknaden gått i landet om man vill.

- En 3 delad debatt: motståndare, förespråkare, mittemellan. Vilka grupper presterade bäst? Vad kan ert land ta för handelspolitik? Vad bör ni ha? Ni har problem som land med fallande export. Protektionism, balanserad globalisering, liberalism. Vi röstar om vem som presterade bäst anonymt. 1an-3BNP, 2an-2BNP, 3an-1BNP, 4an-1BNP
- Kunskaprace 4 BNP max.
- Hålla en presentation om något för klassen som de får chans ger 2 BNP-poäng.
- Kunskaprace 4 BNP max.
- Skriva en rapport om hur ett land kan utvecklas. Vad har landet för utmaningar, vad har landet för styrkor? Används ekonomiska teorier som stöd? 2BNP för att utföra den. 1an-3BNP, 2an-2BNP, 3an-1BNP extra efter presskonferens.
- Ert land ska förbereda för att göra investeringar i ett annat land. Stödja företag att göra det. Skriv en rapport. 2BNP för att utföra den. 1an-3BNP, 2an-2BNP, 3an-1BNP extra efter presskonferens.
- Kunskaprace 4 BNP max.
- Ekonomiskt scenario: risk för finanskris. Vad har ni lärt er av föregående kriser som land? Vad är de internationella riskerna. Hur hantera inflation, skulder, arbetslöshet. Ett specifikt scenario ges här. 2BNP för att utföra den. 1an-3BNP, 2an-2BNP, 3an-1BNP extra efter presskonferens.
- Lägga ihop antal sidor som gruppen antecknat. 0,5 BNP-poäng per sida. Extra BNP-poäng om det är ett städat dokument som följer mallen av att göra rubriker som är hyperlänkade för att snabbt hitta i dokumentet. Detta kollas då och då, som man får poäng för då.
- Antal nyhetsartiklar eller bloggposter om ekonomi och internationell ekonomi. De ska vara sammanfattade med 4 meningar med egna ord. Det måste vara olika länkar i gruppen, har gruppen läst samma artikel får man bara poäng för en ändå. 0,2 BNP-poäng per nyhetsartikel.
- Företagsanalys. Varför blev ett visst företag framgångsrikt? 1 BNP för att göra den.

- Föra loggbok över hur det går i kursen och varför. Gjort de olika övningarna. 2 BNP per person i gruppen.
- Delta muntligt på lektionen. Poäng för att räcka upp handen, och svara på frågor jag ställer till klassen. 0,33 BNP-poäng per gång man pratar inför klassen. (kan ändra denna beroende på). Delta muntligt är också ett sätt att träna sig och en chans att höja sina betyg och mitt helhetsintryck av era kunskaper i den slutgiltiga bedömningen.

Bonusuppdrag
- Läsa en bok om ekonomi, investering, aktier, ekonomisk psykologi. Skriva om det i en uppsats eller förbereda en 3 minuters redovisning för klassen. 10 BNP-poäng.
- Samla intressanta fakta, länkar, youtubeklipp. Skriva vad det intressanta är och varför. 0,1 BNP-poäng per intressanta fakta eller länk.

5.3.2 Lärarinstruktioner till det ekonomiska spelet

Syftet

Syftet *Det ekonomiska spelet* för kursen Internationell ekonomi är att spelifiera kursens olika delmoment. Det ekonomiska spelet följer kursplanen i Lgr22 för Internationell Ekonomi kurskod SAMINE0.

Speldynamiken
Speldynamiken är centrerad kring att få så högt BNP. Detta skulle kunna ses som en premierande av BNP som mått på ekonomisk utveckling. Det är ett resultat av att hitta ett lätt mått som går att spelifiera. Det finns olika delar i spelet som visar på att BNP inte är allt och att BNP kan påverkas av andra värden och negativa externaliteter som miljöutsläpp.

Förberedelser

Detta spel bygger på att du som lärare behöver vara spelledare som styr spelet. Det är du som med tärningar kommer att göra att olika händelser sker. Det är du som leder klassen i att göra de olika uppdragen.

Instruktionerna till eleverna ger en god bild över förberedelserna. Det som du som lärare också behöver göra är att förbereda vilka delar av spelet du kommer att ta med som är anpassat för det kursinnehåll och de läromedel som du har valt att använda.

I instruktionerna står det att inte ta detta spel för seriöst, eftersom det kan bli tungt att hamna sist. Det har försökts att nå en balans i slump och ansträngning, så att de ska känna att var man ligger också är beroende av slump i vad som händer i de ekonomiska händelserna som de inte kan påverka. Detta är bra för det är likt verkligheten där en koalitionsregering inte kan göra vad som helst och behöver reagera på vad som händer i omvärlden.

Namnen på länderna kan de bestämma själva som kan göra det något roligare. Man kan också ge dem olika roller: näringsminister, finansminister, Vd över kommerskollegium, generaldirektör, ordförande.

Spelet bygger också på att de använder sig av Aktiekampen som är lätt att skapa på aktiekampen.se för en klass/grupp.

Bilder finns inte än för att det är under test så om man vill lägga till bilder kan man förbereda en powerpoint för de olika händelserna och uppdragen för att en visuell upplevelse kopplat till instruktionerna.

Kopiera speldynamiken in i ett eget Google dokument för att kommunicera läget i spelet

Kopiera mallen nedan för att hålla poäng för de olika ekonomiska händelserna, annars enkelt att göra en liknande tabell själv i ett Google dokument exempelvis. Detta blir ett levande dokument som fylls på med tiden. Valet av 400 och BNP i miljarder gör att det öppet för vilket sorts land, det kan exempelvis vara ett lite land med lite mindre befolkning än Sverige, eller mycket större befolkningen än Sverige som följer att det är lägre BNP per capita. Här finns det möjlighet för den lärare som vill utforma specifika utmaningar om det är hög, medel eller låginkomstland som ökar verklighetsförankringen.

Det ges olika förslag på uppdrag. Du som lärare bestämmer vilka du tar med och som ger poäng. Du kommer själv då skriva in vilken händelse och vilken poäng de fick. Detta skapar en flexibilitet för dig som lärare att spelifiera så mycket som du vill av din kurs.

För att det ska finnas en verklighetskoppling till slutpoäng så gör du om poängen till 1,543 % om deras slutpoäng i BNP-poäng var 943 (943-400=543). Det blir då deras bnp tillväxt. Detta kan du själva bestämma hur slutresultat ska redovisas.

Ekonomiska händelser som bara du som lärare vet om

Dessa ekonomiska händelser blir överraskningsmoment i spelet. Du kan lägga in att det kommer komma kvartalsrapporter som skapar lite spänning framåt.

Du kan välja vilken ordning de kommer i och vilka du tar med beroende på vad du har för kursupplägg. Använd en 6 sidig tärning. Om det är positivt så blir så många extra miljarder de får. Om sida 6 kommer upp får det 6 (miljarder) i BNP i sin poäng. Mer komplicerade sätt går att utforma, t ex att bara vissa siffror ger ett utslag. Förslag på det kommer att ges nedan. För att snabbt få tärningskasten över kan du som lärare äga dokumentet för poängdokumentet men öppna upp det för redigering för en stund. Då kan alla grupper slå samtidigt och sen fylla i vad de fick. Det går också att lägga till händelser eller att du bestämmer att vissa grupper är med om vissa händelser. Detta kan göras i syfte att hålla ihop fältet. Exempelvis om ett land ligger väldigt långt före kan de råka ut för något ekonomiskt olyckligt som gör att det förlorar i BNP-poäng.

Här nedan följer några exempel som man kan ta med som överraskningsmoment:

1. Pandemi- hur hårt slår den på ekonomin? Med pandemier som Covid följde att rörelsefriheten begränsades som ökar kostnader vid frakt, det är flera företag som är beroende av kunder på fysiskt

på plats som påverkas av restriktioner av det. Ju högre nummer desto hårdare slår den mot ert land.

2. Korruption inom ert finansdepartement. De som får 1-3 på tärningen har ett problem med korruptionen. Det gör att bara företag med starka kopplingar till staten gynnas som andra länder inte tycker om. 4-6 klarar du dig undan korruption.

3. Satsningar på grön energi och läget i region gör att priset på el gått upp på grund av dåliga investeringar. 4-6 påverkas inte ditt lands BNP. 1-3 förlorar man i BNP efter siffran på tärningen.

4. Fattigdomsfälla

5. Resursförbannelse

6. Kvartalsrapport: hur mycket har BNP allmänt gått upp?

7. Det har varit val i alla länder faktiskt samtidigt och ni har fått ett parti som är för protektionism. Hur protektionistiskt det nya partiet i er koalitionsregering bestämmer tärningen och hur negativt det blir för BNP när handel minskar och förtroendet och tilliten från företag och länder minskar.

8. Ert finansdepartement har presenterat en rapport om en konjunkturen. Tärningen bestämmer hur positiva prognoserna är. Rapporten får effekt att investerare blir mer säkra på att handla med er.

9. Krig i ert närområden slår hårt på er matsäkerhet och förmåga att transportera. Hur hårt det slår bestämmer tärningen.

10. Kvartalsrapport: hur mycket har BNP allmänt gått upp?

11. Risk för naturrersusförbannelsen. Det hittas nya mineralfyndigheter i ert land. Graden av korruption kommer göra om det blir positivt eller negativt för ert land.

12. Arbetare behandlas och miljöhänsyn i ert land. Första tärningslaget är hur låg löner och hur lite miljöhänsyn ni tar. Ju lägre desto mer handel.

13. Kostnader av miljöutsläpp behöver fixas. Smogg finns i huvudstaden som gör att människor får lungproblem. Det har också blivit väldigt vara somrar. Hur mycket smog och hur varma somrar beror på tärningskastet och hur mycket det kommer kosta av ert BNP.

14. Kvartalsrapport: hur mycket har BNP allmänt gått upp?

15. I förhandlingarna om avtalet kom det fram att ni har avlyssnat andra länders representanter olagligt. Får man 5 eller 6 på tärningen har ert land gjort det. Vilket gör att de andra länderna inte kommer att handla med några av era större teknikbolag. 1-4 ger 1-4 i BNP poäng.

16. Underskott i statsfinanserna upptäcks. Det gör att ni måste sälja av 20% av ert innehav från aktiekampen för att täcka kostnaderna. De 20% kommer under resten av tiden inte får röras. 6- 20% 5-15% 4-10% 3-1 inget underskott.

17. Ojämlikheten har ökat för mycket av olika anledningar: teknik, globlasering, skattekvott, korruption, dåliga regleringar.

5.4. Företagsekonomiska spelet: tävlingen mellan företag

Företag på en marknad har beskrivits som ett "ekonomiskt spel". Ordet konkurrens kommer från latin och betyder ungefär "upptäcka tillsammans". Marknaden bygger på en form av tävlan mellan företag i att förbättra sina erbjudande för att få kunder att köpa av just dem. Denna kamp och tävlan kan vara både brutal och leda till starka känslor och påverka människor mycket på olika sätt. Begreppet kreativ förstörelse har använts för att synliggöra vad marknaden kan skapa både innovera nytt men också förstöra det som blir gammalt och inte klarar konkurrensen och människor inte verkar vilja ha mer av längre.

Översikt över spelet
Ni kommer att bli indelade i lag som ni kommer vara resten av terminen. Lagen ni är i kommer att vara ett företag. Ni kommer komma på ett eget företagsnamn och AB i slutet. Målet i spelet är att få så många poäng, som blir omvandlat till omsättning i kronor. Detta spel kommer att bygga på det innehåll som tas upp i Företagsekonomi kurserna 1 och 2, Organisation

och ledarskap. För ämnesövergripande undervisning kan man ta in aspekter från andra ämnen som samhällskunskap: företag i samhällsekonomisk kontext, svenska: retorik, psykologi: påverkans tekniker och beslutsfattande.

Förslag på poängsystem är att 1 poäng motsvarar 10 000 kronor i slutet när man gör en omräkning.

	Omsättning kronor					
Företagsnamn						
Utgångsläge (tkr)	4000	4000	4000	4000	4000	4000

Förslag på uppdrag

- Kahoottävling mellan företagen. Lägg ihop antal poäng och dela med antalet runt bordet den lektionen. Kahoottävling runt momenten: företag i samhällelig kontext (samhällsnytta, samhällsansvar), redovisning, marknadsföring, starta företag, olika företagsformer, kalkylering, bokföring, begrepp, teorier och modeller. De tre bästa får poäng.
- Håll en pitch om en affärsidé. Klassen och läraren röstar anomymt t ex genom mentimeter vem som var bäst. Poäng ges utifrån det.
- Vem kan snabbast gör kalkylering rätt?
- Vilket företag kan snabbast göra ett bokslut rätt?
- Anställda på företag är missnöjda med hur företaget drivs. Kom på ett förbättringsprogram så att de anställda ska trivas mer. Vad

behöver ni göra som företagsledare för att lösa? (ledtrådar, fråga vad som är problemet, etc, nuläge, önskeläge och handlingsläge för företaget).

- Utifrån olika organisationsteorier och perspektiv: hur ska ni förbättra samarbetet mellan anställda. Presentation av förslag som röstar anonymt in i mentimeter.
- Ni har lärt er om lean-startup. Hur ska ni använda det i ert företag?
- Ert företag har legala utmaningar. Applicera något ni lärt er i affärsjuridik kursen?
- Gör en Porters femfaktoranalys av ett företag i er bransch som finns på riktigt. Presentera vad ni kommit fram till för klassen. Röstning genom Mentimeter anonymt vem som var bäst och får mer poäng då.

Händelser i spelet där läraren slår med tärning vilka företag som påverkas och hur mycket de påverkas. Slå först med en 8 sidig tärning om det är 8 företag 3 eller 4 gånger för att se vilka företag som påverkas (företagen är då ordnade från 1-8). Sedan slå hur positivt eller negativt de påverkas beroende på vad tärningen visar för siffra vid nästa slag. Använd en 6sidig tärning. Det finns massor av onlinetärningar som underlättar detta. Där kan man slå flera tärningar samtidigt också för att ännu mer effektivisera det. Ekonomiska händelser har som syfte att spegla vad som kan hände för företag med både inre och yttre händelser

Ekonomiska händelser
- Marknadsföring föll väl ut, den nådde målgruppen. Budskapet följde SUCCESS modellen:
- Marknadsföringen blev omskrivet som whitewashing.
- Marknadsföring blev beskriven som femwashing eller greenwashing.
- Företags CSR har brustit. Er leverantör använder barn i produktionen.
- Ert företag har redovisat fel. Finansinspektion ger er vite.
- Ni har utfört en SWOT-analys som gjort att ert företag har lockat till sig en investerare.

- Ert företag säljer, men det är en väldigt svag marginal som gör att ni har problem att gå med vinst. Förlora poäng.
- Ni har gjort en bra rekrytering.
- Ni har gjort en dålig rekrytering
- Det är en lågkonjunktur.
- Fraktkostnader har gått upp.
- Energipriset har ökat.
- Företaget testar att jobba på distans max 2 dagar i veckan.
- Facket har åsikter om hur HR avdelningen jobbar. Det finns en HR-chef som får många att må dåligt, det har gått så långt att flera har sjukskrivit sig på grund av det.
- Ni har ansökt till Vinnova. Ni kommer få bidrag från Vinnova för att er affärsidé har en social påverkan som är positiv.

Sätt att skapa en större dynamik i spelet
- Företag får välja om de ska vara ett tjänsteföretag eller produktföretag. De får olika händelser kopplade till det. Produktföretagen får problem med underleverantörer som gör något fel. Tjänsteföretagen får problem med deras datorer.
- De får olika roller i företaget. De får se en lista med olika roller: CFO, CEO, COO, CTO etc.

5.5 Statistik och vetenskapsspelet

Det här är ett spela som man kan ha på hela skolan.

- I olika ämnen har man ett tema att man ska få se hur studier ser ut i de olika ämnena. De kommer i grupper att utforma experiment inom olika ämnen.
- Exempel från olika ämnen: Psykologi: experiment. Samhällskunskap: kombination av metoder och frågeställning. Filosofi: tankeexperiment och experiment. Naturkunskap, biologi, fysik, kemi: experiment, labbar. Företagsekonomi och

enterprenörskap: elegant abtestning, marknadsundersökning, lean startup testning.

- Bästa gymnasieuppsatser röstas fram av lärararna och elever om de får läsa en sammanfattning av flera.
- Göra olika statistiska korrelationer. En tävling kan vara vem som kan hitta de roligaste korrelationerna. En annan tävling är att hitta statistiska felaktigheter i media. Vem kan hitta den värsta?
- Vem kan snabbast skapa en rapport utifrån givna data och frågeställningar? Man ska utföra vissa saker: kolla signifkans, visualisera resultaten på ett tydligt sätt, omforma det till en rapport osv.
- Alla lärare går ihop för att skapa ett quiz som bara är fokuserat på olika modeller, teorier, perspektiv som tagits upp i alla kurser. Filosofi går man igenom flera perspektiv och teorier, psykologi 6 perspektiv och flera teorier, samhällskunskap 2: 7 stycken ekonomiska perspektiv brukar gås igenom, konstnärliga/litterära strömnningar från svenska och engelska, ideologier (med varianterer)
- Jobba i flera ämnen med kausalanalyser på ett liknande sätt. Tävling i vem som kan göra den bästa kausalanalysen. Ämnen som kan inkluderas är de flesta. De får träna och göra kausalanalyser i idrott och hälsa, företagsekonomi, samhällskunskap, psykologi, sociologi osv.

5.6 Debattspelet

Debatt-tävlingar är inte något nytt. Hur kan man göra för att det blir stort intresse för det, bra och stöttande debattklimat, och hur gör man att det inte blir att en lärare behöver anstränga sig för mycket för att få igång och hålla igång det?

- Debattövningar i klasser. Där sedan duktiga elever blir speciellt tillfrågade?
- Politiskt aktiva hittas

- Lärare från olika ämnen som samhällskunskap, filosofi, svenska, engelska går ihop för att skapa intresse för det.
- Ha en obligatorisk aktivitet i debatttävlingen. Man måste ställa upp som en klassaktivitet, minst tre gånger. Sedan får man välja om man vill fortsätta.

5.7 Hållbarhetsspelet

"I say let the world go to hell, but I should always have my tea." **Fyodor Dostoevsky, Notes from Underground**

Ekologiskt överskridande är det en stor konsensus att människor är i kast med för tillfället. Exakt hur mycket, hur stora riskerna och vad som politiskt bör göras åt detta komplexa förrädiska problem är det en stor politisk debatt och även inom forskning. De senaste 30 åren har hälften av alla utsläppen i Co2 kommit samtidigt som man i slutet på 1980-talet var det stor medvetenhet från toppolitiker om klimatförändringar som ett problem. Olika reaktioner på detta har sedan kommit: alarmism, förnekelse i olika former, ångest, hopp etc. Forskare har förmedlat två stycken budskap som delar forskare något. Den ena är gradualism: som är tanken att klimatförändringarna är gradvisa och kommer öka i allvarlighet. Den andra är mer mot abruptism. Klimatförändringar har en abrupthet över sig, där förändringar kommer att kunna ske med stora hastighet över vissa trösklar eller tippning points. Gradualism och abruptism är också två positioner som finns bland politiker och medborgare.

Människan möter dessa klimatförändringarna med att vara in i olika spel. Det politiska spelet om hur politiker försöker att både förbättra samhället men också sträva efter mer makt mellan varandra. Det ekonomiska spelet som det kallats är kampen som finns mellan företag och mellan konsumenter om ökad vinst, mer välfärd, mer önskemål tillfredsställda. Det ekonomiska spelet är delvis driven av en konkurrens mellan företag och en konkurrens mellan olika länder. Denna konkurrens skapar både innovation men också olika problem speciellt negativa påverkan på klimatet och miljön.

Klimatförändringar är ett så stort problem att det är lätt att bli en åskådare för att man känner att det lilla man själv med bidrar lika mycket som en droppe i en stor pool. Det är lätt att bli cynisk, att man vet om problemet men agerar som om man inte visste om problemet. Vad som exakt är problemet i samhället som skapar klimatförändringarna är dock inte helt lätt att förstå heller. Det är så många olika faktorer som samverkar och är kopplade till andra svåra utmaningar som global fattigdom. Det här ett spel för att skapa en röd tråd och fokusera tankarna kring några lärdomar.

Översikt över spelet

Detta spel kan man välja om man vill vara en stad eller ett land. Klassen eller läraren kan göra det. Målet är att minska klimatavtrycket. Alla länder kommer få en klimatbudget som de ska komma under och alla startar med att de överskrider sin klimatbudget. Minska klimatavtrycket är ett av flera mål som ett samhälle har. Vilka dessa mål och i vilken prioritet dessa olika mål ska vara är omdebatterat: ekonomiskt tillväxt, levandsstandard, lycka, välmående/välfärd, minskning av fattigdom etc, ökande av frihet och förmågor. Spelet kommer att in dynamiker som liknar verkligheten i att t ex är det svårare att få igenom klimatminskningar om det minskar välfärden för dess invånare eller vissa grupper. De får klimatpoäng under spelets gång på två sätt. Det första är genom att göra olika uppdrag och få poäng efter hur väl man utför dessa. Det andra sättet är genom

Öka dynamiken i spelet

- Hälften av länderna är rika som per capita går över sin budget
- Hälften av länderna är låginkomstländer som per capita går under sin budget men samtidigt använder sig av exempelvis kolkraft till energi.

Uppdrag

- Kahoottävling mellan städerna. Lägg ihop antal poäng och dela med antalet runt bordet den lektionen. Kahoottävling runt momenten som är i kursen eller temaprojektet Hållbarhet: begrepp (greenwashing, hållbarhetsbabel), teorier, modeller, ekologism, ideologiers syn på klimatförändringar, ekonomiska perspektiv och hållbarhet, ekologisk ekonomi, miljöekonomi, perspektiv inom internationella relationer kopplat till klimatförändringar och internationella samarbeten, styrmedel, olika åtgärder och deras styrkor och svagheter, lagstiftning, analyser över städers klimatpåverkan, analyser av företagspåverkan De tre bästa får poäng.
- Göra staden du bor i mer hållbar. Samla olika åtgärder. Den med bästa åtgärder vinner mer poäng. Klassen röstar anonymt vem som var bäst.
- Gör en kausalanalys. Presentera er kausalanalys. Klassen röstar anonymt vem som var bäst.
- Göra din skola mer hållbar. Samla åtgärder.
- Skapa en hållbarhetstips pamflett som sedan skickas till den lokala tidningen.
- Göra en miljövärdering med olika metoder
- Cirkulär ekonomi. Kom på en produkt som gör ekonomin mer cirkulär.
- Analys: varför har flera klädbibliotek inte lyckats som affärsidé?
- Kasualanalys av energipriset.
- Jämförande av olika energislag. Debatt om vilken som är bäst och varför.
- Hur ska ett land anpassa sig till klimatförändringar?
- Samband mellan global rättvisa och klimatförändringar. Exempelvis boken Blood Oil.
- Hur kan globala avtal förbättras?
- Vara med på en hållbarhetskonferens. Göra ett FN klimatkonferens spel. Som MEP men med fokus på hållbarhet.

Händelser

Händelser i spelet där läraren slår med tärning vilka företag som påverkas och hur mycket de påverkas. Slå först med en 8 sidig tärning om det är 8 företag 3 eller 4 gånger för att se vilka företag som påverkas (företagen är då ordnade från 1-8). Sedan slå hur positivt eller negativt de påverkas beroende på vad tärningen visar för siffra vid nästa slag. Använd en 6sidig tärning. Det finns massor av onlinetärningar som underlättar detta. Där kan man slå flera tärningar samtidigt också för att ännu mer effektivisera det. Händelser har som syfte att spegla vad som kan hände för företag med både inre och yttre händelser

- Energipriset har gått upp.
- Oljepriset går upp.
- Oljelobbying har påverkat invånare.
- Energiföretag har påverkat politiker.
- Misslyckad klimatkonferens
- Flygplats öppnad
- Extinction rebellion gör aktioner. Så om det är negativt eller positivt i hur man ser på klimatfrågan i ditt land.
- Pengar har gått till forskning på energi effektiviseringar som lett till innovationer.
- Marknaden är bra reglerad som gör att flera företag effektiviserar och har blivit mer klimatsmarta
- Man har lyckats bygga ut laddstoplar på landsbygden och har stora subventioner för elbilar som gör att många kan byta till elbilar.
- Ett stort bioenergi företag har förfalskat sin miljöpåverkan.
- Arbetstidsförkortning testas på stor skala i ert land för att människor i ert land ska ha mer fritid men som också minskar deras inkomst så de inte kan konsumera lika mycket.
- Cirkulära ekonomin inom kläder har blivit bättre. Flera klädbibliotek.
- Fast fashion har blivit mindre populärt i ert land.
- Flera företag har lyckats att förbättra hur cement utformas.
- Befolkningen äter mer kött.
- Mindre resande i ert land, mer resande för ert land.
- Konspirationsteorier har växt sig starka om att det finns en agenda bakom klimatarbetet.

- Utbyggnad av kollektivtrafik

5.8 Filosofispelet

Ni får välja vilket universitet ni ska tillhöra. Titta på en rankinglista i världen över de bästa universiteten i filosofi. Välj vilket ni vill tillhöra. Välj vad er forskartitel ska vara: doktorand, professor, docent, professor emerita/us. Detta spel utgår från att ni är olika forskningsinstitut på olika universitet, vilket universitet får ni välja själva i gruppen. Ni kommer att vara 8 grupper, 4 personer i varje grupp. Vi kommer låtsas att ni är forskningsinstitut som kämpar om att få så många citeringar som möjligt. Forskningsinstituten ni jobbar på är den för filosofisk forskning såklart. Ni kommer få olika uppdrag som ni ska göra ibland individuellt och ibland grupp, som räknas in i "citeringspoäng". Citeringar är när en annan forskare refererar till din artikel.

Uppdrag

- Kahoottävling mellan universiteten. Lägg ihop antal poäng och dela med antalet runt bordet den lektionen. Kahoottävling runt momenten: vetenskap, etik, estetik, metafysik etc. De tre bästa lagen får poäng.
- Berätta om en filosof. Den som håller bäst presentation får poäng. De 10 bästa får poäng? Man håller för hälften av klassen för effektivare. De andra jobbar utanför medan.
- Debattera med olika filosofer
- Inta olika filofoska positioner och debattera. Bedömning av vinnaren är den som kan var mest sanningssökande.
- Olika utmaningar i praktisk filosofi. Vad skulle ni göra här? Presentera era lösningar.
- Hur ska skolan bli mer etiskt? Utifrån olika etiska system?
- Hur ska staden ni bor i bli mer etiskt? Utifrån olika etiska system?
- Hur ska landet ni bor i bli mer etiskt? Utifrån olika etiska system?
- Debatter om alla frågor som tas upp: vad är sanning, fri vilja, mind/problemet, vad är skönhet.
- Logik övningar: vem kan snabbast lösa logikövningar?

- Tips till människor för ett gott liv. Blanda de olika antika filosofierna. Gör en pamflett för skolan. Alla får var sin antik filosofisk inriktning: stoicism, aristoteles, cynism, skeptiker, buddhism, platonism.
- Utforma ett tankexperiment? Efter att ha stött på olika tankeexperiment som upplevelsemaskinen, trolley problem osv ska de utforma ett eget. Rösta om bästa tankeexperiment i klassen anonymt via mentimeter.

Överaskningsmomenten som bara du som lärare vet om (här kan man lägga till fler såklart efter egen fantasi och syfte)

- En av era forskare har skrivit en ny artikel.
- Ert institut har fått mer pengar detta kommer leda till bättre forskning.
- Det har visat sig att en av era forskare har fuskat med data.
- Ni får åka på konferens med resten av universitet som gör att er forsknings sprids mer.
- En inflytelserik forskare vill samarbeta med er.
- En administratör på universitet har bestämt att ni måste lägga mer resurser på adminstration.

Ämnesintegrering: olika förslag värderade

Problemformulering: olika skolor tittar på ämnesintegreringar. Ämnesintegreringar runt kompetenser och förmågor, PBL och casemetodik brister i fokus på kunskapsstoff respektive röd tråd över tid.

Förslag på ämnesintegrering runt temabaserad kurser Dessa temakurser är nya kurser. Problem med förslaget är att de kan bli svårt med översättningen från dessa nya temabaserade kurser till svensk skolas formella ämnesbaserade kursplaner.

Potentiella effekter: bättre engagemang, studieresultat, problemlösningsförmåga, analytiskt tänkande, använda sig av olika perspektiv för att problematisera, eleverna upplever att deras utbildning känns mer genomtänkt, motverkar snuttifiering, kommer närmare "verklighetens problem" och skapa mer samarbete mellan lärare som kan få positiva effekter i sig (You, 2017)

1. Problemformulering

Ämnesintegrering/ämnesöverskridande undervisning är något som fler skolor globalt arbetar utifrån, där Nya Zeeland är det land som testat det mest extensivt. Ämnesintegrering som är lyckad verkar ge positiva effekter i elevernas lärande beroende på genomförandet (Hattie, 2022, You, 2017). Forskningen verkar inte helt tydligt kunna visat vilken form av ämnesintegrering som är bäst. Problembaserat lärande, casemetodik, fokus på kompetenser eller förmågor, kombinationer av 2 eller flera ämnen i projekt och temabaserad undervisning är de olika vägarna man kan gå med ämnesintegrering. Den här rapporten kommer att redogöra för forskningen om ämnesintegrering. Sedan kommer de olika varianterna på ämnesintegrering att diskuteras. Rapporten föreslår att temabaserad ämnesintegrering är en produktiv väg men med brasklapp att det är en stor förändring. Den som vill jobba ämnesöverskridande i mindre omfattning bör begränsa ämnesintegreringen till ett visst antal ämnen. Ju fler ämnen som tas in desto mer ökar komplexiteten som kommer att belasta kollegiet i övergångsfasen. Även ju större ämnesintegreringar desto mer ökar vad jag här kallar *översättningsproblem* mellan den nya tema/projekt läroplanen och vanliga svensk läroplan som är uppbyggd runt ämnen.

Ämensdifferenteringens uppkomst för att bryta ner en ökad kunskapsmassa inom forskning och en allmän specialiseringstrend i samhället som är 300 år ungefär (You, 2017). Interdisciplinär undervisning som begrepp kom på 1920-talet. Det har sina förgrundsgestalter med förgrundsgestalter inom pedagogisk idéhistoria som Rousseau, Herbert och Dewey. Interdisciplinär undervisning kopplas ofta till progressiv pedagogik (Hirsch, 1996 i You, 2017). Finland har 2016 gjort en förändring i läroplanen som öppnar upp för lokalt skapade läroplaner med ämnesövergripande kurser.[50] Vad fanns innan det? Singapore har det gjorts experiment vad jag vet men vet inte om det är utbrett. I Nya Zeeland har flera ämnesintegreraring skett nyligen. I en studie presenteras resultat kring vad lärare tycker att effekten blir på deras lärande som är både positiva och negativa, och synen skiljer sig mellan lärare.[51]

1.1 Tidigare forskning

Två metastudier för 20 år sedan fick positiva effekter av ämnesintegrering och i hatties meta-analys hamnar den på 0,4 i effektstorlek som Hattie menar är snittet på olika påverkansfaktorer.[52] Det verkar som att både ämnesspecifik och ämnesintegrerad undervisning kan både göras bra och dålig, och oavsett vad man väljer kommer utfallet att bero även på andra faktorer kopplade till undervisningen och utvecklingsarbetet (Håkansson & Sundberg, 2012, 2016, 2018). Specifika positiva effekter av ämnesöverskridande undervisning är: bättre engagemang, studieresultat,

---

[50] https://www.oph.fi/sv/utbildning-och-examina/centrala-delar-i-laroplanen-den-grundlaggande-utbildningen

[51]
https://www.researchgate.net/publication/338236817_Curriculum_integration_What_is_happening_in_New_Zealand_schools

[52] https://www.visiblelearningmetax.com/influences/view/integrated_curriculum_programs

problemlösningsförmåga, analytiskt tänkande, använda sig av olika perspektiv för att problematisera, eleverna upplever att deras utbildning känns mer genomtänkt, motverkar snuttifiering, kommer närmare "verklighetens problem" och skapa mer samarbete mellan lärare som kan få positiva effekter i sig (You, 2017).[53]

Problem som kan uppstå har synliggjorts i forskningen som är
1. Det ämnesspecifika innehållet inte kan identifieras av eleven, vilket kan bli ett problem när man den svenska läroplanen ska ha summativa bedömning utifrån de ämnen som finns som är ämnesspecifika.[54]
2.Eleverna har inte de förmågor som krävs när de ska möta innehållet. Det gör att mycket tid läggs på detta som gör att man förlorar tid på det man tänkt gå igenom.
3 Tiden att skapa nya läroplaner för lärarna där det finns alternativkostnader i att den tiden kunde lagts på annat utvecklingsarbete.
4. En forskare menar att det är svårt för eleverna att ta igenom om de missar något
5. Det finns risk att läraren förlitar sig på grupparbeten för mycket där det finns risker att eleverna leder varandra fel som Nuthal visat att de mesta av elevernas återkoppling till varandra är missuppfattningar om det inte är strukturerat på ett bra sätt (Nuthal, 2007).
6. Problem kan också uppstå om man inte har koll på begreppsutveckling precis som i annan undervisning.
7. Om inte eleven bemästrar de ämnen som sammanfogas kommer det att misslyckas enligt Gardner.[55]
8. Ämnesuppdelningen som finns på gymnasienivå är redan ämnesöverskridande i att tex samhällskunskap är en blandning av ekonomi, statsvetenskap, sociologi, kulturvetenskap och genus för att nämna några. Att ännu mer utvidga detta kan göra att den forskningsbakgrund som finns kopplad till de olika ämnen göras otydligare.

---

[53] Ingelstam, 1988 i http://www.diva-portal.org/smash/get/diva2:605148/FULLTEXT01.pdf

[54] https://nwcommons.nwciowa.edu/cgi/viewcontent.cgi?article=1288&context=education_masters

[55] Gardner i http://www.diva-portal.org/smash/get/diva2:605148/FULLTEXT01.pdf

9. Betygssättning i enskilda ämnen beskrivs också som mer komplicerad om undervisningen skett ämnesövergripande. Det kan bli ett översättningsproblem mellan det man gjort som är ämnesövergripande och ämnena.

10. Riskerar att man försöker lära ut förmågor på ett för allmänt som sett när förmågor behöver kopplas till en specifik kunskap (Christodoulou, 2014, 77). Leder ämnesintegrering att det istället blir allmänna lektioner om "förmågor" kommer detta att vara slöseri med tid på grund av att kunskap och förmågor är sammantvinnade menar de hårdaste kritikerna (Christodoulou, 2014, s 76). T ex förmågan att ta goda beslut i chack beror på lagring av minnen som stödjer spelarens intutition och expertis, kunskap behövs för utvecklande av expertis (ett annat exempel är hur mycket läsförmåga bygger på kunskap om specifik begreppsförståelse) (Christodoulou, 2014, 78, 83) Istället för ämnesintegrering är det snarare ett ökat fokus på generella förmågor som trycker ett ämneskunskaper, så man kan snarare prata om en *ämnesuttunning*.

11. Det som finns risk för som det har blivit när upptäckslärande använts ensidigt eller betonats för mycket är att eleverna gör för många misstag, fokuserar på fel saker (exempelvis lära sig om Shakespeare men fokus blir istället på att lära sig skapande av dockor för att göra en dockteater om Shakespeare), lär sig för sakta av vissa saker men spolar förbi vissa viktiga saker, även fast de kan vara engagerade (Christodoulou, 2014, s 91, 94). Problem kan uppstå med kognitiv överbelastning på grund att eleverna inte är i den proximala zonen av lärande och att det inte scaffoldats tillräckligt (Christodoulou, 2014, s 96).

12. Ämensövergripande undervisning kan vara ett sätt att få/tvinga lärare att samarbete mer som i sig är något om det är ett väl fungerande kollegialt lärande, men Hargreaves gör skillnad mellan samarbetskulturer och "påtvingad kollegialitet" eller "contrived collegiality", så om ämnesöverskridande arbetet känns påtvingat finns det stora risker för att det inte kommer falla väl ut.[56]

---

[56] Hargreaves 1998 i http://www.diva-portal.org/smash/get/diva2:605148/FULLTEXT01.pdf

1.2 Några faktorer för god ämnesövergripande undervisning

1. Attityderna på skolan kan stödja eller motverka ett framgångsrikt ämnesövergripande undervisning, där om det är utbrett att ämneslag är bäst och att ämnen icke-föränderlig, avgränsade och fasta kommer motverka.[57]
2. Ämnesövergripande arbetets status på skolan kommer också påverka dess utfall och vilka grupper inom skolan som driver det.
3. Processen hur ämnesövergripande arbetet förankrades och konstant arbetas med påverkar. 4. Det finns olika nivåer integrering av ämnesövergripande undervisning. För att det ska vara en högkvalitativ undervisning behöver det finnas en interdisciplinär förståelse hos kollegiet för att se "meningsfulla mönster" för olika koncept, ämnen, teorier, modeller, frågor. Finns inte den eller om den är svag kommer det avspegla sig på resultatet (Yuo, 2017).[58]
5. En risk enligt kritikerna är att fokus försvinner från nötande av viktiga delar som behövs för deliberativ träning (Christodoulou, 2014). Istället är det för stora uppgifter man tar sig an direkt, vilket leder till mycket för mycket fel, icke-önskvärda svårigheter och förlorad tid. Denna effekt kan stärkas om det är mycket grupparbeten som gör att eleverna kan förstärka varandras missuppfattningar.
6. Försöka att möta de problem som kan uppstå med ämnesintegrerad undervisning som behandlats ovan: se till att eleven har förståelse för ämnesinnehållet som krävs och har de förmågor som krävs för momentet, tid på att bygga läroplaner läggs undan och är effektiv, inte börja förlita sig för mycket på grupparbeten och att elever ska vara självgående, inte ändrar lärarrollen på ett negativt sätt, stödjer översättning när formativ och summativ bedömning ska göras för att minska oro och förvirring för elever och lärare.
7. Ett förslag på villkor som en rapportförfattare för OECD kommit fram till kan vara en del av det ämnesintegrationen är: 1. Blandade lärmiljöer – "blended learning", som till exempel flippat klassrum. 2. Datalogiskt

---

[57] Sandström, 2005 i http://www.diva-portal.org/smash/get/diva2:605148/FULLTEXT01.pdf

[58] https://files.eric.ed.gov/fulltext/EJ1145260.pdf

tänkande – som kan beskrivas som problemlösning med hjälp av datorer.
3. Förkroppsligat lärande – "embodied learning", vilket innebär att använda sig av kroppsliga och sinnliga aktiviteter som idrott, dans och hantverk. 4. Upplevelsebaserat lärande – som innefattar både praktisk erfarenhet av det man ska lära men också att ställa nya frågor, experimentera och analysera det som händer längs vägen. 5. Spelifiering – som bygger på lärande genom lek, samspel och egen nyfikenhet. 6. Multiliteracies (i brist på heltäckande motsvarande begrepp på svenska används det engelska uttrycket också i Sverige) och diskussionsbaserat lärande – som handlar om att sätta in kunskap i en politisk och kulturell kontext genom diskussioner och samtal."[59]
8. Eleverna ska inte efterlikna experter, då kommer projekten bli för stora. Experter kan agera på ett visst sätt i upptäckslärande för att de redan kan så mycket, denna bakgrundskunskap och starka förmågor har inte eleverna än. Det måste vara anpassat alltså (Christodoulou, 2014, s 97).

2. Jämförelse av olika sätt att ämnesintegrera undervisningen

Vad finns det för forskning som jämför olika former av ämnesintegreringar? De som finns är PBL (används mer på tekniska och medicinska utbildningar), casemetodik (ekonomi, samhällsvetenskap och juridik), action learning, projekt, teman, interdisciplinär som är två ämnen oftast referat till och slutligen cross-cirriculum som brukar vara när flera ämnen integreras.

2.1 Kompetenser och förmågor som teman

Ett förslag är att utforma olika integreringen kring kompetenser/förmågor. Dessa är ofta väldigt breda och behöver konkretiseras. Det går delvis att prata om generella förmågor som lästrategier, studievanor och

---

[59] https://www.oecd.org/education/teachers-as-designers-of-learning-environments-9789264085374-en.htm

studiestrategier, icke-kognitiva förmågor och vanor, men mycket är ändå lärt i en ämnesspecifik kontext eller kopplat till att man samtidigt lär sig ett specifikt stoff (Håkansson & Sundberg, 2016, Christodoulou, 2014). En risk om man centrerar ämnesintegreringen är att lärandet av allmänna kompetenser kan ta tid av ämnesinnehållet, som gör att istället för en ämnesintegrering får man en ämnesuttunning.

Skolutveckling har internationaliseras med nya aktörer som fått stort genomslag, ett av dem är OECD. En OECD rapport pekar på att ämnesöverskridande arbete som är i projekt eller teman där man övar upp olika "21 century competencies". OECD är en av flera organisationer som menar att det är generella förmågor som ska vara i fokus i undervisningen, inte de olika ämnena (Christodoulou, 2014, s 48).[60] Tanken är att 2000-talet är fundamentalt annorlunda än tidigare som kräver att undervisningen ändras fundamentalt. OECD har i olika rapporter menat att kunskap har minskat i vikt att lära ut, och istället är det viktigare med förmågor (Christodoulou, 2014, s 51). EU har listat 8 generella kompetenser som är en del av en europeisering av utbildning som gått längre i högre utbildning med Bolognaprocessen. Risker med denna form av ämnesintegrering enligt kritikerna är att dessa är svåra att lära ut utan kontexten av ett ämnesspecifikt stoff (Håkansson & Sundberg, 2012, s , Christodoulou, 2014, s). Kritiskt tänkande, nyans etc skiljer sig i betydelse mellan de olika. Många förmågor har även en specificitet som bara kan läras ut på det specifika framtida jobbet och är svåra för en skola att förutse, som gör att det som kan tyckas vara "cutting edge" dateras snabbast och skolan bör snarare satsa på det som fortfarande kommer vara viktigt som läskunnighet, ordförråd, matematik etc. (Christodoulou, 2014,). Resultatet av fokus på att lära generella förmågor riskerar att leda till ökad användning av projektformen och mindre tid läggs på att undervisa ämnesinnehållet (Christodoulou, 2014). Leder ämnesintegrering att det istället blir allmänna lektioner om "förmågor" kommer detta att vara delvis förslösad tid på grund av att kunskap och förmågor är sammantvinnade (Christodoulou, 2014, s 76). Till exempel förmågan att ta goda beslut i

---

[60] ECD började som en tankesmedja men är i dag en extremt stark policyaktör.

schack beror på lagring av minnen som stödjer spelarens intuition och expertis, kunskap behövs för utvecklande av expertis (Christodoulou, 2014, 78)

2.2. PBL, casemetodik och strukturerat upptäckslärande

Ett annat förslag skulle var PBL och casemetodik där läroplanen är centrerad kring olika verkliga dilemman. PBL får 0,35 i Hatties meta-metanalys men med vissa metanalyser som får dubbelt så stora effekter.[61] Upptäckslärande har 0,46 i effektstorlek i Hatties meta-meta-analys med olika metaanalyser som också har en stor spridning i effekt. Exempelvis har en studie från Turkiet väldigt hög effekt av upptäckslärande jämfört traditionell undervisning (Aktamis, Higde & Özden, 2016).[62]

PBL och upptäckslärande kan definitivt vara en del av en ämnesintegrering. Ett centralt problem som uppstår är hur man ska hänga upp de olika fallen, problemen och upptäckande så att det blir en tydlig röd tråd för eleven. På grund av detta behöver det ligga under någon form av temabaserad integrering som skapar just en röd tråd för eleverna och lärarna. PBL, casemetodik och upptäckslärande verkar också alltid behöva balanseras med direkt undervisning (eng direct instruction) som passar bäst för att lära ut grundfärdigheter, med färdigheter som kan läras ut steg för steg på effektivast sätt (Woolfolk & Karlberg, 2015 s 516).

2.3 Temabaserad ämnesintegrering

Teman runt kunskapsstoff som ankarare för ämnesintegrering är ett annat sätt att ämnesintegrera. Teman som demokrati, hållbarhet, statistik, medborgarskap, människokroppen, människans psykologi är olika teman som skulle kunna skapas.

---

[61] https://www.visiblelearningmetax.com/influences/view/problem-based_learning

[62] https://www.researchgate.net/publication/316504732_Effects_of_the_inquiry-based_learning_method_on_students'_achievement_science_process_skills_and_attitudes_towards_science_A_meta-analysis_science

Fördelar med detta är att 1. man har kvar strukturen av kurser som också kan likna kurser på universitet i namn och fokus. 2. Det blir en röd tråd samtidigt som man skapar en ämnesintegrering. Det man egentligen har gjort är att skapa nya ämnen som i sig dock kan behöva integrering på något sätt. Det finns här alltså olika grader av integrering, första ordningens och andra ordnings integreringar. 3. Skulle vara möjligt att kunna betona bildningsaspekten tydligare. 4. Detta upplägg är det som möjliggör att man har integrering av fler ämnen än bara två. Med flera ämnen kommer det behövas mer tid och större moduler, vilket gör att de blir mer som teman oavsett man vill eller inte, annars finns det risk att bara bli massa olika projekt utan någon röd tråd.

Nackdelar/risker med detta upplägg är
1. Teman gör det otydligt hur det står till ens kurs och det tvingar lärare och elever till ett merarbete i att översätta hur det går i de officiella kurserna som de kommer att få betyg i, som en skola måste förhålla sig till enligt skollagen. Detta kan undvikas genom prognoser ställs i de olika ämnena och att den strukturen finns på plats så att man har lätt att orientera sig översättningen mellan teman och kurser.
 2. De nya ämnena/teman som skapats blir på ett sätt som att uppfinna hjulet igen. Man har satt annorlunda namn på något som redan skulle kunna göras inom ramen för de existerande ämnena. Problem uppstår också med att vissa saker som görs till en kurs nu blir frånkopplade annat som det hade kontakt med förut. Exempelvis var hållbarhet något som togs upp när man hade ekonomi i samhällskunskap. Om hållbarhet och ekonomi görs till två separata temakurser kan denna koppling bli mindre tydlig. Detta kan undvikas med att göra en läroplan där det finns en tydlig progression och en plan för hur man ska integrera det man gjort i tidigare temakurser med de längre fram i utbildningen.

3. Läroplanen för ämnesintegrering genom olika teman som blir nya kurser: Temakurser

Här följer ett förslag på en ämnesintegrerad läroplan för gymnasiet utifrån "temakurser". Först kommer översikt över strukturen på den temabaserade läroplanen. Sedan vilka temakurser som är varje år. Slutligen förslag på olika temakurser som är nya för varje år under elevernas tre år på gymnasiet. Efter det diskuteras utmaningar med betygssättning och läroplansforskning.

3.1 Förklaring av strukturen på den temabaserade läroplanen

1. **Återkommande temakurser varje år: 1.** Matematik, 2. språk (svenska och engelska) och 3. medborgarkunskap, livskunskap och bildning är kurser som är närvarande varje år som en råd tråd genom hela gymnasietiden. Matematik försvinner dock för ekjuridikare exempelvis sista året. Det kommer för naturare ha mer plats. Språk är alltid med som en övergripande paraplytema som omkappslar alla andra kurser. Temat: medborgarskunskap, livskunskap och bildning är ett tema som fylls med studiestrateiger, värdegrundsarbete, fostransuppdraget, idrott och hälsa, psykologi och filosofi. Denna blir som ett övertema som kopplar till fostransuppdraget och sammantvinar det med de kunskapsdelarna som kan kopplas till detta.
2. **Nya temakurser varje år:** På det är det nya tema-kurser varje år som utformas utifrån den inriktning som eleven har valt. Dessa ska bygga på varandra så mycket som möjligt. Dessa kommer att ha en växelverkan med språk och medborgarkunskap/livskunskap kursen.

3. **Återkommande temakurs beroende på programinrikning:** En
   tema-kurs som är återkommande varje år är den som är kopplad
   till den specifika inriktningen som eleven går. Exempelvis har
   ekonomiinriktningen har en stor paraplykurs som är
   företagsekonomi eller ekonomi. Varje inriktning får ett
   huvudämne kopplat till sig som knyter ihop och specificerar hur
   det genomsyras varje år för eleven på den inriktningen.
4. Alla temakurser som presenteras kommer att färgas och variera i
   storlek beroende på den inriktning eleven valt. Så matematik och
   människokroppen kommer vara större för naturinriktningen
   exempelvis.
5. **Fördjupningskurser/individuellt val.** Eleverna kommer erbjudas
   individuellt val. Dessa kommer vara ämnesintegrerade också. Eller
   att man kan välja exempelvis ett visst antal specifika
   fördjupningar, men det kommer finnas något sätt att det ska
   kopplas genomgående till ens inriktning. Väljer man
   programmering, kommer detta kopplas till att de kanske ska
   komma på appidéer som affärsidéer.
6. **Brasklapp - tydliggöra lärupplevelser:** Just nu är detta alldeles
   för opreciserat. Det som behöver göras är att olika centrala
   innehåll läggs in i de nya temakurserna. Vidare så måste det
   specificeras vilka *lärupplevelser* som är tänkt att ske i de olika
   temakurserna.

3.2 Varje år för alla programinriktningar

1. Matematik
2. Språkkunskap (språkutveckling (engelska, svenska, moderna
   språk). Språk är alltid med som en övergripande paraplytema som
   omkappslar alla andra kurser. Ska inte betraktas som en residual
   där saker "dumpas" utan något som blir överkurser.
3. Medborgarskap, livskunskap och bildning (samhällskunskap (ex
   demokratiska värderingar), historia, psykologi, filosofi, idrott och
   hälsa, naturkunskap, religion, estetiska ämnen, mentorskap,
   livsåskådning, studiestrategier/studievanor,
   skolpsykologi/sociologi, explicit kunskapförmedling om dygder

och de olika idealen som finns i fostransuppdraget, som sedan förstärks ute i de olika andra temakurserna.

4. Specifik temakurs för vald inriktning: **Specifikt varje år temakurs beroende på inriktning som fungerar som en till paraplykurs.** Ekonomi: Företagsekonomi: case, företagskoppling, kommer att genomsyra de andra kurserna och momenten. Natur: Naturkunskap: naturvetekenskapliga metoder och fokus, mer matematik. Estet: Estetik: vilken estetisk inriktning man valt kommer att genomsyra t ex historia, språk etc. Ekjuridik : Ekonomi och juridik. Sam: Samhällskunskap.

3.3 Exempel på en temakursplan för de temakurserna som inte är återkommande varje år .

3.3.1 Årskurs 1

1. Människan (psykologi, filosofi, svenska böcker och reflektion, engelska böcker, naturkunskap, biologi, matematik, fysik, religion, språkkunskap)
2. Etik (filosofi, religion, samhällskunskap, mentorskap, naturkunskap, historia, psykologi)
3. Demokrati, ideologier och politik (100 p) (sam1, sam2, historia 1b)
4. Läsning (50 p) (lässtrategier, lust att läsa, bildning, samhällskunskap, läsning av olika texter som den kursen har hand om, språkkunskap)
5. Komplexitet (fysik, naturkunskap, samhällskunskap, psykologi, samhällskunskap, historia). Ekologiska system och mänskliga system sett ur komlexitetsperspektiv.

3.3.2 Årskurs 2

1. Kultur (60-80p) (sam1 sam2, historia 1b, bild, estetik)

2. Konflikter och fred (50p) (internationella relationer, religion, sam1, sam2, historia 1b
3. Globala utmaningar och samarbeten (50-70p) (samarbeten, utvecklingsekonomi,)
4. Makt och mänskliga rättigheter (50-70p): Anti-diskriminering, Jämställdhet (alla ämnen nästan religion, naturkunskap(sex och samlevnad), folkmord, folkrätt, Skillnad och mångfald, religion
5. Nationalekonomi (130 p)(historia 1b Ekonomi, sam1 ekonomi, sam2 ekonomi, internationell ekonomi)

3.3.3 Årskurs 3

1. Hållbarhets (60p) (samhällskunskap 1, 2 20-30 p, naturkunskap 30p, biologi 30p, företagsekonomi)
2. Humaniora/bildning (180?p): kanon, litteraturvetenskap, filosofi, psykologi, moderna språk, historiemedvetenhet, språkkunskap
3. Statistik (sam1, sam2, historia, naturkunskap, biologi, svenska, engelska, matte) Matematisk, vetenskaplig och teknisk kompetens
4. Logiskt tänkande (matte, vetenskapligt tänkande, filosofi)
5. Ontologi (Fysik, metafysik, vetande, matte, religion).
6. Människokroppen: (kemi, biologi, naturkunskap, samhällskunskap, psykologi)
7. Vetenskapligt tänkande (sam2, gymnasiearbetet, sam3, biologi, filosofi, psykologi)
8. Projekt där man lägger ihop lärdomar från olika kurser. "second order" ämnesintegrering- integrering av redan ämnesintegrerade område.

3.4 Fördjupningar för olika inriktningarna

Natur
Programspecifika fördjupningar
Människokroppen

Ingenjörskonst (fysik och matte)
Ontologi
Logiskt tänkande
Integrering av inriktningen i de andra kurserna
Datakunskap: bör betraktas som ett rätt ämnesöverskridande ämne redan
matte och design?

Samhällskunskap
Programspecifika fördjupningar
T ex mer sam och historia, längre globala utmaningar och MR kurser?
Integrering av inriktningen i de andra kurserna

Ekonomi
Programspecifika fördjupningar
Företagsekonomi
Integrering av inriktningen i de andra kurserna

Estet
Programspecifika fördjupningar
Estet istället för företagsekonomi
Integrering av inriktningen i de andra kurserna
Estetiska aspekter på de olika kurserna.

3.5 Betygsättning: kopplingen mellan formativ och summativ bedömning

I betygsättning finns det främst två ramfaktorer att ta hänsyn till: betygen
sätts ämnesspecifikt och nationella proven är vissa tider på året.
Temakurserna behöver förhålla sig till detta. Kan man inte sprida ut
bedömningen under flera år på en kurs kommer möjligheten till
ämnesintegrering att minska på grund av att kurser måste avslutas inom ett
år. Detta verkar inte vara ett krav, eftersom exempelvis idrott och hälsa är
över 2 år idag, något som eleverna inte har några speciella problem med
heller. Det är också en rörelse mot just ämnesbetyg som är över längre tid,
som skulle göra att det är ännu mindre friktion i att ha betyg som kommer

först efter flera år. Hur ska eleverna veta var de ligger utan betygen? Här kommer kraven på formativ bedömning att öka och att prognoser ställs per år hur det går i varje tema-kurs och hur det översätts var man ligger i den ämnesspecifika kursen motsvarande.

3.5.1 Hur gör man med progressionen?

1. För att få in repetition och progression behöver de tidigare kursen systematiskt inkorporeras i de senare. Så det ska kunna behöva kunna ideologier i nationalekonomi kursen och kunna komma tillbaka till ideologier igen samtidigt så att det blir inbyggd repetition.
2. Möjlighet till första ordningens och andra ordningens ämnesintegrering. De temakurser som presenterats ovan exempelvis hållbarhet kan ses som en första ordningens ämnesintegrering där olika ämnen läggs ihop till en helhet. Andra ordningens integrering är att man integrerar temakurser med varandra. Det skulle alltså i de senare åren göra projekt eller uppgifter som bygger på att man kombinerar olika kurser man gjort innan. Detta skulle intensifiera ämnesintegreringen samtidigt som man kan fördjupa förståelsen och se hur olika kunskapsmassor kan kopplas till varandra: exempel teman som människan och ontologi skulle kunna kombineras, statistik och konflikter/fred.

3.5.2 Hur kommer betygen vägas in och hur ska detta administreras?

Ett förslag är att göra en bedömning på hur stor del detta är av den kursen som finns nu. Så för en tema-kurs som "människan" som föreslås nedan, skulle man behöva se hur mycket av detta som tas från psykologi. Kanske man kommer fram till att det är 30p som motsvarar specifika delar av de olika ämnesspecifika kursplanerna. Sen sprids psykologikursen ut i de andra nya temakurserna som finns. Sedan i slutet så väger man in vad man fått i de olika tema-kurserna för att kunna sätta ett ämnesbetyg i slutet. Utmaningen här är att man behöver särskilja det man lärt sig ämnesintegrerat, man behöver alltså bryta upp det man gjort i tema-kursen för betygssättningen. Detta kommer vara utmanande och behövs en samsyn hur detta ska göras. Det behöver också troligen en extern koll så att vi i processen väger olika delar av temakurserna rätt in i ämnesbetygen. Dock minskar den utmaningen på grund av att det finns gemensamma kunskapskrav i flera ämneskurser.

Kommer det vara rättsäkra betyg? Det finns risk för det om *översättningen* av hur man presterade i temakurserna är för svår att göra till ämnesspecifika kurserna som de får betyget i. Det finns en chans att det kan öka, på grund av att eleven för möjlighet att visa en mer integrerad förståelse, men detta behöver inte ske om eleven förlorar förståelse för det ämnesspecifika och de bara möter olika projekt utan att förstå ämnet i sig.

3.5.2 Kärnämnena som ramfaktorer att ta hänsyn till vid skapande av läroplanen

Matematik är ett ämne som har hög hastighet och kräver mycket tid av eleverna. Detta ser jag som det svåraste att ämnesintegrera i sig. Svenska och engelska så är det nationella prov varje år, hur gör man med det? Måste det ske i ettan? Då måste den kursen avslutas kanske det året? Det får man ta hänsyn till.

3.5.3 Lgy11 (Lgy22) som ramfaktor

En av de mest centrala ramfaktorerna att ta hänsyn till i utformandet av den lokala läroplanen är den nationella läroplanen som behövs följas enligt skollagen. Två stora uppdrag finns där: kunskapsuppdraget och fostransuppdraget/värdegrundsarbetet.

Kunskapsuppdraget finns att finna i det olika ämneskurserna: där några generella förmåger kan nämnas som har en ämnesspecifik nyans som behöver tas hänsyn till för att bygga helheten av dessa generella förmågor: problemlösning, söka, kritiskt tänkande, värdera, problematisera..

Fostransuppdraget/värdegrundsarbetet finns i den generella läroplanen som är fylld av högt ställd mål: lust till livslångt lärande, demokratiska medborgare och värderingar, internationell solidaritet, vetenskaplighet, kritiskt tänkande, kulturell kompetens, perspektivtagande och empati, orientera sig i komplexitet, kreativitet och skapande, digital kompetens, kommunikativa och social kompetens, hälsa och livsstil, miljömedvetna, historiemedvetande, använda och söka litteratur som källa till insikt, insikter och kunskaper om olika kulturarv, delta som aktiv demokratisk medborgare, utveckla omdöme och klokskap kring "livsfrågor och värderingsfrågor", främja elevens självförtroende och tillit till sig själv och andra, generositet, jämställdhetsmedvetenhet, elevens unika egenart, rättskänsla, omsorg, respektfullhet, utveckla självkännedom och förmåga till studieplanering, arbetslivsförberedande, tolerans, ansvarstagande, estetiska värden och medvetenhet, och icke-konfessionell.[63]

3.6 Forskning om läroplaners struktur och läroplansteori: vad behöver man ha i åtanke

Ämnesintegreringen kräver att en ny lokal läroplan upprättas. Positiva exempel på detta finns i Finland där lärare har större autonomi över lokala läroplanen. För att läroplanen ska bli gott utformad är olika faktorer närvarande i utfallet av den nya läroplanen.

1. Expertis i läroplansutformning. Finns det expertis? Hur skapar man det, var finns den? Annars är man tvingad att testa sig fram utifrån att vara allmänt insatt i läroplansteori och tankar som man har kring de olika ämnena. Utan expertis kommer troligen kollektivt kunnande vara viktigt att få fram. Det behövs alltså hantera kunskapsmanagement för åstadkomma: prioritering, kunskapsinsamling (eng knowledge capture) (tyst och explicit kunskap inom och utanför organisationen), organisering, kunskapsutveckling, ökande av tillgänglighet, systematisering, kunskapsspridning och kunskapsanvändning.

2. Lära sig av andras läroplaner som har försökt sig på liknande. Hur har Sjölins, Thorens och framför allt olika universitet gjort?

3. Medvetenhet om hur läroplaner används där man skiljer exempelvis mellan den undervisade, bedömda, dolda/implicita, planerade/explicita/nedskrivna läroplanen.

4. Progression i läroplaner är centralt, men kan vara svårt att skapa i praktiken. För att man ska kunna se progression och att chansen för att detta verkligen uppstår behövs fokus att skriva ut vilka

---

[63] https://www.skolverket.se/undervisning/gymnasieskolan/laroplan-program-och-amnen-i-gymnasieskolan/laroplan-gy11-for-gymnasieskolan

lärupplevelser som ska upplevas av eleven, inte bara generellt vad som är lärandemålet.[64]

5. En närliggande del av progressionen är att detta ska stödja ett system där man ger återkoppling och formativ bedömning.

6. Ramfaktorer: tid, pengar, utrymmen, antal lärare, läroplanen som måste följas på nationell nivå, skollagen.

7. Ha rum för flexibilitet men samtidigt guida kollegiet och eleverna för att ge en struktur och riktning. Flexibiliteten behövs ta höjd för eftersom det är liten chans att man får rätt vid första försöket.

8. I skapande av kurser behöver man välja vad som ska ligga i vad. Är det vissa som blir ledande kurser och andra residual kurser, hur kan man undvika en hierarki skapas?

---

[64] https://learningspy.co.uk/assessment/why-using-the-curriculum-as-a-progression-model-is-harder-than-you-think/

Källförteckning

Allelin, M. (2019). *Skola för lönsamhet.* Arkiv.

Alvesson, M. (2013). *Tomhetens triumf: om grandiositet, illusionsnummer & nollsummespel* (2. ed). Stockholm: Atlas.

Alvesson, M. (2019). *Extra allt.* Fri tanke.

Alvesson, M., & Spicer, A. (2012). Stupidity based theory of organizations. *Journal of Management Studies, 49*(7), 1195-1222.

Antonvsky, A. (1987). *Unraveling the Mystery of Health: How People Manage Stress and Stay Well.* San Francisco: Jossey-Bass.

Askell-Williams, H., Lawson, M. J., & Skrzypiec, G. (2012). Scaffolding cognitive and metacognitive strategy instruction in regular class lessons. *Instructional Science, 40*(2), 413–443. https://doi.org/10.1007/s11251-011-9182-5

Berlant, L. (2011). *Cruel Optimism.* Durham, NC and London, UK: Duke University Press.

Bittanti, M., & Quaranta, D. (2006). *Gamescenes: Art in the age of videogames.* Rome, Italy: Johan & Levi Editore.

Bohlin, H. (2018). *Medborglig bildning – Om varför man studerar på högskola.* Studentlitteratur.

Bogost, I. (2011a). Persuasive games: Exploitationware. *Gamasutra.* Retrieved from http://www. gamasutra.com/view/feature/6366/persuasive_games_exploitationware.php

Bogost, I. (2011b). Gamification is bullshit. *Bogost.com.* Retrieved from http://bogost.com/blog/ gamification_is_bullshit/

Bonnett, A. (2006). The nostalgias of situationist subversion. *Theory, Culture and Society, 23*(5), 23–48.

Bourdieu, P. (1990). *Homo academicus.* Stanford University Press.

Brannan, M. J. (2015). 'You're not going anywhere': Employee retention, symbolic violence and the structuring of subordination in a UK-based call centre. *The Sociological Review, 63*, 801–819.

Brown, P. C., Roediger, H. L., & McDaniel, M. A. (2014). *Make it stick: The science of successful learning.* Belknap Press.

Bähr, K. (2020). *Psykisk hälsa i skolan: främja, skydda och stärka.* Natur och Kultur.

Bähr, K. (2022). *Resiliens i skolan: främja och träna välbefinnande.* Natur och Kultur.

Cabanas, E., & Illouz, E. (2019). *Manufacturing happy citizens.*

Caillois, R. (2001). *Man, play and games*. Chicago, IL: University of Illinois Press.

Cederström, C., & Fleming, P. (2012). *Dead man working*. Winchester, UK: Zero Books.

Cederström, C., & Spicer, A. (2015). *The wellness syndrome*. Cambridge, UK: Polity Press.

Chaplin, H. (2011, March 29). I don't want to be a superhero. *Slate*. Retrieved from http://www. slate.com/articles/technology/gaming/2011/03/i_dont_want_to_be_a_super-hero.html

Chen, P. (2021). In-class and after-class lecture note-taking strategies. *Active Learning in Higher Education, 22*(3), 245–260. https://doi.org/10.1177/1469787419893490

Cohen, B. M. Z. (2016). *Psychiatric Hegemony: A Marxist Theory of Mental Illness*. London: Palgrave Macmillan.

Collins, R. (1979). *The credential society*.

Collins, R. (2004). *Interaction Ritual Chains*. Princeton: Princeton University Press.

Darts, D. (2004). Visual culture jam: Art, pedagogy, and creative resistance. *Art Education, 45*, 313–327.

Deci, E. L., & Ryan, R. M. (2012). Motivation, personality, and development within embedded social contexts: An overview of self-determination theory. In R. M. Ryan (Ed.), *The Oxford Handbook of Human Motivation* (pp. 85–107). Oxford University Press.

Dunlosky, J., Rawson, K. A., Marsh, E. J., Nathan, M. J., & Willingham, D. T. (2013). What works, what doesn't. *Scientific American Mind, 24*(4), 46–53. https://doi.org/10.1038/scientificamericanmind0913-46

Dunlosky, J., & Rawson, K. A. (2015). Practice tests, spaced practice, and successive relearning: tips for classroom use and for guiding students' learning. *Scholarship of Teaching and Learning in Psychology, 1*(1), 72. https://doi.org/10.1037/stl0000024

Dyment, J., & O'Connell, T. (2011). Assessing the quality of reflection in student journals: A review of the research. *Teaching in Higher Education, 16*(1), 81–97.

Ecclestone, K., & Hayes, D. (2019). *The Dangerous Rise of Therapeutic Education*. London: Routledge.

Ecclestone, K., & Lewis, L. (2013). Interventions for resilience in educational settings: Challenging policy discourses of risk and vulnerability. *Journal of Education Policy*.

Ecclestone, K., & Rawdin, C. (2016). Reinforcing the 'diminished' subject? The implications of the 'vulnerability zeitgeist' for well-being in educational settings. *Cambridge Journal of Education, 46*(3), 377–397.

Fagerlind, Å. (2021). *Öka välbefinnandet i skolan: Praktiska lektioner i positiv psykologi*. Natur och Kultur.

Fjellström, R. (2005). *Lärares yrkesetik*. Studentlitteratur.

Fleischer, H. (2015). *Studieteknik: så lyckas du med dina studier* (1. utg.). Natur & kultur.

Foucault, M. (1963). *Madness and civilization*.

Furedi, F. (2004). *Therapy Culture: Cultivating Vulnerability in an Uncertain Age*. London: Routledge.

Furedi, F. (2019). *How Fear Works: Culture of fear in the 21st century*. Bloomsbury Continuum.

Gramhy, P. (2016). Hälsopromotion i skolan: Utvärdering av DISA – ett program för att förebygga depressiva symtom hos ungdomar. Lunds Universitet.

Hattie, J. A., & Donoghue, G. M. (2016). Learning techniques: A synthesis and conceptual model. *NPJ Science of Learning, 1*, 16013. https://doi.org/10.1038/npjscilearn.2016.13

Hidi, S., & Renninger, K. A. (2006). The Four-Phase Model of Interest Development. *Educational Psychologist, 41*(2), 111–127. https://doi.org/10.1207/s15326985ep4102_4

Illich, I. (1976). *Limits to Medicine: Medical Nemesis: The Expropriation of Health*. Middlesex: Penguin.

Illich, I. *Deschooling society*.

Lasch, C. (1979). *The culture of narcissism: American life in an age of diminishing expectations*.

Lew, D., & Schmidt, H. (2011). Writing to learn: Can reflection journals be used to promote self-reflection and learning? *Higher Education Research and Development, 30*(4), 519-532.

Lindholm, S. K. (2015). *The Paradoxes of Socio-Emotional Programmes in School: Young people's perspectives and public health discourses*. Linköping Universitet.

Mcgonigall, J. (2011). *Reality Is Broken: Why Games Make Us Better and How They Can Change the World*.

Morrall, P. (2008). *The Trouble with Therapy: Sociology and Psychotherapy*. Chichester: Open University Press/McGraw-Hill.

Morrall, P. (2017). *Madness: Ideas about Insanity*.

Nehls, E. (2020). *Hur blir högre studier högre? : Om skillnaden mellan elever och studenter, trampolinhögskolor och katapulthögskolor samt vikten av självständighet, tålamod och samverkan*. Studentlitteratur.

Newport, C. (2016). *Deep work*. Little Brown.

Nygren, G. (2021). *Jag vill ha bra betyg: En etnologisk studie om höga skolresultat och högstadieelevers praktiker* (Etnolore, 39). [Doktorsavhandling, Uppsala universitet]. DiVA.

http://urn.kb.se/resolve?urn=urn:nbn:se:uu:diva-440397

Paulsen, R. (2020). *Tänk om: En studie i oro*. Stockholm: Albert Bonniers Förlag.

Person, A. (2014). *Skola och makt: Om viljan till kunskap, beroendet av utbildning och tvånget att gå i skola*. Carlsson.

Rose, N. (1999). *Governing the Soul: The Shaping of the Private Self*. London: Free Association Books.

Rose, N. (2007). *The politics of life itself*.

Rose, N. (2019). *Our Psychiatric Future*. Polity Press.

Rowland, C. A. (2014). The effect of testing versus restudy on retention: A meta-analytic review of the testing effect. *Psychological Bulletin, 140*(6), 1432. https://doi.org/10.1037/a0037559

Ryan, R. M., & Deci, E. L. (2006). Self-regulation and the problem of human autonomy: Does psychology need choice, self-determination, and will? *Journal of Personality, 74*, 1557–1586. https://doi.org/10.1111/j.1467-6494.2006.00420.x

SBU. (2015). *Skolbaserade program för att förebygga självskadebeteende inklusive suicidförsök: En systematisk litteraturöversikt*. Stockholm: Statens beredning för medicinsk utvärdering (SBU). SBU-rapport nr 241. ISBN 978-91-85413-85-0.

Schewe, O., & Oakley, B. (2021). *Superhjärnan: De bästa inlärningsstrategierna* (Upplaga 1). Studentlitteratur.

Van der Meer, J. (2012). Students' note-taking challenges in the twenty-first century: Considerations for teachers and academic staff developers. *Teaching in Higher Education, 17*(1), 13–23. https://doi.org/10.1080/13562517.2011.590974

Vrugt, A., & Oort, F. (2008). Metacognition, achievement goals, study strategies and academic achievement: Pathways to achievement. *Metacognition and Learning, 3*(2), 123–146. https://doi.org/10.1007/s11409-008-9022-4

Wingate, U. (2006). Doing away with "study skills". *Teaching in Higher Education, 11*(4), 457–469. https://doi.org/10.1080/13562510600874268

Wäschle, K., Gebhardt, A., Oberbusch, E.-M., & Nückles, M. (2015). Journal writing in science: Effects on comprehension, interest, and critical reflection. *Journal of Writing Research, 7*(1), 41–64. https://doi.org/10.17239/jowr-2015.07.01.03

Woodcock, J. (2017). *Working the phones: Control and resistance in call centres*. London, UK: Pluto.

Yiannis, G. (2008). Spectacles of resistance and resistance of spectacles. *Management Communication Quarterly, 21*, 310–326.